U0680234

国家社科基金青年项目"河湟地区传统文化资源的保护与开发利用研究"（编号：20183409）

国家社科基金丛书

GUOJIA SHEKE JIJIN CONGSHU

河湟地区传统文化艺术资源的
保护与开发利用

The Protection and Utilization of Traditional Cultural and
Artistic Resources in Hehuang Region

杨玢　张前　著

人民出版社

序

当杨玢和张前两位挚友将《河湟地区传统文化艺术资源的保护与开发利用》一书电子版发给我命作序时,我顿然感到有些惶恐不安。我一向认为代序之人须为德高望重、学养深厚、洞识精微的长者或智者,而我差千里之遥,恐一生努力也难以达其中十分之一。怎奈两位挚友几次执意邀请,如再推脱,便是有不念友情,妄自尊大之嫌了。虽然个人对河湟文化特别是河湟流域民间信仰等问题曾产生极大兴趣并予以高度关注,但随着逐年逼近知天命之龄,各类琐事缠身,难以专注一心、凝聚一力、精进一域。我现已深切体会到严耕望先生曾讲到的治学如河渠之箴言喻示竟如此贴切:"固定的相当大的水量,放入一条渠中,必然显得流量很大,气势雄壮;若分入数条渠道,各渠势必显得流量减少,气势微弱,无大作用。"①我个人虽能看得透,但受性格及处世之短所束、名缰利锁所缚,难以成为"一个纯净的学术人"。而两位作者,多年来虽忙于教学或编辑工作,但一直聚焦河湟文化和文化认同方面的研究,先后出版了《民族交融认同论》《"中华文化认同论"丛书》等,并发表了《民族区域文化视域下的中国梦认同——基于河湟地区的文化分析》《中华文化认同:河湟汉藏边缘地区多元场域中的民族交融》《民族地域文化传承与发展的时代考

---

① 严耕望:《治史三书》,上海人民出版社 2011 年版,第 102 页。

量——基于河湟文化的镜像分析》《铸牢中华民族共同体意识的时代论域》《铸牢中华民族共同体意识文化仪式的空间展演——基于土族"纳顿"庆丰收会的仪式分析》《民族地区铸牢中华民族共同体意识的文化面向》等,现经过几年的积累沉淀,二人合作的《河湟地区传统文化艺术资源的保护与开发利用》又一新著即将问世,作为挚友感到由衷的高兴。现结合个人拜读此稿一点心得和一些前期思考,谈几点浅陋之见,权当序言。

一

河湟流域有"大河湟"和"小河湟"之分。"大河湟"泛指日月山以东、祁连山以南的地域,包括黄河上游、湟水流域及大通河流域所构成的整个"三河间"区域,即除青海西宁、海东、海北、黄南、海南全境外,还包括甘肃省兰州市红古区,临夏积石山县、永靖县,天祝县、永登县和临潭县等地;"小河湟"多指日月山以东、同仁县以北的黄河、湟水流域,即包括西宁市和海东市全境,同仁市、尖扎县、共和县、贵德县、海晏县、门源县。小河湟流域的中心,在历史上发生了多次迁移变化,已故青海著名学者芈一之先生曾在其主编的《西宁历史与文化》讲到:"汉代以前的古羌和西羌阶段,各部落的中心在今西宁。西汉武帝元狩年间至东汉末建安十年约 310 年,中心在允吾,今民和县。公元 205 年至北魏孝昌三年(527 年),即三国魏晋南北朝时期,约 520 年西平时段,中心在今西宁。孝昌三年至隋到唐玄宗天宝末年,约 230 余年,中心在今乐都(西平郡东移乐都)。"①肃宗至德以后吐蕃统治上百年,中心仍在乐都。北宋以后至今约 1000 年时段中,从青唐城、鄯州、西宁州、西宁卫、西宁府至西宁市,西宁中心地位未再发生变化。《河湟地区传统文化艺术资源的保护与开发利用》一书中"河湟地区"许多内容主要涉及青海境内"小河湟"流域范围,

---

① 芈一之:《西宁历史与文化》,辽宁民族出版社 2005 年版,第 18 页。

其面积约 3.6 万平方公里,不仅承载了全省八成以上的耕地,而且集居了全省近四分之三的人口。作为黄河上游重要的水源涵养地、补给地和多功能承担区,青海河湟流域对疏解三江源人口和经济发展压力,保护青藏高原脆弱的生态环境具有独特的战略支撑作用,在维护"青海生态地位重要而特殊"的国家战略格局中发挥着重要作用。

二

河湟流域自古以来就是多元民族交融互动的重要区域,是多民族交往交流交融历史高地,也是文化交汇融合之地。多元民族、多样宗教、多态文化在这里相互交流、碰撞、融合,因而可以称得上是多样文化汇聚带、多个文明叠合区、多元民族血脉基因交换重组地,是中华民族多元一体格局的微缩景观带。河湟文化是指萌生、传承、发展于河湟流域的典型地域文化,是黄河文化的重要组成部分,是黄河文明的重要发源地之一,代表了中华文化内部的古老边陲文化。

河湟文化是中原农耕文化与草原游牧文化长期交融形成的历史产物,经过不断的借鉴选择、吸纳转换,实现了多民族、多宗教间的相互理解包容、相互交往渗透,不断妥协让步、互补互荣。多元文化在河湟流域相遇与叠合,相互碰撞,交融互鉴,呈现出联结性、中介性、亲缘性等多种地域特征。可以说,一部河湟流域史就是历史上各民族在河湟流域不断交往交流交融的历史,同时也是各民族先民共同开发河湟流域过程中不断融入中华民族共同体的历史。作为中原儒释道文化、西藏佛苯文化、西域伊斯兰文化、北方草原萨满文化内向交流交汇和向外扩散辐射的重要区域,河湟流域是多元文化交融之炉,河湟文化也据此展演着多元异质族群文化传播共享、互动交融之历史图景。多元族群的交往交流交融为构筑共有精神家园奠定了血脉相连、文脉相通、信仰包容的历史文化根基。

作为多元文化的地域性呈现,河湟地区传统文化艺术资源既是河湟文化的具象承载,更是中华优秀传统文化的重要构成,其历史形成与传承发展离不开河湟流域多元族群的参与和贡献。作为一种线性文化和走廊文化,河湟文化是生活于河湟流域的多元族群在长期的交往交流交融生活实践中共同创造的思想文化成果,其将流域内上下游、左右岸、不同段的多元文化如同串联珍珠一样贯通连接起来,呈现出不同的文化形态。传统文化艺术资源是河湟族群在互动交融生活实践中对共有文化传统的符号凝练,既绚丽多姿、异彩纷呈,又胤合互补、和美共荣。有鉴于此,加强河湟地区传统文化艺术资源的创造性转化、创新性发展,是构建各民族共有精神家园、铸牢中华民族共同体意识、形塑中国特色社会主义文化自信的实践要求,将地域性文化根植于中国特色社会主义伟大实践、熔铸于当代社会主义先进文化之中,对推动民族地区经济发展和社会稳定有着重要意义。

三

《河湟地区传统文化艺术资源的保护与开发利用》一书的两位作者,在考察河湟地区传统文化资源时有着明显的互补优势。杨玢女士从黄河流域大省河南到青海"支边",有着"他观"的视域优势;张前先生作为土生土长的青海人,有着"自观"精细长处。两位作者在撰写此书过程中,"跳出"河湟看河湟,在铸牢中华民族共同体意识视域下,聚焦传统文化艺术资源时代传承与创新发展的现实命题,关切地域传统文化艺术资源保护传承利用的具体命题,不仅具体阐析了传统文化、传统文化艺术资源、中华文化、中华优秀传统文化等相关概念及其关系范畴等,详细梳理了河湟地区传统文化艺术资源的具象呈现及其空间特质等,重点厘清了河湟地区传统文化艺术资源的价值意涵及其时代指向等,而且基于典型性个案空间考察之上,对地域传统文化艺术资源在时代场景中的保护与利用进行了针对性实践构型。

黄河流域生态保护和高质量发展已成为重大国家战略之一,河湟文化是黄河文化的重要组成部分,河湟文化传承创新迎来了难得的历史发展机遇。《河湟地区传统文化艺术资源的保护与开发利用》一书,既从理论视域对河湟地域文化和多民族优秀传统文化枝繁叶茂的时代传承做出了应然注解,又从实践论域对中华文化根深干壮的创新发展澄明了现实应对,彰显出学术价值与咨政价值兼具的有效衔接。

当然,该书也存在如对文化艺术资源传承利用"开发"等一些笔者不大认同的观点或表述,但个人觉得学术应本着持百家争鸣、尊重"多样"和包容"差异"的态度出发,需求同存异,瑕不掩瑜;也相信作者在未来随着更深入的研究中,会逐渐对书中一些概念和表述进行深度思考,作出相应的更为精准的修正和补充。

鄂崇荣

2022 年 3 月于青海省社会科学院

自　序

　　文化是民族形塑的核心要件,其刻写着民族的整体面向,缩影着民族的生活模式。文化是人为的,它得益于"被吸引在群体中的人们所共同接受才能在群体中维持下去"。① 在民族共同体既定限域内,民族文化以文明承续展演着民族群体的代际相传,以价值规制导引着民族成员的行为自觉,也由此确证着多元主体的身份归属,因为"尽管人们处于'文化超市'中,但人们也在寻求一个自己的家而超越它,这个家就是自己的(民族的)文化认同"。②

　　向上向善的文化是一个国家、一个民族休戚与共、血脉相连的重要纽带③。作为民族文化的核心演绎,优秀的传统文化是中华民族多元族群共同的文化积淀、共创的文化传统、共享的文明传承,其表征着中华民族独特的精神标识,擢升为中华民族共同的价值诉求,厚植着中华民族的精神基因,沉淀着中华民族共享的文化传统,也据此凝聚着中华民族共通的心理情感,建构了中华民族共同的精神家园,从而支撑着中华文明的绵延不绝与发展进步,滋养着中华民族的生生不息与发展壮大。作为民族文化传统的物态呈现,优秀的

---

　　① 费孝通:《论人类学与文化自觉》,华夏出版社 2004 年版,第 196 页。

　　② Gordon Mathews.*Global Culture/individual Identity*;*Searching for Home in the Global Supermarket*.Routledge.London.2000.p.184.

　　③ 习近平:《在全国抗击新冠肺炎疫情表彰大会上的讲话》,《求是》2020 年第 20 期。

传统文化艺术资源具演着中华文化多彩纷呈的实然态势,体认着中华文化多元一体的价值意涵。在文化多样和价值多元的现实场景中,推动传统文化艺术资源的保护与开发利用,既关切到民族文化的时代传承与创新发展,又维系着民族国家的文化建设与文明前行,不仅是时代命题更是政治命题。

河湟地区自古便为多民族交融地,也是多元文化交汇地,多元族群在长期的互动交融生活实践中共同创造了绚丽多彩的民族地域文化,次生多元一体的文化态势生动具象着多元一体中华文化的空间范式。作为中华文化的重要组成部分,河湟文化不仅整合着区域内部多元族群彼此相异的文化传统,而且体认着中华民族一以贯之的价值意指。作为民族区域文化传统的物化形态,河湟地区丰富多样的传统文化艺术资源不仅承载着区域空间世居族群文化传统的根基指向,而且表征为民族区域赖以生存发展的无形资产与独特优势。河湟地区次生多元的传统文化艺术资源既是中华优秀传统文化的地域呈现,也是中华优秀文化传统的价值体认,无论是藏毯所编制的吉祥祝愿抑或是堆绣所体现的美好向往,无论是唐卡所描绘的宽容仁慈抑或是格萨尔所颂扬的勇敢无私,无论是花儿所吟唱的纯洁爱情抑或是土族纳顿歌舞所展现的丰收景象,无论是河湟社火舞龙表演所寓意的国泰民安抑或是藏传佛教供水仪式所体现的和谐理念,无不传递着民族成员对国强民富的内心渴望,承载着多元主体对中华民族的心理忠诚。作为地域文化传统的时代呈现,河湟地区形式多样、蕴涵丰富的传统文化艺术资源生动写意着多元族群交往互动的历史过往,尽情展演着多元异质族群文化互动交融的深层记忆。次生多元而又一体走向的传统文化艺术资源的保护与开发利用不仅对民族区域的经济发展与社会稳定具有重要价值,而且对中华文化的传承发展与文化自觉的主体形塑彰显现实意义。

传统文化,好似久远,但恰恰因为它厚植着中华民族优秀的文化传统,凝聚着中华民族共通的心理情感,建构着中华民族共同的精神家园,从而支撑着中华文明的绵延不绝与发展进步,滋养着中华民族的生生不息与发展壮大。

对优秀的传统文化艺术资源进行保护传承和开发利用,既是推动中华优秀传统文化创造性转化和创新性发展的应然之义,更是坚定中国特色社会主义文化自信、实现中华民族伟大复兴的责任担当。如果说"传统"匡正着民族前行的脚步,那么"创新"则印证着主体发展的自由,如果说"传承传统"是一种历史责任的话,那么"创新发展"更是一种时代使命。在文化冲突和价值博弈的时代境遇中,强化优秀的民族文化传统的弘扬传播,在传承传统中夯实多元主体的文化自信,以文化自信去推动民族共同体价值传统的主体践行,亟待为"五个认同"的固本强基、中华民族共同体意识时代铸牢的迫切应对。

由此释义,推动河湟地区传统文化艺术资源的保护传承与开发利用,在顶层设计的规划实施中去弘扬和传播民族地域优秀的传统文化,在民族成员的生活实践中去传承和践行中华民族共享的文化传统,在自觉养成的教育展演中去坚定中国特色社会主义文化自信,亦是每一位民族成员义不容辞的文化使命,我们要践行,我们在践行,我们义不容辞。

杨玢　张前

2022 年 3 月

目　　录

绪　　论

　　文化是具有物质载体的观念形态,其以人类创造世界的主观方式和民族存在的现实图景,指人类为满足自身需要所创造出来的精神成果。文化是人为的,它得益于"被吸引在群体中的人们所共同接受才能在群体中维持下去"。① 作为民族共同体的共享深层记忆和民族国家精神意涵的社会表达,文化刻写着民族的本然面貌,民族与文化也据此生发为共同体生活的重要范畴。在中国社会的现代化进程中,中华文化的传承发展与中华文明的时代重塑必然要寻向于民族的文化传统。但是,在现代化所引发的社会转型过程中,工具理性凸显与传统文明断裂的二元对立在注解着现代社会特征的同时,不断冲击着民族国家现实场域中民族文化价值认同的传统根基与阐释原则,也由此更加彰显传统文化时代传承与创新发展的时代意旨。

　　中华民族是世界上古老而伟大的民族,创造了绵延五千多年的灿烂文明,为人类文明进步,作出了不可磨灭的贡献。② 作为中华民族多元族群共同的文化创造与文明积淀,传统文化是中华民族有别于其他民族的独有记忆;作为中华传统文化的物化呈现与具象演绎,优秀的传统文化艺术资源是中华优秀

---

① 费孝通:《论人类学与文化自觉》,华夏出版社 2004 年版,第 196 页。
② 《中共中央关于党的百年奋斗重大成就和历史经验的决议》,《人民日报》2021 年 11 月 17 日。

传统文化的重要构成与价值承载,其保护与开发利用愈加凸显现实价值。对优秀传统文化艺术资源的保护传承与开发利用既有助于深化民族成员对中华优秀传统文化的正确认知与理解认同,又有利于固基多元主体的文化自信与文化自觉。在多元文化冲突与传统文化式微的时代场景中,传统文化艺术资源的保护与开发利用既是实现中华优秀传统文化创造性转化和创新性发展的应有之义,也是形塑文化自信,夯实"五个认同",进而铸牢中华民族共同体意识的现实命题。作为中华民族多元族群在一体形塑进程中价值共识的历史集聚,"和谐共生、命运共济"之共同体意识早已植根于中华民族每一位成员心中。"各民族优秀传统文化都是中华文化的组成部分,中华文化是主干,各民族文化是枝叶,根深干壮才能枝繁叶茂。"①作为中华文化的重要构成,民族地域优秀的传统文化艺术资源体认着中华民族一以贯之的价值理念,展演着多元主体代际相传之价值共享。在新时代,要铸牢中华民族共同体意识,就必须要强化价值共识的主体共享,要把握好各民族文化和中华文化的关系,清楚认识到各民族优秀的传统文化是中华文化的重要组成部分,要传承和发展优秀的民族地域传统文化,推动中华优秀传统文化的创造性转化和创新性发展,基于价值共识历史凝聚之上明晰其时代意旨,全面推进中华民族共有精神家园的建设。

河湟地区自古以来便为重要的民族聚居地,也是丰富多样的民族民间传统文化艺术资源的重要发源地,正如有学者强调"河湟地区不仅是一个地理概念而且是一个地域文化单元"②。河湟地区处于我国三大民族走廊(即藏彝走廊、西北走廊、南岭走廊)中"西北走廊"之要道,汉、藏、回、土、蒙古、萨拉、东乡及保安等多元族群长期世居于此,世居族群在长期的共居生活中创造并

---

① 《以铸牢中华民族共同体意识为主线　推动新时代党的民族工作高质量发展》,《人民日报》2021 年 8 月 29 日。
② 赵宗福:《族群历史记忆与多元文化互动——河湟汉人"南京珠玑巷移民"传说解读》,《西北民族研究》2018 年第 2 期。

积累着区域空间意涵丰富的文化具象,多元呈现的传统文化艺术资源既有着悠久历史又极具现代价值。河湟地区多元族群在长期互动交融的生活中共同创造且历史积淀着丰富多样的传统文化艺术资源。作为共居空间内多元族群共同的生活习得与知识积淀,河湟区域传统文化既样态多元又特质鲜明,"纵观河湟地域文化数千年的发展,始终伴随着汉文化的扩散而不断与之趋同,同时,频繁的人口流动、族群迁移及统一、分裂的波动使其与中原文化又颇有差异。"①作为中华文化的重要组成部分,河湟文化不仅整合着区域内部多元族群彼此相异的文化传统,而且体认着中华民族一以贯之的价值意旨。作为民族区域文化传统的物化形态,河湟地区丰富多样的传统文化艺术资源承载着区域空间世居族群文化传统的根基指向,表征着民族区域赖以生存发展的无形资产与独特优势,其保护与开发利用不仅较高程度上关涉到民族区域社会的经济发展、民族地域文化的时代传承与中华文化的创新发展,而且较大意义上影响着民族区域的和谐稳定、民族国家的长治久安乃至中华民族的伟大复兴。

　　基于地理范畴溯源,"河湟"最早见于《后汉书·西羌传》:"乃度河湟,筑令居塞"②,系指黄河上游、湟水河流域及大通河流域一带,依据地理空间的区域范围划分,河湟又分为"大河湟"和"小河湟","大河湟"涵盖甘肃省以兰州为界的西南地区和青海省境内以青海湖为界的东南地区,"小河湟"则专指青海河湟地区。本书所界定的河湟地区即通常意义上的"小河湟"地区,也即青海河湟地区,主要包括现今黄河流域的贵德、尖扎、循化、化隆等县市以及湟水流域的西宁、湟源、大通、湟中、互助、平安、乐都、民和等地。河湟地区处于我国西北民族走廊要道,自古以来便为中华民族多元族群互动交融的重要聚居地。不完全统计,青海河湟地区现居住着包括汉、藏、回、撒拉、土、蒙古等世居

---

①　马建春:《多元视阈中的河湟:族群互动、文化认同与地缘关系》,社会科学文献出版社2013年版,第33页。

②　范晔:《后汉书》(第10册),中华书局1965年版,第2876页。

民族在内大大小小 30 多个族群的 400 多万人口。管窥"河湟"地区的形成和演变历史,尽管就区域空间的地理划分而言其历经诸多变动,但河湟地区之所以能够成为"西北边疆史上形成的诸多区域性地名中,影响大、传播广,至今仍在不同程度上被使用的地名"之一①,不仅源于其地域位置和行政区位的重要性,更深层的缘由则投射于其区域内部多元族群共生和多元文化共存的实然场景。如同中华民族多元一体的构成格局奠定着中华文化多元一体的结构态势一样,河湟地区多元族群在交互聚居的共同生活中演绎着和谐共生、交融一体的时空图景的同时,也夯实着区域空间多元文化异质纷呈而又一体走向的时代架构。无论从主体构成抑或文化体系揆诸,河湟地区均可谓多元一体中华民族格局和多元一体中华文化态势空间展演的经典范式。

河湟区域次生多元一体的空间态势从本源意义上凸显于区域内部多元一体的族群构成,多元族群在共居的区域空间内和共同的生活中生动演绎着冲突交锋却终归于一体交融的历史图景。据史籍考证,河湟区域早期的迁居居民为西戎、氐和羌,秦汉之后随着西戎、氐、羌的外迁和匈奴、鲜卑、吐蕃、蒙古等诸多族群的内迁,尤其是汉族人口的大规模西迁,有力推动河湟地区多元族群不断交替上演着解构和重构之历史场景,在族群整合中得以保留且现今仍生活于河湟区域的藏族、土族、撒拉族、东乡族、保安族等世居民族也形成且构建于此过程中。多元族群在河湟区域共享的空间内和共居的生活中虽时有冲突和矛盾,甚至伴以交锋和战争,但在族际迁徙与族群整合的历史进程中日益生出"你中有我,我中有你"的相互依赖和相互交融的紧密关系。多元族群之间无强弱之分,无主次之别,在其交互杂居的共同生活和交往互动中相互学习、彼此借鉴,既充分吸收着"他族群"的优势同时也贡献着"我族群"的长处,在相互包容理解中走向和谐共生、交融一体的现实图景。

作为中华文化多元一体区域态势的典型演绎,多元族群的互动交融从本

---

① 侯丕勋、刘再聪主编:《西北边疆历史地理概论》,甘肃人民出版社 2008 年版,第 7 页。

源上夯实着青海河湟地区次生多元一体的文化架构。作为黄河流域人类活动的发源地之一,青海河湟地区既孕育着青藏高原文明的最初形态,又承载着中原文明向西拓展的历史舞台。纵观黄河流域文明起源的四大传统文化,河湟文化与中原文化、河套文化、齐鲁文化既有密切联系又有显著区别。在河湟区域社会历史变迁过程中,多元族群在长期的共居生活中推动并发展着族际文化的交流互动,形成了"我中有你,你中有我"的嵌入式区域文化特点,"是我国文化多样性最为丰富、积淀最为深厚的一个独特的文化区,更是中华文化多元一体格局的缩影。"①现今河湟地区文化构成的主体部分主要包括儒释道文化、伊斯兰文化与藏传佛教文化等,除此之外,以具体神物承载的多种民间信仰文化也是河湟地区重要的文化存在。多元异质文化体系之间既彼此独立,又不相互隔离抑或抵触,而是在实现自我发展的同时学习借鉴,取长补短,互嵌着对方的优势与先进之处,并最终走向一体共演的同质本源,形成了"'你离不开我,我离不开你;你中有我,我中有你;甚至我就是你,你就是我'异质纷呈的民族文化亲缘关系"②。多元族群在互动交融空间场景中的文化共创和文明共享既演绎着河湟地区的历史常态,又呈现为其现实景观,也由此创设着民族区域多元主体利益一致与共识达成的社会情境与价值语境。

　　作为河湟区域多元文化的构成要件与传统根基,河湟地区丰富多样的传统文化艺术资源集中释义着河湟文化的价值本源与现实意旨。河湟地区虽然面积上仅占青海省的三十分之一,人口上却占比四分之三,河湟谷地物产丰富、风光旖旎、文物古迹众多、宗教圣地林立,尤其是丰富的文化遗产景观,构成了一条令人神往的西部风景线③。近些年来,河湟区域次生多元的文化构

　　① 杨文炯:《人类学视阈下的河湟民族走廊——中华文化多元一体格局的缩影》,《青海民族大学学报》(社会科学版)2015 年第 1 期。

　　② 班班多杰:《和而不同:青海多民族文化和睦相处经验考察》,《中国社会科学》2007 年第 6 期。

　　③ 邓湘琼:《对民间艺术保护现状的思考——以青海河湟地区民间美术为例》,《青海民族研究》2015 年第 3 期。

成与特质凸显的传统文化态势一直以来都受到学界广泛关注,但绝大部分研究都着重于从民族学、文化人类学等视角对文化模式、文化内容及特定文化现象进行具体解读,正如有学者所言"仅从单一学科的视角去观察河湟地区,我们将难以发现这一地缘族群关系与文化的一般规律或原理"[①],也难以在文化发展与文明进步时空情境中去整体揆诸河湟地区传统文化艺术资源的价值意涵及其传承发展的时代意义。有鉴于此,本书尝试在马克思主义与中国特色社会主义理论指导下,整合政治学、文化学、民族学、教育学、思想政治教育等学科方法,基于文化价值建构的功能指向、传统文化传承发展的时代意旨等理论全面阐析,明晰河湟地区传统文化艺术资源保护与开发利用的现实意义,基于河湟地区传统文化艺术资源保护与开发利用的实证描摹,并吸取不同区域传统文化传承开发的经验启示,不仅建构河湟地区传统文化艺术资源经济生产性保护与开发利用的践行场域,而且筑建其价值传承性保护与开发利用的实然场景,无论就研究范式抑或具体内容均具有一定创新性。

---

① 马建春:《多元视阈中的河湟:族群互动、文化认同与地缘关系》,社会科学文献出版社2013年版,第3页。

第一章　传统文化艺术资源保护与开发利用的理论阐析

美国人类学家克利福德·格尔兹说：所谓文化，是自己编织的意义网，所以文化分析并非寻求规律，而是探究意义。作为人类创造的物质文化和精神文化的总和，文化艺术资源不仅极具经济价值，而且彰显社会意义。作为文化传统的具象呈现与物化承载，传统文化艺术资源，既是历史产物又是社会现象，其不仅仅表征为个体或群体、经济或政治的行为与作用，而且更深刻地体认着文化主体价值意义的社会属性。丰富多彩的传统文化艺术资源不仅可以作为资源样态参与社会实践，引发经济和社会双重效益，而且可以体认价值意涵渗透民众生活，强化道德理性的自觉养成，深化伦理规范的社会规制，也由此更加彰显其保护与开发利用的时代意义。

第一节　传统文化的理论解读

文化释义着文明的起源与进步，也刻写着民族的面貌与形塑，民族文化以情感维系与价值导向展演着民族的代际相承与血脉延续，也据此强基着民族共同体的价值基础与归属自觉。作为中华文化的历史传统与价值本源，传统文化不仅承载着中华文化时代传承的传统根基，而且注解着中华文化创新发展的时代意旨。作为民族传统文化的精神之源与价值体认,中华优秀传统文化是中华文明演化而成的反映民族特质和民族风貌的文化态式,其不仅表征着中华民族独有的精神标识,而且积淀着中华民族最深层的精神追求,并由此滋养着多元一体中华民族的生生不息与不断壮大。

一、文化的概念溯源

文化研究是一个由来已久的命题,古今中外涉及文化词条的释义数不胜数,但并无一个被学界所统一认可的定义。"文化"一词源发于拉丁文的"cul-tura",意为"土地的耕种与培育",自15世纪以后逐渐得以引申和使用,把人的品德和能力培养亦称为文化。《现代高级英汉双解词典》释义文化(cultural)如下:①人类能力的高度发展;②人类社会智力发展的证据;③一个民族的智力发展状况;④培养;种植;栽培;⑤细菌的培养,①从整体上较为全面地解释了文化一词的内涵,也侧重阐述了文化与人的内在关系结构。英国著名人类学家泰勒在《原始文化》一书中如此界定文化:"包括全部的知识、信仰、艺术、法律、道德、风俗以及人作为一个社会成员所获得的任何能力与习惯的复杂整体。"②这是最早的且迄今为止也是影响比较深远的文化定义,开创了把文化作为一个复杂的涵盖多种社会要素的系统结构进行研究之先河。英国人类文化学家马林诺夫斯基从功能学的角度释义文化存在本身即为满足人类需要,其指出"文化是包括一套工具及一套风俗——人体的或心灵的习惯,它们都是或直接的或间接的满足人类的需要。一切文化要素,若是我们的看法是对的,一定都是在活动着发生作用,而且是有效的"③。克利福德·格尔茨则认为文化是由人类所创造的具有象征意义的系统,其指向历史遗留且存在于符号中的意义模式,借以符号形式所表达的前后相袭的概念系统,人们以

---

① 《现代高级英汉双解词典》,商务印书馆2009年版,第1146页。
② [英]泰勒:《原始文化》,连树声译,上海文艺出版社1992年版,第1页。
③ [英]马林诺夫斯基:《文化论》,费孝通等译,中国民间文艺出版社1987年版,第14页。

此交流、保持和发展对生命的知识和态度。① 归纳总结文化概念的经典释义，不难发现文化承载着人类主体代际相袭的生活习惯和行为模式，其不仅是人类活动的社会产物，而且反之以其自身要素在社会系统结构中的发展变化持续影响着人类的社会生活。

"文"与"化"两字在我国最早见于《易经·贲卦·象传》中"观乎天文，以察时变。观乎天文，以化成天下。"孔颖达于《正义》一书对其进行释义"观乎天文以化成天下者，言圣人观察天文，则诗书礼乐之谓，当法此教而化成天下也。"②"天文"即指"诗书礼乐"，圣人须当以此教化天下之众，从中可窥"以文教化"之涵义。西汉刘向在《说苑·指武》篇中最早提到"文化"一词："圣人之治天下，先文德而后武力。凡武之兴，谓不服也；文化不改，然后加诛。"在此"文化"一词可谓与"武力"相对，蕴含教化与德治功能。南齐王融在《曲水诗序》中曾言："设神理以景俗，敷文化以柔远"，意指以神权与天理观念去警醒民众，以深厚的文化底蕴去怀柔偏远的民族。由上述释义可见，在中国传统语境中，"文化"本义普遍性指向"文治"与"教化"。中国近代许多学者认为文化其实是生活方式，与人们社会生活的方方面面关系紧密甚至可涵盖生活的全部，可谓秉承了广义文化观的基本内涵与真谛，如梁启超曾言"文化者，人类心能所开积出来之有价值的共业也。""文化是包含人类物质精神两面的业种业果而言。"③梁漱溟先生也认为文化"不过是那一民族生活的样法"④，并对此作出具体解释"文化，就是吾人生活所依靠之一切。文化之本义，应在经济、政治，乃至一切无所不包。"⑤从文化外延层面理解，这些观点也不无道理，阐释了文化与社会环境以及人的生活之密切联系，从广义范畴界定了文化

① ［美］克利福德·格尔茨：《文化的解释》，纳日碧力戈等译，上海人民出版社 1999 年版，第 109 页。

② 《十三经注疏》，中华书局 1979 年影印本，第 37 页。

③ 蒋宝德、李鑫生主编：《中国地域文化》（上册），山东美术出版社 1997 年版，第 5 页。

④ 梁漱溟：《东西文化及其哲学》，上海人民出版社 2006 年版，第 30 页。

⑤ 梁漱溟：《中国文化要义》，上海人民出版社 2005 年版，第 6 页。

概念并得到现代学界认同,如《辞海》中将文化定义为:"广义指人类社会历史实践过程所创造的物质财富和精神财富的总和;狭义指社会的意识形态以及与之相适应的制度和组织机构。"①《中国大百科全书》(哲学卷)也释义:"广义的文化总括人类的物质生产和精神生产的能力、物质的和精神的全部产品。狭义的文化指精神生产能力和精神产品,包括一切社会意识形态,有时又专指教育、科学、文学、艺术、卫生、体育等方面的知识和设施,以与世界观、政治思想、道德等意识形态相区别。"②上述定义虽字面内容不尽相同,但均认为广义的文化概念应该包括物质和精神两个层面的生活态式,将文化等同于社会或者社会生活,狭义的文化概念则专指社会意识形态。

国内外学者早就明确指出"文化"与"社会"并非等同于彼此,而是截然不同的两个范畴,美国著名人类学家克利福德·格尔兹曾经强调应该"把文化概念的范围缩小到应有规模,从而确保它继续保持重要性,而不是削弱它"③。学者顾晓鸣于20世纪80年代就已经指出:"不管你给'文化'以什么样的定义,'文化'的外延总是无限地扩大,最终成为一个包罗万象、大而无当的概念;反过来,不管我们从如何恢宏的广义文化概念出发来考察文化现象,结果呢,事实上总是用一个极其狭小的文化方面来'偷换'了那比较全面的文化概念。"④这从某种程度上反映了当代文化研究的困境,文化发展确实与社会紧密相关但其本身又具有相对独立性,马克思认为艺术的"一定的繁盛时期绝不是同社会的一般发展成比例的"⑤,恩格斯也曾言"经济上落后的国家在哲学上仍然能够演奏第一小提琴"⑥,文化研究绝不能在概念范畴上将文化等同

① 《辞海》,上海辞书出版社1989年版,第4022页。
② 《中国大百科全书》哲学卷,中国大百科全书出版社1987年版,第924页。
③ [美]克利福德·格尔兹:《文化的解释》,纳日碧力戈等译,上海人民出版社1999年版,第4页。
④ 顾晓鸣:《文化研究中的几个"悖论"》,《社会科学》1986年第7期。
⑤ 《马克思恩格斯选集》第2卷,人民出版社2012年版,第710页。
⑥ 《马克思恩格斯选集》第4卷,人民出版社2012年版,第612页。

于社会生活,不能单纯因为某种事物具备文化属性或者文化内涵就认为其是特定文化本身。美国著名文化人类学家 A.L.克罗伯和 K.科拉克洪基于一百多种文化概念总结分析之上认为,"文化存在于各种内隐的和外显的模式之中,借助符号的运用得以学习与传播,并构成人类群体的特殊成就,这些成就包括他们制造的各种具体式样,文化的基本要素是传统(通过历史衍生和由选择得到的)思想观念和价值,其中尤以价值观最为重要"①。由此可见,文化是思想观念形态,价值或者价值观是文化的核心灵魂。

文化是人类为了满足自己的需要创造出来的物质和精神成果,作为人类改造世界的方式、能力和结果,文化既表现为有形的物质存在,又表现为内在的精神状态。在构成文化体系的物质文化、制度文化和精神文化三个层面中,处于客观存在表层的是物质文化,以权威的身份规定文化体系性质的是制度文化,处于深层位置的是精神文化,归属于精神、思想和观念的范畴。从哲学意义上讲,文化是相对于物质形态的观念形态,是内涵性存在、意向性存在、价值性存在的有机统一体。在现实性上,狭义的精神文化往往以民族为载体依附于具体国家,是民族生存的集体记忆和民族精神的符号化表达。

文化建构价值,价值观本质释义着文化的核心意旨。作为主体自我意义的探求结果,文化始终受到价值体系的导引与规制,特定的文化传统与文化理念在民族社会历史演进中往往浓缩为共同体特定的价值取向与价值诉求。伴随着人类社会生产生活方式的巨大变革,形塑于人类社会文明历史进程中的文化体系也发生着由低到高的进步,但无论其表象如何演绎,其价值归属始终指向主体视域的意义阐释。在现实性上,作为主体对象化活动的本质力量,任何一种文化价值体系的形成发展都呈现为历史演进的动态过程,其尽管生成于特设的社会情境之中,深烙着特有的时代痕迹,被赋予特定的主体意义,但在时空情境中每一次的再现实际上都历经选择与重塑。"任何一个文化的轮

---

① 转引自李鹏程:《当代西方文化研究新词典》,吉林人民出版社 2003 年版,第 302 页。

廓在不同人的眼里看来都可能是一幅不同的图景;而在讨论到我们自己的文化之母,也就是直到今天仍对我们有影响的这个文化时,作者和读者就更不可避免地要随时受个人意见和个人感情地影响了。"①

在民族社会既定限域内,文化价值体系的历史演进本质上展演为价值体系的时代传承与丰富发展,其不仅包含着多元主体对价值传统之理性研判与主动抉择,而且内蕴着时代社会对传统价值之现实淘汰与自动保留,文化体系的适应性也由此得以注解。"文化具有适应性,在广义上指社会传承的知识是人类的主要适应方式,狭义上则指每一文化都是人类为生存而设计的计划,这个生存计划使人类以群体的形式在特定的环境中得以生息繁衍、绵延不断。"②文化适应性实质指谓人类社会进程中文化体系主体取舍与自我创新双层维度的"优胜劣汰",实现着主体诉求的文化满足与文化价值的时代转化。据此,文化为适应主体需求而自觉进行的主动调适和自我选择不仅主观催生着文化的自我传承和发展,而且客观推动着文化的社会创新和丰富。当然,任何一种文化的发展,都不可能孤立独行,都需要一种与其相异质的他者文化的存在,因为"每一文化的发展和维护都需要一种与其相异质的并且与其相竞争的另一个自我的存在。"③在现代化、全球化、信息化所引发的民族社会转型进程中,异质文化的共生并存与多元价值的交锋博弈使得民族文化传承发展的现实处境愈加复杂化,但是,与"他者"文化相互竞争过程中的取长补短是民族文化传承发展实然达致的践行前提。在文化价值体系多元化竞争的时代场域中,任一国家或民族的文化体系倘若自我封闭、与世隔绝,必然会陷入落败甚至消亡之困境危机。在文化碰撞与价值激荡的现实语境中,任一文化都需要在异质文化的存在和建构中得以发展和丰富,多元异质文化的接触、交锋

---

① [瑞士]雅各布·布克哈特:《意大利文艺复兴时期的文化》,何新译,商务印书馆1997年版,第1页。

② [美]S.南达:《文化人类学》,陕西人民教育出版社1987年版,第54页。

③ [美]爱德华·W.萨义德:《东方学》,王宇根译,生活·读书·新知三联书店2007年版,第426页。

与交流已经成为不可回避的趋势与事实,中华文化的时代传承与创新发展亦不例外。

二、传统文化的理论厘清

作为中华民族特有的历史积累和精神记忆,在中华民族一体形塑过程中形成发展的传统文化不仅表征着民族之魂,而且体认着民族之本。作为中华文化的历史传统与价值本源,传统文化不仅承载着中华文化时代传承的传统根基,而且注解着中华文化创新发展的时代意旨,因为"它无时无刻不在影响、制约着今天的中国人,为我们开创新文化提供历史的根据和现实的基础。"[①]承载了民族精神的传统文化,以爱国主义为正向释义的精神理念不仅缩影了民族形式的生活方式、群体心理和文化价值体系,而且展演集纳了民族成员的民族传统、社会体系和梦想实现形式的社会模式。

传统文化研究历来是学界经久不衰的话题,就国内学界而言,传统文化及其关涉问题研究自 20 世纪 70 年代末以来就备受学界关注。尤其是近些年来,在多元文化碰撞与多元价值冲突的现实境遇中,文化的东方寻向与民族文化的时代阐释使得传统文化关涉研究愈加受到重视,其关切重点集中于传统文化的概念范畴、特质彰显、价值意涵等理论视域。

就传统文化的概念界定,学界范畴标准难以统一。有学者认为"中国传统文化就是中国各历史时期形成的诸如生活风习、制度形成、道德伦理等能流传下来的各种文化成果"[②]。从时间和内容范畴规定了传统文化的外延即"各历史时期"与"各种文化成果"。张岱年先生将传统文化直接等同于封建社会的文化,其开宗明义指出:"所谓中国传统文化,事实上是指中国封建社会的文化。"[③]

---

① 张岱年、方克立:《中国文化概论》,北京师范大学出版社 2004 年版,第 9—10 页。
② 庄严:《何为中国传统文化》,《兰州学刊》1997 年第 2 期。
③ 王守常主编:《中国文化书院九秩导师文集——张岱年卷》,东方出版社 2013 年版,第 170 页。

学者钱逊也认为："中国传统文化主要是指在封建社会逐步形成的文化。"①就传统文化的具体内容，庞朴先生认为："其内容当为历代存在过的种种物质的、制度的、精神的文化实体和文化意识。例如说民族服饰、生活习俗、古典诗文、忠孝观念之类。"②刘梦溪认为广义的传统文化就是指"中国传统社会中华民族的整体生活方式和价值系统，其精神学术层面，应该包括知识、信仰、艺术、宗教、哲学、法律、道德等"③。由此可见，对于传统文化概念，学界一般从时间范畴上认可其主要形成于封建社会时期，从内容范畴上认为广义外延上的传统文化包括物质的和精神的生活方式，狭义则专指文化意识观念。

就传统文化的特质解读，较多观点认为必须基于文化特性与社会属性双重维度研判其文化特质。庞朴认为："传统文化产生于过去，带有过去时代的烙印；传统文化创成于本民族祖先，带有自己民族的色彩。"④深刻阐述了民族性与时代性是传统文化的本真特性。同时，"一个民族的传统文化的形成，往往与该民族所处的地理环境、经济结构、政治制度等具有密切的联系，它具有历时性、普遍性、延续性以及变异性等特点。"⑤张岱年先生也曾经提到："传统文化所蕴含的、代代相传的思维方式、价值观念、行为准则，一方面具有强烈的历史性、遗传性，另一方面又具有鲜活的现实性、变异性，"⑥明确指出传统文化天然具有历史传承性与现实发展性。费孝通先生在《对文化的历史性和社会性的思考》一文中也谈到"文化的历史性和社会性在中国文化中体现得特别明显"⑦。其中的历史性指向于中国文化对文化传统的传承性，而社会性则投射于中国文化的现实性。冯天瑜等学者认为传统文化"具有历史性和现实

---

① 钱逊：《关于马克思主义与中国传统文化的几点想法》，《学术月刊》1996年第5期。
② 庞朴：《文化传统与传统文化》，《科学中国人》2003年第4期。
③ 杜悦：《什么是国学　什么是传统文化——刘梦溪访谈》，《中国教育报》2007年5月23日。
④ 庞朴：《文化传统与传统文化》，《科学中国人》2003年第4期。
⑤ 陈国强主编：《简明文化人类学词典》，浙江人民出版社1990年版，第195页。
⑥ 张岱年、方克立：《中国文化概论》，北京师范大学出版社2004年版，第9页。
⑦ 费孝通：《对文化的历史性和社会性的思考》，《思想战线》2004年第2期。

性;同时,作为历史遗传下来的现存传统文化,还具有保守性,往往排斥或同化现代文化成分。"①因此,保守性也可谓传统文化的一大本质属性。总结来说,传统文化的本质特性涵盖其民族性、时代性、主体性甚至保守性,而其社会属性可理解为历史传承性与现实发展性。

　就传统文化价值意涵的意义阐释,学界普遍认为尽管传统文化既存精华又有糟粕,但整体凸显积极正面的精神引领与价值导向。张岱年先生认为传统文化"它无时无刻不在影响、制约着今天的中国人,为我们开创新文化提供历史的根据和现实的基础"②,且明确指出"伦理道德是中国传统文化的核心,也是中国文化对人类文明最突出的贡献之一。"③刘梦溪认为传统文化的核心价值在于"六经",而"六经"的价值理念则集中释义于诚信、爱敬、忠恕、知耻与和同五组概念,且基于传统文化价值理念的精神旨归,强调其传承发展的现实意义。④ 詹小美认为民族精神是民族传统文化的核心要素,并强调"尽管中华民族精神的其他要素,从不同的侧面反映了中华民族不同的精神风貌,但是在爱国爱民、忧国忧民、救国救民这一价值取向上,却表现出惊人的一致。"⑤由此可见,传统文化的时代价值得到学界高度认可。

　作为民族社会历史发展进程中的文化积淀,传统文化展演着中华民族多元族群一体形塑的精神承续,确证着多元一体中华民族的心理归属,据此,民族性、时代性可谓集中诠释着其本真特性。任何一种文化态式都需由特定的群体承载,反言之,任一族群都承载并体征特定的文化模式与文化意义。文化刻写着民族面貌,依附于民族而生存发展,民族性是民族文化的根本特性,也释义着中华传统文化的本然特性,其凸显着传统文化价值体系之独立主体性。作为中华民族价值指向的传统体认,传统文化价值蕴涵表征着中华民族一以

---

① 冯天瑜主编:《中华文化辞典》,武汉大学出版社 2001 年版,第 9 页。

② 张岱年、方克立:《中国文化概论》,北京师范大学出版社 2004 年版,第 10 页。

③ 张岱年、方克立:《中国文化概论》,北京师范大学出版社 2004 年版,第 210 页。

④ 刘梦溪:《中国传统文化价值理念的现实意义》,《新华日报》2015 年 8 月 24 日。

⑤ 詹小美:《民族文化认同论》,人民出版社 2014 年版,第 36 页。

贯之的价值共识与理性自觉。"共同意识是一整个阶级、一整个人民集体、一整个民族乃至一整个人类所共有的不假思索的判断。"价值共识诠释着多元一体民族文化的核心理念,其指涉民族成员于多元文化互动的历史过程中提炼出来的大家所共同承认且实现共享的价值理念,进而将其擢升为生活实践中的行为规范与道德目标,并最终擢升为维系中华民族共同体认同的整合力与向心力。文化传统的民族性显现预设着民族国家文化背景历史延续的"先在前提",在多元文化交往互动的空间延展中,任一文化体系都无法摆脱其自身个性的前提预设,尽管在一定程度上与文化全球化趋势存在冲突,但民族文化的创新发展必须基于其价值意涵的传统传承之上,必须坚守自身的主体性限定。文化生成的民族承载从本源上决定着民族文化的个性化发展与独特性显现,即使在价值体系国际多元化潮流的时代场景中,民族文化的创新发展绝不能背离其传统根基,不能消亡其民族特性。事实上,多元文化的冲突与竞争愈加强化民族文化的传统特质,文化发展的时代要求与主体诉求也愈加彰显民族文化传统的现实意义。

价值蕴涵本质释义着传统文化之时代旨归,也注解着传统文化意义重构的价值语境。"在任何一种文化体系中,价值观都扮演着文化核心的角色,决定着文化的根本性质、基本气质与深层意义世界。"[1]在民族社会既定框架内,传统文化是民族成员在漫长历史进程中的生活习得与实际积累,其不仅表征为涵盖知识体系与生活习俗在内的统一整体,而且具有自身独特的生存发展模式,并不断随着社会的发展进步而得以演进。基于价值体系考量,传统文化尽管具有宗法、封建等级制的烙印,但也包含人文价值的精华[2],如"儒家文化中的同情、分配方面的正义、责任意识、礼教、热心公益和群体取向等,他们与西方文化中的工具理性、自由权利、意识、隐私权和个人主义等启蒙价值一样,

---

[1] 沈壮海:《文化软实力及其价值之轴》,中华书局 2013 年版,第 5 页。
[2] 钱逊:《关于马克思主义与中国传统文化的几点想法》,《学术月刊》1996 年第 5 期。

都是放之四海而皆准的普遍价值。"①据此,传统文化的传承与发展必须坚持"取其精华,弃其糟粕",必须研判其价值语境的复杂多变性。

传统文化的价值语境实质体现为民族成员对多元一体民族文化传统的价值认知、评判,进而作出价值抉择并自觉践行的时空情境。"价值体系本身是一种文化形态。人类价值体系的发展,是一种文化的历史选择过程。"②传统文化的价值语境亦呈现为发展变化之动态过程。作为一种文化价值体系,传统文化逐渐形成并发展壮大于中国封建社会源远流长的几千年历史进程中,其注定存在与现代社会文化生态不相协调之处,但与此同时,作为中华民族多元族群共同的文化积累,传统文化也必然彰显与民族国家主流价值体系契合之处,也据此决定着其价值语境的现实复杂性。在多元文化交流碰撞的时代场景中,全球化导致的结构性失衡不断挑战着民族国家价值认同的传统根基与阐释原则,并引发民族成员前所未有的文化反思与价值质疑,"在价值多元的现实语境中,在各种各样的价值要求中,或似是而非的形式,在所谓去中心化的解构中,把政治认同变得模糊。受此影响,价值及价值观的纷至沓来弱化着主流价值体系的一元统摄,已然成为现代化进程中无可争辩的事实。"③多元价值的个性彰显更加激化价值抉择个体诉求与群体利益的多维矛盾,直接引发民族主体的价值追求悖反于社会主流价值体系的规制,也必然导致传统文化价值传承的现实困境。在现实性上,价值诉求的主体困惑与民族社会价值体系的意义重构使得民族文化创新发展的传统寻向更加迫切,也愈加强化着传统文化时代传承的主体心理与社会语境。

源于文化价值传承发展的历史选择性,传统文化在民族共同体既定框架内的时代传承与创新发展亦呈现为复杂景观。"文化在发展的历程中必然有变革,而且有飞跃的变革。但是文化不仅是屡屡变革的历程,其发展亦有连续

---

① 郭建宁:《传承优秀传统文化发展中国先进文化》,《共产党人》2011年第11期。
② 李从军:《价值体系的历史选择》,人民出版社2008年版,第103页。
③ 王仕民、詹小美:《价值多元语境中的政治认同》,《哲学研究》2014年第9期。

性和累积性。在文化变革之时,新的虽然否定了旧的,而新旧之间仍有一定的连续性。"①当代中国文化既包含对传统文化的历史继承,又涵盖传统文化于现实社会的创新发展。在多元文化价值交锋的冲突时代,作为民族文化传承发展的践行主体,民族成员必须基于自身文化传统价值指向理性研判之上,明晰民族传统文化在时代境遇中的传承优势。"只有真理存在于其中的那种真正的形态才是真理的科学体系。"②在价值体系历时演变的漫长进程中,民族传统文化时代传承的普适基础存在于其与现实社会价值需求相通之价值理念,必须探寻文化价值传统与社会主流价值相契合之处,既是传统文化时代传承的前提,也是民族文化创新发展的基础。中华传统文化源远流长几千年,内容既存精华又有糟粕,价值既含真理又存谬论,必须理性甄别、研判并认真取舍。民族成员对传统文化的研判和抉择须持理性态度进行逻辑分析,而且传统价值在其自身实现传承发展的过程中亦即要适当之文化态势与价值形式。

作为主体意义的自我探寻,民族文化的传承发展必须体现且满足民族主体的价值诉求。"据我们看,所谓一家文化不过是一个民族生活的种种面面。"③由此出发,作为文化核心建构的价值体系也无外乎是特定民族生活方式的具体显现,文化价值的传承发展必须建立在民族主体的现实需求之上,最终所保留的并得以丰富发展的价值体系必然是民族成员现实生活中所实际需要的且有益于民族共同体生存进步的文化承载,也正因此,民族社会的文化具象在一定意义上都被赋予着特殊的存在价值。在民族社会时代场景中,传统文化的代际相传并非是强加其价值意义于民族主体的被动过程,其实际指向民族成员依据自身价值诉求与社会价值要求之上主动接受且自觉内化的积极行为。在文化传承与创新发展的现实过程中,个体的利益满足是价值研判与

---

① 王守常等主编:《中国文化书院九秩导师文集——张岱年卷》,东方出版社2013年版,第120页。

② 黑格尔:《精神现象学》,贺麟等译,商务印书馆1979年版,第3页。

③ 梁漱溟:《东西文化及其哲学》,上海人民出版社2006年版,第18页。

价值取舍的根本标准,民族成员基于文化传统研判之价值取舍实质上也是传统文化现实转化与民族文化意义重塑的统一过程,传统文化价值蕴涵的时代扬弃永远伴随着价值主体的现实诉求而做着多少的增减。从文化多元的社会表象中去探寻传统文化价值蕴涵的普适基础,寻道民族文化传统与社会主流价值的契合之处,是传统文化传承发展的现实选择。

传统文化是民族文化世代传承与创新发展的根基涵养与母体基础。"中华民族的古老文化虽然已经过去了,但它也是将来中国新文化的一个来源,这不仅是过去的终点,也是将来的起点。"①在多元文化竞争博弈的时代境遇中,民族文化的丰富创新决不能背离其根基传统,对民族文化传统的一味抨击甚至全盘否定不仅会导致传统文化现实调适的重重困境,而且也将造成民族文化的时代发展陷入无源之境。事实上,中华传统文化本身就包含着极具普适性意义的价值内涵和语义指向。作为人类文明的民族积淀,中华传统文化的价值精华在现代转型过程中得以意义重构与辉煌再现,不仅是中华文明迈步前行的精神引领,而且是世界文明发展进步的共享财富。文化反哺时代,民族文化的创新发展绝对不能脱离传统文化之本源基础,必须在传承和创新中保持文化的民族特色不变,否则,就变成了对西方文化进行简单移植或者过分依赖。全球化使每一种文化都需要与其他文化进行交流和碰撞,但这种吸收的前提是继承和保持本民族的优秀文化传统。尤其是在全球化的浪潮中,无视民族文化传统,对外来文化生搬硬套,将最终导致民族文化的衰落境地甚至消亡危机。在多元文化竞争冲突的时代场景中,民族文化创新发展的动力即源自于对自身文化传统的充分挖掘与自觉践行,必须要给予其文化传统以足够尊重。民族文化创新发展实质指向中华传统文化的时代传承与现实调适,在异质文化碰撞和多元价值冲突的现实场域,文化价值传统的承继不仅固基着中华文化时代传承的本真特性和本源意旨,而且筑牢着中华民族创新发展的

---

① 冯友兰:《阐旧邦以辅新命》,上海远东出版社1994年版,第240页。

价值基础和价值导向。

三、中华优秀传统文化的理论释义

无论从历史延续抑或当代滋养考量，中华优秀传统文化均负载着多元一体中华民族最深层的文化意义和价值意涵，其不仅是中华文明悠久历史的积累和沉淀，而且是中华民族多元族群共同的精神之源和文化之魂。

中华优秀传统文化不仅框定着传统文化的精神理念与价值原则，而且整合着中华民族多元族群共同的文化精华与共通的价值诉求。作为中华文化一以贯之的价值体认，中华优秀传统文化恰恰表征着中华民族多元族群的文化精华，代言着中华民族共同的价值诉求。在中华文明五千多年源远流长的历史进程中孕育发展的中华优秀传统文化不仅表征着中华民族最深层的精神追求，而且沉淀着中华文化独有的精神标志。作为中华民族多元族群共同的文化积淀与集体的智慧结晶，在中华民族一体形塑历史进程中形成发展的中华优秀传统文化不仅承担着文化传承和文化积累的历史重任，而且肩负着文化创新与文化发展的时代使命。雅斯贝尔斯在其《历史的起源与目标》一书中曾言：公元前 800 年至公元前 200 年是人类文明的"轴心时代"，人类文明在那个时期有着重大突破，当时的古希腊、古中国、古印度等不同形态的文明对人类社会产生了重大而深远的影响。但是，今天再回顾这些文明起源，古希腊、古埃及、古罗马等文明都已经烟消云散，古印度文明也曾历经无数次的中断，能够代际相传四、五千年而且至今依然生机勃勃"巍然独存"的只有中华文明。溯源历史，审视当代，最重要的原因即在于中华文化所体征的一脉相承的精神追求与价值理念，其不仅维系着幅员辽阔、人口众多的中华民族认同之价值共识与情感共通，而且擢升为民族多元、文化多样的国家认同之价值自觉与心理归属。中华民族多元主体在"修身、齐家、平天下"与"尊时守位建功业"的历史过程中所培育和形成的革故鼎新、与时俱进、实事求是、天人合一的核心思想，勇于担当、爱国敬业、孝悌忠信的传统美德，求同存异、以文化人、俭约自守的人文精神,激励支撑着中华民族在漫长几千年的历史长河中得以生生不息、薪火相传、顽强发展。

中华优秀传统文化不仅是中华文明悠久历史的积累和沉淀,而且是中华民族多元族群共同的精神之源和文化之魂。多元一体的民族结构从本源上决定着中华民族文化的多元一体构成,也由此生成着中华传统文化的多元一体态势。中华优秀传统文化是建立在中华民族共同利益之上的观念意识形态,其不仅体征着中华传统文化的精髓实质,而且汲取于中华民族多元族群的文化精华,整合着多元族群各自的文化智慧并进而凝聚为中华民族共同的精神诉求和价值理念。以爱国主义为核心意旨的中华优秀传统文化是一个内容多元、层次多维的文化系统,爱国主义、整体为上、厚德载物、自强不息、和合与共等内容的相辅相成与各自独立,构成了中华优秀传统文化内容结构中相对稳定的部分。其中,爱国主义是核心要素,是其他要素萌发和生长的前提;整体为上是爱国主义的价值实现,其家国一体的价值表达,形成了中华民族的群体价值取向;自强不息、厚德载物是爱国主义的精神动力,它以民族气节、情感和意志的统一,为中华民族提供了刚健有为、奋发进取的价值实现方式;和合与共的兼容并蓄强调人与人、人与社会、人与自然的和衷共济,为中华民族提供了合作共赢的生存发展方式。在现实性上,爱国主义与社会主义的统一、群体意识与集体主义的结合、“天人合一”与“和谐发展”的遵循、“大同社会”与“和而不同”的指向、“民惟邦本”与“执政为民”的理念,凸显了中华优秀传统文化的当代价值。

作为仅仅容纳正面意义的文化精髓,中华优秀传统文化的进步性因素,框定了中华民族共同的心理特征和文化传统;作为民族生存和发展的精神力量,中华优秀传统文化以情感、规范、目标为导向,切入民族生存的客观与实际,展现民族发展的血脉与相承,推进中华民族这一特定人群本质力量的对象化。在多元价值的冲突中、在传承相袭的源流里、在现实问题的张力下、在民族成员生活展演的现实场域中弘扬传承和创新发展中华优秀传统文化,以中华优秀传统文化涵养并固基社会主义核心价值观培育与践行的社会基础,不仅筑牢着中华民族多元族群交融一体的情感依赖和心理共通,而且强基着民族成员文化认同的理性养成和价值共享。

作为中华优秀传统文化最集中的表达,民族精神在民族成员生活场域中的传承和弘扬是凝聚民族共识并进而推动文化认同实然达致的根本路径。民族精神是民族文化创造出来的并成为该文化思想基础的东西①。中华民族精神是中华民族多元族群在长期的历史生活和社会实践中逐渐形成发展且被民族成员所共同尊崇的精神信仰,其不仅在民族社会的发展进程中具有广泛深刻的促进作用,而且在民族成员的生活实践中起着精神导引和共识凝聚的重要作用。中华优秀传统文化积淀着多样而珍贵的精神财富,也由此决定着中华民族精神实质上呈现为一个内容多元、层次多维的有机统一整体。其中,爱国主义在中华民族精神的整体结构体系中居于核心地位。

作为中华民族文化最深层的诠释,价值理念在民族成员生活场域中的传承和弘扬是汇聚共同价值并由此促进文化认同实然达致的关键路径。在中华优秀传统文化与中国精神的内容结构中,整体主义价值观居于核心引导地位。中国传统文化中的群体意识孕育了中华民族整体为上的思想传统,构成了中华民族历久而弥坚的整体精神。在文化心理上,整体为上的群体意识使得大一统的理性自觉积淀成中华民族深层的社会心理。作为中国传统文化主流的诸子学派,尽管在各自的主张上形同水火,但是国家统一、民族融合的思想方面上是相辅相成的。所谓"上因天时,下尽地财,中用人力"(《淮南子·主术训》),"仰取象于天,俯取度于地,中取法于人,天下一家,民胞物与,四海之内皆兄弟"。(《淮南子·泰族训》)而大同理想的实现,即"天下一家"、"天下为公"的实现,则是整体精神的最终价值旨归。在治国方略上,整体为上的群体意识使《中庸》所宣扬的"万物并育而不相害,道并行而不悖"的思想上升到了

---

① 张岱年、程宜山:《中国文化与文化争论》,中国人民大学出版社 1990 年版,第 17 页。

本体论的高度，所谓"中也者，天下之大本也；和也者，天下之大道也。致中和，天地位焉，万物育焉。"而以"兼爱"为核心的墨家，也主张"兴天下之利，除天下之害"，并提出要尚贤、尚同、节用、节葬、非乐、尊天、事鬼、兼受、非攻等。在价值推崇上，整体为上的群体意识使个人自我价值的实现必须以个体和群体的协调为前提，从而建立起立足于群体运转之上的集体主义原则，全局利益高于局部利益，整体利益高于个体利益。为了从整体存在和心理满足中实现自身的价值、完成生存的道义，人们不惜牺牲个人的利益乃至生命，从而培育出一种以他人为重、以集体为怀的高尚情操，表现出中华民族以小我成全大我，以牺牲局部利益成全整体利益的高尚品格。整体主义价值导向，是中华民族长期生活实践和社会文化积淀的产物，是中华民族特有的文化心理和思维定势，代表了中华民族终极的价值关怀，是各民族成员评价行为、事物以及目标选择的标准，这个标准既内含于个体成员的内心深处，又外现于社会群体的整体态度和行为选择。整体主义价值观通过家国一体的价值表达，形成了与西方个体价值观不同的群体价值取向，成为维系民族生存和团结统一的基础与纽带。家庭是中国社会的细胞群，由家庭到宗族、到社会、到国家，"天下之本在国，国之本在家"（《孟子·离娄上》），在这个基础上形成的整体精神、家国一体不仅具有政治上的强制性，而且具有伦理上的感召力。从"天下为公"的理想追求到"先天下之忧而忧，后天下之乐而乐"的士大夫意识，无不体现了中华民族在整体主义价值观所引导下的特殊人生使命和社会责任感。

　　中华优秀传统文化价值理念还集中投射于民族社会的传统伦理道德体系，"伦理道德是中国传统文化的核心，也是中国文化对人类文明最突出的贡献之一。"[①]传统伦理道德历来便为维持和规制中国社会人际关系和社会秩序的行为准则和核心规范。费孝通先生曾经指出礼治秩序是中国社会"差序格局"的重要特征，与"多元一体"中华民族的宏观构成相对，"差序格局"指向中

---

　　①　张岱年、方克立：《中国文化概论》，北京师范大学出版社 2004 年版，第 210 页。

国社会微观层面的人际关系。传统中国的社会结构"以己为中心,像石头一般投入水中,和别人所联系成的社会关系,不是团体中的分子一般大家立在一个平面上,而是像水的波纹一样,一圈圈推出去,愈推愈远,也愈推愈薄。"①在这一水波样态的"差序格局"下,熟人关系和伦理道德成为规范个人社会关系和社会运转秩序的准则要义,不仅导引着民族成员之间的关系构型,而且规制着传统中国社会的发展前行,也由此更加彰显传统伦理道德之现实意义。回溯历史,源于中华传统文化的传统伦理道德规范既有其精华构成,也难以避免糟粕内容,但高度表征着中华优秀传统文化价值意涵的中华传统美德在时代境遇中更加凸显其积极作用。"在文化系统中,伦理道德是对社会生活秩序和个体生命秩序的深层设计。"②中华传统美德不仅是中华优秀传统文化所蕴含之价值理念的社会体认,而且是中华民族文化体系中对民族社会秩序和民族主体关系的深层设计和现实规范。民族成员的文化自信源自对中华优秀传统文化的自信,而对中华优秀传统文化的坚定自信又赖以其对中华传统美德的信奉和遵从。在多元一体民族构成的现实场域中,中华传统美德不仅导引且规范着民族社会的发展前行,而且凝聚着多元族群共通的心理意识和共同的价值取向。

就时代意旨研判,爱国主义与社会主义的有机统一,群体意识与集体主义的紧密结合,国家、民族与个体的一致联结,集中凸显了中华优秀传统文化"民惟邦本"与"执政为民"、"天人合一"与"科学发展"、"和而不同"与"和谐社会"价值意涵的现实指向。

爱国主义与社会主义的有机统一集中展演着中华优秀传统文化价值意涵的国家面向。作为思想观念和行为准则的统一体,爱国主义是中华各族人民在改造自然和社会的实践中,在与落后的社会制度以及民族内部分裂势力作斗争的过程中,在与外国侵略者浴血奋战的洗礼中形成和发展起来的;作为复

---

① 费孝通:《乡土中国》,北京出版社 2005 年版,第 34 页。
② 张岱年、方克立:《中国文化概论》,北京师范大学出版社 2004 年版,第 3 页。

合民族共同体的精神支柱,爱国主义同时还萌发和生长于民族融合的过程中,其具有悠久的历史传统和深厚的历史积淀。爱国主义是一个不断演进的历史范畴,其在民族社会文明发展的前行进程中,不仅体认着一以贯之的内容和原则,而且彰显着时代赋予的要求和特色。

中国历史上的爱国主义是一个拥有独特意蕴和人文魅力的思想观念和行为体系,它以情系故土的民族情怀、忧国敬民的爱国意识、追求民族的美好理想、竭诚维护国家统一为主要内容,以广泛性、发展性、贯通性和深厚的积淀性为基本特征,始终同整体主义的价值关怀、理性主义的价值认同、和平主义的价值观念联系在一起,充分体现了中华民族将个体融入整体、将感性纳入理性、将历史联结未来的人文睿智。中华传统的爱国主义不仅表现为对国家、对民族爱意深沉的情感主义,而且表现为以符合历史进步趋势的祖国利益和祖国尊严为最高准则的理性主义。"亦余心之所善兮,虽九死犹未悔"的怅然长叹,"人生自古谁无死,留取丹心照汗青"的浩然之气,"天下兴亡,匹夫有责"的慷慨呼吁,"苟利国家生死以,岂因祸福避趋之"的情怀感慨,"杀身成仁""舍生取义"的崇高气节等,无一不深刻写照着爱国主义的理性指认和价值旨归。

在当代中国时代语境中,爱国主义与社会主义是辩证统一的。爱国主义是中国特色社会主义的力量源泉,中国特色社会主义是爱国主义不断发展的时代面相,爱国就是要爱社会主义中国,爱国主义的主题就是要推进中国特色社会主义的建设。国家认同是爱国主义的核心注解,因为对于民族成员而言,国家认同"乃是他们个人安身立命最基本而不可或缺的认同存在,是他们赖以为生的社会价值体系"①。全球化时代国家认同的现实挑战不仅仅源自于民族国家内部复杂的民族构成和多元的文化体系,而且还表征为外来的文化价值冲击和国家于国际社会角色定位的不断演变,二者从不同维度对民族成

---

① [英]埃里克·霍布斯鲍姆:《民族与民族主义》,李金梅译,上海世纪出版集团2006年版,第5页。

员国家认同的心理和情感有着不同程度的影响和干扰。现代中国国家认同的建构很大程度上深受历史和文化所传承下来的传统国家观念和国家治理理念的影响和规制。有学者认为,基于中国历史发展的结构和逻辑,当代中国国家认同是国家认知和国家观念在三个不同时空阶段的复合而成,第一个时空是中国千年历史与传统的时空,其建构了中国人对"文化中国"的认同及其独特的国家观念;第二个时空是鸦片战争以来中国从传统帝国迈入现代国家历史的时空,其构建了中国人对现代共和国的认同;第三个时空是新中国成立以来社会主义革命与社会主义建设的时空,其建构了中国人对社会主义中国的认同①。

对社会主义中国的认同集中注解着爱国主义优良传统的当代面向,爱国主义是社会主义的基础,社会主义是爱国主义的升华,只有坚持社会主义方向,当代的爱国主义才能成为充满实际内容的思想和行动。在现实性上,对社会主义中国的主体认同具体指涉民族成员对中国特色社会主义的理解认同。基于马克思主义关涉人类社会发展规律和发展前景的经典释义,尽管"一切国家都将走向社会主义,这是不可避免的,但一切民族的走法却不会完全一样。"②源于民族社会发展历史的多样性和民族国家历时型构的差异性等,社会主义的世界发展历程不可能存在普适性模式和统一性路径,其必然彰显民族化品性和国别化特性。中国特色社会主义道路实质映射为科学社会主义理论学说在中国现实境遇中的社会制度实践态式,其不仅使一个当时相对落后的农业国走向了社会主义之路,而且在这条道路上创造着叹为观止的辉煌和成就并由此走向民族复兴之路。中国特色集中反映着社会主义历史生发的中国模式与中国道路,生动刻画着社会主义时代发展的现实境遇与阶段特征,其不仅本然展现着社会主义在民族国家当代形塑的现实处境,而且具体投射于中华民族伟大复兴的目标旨归,恰如毛泽东所言:"各国应根据自己国家的特

---

① 林尚立:《现代国家认同建构的政治逻辑》,《中国社会科学》2013 年第 8 期。
② 《列宁专题文集·论社会主义》,人民出版社 2009 年版,第 398 页。

点决定方针、政策,把马克思主义同本国特点结合起来。……照抄是很危险的,成功的经验,在这个国家是成功的,但在另一个国家如果不同本国的情况相结合而一模一样地照搬就会导向失败。"①中国特色社会主义道路不仅在理论上实现了对马克思恩格斯所设想的东方国家社会主义实现路径的超越,而且在实践上实现对苏联社会主义经典模式的突破。中国特色社会主义在理论上既坚持了科学社会主义的原则又兼具中国特色,其植根于中国土壤,立足于中国历史传统与现实情况,依赖于中国人民的实践,并随着中国社会的发展而实现相应发展,因为"中国特色社会主义最成功的经验之一,就是从中国国情出发选择现代化道路,保持发展的自主性。"②以此为基础,中华爱国精神在当代的发展,是把握历史、立足现状、面向未来的发展;是在继承古代爱国情怀与爱国内涵的基础上,吸纳团结统一、文化认同的传统与积淀的发展;是在弘扬近代中国争生存、求发展的奋斗精神的基础上,光大时代之进步的民主与科学的发展;是在总结中国特色社会主义实践的基础上,全面建设小康社会、实现中华民族伟大复兴的发展。

群体意识与集体主义的紧密结合鲜明刻写着中华优秀传统文化价值意涵的民族特性。中国传统精神中的群体意识孕育了中华民族整体为上的思维传统。在文化心理上,整体为上的群体意识使大一统的理性转化为深层的社会心理,在价值推崇上,整体为上的群体意识将"个体"与"类"的概念、"个人"与"社会"的概念交融互摄,强调个体对社会的从属,主张从人伦和人群关系的角度去认识和把握人,从而将人与一定的集体、民族和国家联系在了一起。全局利益高于局部利益,整体利益高于个体利益,没有集体、民族和国家的整体利益,就没有个人的利益。因此,个人自我价值的实现必须以个体和群体的利益为前提,从而建立起立足于群体运转之上的集体主义原则。群体意识在时代境遇中仍然具有伟大的现实意义。中国特色的社会主义是建立在以社会

---

① 《毛泽东文集》第七卷,人民出版社1999年版,第64页。
② 陈金龙:《发展中国家走向现代化的中国智慧》,《人民日报》2017年11月22日。

主义公有制为主体的经济基础之上的社会制度,其内在的思想源泉必然是社会主义的集体主义。在恩格斯那里,"共产主义者并不像圣麦克斯所想象的……那样,是要为了'普遍的'、肯牺牲自己的人而扬弃'私人'——这是纯粹荒诞的想法……'共同利益'在历史上任何时候都是由作为'私人'的个人造成的。他们知道,这种对立只是表面的,因为这种对立的一面即所谓'普遍的'一面总是不断地由另一面即私人利益的一面产生的,它绝不是作为一种具有独立历史的独立力量而与私人利益相对抗。"①集体主义把个人利益同集体利益结合了起来,使个人利益服从集体利益,它内在地包含了个人利益与集体利益的关系,蕴涵着个人与集体关系的认知和选择。因此,集体主义是社会主义意识形态道德建设的基本原则。与其他一切道德尤其与资本主义道德根本相左,集体主义体现了无产阶级和广大人民群众的整体利益,它是衡量个人行为和思想品质的最高标准,也是调节个人与社会的关系、指导个人行为的最一般要求。以集体主义为原则,强调的是广大人民群众的长远利益和根本利益,社会主义国家的普通公民,都不应该局限于眼前的和暂时的利益,都不应该从个人或小集团的利益出发,不能以少数人的利益作为价值评判的标准。以集体主义为原则,主张在价值目标的行为规范的实现方面,先公后私,个人服从集体,弘扬为国家、为民族、为人类无私奉献的精神。社会主义的集体主义本身具有强大的凝聚力和内在的推动力,它注重国家、社会、民族和集体的力量,将社会、国家、民族和集体利益置于个人利益之上,因此,它能将分散的支力汇成强大的合力,将个人的支流汇成巨大的洪流,去完成个人难以完成的伟大事业。继承中国集体至上,群体意识的传统原则,尊重个人正当的利益和要求,扬弃西方极端个人主义原则,坚持集体利益为先的指导方针,在这个基础上,传统的群体意识与社会主义的集体主义结合了起来。

国家、民族和个体基于发展诉求的一致联结核心释义着中华优秀传统文

① 《马克思恩格斯全集》第3卷,人民出版社1960年版,第275—276页。

化价值意涵的实然意旨,其生动诠释于中华民众为实现中国梦而不懈努力的奋斗进程中。中国梦聚焦和整合了全体中国人民的利益诉求,体现着中华民族的整体利益,集中代表着全体中国人民的根本利益,是组成中华民族的56个不同族群利益的最大公约数。"人民幸福"是中国梦之根本落脚点,"人民"与"人民的富裕幸福"自古以来就是中华文化发展与中华文明前行的核心要素,从"民惟邦本"的传统理念到"为人民服务"的精神宗旨无不折射出中华传统价值理念的发展主题。

基于价值意涵的时代指向出发,中华优秀传统文化的时代传承与创新发展必须融入民族成员的生活实践,在民族生活的实践展演中筑建文化传承的社会生态,在文化发展的时代场域中固基民族成员的价值自觉。价值自觉以文化的价值承载和主体的价值确认为基础,在共同体成员彼此的价值判别和价值互动过程中不断强化其价值取向的主体倾向和主观心理,其不仅意味着主体价值取向的前提预设和主观倾向的现实强化,而且表征为"一种维护社会模式的工具"①。价值自觉在一定程度上潜移默化地导引着民族成员价值研判的本能取舍,从而民族社会价值演进的主体抉择呈现为特定社会所期望的应然景观。作为民族文化价值体系演进的时代承载,中华优秀传统文化以其丰富正向的道德蕴涵与向上向善的精神理念不仅生动诠释着民族社会的生活方式与情感样式,而且不明觉厉地导引着民族成员基于文化意涵的价值自觉,并由此潜移默化地影响规制着民族主体的道德养成与实践行为,凸显着极强的时代价值。有鉴于此,中华优秀传统文化的时代传承与创新发展必须融入民族成员的生产生活实践中去,大力宣传弘扬其价值意涵,在日常实践中积极传承文化遗产,挖掘历史文化价值,提炼传统文化经典性元素和标志性符号,深入开展传统文化相关主题活动,强化传统节日文化内涵的时代展演,大力发展文化旅游,推动休闲生活与传统文化相融合,发展传统体育等,通过民

---

① 万俊人:《20世纪西方伦理学经典》,中国人民大学出版社2004年版,第38页。

族主体在生活场域中对中华优秀传统文化价值理念和道德规范的实践展演，凝聚中华民族多元族群的共通情感和共通价值，并以此强化且夯实民族成员"五个认同"的价值共识与心理自觉。

第二节　传统文化艺术资源的理论解读

在中华民族一体形塑与中华文化源远流长几千年历史长河中，多元族群共同创造且积淀着样态多元、意涵丰富的传统文化艺术资源。呈现为特殊资源态式的传统文化艺术资源不仅在存在态势上承载着传统文化的具象形态，而且在价值指向上诠释着传统文化的精神理念。在现代化、全球化、信息化所注解的社会转型时代境遇中，优秀的传统文化艺术资源以其对中华民族共享的价值理念与道德规范的记忆重现与文化演绎，承载着中国特色社会主义语境中文化建设的物化动力，厚植着民族文化发展的传统根基。丰富多彩的传统文化艺术资源经过整理挖掘与去粗取精后，不仅可以作为资源样态参与社会实践引发经济和社会双重效益，而且可以体认价值意涵渗透民众生活强化道德理性的自觉养成。

一、传统文化艺术资源的概念厘清

概念厘清是问题研判的逻辑起点。基于概念范畴考察，传统文化艺术资源的外延投射与内涵界定并无统一标准，其与传统文化既密切联系又相互区别。作为一种文化现象，传统文化艺术资源不仅孕育于传统文化的历史生发过程中，而且呈现于传统文化的时代转化场景中；作为一种文化形态，传统文化艺术资源不仅表征着传统文化的具象存在，而且承载着传统文化的物化态式。

学界关涉传统文化艺术资源的研究成果多集中于探讨其传承与发展问题，鲜少直接探讨其概念范畴，尽管说法不一，但通常意义上在内容解读层面大多将传统文化、传统艺术、传统文化资源与传统文化艺术资源等几乎等同。基于文化概念考察文化资源,有学者甚至提出"人类活动及其产生的一切结果都可视为文化资源。"①就概念界定考量,其外延难免过于宽泛,与之相较,还有观点认为"文化资源是指物质文化遗产"②,又未免太过狭隘,直接忽视非物质文化资源的重要构成。费孝通先生曾经对人文资源作出界定:人类通过文化的创造,留下来的、可以供人类继续发展的文化基础,叫人文资源③,这一概念释义某种程度上恰恰注解了文化资源。具体到传统文化资源,有观点认为作为与现代文化资源相对的概念范畴,传统文化资源指向人类历史发展进程中所产生并流传至今的文化资源④,基于时间界限划分传统文化资源与现代文化资源固然有一定合理性,但在概念界域上如何真正厘清传统与现代并非易事。习近平总书记强调要将传统文化当做独特战略资源,不仅彰显于传统文化态度层面,更体现于传统文化践行过程,基于概念范畴的传统文化资源也由此得以生动释义。

传统文化艺术资源相关研究观点较多集中于对特定区域历史文化资源具体内容与价值意涵进行理论解读。有学者认为非物质文化遗产历史悠久、源远流长、种类丰富、文化底蕴深厚,是博大精深的民族文化的重要组成部分,具有罕见的远古活历史价值、极高的审美观赏价值以及适合旅游需求的体验价值等⑤。冯友兰先生指出:"中华民族的古老文化虽然已经过去了,但它也是将来中国新文化的一个来源,这不仅是过去的终点,也是将来的起点。"⑥总结而言,基于时代价值指向,传统文化艺术资源必须传承发展在学界已然取得

---

① 汤晖、黎永泰:《浅析以开发频率为划分标准的文化资源类型》,《中华文化论坛》2010年第1期。

② 宣莹等:《点状历史文化资源分类评价体系初探》,《中国名城》2011年第2期。

③ 费孝通:《人文资源在西部大开发中的作用和意义》,《文艺研究》2001年第4期。

④ 郭琴艺:《思想政治教育传统文化资源开发研究》,武汉大学博士论文,2016年。

⑤ 刘桂兰:《民艺类非物质文化遗产的特征与旅游价值评价——以河南为例》,《河南师大学报》(哲学社会科学版)2010年第6期。

⑥ 冯友兰:《阐旧邦以辅新命》,上海远东出版社1994年版,第240页。

共识。

在社会泛化语境中,资源指人类社会生存和发展的基本要素,广义"资源"包括物质资本、人力资本、科学技术和自然资源和生态环境等,狭义"资源"一般指自然资源①。由此出发,无论广义"资源"抑或狭义"资源"如何指向,作为人类社会生存发展要素构成的资源均被赋予物化形态与主体视域,也由此注释着资源的社会镜像与存在价值。在马克思看来,劳动(劳动力的供给)和土地是财富两个原始的形成要素,恩格斯又强调劳动和自然界在一起才是财富的源泉,因为"自然界为劳动提供材料,劳动把材料变为财富。"②马克思恩格斯的观点实质指向两层含义:其一,作为财富原始形成要素的劳动和自然界(包括土地)共同构成资源本体;其二,作为财富源泉的劳动和自然界(包括土地)统一于财富生产过程,也即二者对于财富生产不仅缺一不可,而且必须统一于劳动实践中方能创造财富。据此,从资源概念释义研判,资源构成不仅囊括自然资源(即自然界),而且涵盖社会资源(以人类劳动为基点),资源的社会性也因此得以阐发。社会性彰显着资源的意义旨归,其本质上注解着作为资源的社会承续性与主体主导性。社会承续性使得作为社会构成要素的资源能够在社会变迁的历史进程中得以传承发展,因为任何社会的形成发展都必然立于社会时空相继的基础之上;主体主导性创设着作为社会存在的资源在人类实践中不断发展变化的主观能力与客观趋势,尽管在普遍范畴上体征为物态具象的资源具有历史给定性,但其存在态势必然依据主体需求并伴随着主体实践的发展而发生变化。有鉴于此,作为一种合理性存在,无论任何形态的资源都必须服务于人类主体,人类导引并主宰着资源的实然态势与发展趋势。

作为社会变迁与人类实践的双重结果,文化资源不仅诠释着资源社会传承的本真意涵,而且展演着社会资源时代发展的主体意义。基于不同视域考

① 张卓元主编:《政治经济学大辞典》,经济科学出版社1998年版,第299页。
② 《马克思恩格斯选集》第3卷,人民出版社2012年版,第988页。

量,文化资源就概念范畴而言指向不一,但普遍认为文化资源是人类实践所创造的社会性存在。从文化资源的主体视域投射,费孝通先生关涉人文资源的界定实质上即释义了文化资源,其指出人文资源虽然包括很广,但概括起来可以这么说:人类通过文化的创造,留下来的、可以供人类继续发展的文化基础,叫人文资源①。有学者从文化人类学视角释义,认为人类活动及其产生的一切结果都可视为文化资源②,其无疑一定程度上扩展了文化资源的外延。文化资源无疑是人类活动产生的社会结果,但人类是否对自身活动所产生的一切结果均付诸了文化意义,应当是研判文化资源的普适标准。也有观点认为文化资源以人或人的行为、意识为核心,包含物质性和非物质性形态,具有稀缺性和价值性③。这一界定不仅明确了文化资源人本要素的核心建构,而且据此理解之上指出文化资源价值性之本质体认。从现实性上,文化资源的意义指向即源自于其价值性的社会体现与主体演绎,价值意指不仅凸显着文化资源的社会意义,而且张扬着其主体归属。丹增指出人类发展进程中所创造的一切含有文化意味的文明成果,其承载了一定文化意义的活动、物体、事件、人物及地点等,都是某种形式的文化资源④。据此理解,作为人类创造的文明成果,文化资源不仅体现文化意味,而且必须承载文化意义,其不仅高度概括了文化资源的意涵指向,而且指明了文化资源的物化形态。总结而言,在存在态式上表征为人类创造结果的文化资源不仅体征着主体实践的文化意义,而且彰显着文化存在的社会价值,主体意义与价值指向共构着文化资源的本源蕴涵,也决定着其历史传承的文明意旨。据此研判,文化资源指包括文化遗产在内的人类创造的各种物质文明和精神文明的总和,其分为有形的和无形的

---

① 费孝通:《人文资源在西部大开发中的作用和意义》,《文艺研究》2001 年第 2 期。

② 汤晖、黎永泰:《浅析以开发频率为划分标准的文化资源类型》,《中华文化论坛》2010 年第 1 期。

③ 朱鹤、刘家明等:《民族文化资源的类型特征及成因分析——以格萨尔(果洛)文化生态保护实验区为例》,《地理学报》2017 年第 6 期。

④ 丹增:《文化产业发展论》,人民文学出版社 2005 年版,第 3 页。

文化资源,前者指向以物质形式表现的各种文化现象与事实,后者指涉没有物质载体的各种文化现象和事实。① 文化注解着文明的社会承续,文化资源演绎着文明形态的主体诉求,文化资源的传承发展也因此在社会文明发展进步的时代需求与应然趋势中得以合理性阐释。

作为资源存在的社会形态和意义体现,艺术资源实质上表征为文化资源的特殊态式,艺术外化着文化具象,文化升华着艺术内涵。作为一种社会意识形态,艺术是人对世界进行精神掌握的一种特殊方式,②这种精神掌握的结果呈现凸显着实践主体思想境界与社会生活的相互反映与彼此制约。艺术源自于生活,毛泽东曾经强调:"作为观念形态的文艺作品,都是一定的社会生活在人类头脑中的反映的产物。"③艺术对社会生活的反映并非僵化的事实映照,而是依据主体需求之上深化着艺术作品的观念指向与社会意义,据此,作为生活实践在头脑中的反映结果,艺术通过人脑的加工创造模仿抑或再现着社会现实,不仅表达着创造主体的情感诉求,而且体认着社会崇尚的价值取向。就具体内容而言,艺术通过形象思维以生动、具体和感受到的典型形象反映现实生活,表达艺术家、作家的思想感情,由一定的社会基础决定并为其服务。④ 从具体内容和表现形式的演变发展分析,艺术既受一定社会基础的制约又反之作用于社会基础本身,其对于社会发展的现实意义不容忽视,也据此更加凸显艺术资源的阶级性意义。在阶级社会中,基于生产力发展之社会分工进一步推动着艺术的相对独立化,作为意识形态的艺术与阶级社会的多元化思潮相互影响,共同作用于社会发展的演变过程,愈加强化着现实境遇中艺术的阶级性特质。作为社会发展进程中民族成员艺术创造的历史积累与文化遗存,民族性彰显着艺术资源的时代特质。基于文化—民族范畴的释义,任何

---

① 陈国强主编:《简明文化人类学词典》,浙江人民出版社 1990 年版,第 90—91 页。
② 金炳华主编:《马克思主义哲学大辞典》,上海辞书出版社 2003 年版,第 594 页。
③ 《毛泽东选集》第三卷,人民出版社 1991 年版,第 860 页。
④ 卢之超主编:《马克思主义大辞典》,和平出版社 1993 年版,第 898 页。

一种艺术形态本质上都诠释着特定民族的利益诉求与价值体认,艺术资源的历史传承也因此被给予现实意义。

基于存在态式研判,作为一种资源态式的传统文化艺术资源表征着传统文化艺术的具象存在与物化形态。爱德华·希尔斯认为"传统是一个社会的文化遗产,是人类过去所创造的种种制度、信仰、价值观念和行为方式等构成的表意象征;它使代与代之间、一个历史阶段与另一个历史阶段之间保持了某种连续性和同一性,构成了一个社会创造与再创造自己的文化密码,并且给人类生存带来了秩序和意义。"①传统首先在存在形态上表现为文化遗产,作为人类社会意涵表征的要素共构,传统在代际相承中实现着人类历史持续同一的时空演进,并规制着社会守范的秩序一致,给予着人类生存的合理意义。就文化的传承发展而言,传统与现代并非完全割裂的两个概念,而本质上体现为有机结合的统一体,民族文化的创新发展既包含对传统文化的历史继承,又表征为对现代文化的吸收借鉴,但是对传统文化与现代文化之间的关系把握必须要把握适当的度,因为传统文化与现代文化还是相互转化的:原来是"现代的",现在则是传统的,现在是现代的,将来则是"传统的"②。从传统与现代的文化注解出发,传统文化资源与现代文化资源实质为时间范畴的相对概念,其表征着文化资源的历史相承与共时演变。基于文化属性分析,传统文化艺术资源首先呈现为具体的文化形态,在人类历史的代际相传中,其以精神需求的主体满足与社会秩序的道德规制注释着自身传承发展的合理性存在与存在性意义,由此出发,传统文化艺术资源的本质意涵体征于其价值指向的文化传统与传统理念。

呈现为特殊资源态式的传统文化艺术资源尽管在具象形态上有别于传统文化,但基于其含义体认研判,其一定意义上又等同于传统文化。基于民族共

---

①　[美]爱德华·希尔斯:《论传统》,傅铿、吕乐译,上海人民出版社 2005 年版,第 12—15 页。

②　冯天瑜主编:《中华文化辞典》,武汉大学出版社 2001 年版,第 9 页。

同体百年复兴与民族国家文明进步的既定限域考量,传统文化本身即为独特战略资源,意涵丰富的中华优秀传统文化不仅是中华民族区别于其他民族的重要表征,而且是民族国家时代发展的源泉。作为传统文化的具象存在与物化形态,孕育于中华民族一体形塑历史长河中的传统文化艺术资源不仅体征着多元族群共同的文化创造和历史积累,而且蕴含着多元主体共享的文明传统与价值体认,其本质上彰显且表达着传统文化的精神本源与价值意旨。世界文明的多样性与民族发展的承续性要求必须实现优秀的传统文化艺术资源的创造性转化和创新性发展,据此,传统文化艺术资源的传承发展决不能仅仅止步于文化态度的推崇,而必须基于实践意义展演为民族成员的生活场景。

二、传统文化艺术资源的价值语境

文化价值的核心建构从本质上决定着任何一种文化都创设着自身特有的价值语境,传统文化艺术资源亦不例外。语境是个体成员表达其内心思想与丰富感情的语言交往情境和社会环境,①作为价值表达的创设语境,传统文化艺术资源的价值语境实然投射于中华民族一体形塑历史进程中民族文化价值意涵历时演进与归属诉求的时空情境。据此,对传统文化艺术资源价值语境的逻辑研判必须置于既定的时空坐标中,即以纵轴展演的历史与现实与以横轴呈现的民族与世界,传统文化艺术资源价值意涵在历史和现实纵轴中的历时传承与其民族体认在世界和民族横轴中的现实强基共演着民族共同体文化传统价值认同与主体确证的时代语境,历史性与现实性、世界性与民族性也由此注解着传统文化艺术资源价值语境的本真特性。

历史性与现实性彰显着传统文化艺术资源价值意涵代际相续的传承发展。马克思强调:"每一时代的理论思维,包括我们这个时代的理论思维,都是一种历史的产物,它在不同的时代具有完全不同的形式,同时具有完全不同

---

① 金炳华:《哲学大辞典》,上海辞书出版社 2007 年版,第 374 页。

的内容。"①基于中华民族的一体形塑研判传统文化艺术资源价值意涵在历史和现实纵轴中的代际承续,孕育于中国封建社会历史长河中的传统文化艺术资源必然凸显出与现代文化精神指向不相协调之面,但其在现实境遇中的传承发展又从某种程度上契合着民族文化之价值场域,由此决定着历史性与现实性在传统文化艺术资源价值语境中相互博弈之实然景观。文化建构的核心要素是价值观,价值意涵的代际相续展演着传统文化艺术资源传承发展的主体旨归,因为"各种文化特质或文化现象是人类创造的特殊形式,它本身包含着人赋予的特定价值和意义。"②作为传统文化的具象呈现,传统文化艺术资源体认着民族文化的传统意涵,展演着文化传统的价值指向,其所蕴含之价值意义伴随着主体诉求与社会需求而做着现实增减,也据此决定着传统文化艺术资源的价值语境呈现为变化发展着的动态情境。在发展着的社会现实境遇中,这一动态情境也不断伴随民族共同体形塑进程中不同主体利益诉求的价值指向而发生着相应变化。由此出发,在民族社会历史变迁进程中,传统文化艺术资源的现代转型并非理所当然的社会选择,而是民族主体基于发展需求自觉践行的主动过程,因此,传统文化艺术资源价值语境的发展变化在本质上即表现为其价值意涵基于主体视域代际相传的演进过程。

在现代化注解的民族国家转型进程中,作为社会现代化行为的践行者,人在承载着现代化主体的同时亦赋予现代化本身以价值性意涵。表征着工业文明过程的现代化不仅投射于社会生产力和生产方式的变革发展,而且意味着社会政治、文化领域的现代转型,且进而实现着人类价值理性和工具理性的社会裂变。人在实现自身现代化的过程中无限放飞着内心早已蠢蠢欲动的理性自我,对物质和名利不择手段的利益追逐引发着人性的丧失和沦落,并由此导致着社会道德的撕裂和传统文明的断裂。作为后发性现代化国家的典范,中

---

① 《马克思恩格斯选集》第3卷,人民出版社2012年版,第873页。

② 司马云杰:《文化价值论——关于文化建构意识形态的学说》,安徽教育出版社2011年版,第47页。

国社会的现代化虽然事实上呈现为动机委屈、过程被动的现代化,但其现代化的转向却为"命中天定",逃不开社会规律和历史所趋。事实上,源于对物质追逐而引发的道德失范和传统断裂不仅在资本主义的现代化过程中表现得淋漓尽致,在中国现代化的社会转型过程中也不能避免,这不仅为传统文化艺术资源价值意涵的现实传承带来重重困难,而且也造成民族传统价值主体认同的时代困境。据此,中国的现代化并非仅仅意味着追求国家富强和民众富裕的实现,同时也表征为重构新的文明秩序之过程,传统文化的时代传承和民族文化的意义重塑在中国社会现代化进程中尤为彰显现实价值,也愈加明晰着传统文化艺术资源现代转型的价值指向。在民族共同体历史形塑的既定论域内,从多元族群文化价值互动交融的现实场域中去寻道民族成员的共通情感与共享价值,不失为传统文化艺术资源价值传承与现实转化的必然抉择。

世界性与民族性释义着传统文化艺术资源民族体认历时演进的时代呈现。从传统文化艺术资源民族体认在世界和民族横轴中的时代彰显考量,对传统文化艺术资源价值语境的理论释义不仅要投射于中华民族一体走向的形塑过程,而且需搁置于民族国家实然建构的世界历程。据此,世界性与民族性是撵褚传统文化艺术资源价值语境有机整合的统一视域。基于民族国家时空建构的给定限域,传统文化艺术资源价值语境的世界性指谓其时代传承与现实发展所面临的价值多元国际化环境。价值多元国际化是任何民族文化价值体系传承发展不可逃避的应然趋势,其现实指谓现代化背景下民族社会价值体系与异质价值体系交往互动过程中彼此博弈的价值世界化进程。文化形塑着民族,刻写着民族面貌,民族性演绎着文化的本真特性,文化本质上张扬着民族体认。作为民族文化传统价值的根基呈现与价值指向,传统文化艺术资源在多元一体民族国家的现实场域中释义并强化着中华文化的民族体认。丰富多彩的传统文化艺术资源以具体有形的文化存在被多元族群所接触、了解,并体认着民族共同体历史形塑进程中多元族群所共享的价值理念,承载着民族成员共同的文化记忆与情感想象,擢升为中华民族集体认同的维系合力。

文化主导着民族社会价值体系的历时演进,作为民族文化历史传统的具象呈现,传统文化艺术资源亦负重着文化价值民族意涵的时代指向。在多元文化交往互动愈加频繁与竞争冲突愈加激烈的现实场域,价值多元的国际化趋势与主流价值的民族化镜像也愈加强化,从本然态势上决定着传统文化艺术资源价值语境必然充斥着世界性与民族性竞争博弈的呈现态势。

马克思强调:"一切划时代的体系的真正内容都是由于产生这些体系的那个时期的需要而形成起来的。"①作为民族文化价值意涵的传统根基,传统文化艺术资源不仅在中华民族一体形塑的时空情境中凝聚着多元族群共同的利益一致、情感共通,而且在民族国家历史建构的世界场域中强基着中华民族的价值意旨与心理自觉。孕育并形成于中华文明源远流长几千年历史长河中的传统文化蕴含着丰富的具有普适意义的价值意涵,精忠报国的爱国情怀、匹夫有责的担当意识、见贤思齐的崇高风尚、仁者爱人的伦理道德等,不仅体现着是非曲直的价值标准,而且深刻诠释着民族社会的价值规范,潜移默化地影响且规制着民族成员的道德养成与生活实践。作为民族传统文化的具象存在,传统文化艺术资源以其对传统文化价值意涵的时代展演,强化着民族成员的民族文化价值自觉,凝聚着多元主体的情感共通与价值共识,式微着多元族群历史形成的文化隔阂与心理局限,并据此不仅诠释着民族共同体主流价值之独立性,而且固基着民族国家价值体系之主体性。

一种文化发展的特定模式、传统与理念于社会历史的演进中常常会浓缩为共同体成员所共享之价值取向与价值标准,传统文化艺术资源亦不例外,其基于价值意涵与民族体认的传承发展本质表现为民族主体对其包含之价值理念的认知、取舍并逐渐擢升为与社会一致的价值标准与价值准则,在民族共同体范围内得以普遍承认且被民族成员自觉践行。作为民族主体意义探寻的本质力量,文化在承载着价值体系社会释义的同时又受到价值诉求的主体限制。

① 《马克思恩格斯全集》第3卷,人民出版社1960年版,第544页。

传统文化艺术资源对民族文化传统价值意涵的时代展演不仅被民族国家主流价值所束缚,而且被民族成员现实利益所规制。事实上,在民族国家既定框架内,传统文化艺术资源价值意涵的历时演进实质表征为社会主流价值体系导引与主体价值诉求伸张之兼容过程。"从一个历史阶段看问题,固然是必要的;从整个历史发展趋势看问题,则是更为重要的。"①在价值多元的现实境遇中,对传统文化艺术资源价值语境的实然厘清必须遵循其价值演进的客观规律,不仅要投射于人类社会文明进步的世界历程中予以阐明,而且须映照于民族文化传承发展的历史进程中给予澄清。

三、传统文化艺术资源的时代功能

"一切文化要素,若是我们的看法是对的,一定都是在活动着发生作用,而且是有效的。"②传统文化艺术资源之功能阐发在民族国家现实场域中指向三重维度:作为民族国家文化软实力现实建构的核心承载,传统文化艺术资源为综合国力提升与国家形象塑型提供精神源泉与物化动力;作为民族文化一以贯之价值体认的具象展演,传统文化艺术资源为国家意志生成与国家认同固基凝聚价值共识与心理自觉;作为民族社会传统道德与行为规范的呈现态势,传统文化艺术资源为中华文明传递与中华美德传承给予教化意涵与育人指向。

传统文化艺术资源表征为文化软实力现实建构的核心承载,其为民族国家综合国力提升与国家形象塑型提供精神源泉与物化动力。作为国家综合国力竞争的重要内容,文化软实力是国家软实力最为关键的构成要素,其表现为一个国家或地区文化的影响力、凝聚力和感召力③。文化软实力很大程度上

①　白寿彝:《白寿彝民族宗教论集》,北京师范大学出版社1992年版,第53页。
②　[英]马林诺夫斯基:《文化论》,费孝通等译,中国民间文艺出版社1987年版,第14页。
③　[美]约瑟夫·奈:《软力量:世界政坛成功之道》,吴晓辉等译,东方出版社2005年版,第5页。

体现着民族国家的文化创造力和文化生产力,文化软实力建设不仅直接关涉到民族国家的对外影响力,而且严重关切着中华民族复兴伟业的真正实现。在综合国力竞争愈加激烈的时代场域中,多元文化的并存与冲突使得文化软实力凸显为国家竞争力的关键要素。文化软实力实质指涉民族文化的竞争力,一种文化是否具备竞争力,首先应该揆诸其对民族国家的综合国力发挥什么样的作用。基于国家竞争的战略指向,文化竞争力不仅指涉民族国家文化的影响力与辐射力,而且包括国家文化的经济衍生力与时代创新力,也即文化产品的经济转化力与民族文化的创新发展力。"精神文化与经济的整合与互动,精神文化对经济作用的切入点和着力点,就是直接为经济发展提供内在推动力,保证经济合理、持续发展。正是基于这一客观的规律性,所以国际上在文化讨论中有一个说法:文化是经济的母体。"①传统文化艺术资源是擢升民族国家文化竞争力的显著优势,其作为战略资源对民族国家经济、政治、文化、科技等综合国力的提升与国家形象塑型提供动力支撑与物化力量。积极正面的国家形象是国家获得内部成员和世界民众认同的重要支撑,民族国家的形象塑造是一个由多种合力共同作用的持续发展过程,其中,文化软实力不仅为引领之力而且为内原动力,其建构着国家政治价值和外交文化的核心之义。"文化成了一种舞台,上面有各种各样的政治和意识形态彼此交锋。文化决非什么心平气和、彬彬有礼、息事宁人的所在;毋宁把文化看成战场,里面有多种力量崭露头角,针锋相对。"②文化以民族为载体依附于具体的国家形式而存在,国家以其被赋予的权力确立和巩固着其政治外延和内部统治,但是,凝聚和维系国家时空统一的核心动力却始终是基于民族共同体文化传统之情感共通与利益一致。

作为文化软实力的核心承载,传统文化艺术资源之价值意涵体认着民族精神的历史生成与时代展现,其渗透于国家行为与制度规范中并由此实现着

① 郑永廷等:《当代精神文化价值研究》,《中山大学学报》(社会科学版)2001年第3期。

② [美]萨义德:《文化与帝国主义》,谢少波译,《马克思主义与现实》1999年第4期。

国家形象的整体塑型。民族精神是民族文化创造出来的并成为该文化思想基础的东西①,在中华民族精神的诸多要素中,爱国主义是核心之重,其以维护国家利益和尊严为最高准则和核心任务,集中体现着爱国主义的价值观和道德观。爱国主义在激发着民族成员热爱国家、奉献国家的同时亦构型着民族国家团结统一的整体面向。在近代以降的国家危难和民族觉醒中,中华民族多元族群正是基于民族文化传统所蕴含之爱国精神与整体主义最终实现了从奄奄一息的"封建帝国"到独立自强的"民族国家"的现实转型。据此,强化传统文化艺术资源的生活展演与时代弘扬,建设经济效益与社会效益相统一的传承保护机制,让更多彰显中华文化特色、具有较强竞争力的文化产品走向国际市场,不仅是文化强国战略中文化软实力建设的必然应对,而且是民族国家形象塑型的时代抉择。

传统文化艺术资源以具象存在展演着民族文化一以贯之的价值旨归,其为国家意志强化与国家认同固基凝聚价值共识与心理自觉。"凡是在历史上没有形成族群间'共同文化',凡是近代没有发展出以这样的'共同文化'为基础的'民族主义'的'多民族国家'(multinational nation-states),必然存在解体的风险。"②作为民族政治实体的最高形式,民族意志和民族命运的物质体现,民族国家的形成和发展必然投射于民族共同体共同文化的历史记忆之上,国家认同也因此在本质上即表现为"一个国家的公民对自己祖国的历史文化传统、道德价值观、理想信念、国家主权等的认同"③。传统文化艺术资源体认着民族文化世代传承的一以贯之的价值理念,其以对民族文化传统的历史再现以及对民族历史的时空延续指认着民族国家的集体意志和精神实质,共同文化的记忆呈现和共享价值的时代展演从本源上筑牢着国家意志与国家认同的

---

① 张岱年、程宜山:《中国文化与文化争论》,中国人民大学出版社 1990 年版,第 17 页。

② 马戎:《创建中华民族的共同文化,应对 21 世纪中国面临的严峻挑战》,《西北民族研究》2012 年第 2 期。

③ 李崇富:《马克思主义国家观和国家认同问题》,《中国社会科学》2013 年第 9 期。

价值理性与主体确证。

　　作为民族文化价值体认的具象表征，传统文化艺术资源凝聚功能的发挥并非外在的强制性力量，而是民族成员自觉意向和自愿行动的心理外化，其根源恰恰来自于民族文化传统意涵擢升之上的共识形成与归属确证。威尔·金里卡强调人们正是通过追问他们"认同谁"和他们感到"与谁休戚相关"，来决定他们想与谁分享一个国家，而此种认同恰恰源自于共同的历史和文化①。国家认同的真正达至承待民族文化价值引领的社会强化和主体接受，民族文化的社会功能和主体意义在特定的地域空间内和既定的民族群体中建构并确立着民族成员的身份认同和"他者"斥异，并由此确证着主体的自我归属和群体认同。传统文化艺术资源展演着民族文化价值旨归的时代指向，表征着民族成员共同的价值追求，其不仅为民族成员"属于同类人"的身份确认和国家归属提供了共享价值和理性抉择，而且为民族国家内聚力的形成和向心力的黏合奠定了充分的心理依据和思想基础。"人类社会发展的历史表明，对一个民族、一个国家来说，最持久、最深层的力量是全社会共同认可的核心价值观。"②作为中华民族文化一以贯之价值理念的具象态势与时代呈现，传统文化艺术资源在民族成员生活实践中的强化展演固基着社会主义核心价值观的民族传统与文化根基。"富强、民主、文明、和谐；自由、平等、公正、法治；爱国、敬业、诚信、友善"，从国家层面的价值目标到社会层面的价值取向，再到个人层面的价值准则，社会主义核心价值观不仅释义着中国特色社会主义语境中民族国家的价值体认，而且注解着中华优秀传统文化价值理念的时代传承。基于文化资源的本质属性研判，在民族国家既定限域内，"共同体想象"的民族形塑与文化建构，国家意志的历史生成与时代强化，国家标识的民族指向与文化确立，国家认同的宿命特质与归属确证，不仅重复体验且生动展现于

----

　　①　[加]威尔·金里卡：《多元文化公民权——一种有关少数族群权利的自由主义理论》，杨立峰译，上海世纪出版集团2009年版，第240页。

　　②　《习近平总书记系列重要讲话读本》，学习出版社、人民出版社2014年版，第92页。

民族成员的生活实践中,而且不断再现并反复确证于语言、仪式、宗教、风俗、习惯等具象展演里,传统文化艺术资源也据此汇聚且强基着国家认同的集体共识与主体自觉。

传统文化艺术资源在其丰富多彩的具象表征中共呈着民族社会的道德准则与行为规范,为中华文明的代际相传与中华美德的历时传承供给教化意涵与育人指向。基于民族社会的发展历程,文化具有文明传递与价值传承功能,在现实性上,文明之所以能够延展和相续,其相互交织的内在蕴涵与外在模式不可或缺。文明指谓人类社会摆脱蒙昧、野蛮的开化与进步状态,体现着人类在改造客观世界和主观世界过程中创造的物质财富和精神财富的程度[1]。作为精神内核与价值意涵的现实承载,传统文化艺术资源具象并延续了中华文明的内在价值与外在形态。作为一个民族发展和文明进步的精神力量,中华传统文化源远流长,博大精深,有许多宝贵的思想文化精髓在时代场景中仍然具有普适性意义。精忠报国的爱国情怀、死而后已的责任担当、英勇不屈的民族气节、顾全大局的伦理规范、自强不息的坚韧品格、尊老爱幼的良善德行、天人合一的和谐观念等,鼓舞且引领着中华民众的努力奋进与中华民族的不断前行。

作为传统文化价值意涵的时代延续,优秀的传统文化艺术资源以传统美德与社会规范为价值导向,在多元价值的冲突中、在传承相袭的源流里、在现实问题的张力下,在民族成员生活展演的现实场域中以具象演绎再现着中华文明的历史记忆,传承着中华美德的历史传统,强化着民族主体的文化认同。基于社会文明的时代承续,优秀的传统文化艺术资源承载着民族传统美德与社会规范的教化功能。"以文化人"注解着文化的主体意义,任一文化存在都提供着具有相对约束性的道德准则与行为规范,作为民族传统文化价值意涵的时代展演,优秀的传统文化艺术资源生动呈现着中华优秀传统文化的核心

---

① 宋希仁等:《伦理学大辞典》,吉林人民出版社1996年版,第197页。

理念与道德规范。"一种适当的教育,只要保持下去,便会使一国中的人性得以改造,而具有健全性格的人受到这种教育又变成更好的人。"①作为一种文化价值理念教化的实然承载,传统文化艺术资源的教化功能旨在通过民族传统美德与行为规范的社会强化与主体认同进而推动民族成员体养成合格的道德品性。在现代化、全球化、信息化引发的社会转型进程中,多元文化的碰撞与多元价值的冲突愈加激烈,文化虚无的张扬和价值虚无的迷茫愈加严重,更加凸显民族文化教育的时代意义。有鉴于此,深挖传统文化艺术资源的教化意涵与育人指向,以传统文化艺术资源的具象呈现与现实演绎推动民族文化的传承发展,把中华优秀传统文化内涵更好更多地融入民族成员的生活实践中去,通过民族主体在生活场域中对中华优秀传统文化价值理念和道德规范的实践展演筑牢民族成员"五个认同"的理性养成与价值基础。

基于文化功能整体考量,文化及其作用不可能单纯从其自身得到解释,传统文化艺术资源的功能指向亦是如此,其必须投射于中华民族一体建构的时空历程与民族文化传承创新的时代境遇中进行研判。"一定的文化(当作观念形态的文化)是一定社会的政治和经济的反映,又给予伟大影响和作用于一定社会的政治和经济"②,文化关系到民族命运和国家前途。中华民族的百年复兴与中华文明的时代进步有赖于民族文化传统的时代传承与创新发展,作为民族文化传统根基的时代展演,传统文化艺术资源也更加彰显时代价值。

第三节　传统文化艺术资源保护与
开发利用的理论解读

作为主体对象化活动的实践结果,传统文化艺术资源既呈现着中华文化传统的典型样态又体征着其隐形意涵。基于资源属性考量,作为特殊态式的

---

① 〔古希腊〕柏拉图:《理想国》,刘勉等译,华龄出版社1996年版,第52页。
② 《毛泽东选集》第二卷,人民出版社1991年版,第633—634页。

传统文化艺术资源展演着物化实践的经济意义;基于文化属性释义,表征为文化形态的传统文化艺术资源体认着主体行为的价值意指。由此出发,在多元一体民族构成的现实场域中,传统文化艺术资源的保护与开发利用彰显为民族文化时代发展的重要命题,其不仅指涉于经济效益的社会实现,而且体现于其价值意涵的传承创新。

一、传统文化艺术资源保护的理论释义

"保护"意谓照管护卫,使不受损害,传统文化艺术资源的保护实然涵盖双重维度:就资源态式而言,其指向传统文化艺术资源及其生态环境的整体保护;就价值意义而言,其指谓传统文化艺术资源的价值传承。

在全球化迅速普及与现代文明强势冲击的时代境遇中,传统文化艺术资源的保护具有重要现实意义。对于民族国家而言,在现代化、全球化、信息化所引发的社会转型进程中,工具理性凸显与传统文明断裂的二元对立、现代资本扩张与多元文化激荡的现实困惑、历史事实真相与虚拟存在假象的尴尬处境不断挑战着复合民族共同体内部文化认同的传统根基与阐释原则,并由此导引着民族成员前所未有的文化反思和价值质疑。从现代化引发的社会具象看,资本主义的现代经济模式和社会生活方式借助所谓先进管理和现代文明的口号推手伸向并蔓延到了世界各地,在到处摧毁着民族国家的传统文明和道德规范的同时也催生着与其文化传统相冲突的意识形态与价值取向,有鉴于此,传统文化艺术资源的保护传承愈加凸显时代价值。传统文化艺术资源以民族传统文化具象形态的现实承载呈现在民族成员的具体实践中,强化着传统道德与行为规范的有效规制,不仅导向着主体行为的合理践行,而且引领着民族社会的有序发展。传统文化艺术资源在文化传统价值意指的生动展演中切入民族成员的社会生活,引发着彼此之间的情感共通,整合着民族主体的利益一致,凝聚着多元族群的价值共识。作为民族文化的重要构成,传统文化艺术资源不仅体现着中华民族多元族群旺盛的文化创造力和文化生产力,而

且蕴含着中华文明特有的精神理念和思维方式。在多元一体民族构成的现实场景中,传统文化艺术资源的保护不仅有利于民族传统文化的传承与民族文化自信的重塑,而且有助于推动中国特色社会主义文化建设,从而筑牢民族成员"五个认同"的价值基础与心理自觉。

对传统文化艺术资源及其生态环境的整体保护体现着传统文化艺术资源保护的应然之义。基于文化功能释义,尽管传统文化艺术资源具有再生性,但作为特殊的资源态式,物化形态的传统文化艺术资源通常意义上具有不可复制性,尤其是呈现为文化遗产的部分资源,比如文物、寺庙、宫殿、古建筑等传统人文资源。独具民族特色的文化遗产不仅反映着民族文化的传统内涵,而且也是民族国家经济发展的无形资产,在社会发展与文化建设的时代进程中,必须要重视对传统稀缺文化资源的保护工作。与此同时,在现代文明的冲击下,不少民间民俗文化资源由于长期缺乏积极有效的保护措施,最终沦为仪式摆设抑或仅仅在节庆日子"喧嚣一时",严重式微着民族传统文化的社会影响与主体认同。有鉴于此,对传统文化艺术资源的保护工作不仅牵涉到文化资源本身,而且还包括其生态环境。某种意义而言,传统文化艺术资源赖以生存发展的特定生态环境可谓其时代价值的建构成分,其主义指向两个方面,即地理环境与文化环境。文化与地域关系密切,地理环境赋予传统文化艺术资源以空间特质。列宁指出:"地理环境的特性决定生产力的发展,而生产力的发展又决定经济关系以及随在经济关系后面的所有其他社会关系的发展。"[1]基于文化资源的历史形成考查,地域性释义着传统文化艺术资源的显著特征,在广袤无垠中华大地上孕育形成的传统文化艺术资源即释义着中华文化"多元一体、和而不同"之显著特征。作为生产生活方式以及习俗礼仪等文化因素的有机统一体,文化环境展现着传统文化艺术资源的本然面向,传统文化艺术资源的原生态呈现是其时代传承何以可能的前提基础。传统文化艺术资源的

---

① 《列宁全集》第 55 卷,人民出版社 2017 年版,第 446 页。

保护工作既要考量文化资源本身,又要重视其生态环境。传统文化艺术资源及其生态保护关涉到传统文化的原生态传承与民族文化的认同强化,有鉴于此,传统文化艺术资源及其生态环境的整体保护要求不仅要基于民族文化传承创新的视域高度进行整体研判,而且要搁置于民族国家"五位一体"总建设的战略布局中进行全面考量。

作为民族文化传统价值体认的具象承载,传统文化艺术资源的价值性保护指向传统文化的价值传承。传统文化艺术资源体认着传统文化的价值意旨,展演着传统文化的价值意涵,在民族社会生活实践中以其对传统文化的时代演绎强化着民族主体的传统文化自觉心理。文化归属的民族给定从主体视域层面与民族成员不可退出的族属身份和文化预设相互反生建构,因为"一切事情都依赖于婴儿所诞生的文化类型。假如他诞生于某种文化,他将按某种方式思考、感觉和行为;假如他诞生于另外一种文化,他的行为也就相应地不同。"①作为中华民族多元族群共同的文化积累与共享的文化财富,传统文化是民族主体在长期的互动交融生活中形成发展的极具民族性特质的文化态式,其体认着民族文化价值理念的传统指向,承载着民族共同体价值传统的代际承续。作为民族文化的时空承载,传统文化所蕴含的精神理念和价值意识就会在主体实践和日常生活中不断得以巩固和提炼,并日益擢升为民族成员所共同遵循的行为规范和价值准则,在导引着主体行为的同时也逐渐沉淀为民族文化的本然特性和实然内涵,并在文化时空承继的变迁过程中赋予着民族文化独有的谱系特质和传承意义,从而使得民族文化的当代态势在不同程度上再现着民族共同体文化建构的历史图谱。传统文化的价值传承指谓民族主体基于民族文化传统价值研判之价值抉择与继承发展之自觉行为。传统之所以能够传承,恰恰在于其在一定程度上契合并满足着价值主体在时代场域中的价值诉求与利益需求,在传统文化价值传承代际相传中,最终得以保留的

①　[美]L.A.怀特:《文化科学——人和文明的研究》,曹锦清等译,浙江人民出版社1988年版,第118页。

价值内容必然是有助于民族主体生活与民族社会发展的价值成分。事实上，源远流长几千年的传统文化虽然内容丰富但是意涵复杂，既存精华又有糟粕，既有真理又有谬论，在多元文化价值交流交锋的时代境遇下，传统文化的价值传承面临重重困境，作为传统文化价值传承的具象展演，传统文化艺术资源的价值性保护也难以避免诸多难题。

基于传统文化价值传承的范畴释义，传统文化艺术资源的价值性保护必须在现实社会主流价值引领下推动实现传统文化艺术资源的现代转型。在民族社会多元价值体系交流碰撞的现实场域中，传统文化的价值传承必须基于民族主体对民族传统文化正确认知强化民族文化价值传统的返璞归真，其并非意为传统文化的守旧退步，实质指向民族传统文化价值意涵的本真纯化，即在传统文化价值意涵现代调适的过程中推动其价值意涵的传承发展与创新丰富，保留其积极健康的正面内容，剔除不合时宜的消极成分。传统文化价值意涵的现实调适从本质上推动着传统文化艺术资源的现代转化，也即传统文化艺术资源对文化传统价值意涵的具象演绎必须服从于民族国家现实场域中社会主流价值体系的导引，接受民族社会核心价值体系的规制，还必须适合民族国家文化生态的现实语境。不可否认，民族文化的创新发展难以避开文化价值国际化的时代趋势，但文化发展的国际化潮流绝不意味着背离其民族文化主体性的本真特质。基于民族文化创新发展的时代境遇考量，多元文化的价值碰撞恰恰使得民族文化的传统特性愈加得以张扬与升华，也现实推动着民族文化传统与社会现代文化的模式衔接与价值契合。作为民族文化创新发展的传统根基，传统文化的时代传承既要结合时代需求实现文化内容的创新丰富，又要保持其价值意涵的本真性与主体性。在现实性上，传统文化的本真性指谓价值传统在时代演进过程中的民族本源性，而其主体性则体现为文化发展的相对独立性。在文化价值体系全球化扩张的时代背景下，民族国家文化传统的根基意旨与阐释原则遭受着多重挑战与诸多质疑，不仅给传统文化的价值传承设置重重障碍，而且引发传统文化艺术资源现代转型的现实困境。

有鉴于此,民族文化的创新发展与传统文化艺术资源的保护传承必须要正确认知且理性对待多元价值国际化与主流价值独立化二者关系,其不仅要适应多元价值体系共生博弈的社会情境,接受民族社会主流价值体系的现实导引,而且必须要保持民族文化价值传统的主体本真性,基于价值传承视角对传统文化艺术资源的保护与开发利用亦是民族文化传承发展的本然之义。在民族国家社会转型时代场景中,传统文化艺术资源以其对民族文化传统精神意旨与价值旨归的时代体认,在具象形态的现实呈现与价值意涵的生动展演中筑牢着民族成员"五个认同"的文化根基与价值归属。

二、传统文化艺术资源开发利用的理论释义

作为民族传统文化的物化呈现与具象演绎,丰富多彩的传统文化艺术资源不仅是民族国家社会发展的无形资产,而且是民族文化传承创新的根基承载。所谓文化,是自己编制的意义网(格尔茨语),作为一种文化形态,传统文化艺术资源的形成发展从本源上折射出文化创造的主体意义,作为主体实践的对象化活动,传统文化艺术资源的开发利用亦要体现并迎合民族主体的利益需求与价值诉求。据此,在民族国家现代化转型的社会进程中,民族传统文化艺术资源的开发利用亦然指向两个层面,即经济层面的文化资源产业化运作与价值意义的传统文化创新发展。

传统文化艺术资源经济层面的开发利用主要指涉及作为生产资料参与社会实践的产业化运作与发展。"文化产业是指从事文化产品生产和提供文化服务的经营性产业"[1],文化产业的发展振兴是提升民族国家文化竞争力的支柱产业。作为一种可再生性的精神资源,传统文化艺术资源是民族社会经济赖以发展的无形资产与独特财富,其参与生产实践的产业化进程实质表征为文化资源的产品衍生与文化服务的价值增值过程。作为经济行为的社会实

---

① 中共中央党校第十九期中青班文化问题课题组:《全球化背景下中国文化竞争力研究》,中国时代经济出版社 2004 年版,第 91 页。

践,传统文化艺术资源的产品衍生主要指向基于文化影响力与辐射力之资源再生与产品生产,比如手工技艺类传统文化艺术资源的创意生产等。文化服务的价值增值则指涉呈现为具象态势的传统文化艺术资源作为生产资料融入社会实践的经济实现,比如基于传统文化艺术资源审美价值、历史价值等进行旅游开发等。就文化建设的实际情况而言,我国虽然是文化资源大国,但文化产业竞争力还处于相对弱势地位,极具民族特色的传统文化艺术资源是民族国家文化产业时代发展的优势所在。孕育发展于中华大地上的优秀的传统文化艺术资源是中华民族多元族群共同的文化创造与历史遗存,其显著优势不仅表征于文化样态的丰富多彩,而且体现于内容意涵的多维指向。在次生多元一体民族构成的现实场域中,传统文化艺术资源的开发利用必须立于文化传统的民族性基础之上,不能背离文化资源的传统根基,在坚持文化传统生态的前提下基于市场化导向对文化资源进行开发利用。从文化生产和文化创造的主体视域出发,传统文化艺术资源的显著优势并不能够在文化产业的发展过程中实现主动转化,合理有效的开发利用才能助推其对民族国家的文化建设和文化产业竞争力的提升作出应有贡献。对于传统文化艺术资源的开发利用而言,决不能仅仅停留于文化特色和资源优势的宣传与解读之上,而必须要结合民族国家文化产业的整体规划充分发挥民族成员的文化创造力与实践创意力。

在文化竞争愈加激烈的时代境遇中,民族传统文化艺术资源开发利用的有效实现必须考量时代性。以时代境遇为践行场域,把民族传统文化艺术资源的开发利用统一于中国特色社会主义文化建设,服务于中国特色社会主义伟大实践。在坚持民族文化的历史传统下,立足于改革开放和现代化建设的实践,借鉴发达国家文化产业创意发展的有益经验对传统文化艺术资源进行合理有度的开发利用,不仅在内容上体认民族文化意涵,而且在形式上进行创意转化,不断增强传统文化艺术及其辐射资源的吸引力、感召力和影响力。

基于文化价值建构考量,表征为特殊文化形态的传统文化艺术资源之开发利用实质指向时代境遇中民族文化传统的创新发展。作为精华与糟粕并容的文化存在,主要形成发展并积累沉淀于中国封建社会的传统文化艺术资源必然凸显出与现代文化价值理念不相协调一面,也由此决定着其基于时代转化与创新发展之开发利用的现实意义。传统文化的创新发展还必须要处理好民族文化与外来文化的关系。在民族文化国际化场域中,传统文化的现代调适不仅要契合社会主流文化的价值指向,而且要借鉴外来文化有益成分,"在这多元格局中,同时也在接触中出现了竞争机制,相互吸收比自己优秀的文化而不失其原有的个性。"①在学习借鉴的过程中必须坚定传统文化的民族本真特性,任何时候都不能丧失民族文化本源价值的主导地位。传统文化艺术资源的创新发展意味着在时代场域中实现传统文化发展模式与内容呈现的现代转化。每个民族的传统文化都有着自身鲜明的特点,中华传统文化的创新要求必须结合自身特点与时代需求强化自身的文化特色,形成发展优势。其实,在中华传统文化五千多年的历史长河中,曾经涌现出不少让民族引以为豪、让全世界刮目相看的文化辉煌。从古代的四大发明到广为吟唱的唐诗宋词,从历史悠久的中国书法到为世界人民所惊叹的万里长城,从誉为国宝的"中国功夫"到流行海内外的京剧国粹等。但民族文化的繁荣复兴绝不能仅仅满足于曾经的文化辉煌,而必须立于传统基础上着眼于时代发展。民族传统文化的时代创新必须保持文化发展的本真性与独特性,正确处理民族文化国际化趋势与个性化发展之间的关系。随着信息化潮流的空间拓展,人类历史逐渐形成为真正意义上的世界历史,任一国家和民族的文化体系都难以避免被卷入国际化潮流。从社会发展的应然走向研判,民族国家的传统文化必然存在国际化问题,但传统文化的国际化并非是要以外来文化取代民族文化,其根本旨归在于保持和强化民族文化的本真显现,丰富和发展民族文化的时代意涵。在文化传统的国际化竞争发展过程中,民族文化更要关切和保持其价值传统

---

① 费孝通:《文化与文化自觉》,群言出版社 2010 年版,第 56 页。

的主体独立性,其体现着民族文化的时代生命力,明晰着民族文化的时代指向。在传统文化国际化发展进程中,任一民族文化的创新发展都必须坚持自身的主体独立性与民族本真性,文化建设必须坚持以我为主、外来文化为我所用的原则,博采众家所长,吸收借鉴各种有利内容,展现中华文化魅力,拓展中华文化影响力,形塑民族成员的文化自信。与此同时,传统文化在时代场景中的创新发展也必须给予少数民族传统文化的功能地位以足够关注。作为少数民族文化传统的具象呈现,丰富多样的民族传统文化艺术资源也是中华传统文化的重要构成,其为中华文化的发展壮大与民族国家的社会发展作出了巨大贡献。但是,伴随着全球化浪潮的强势普及以及现代文明的强烈冲击,许多民族地区的文化生态以及传统文化特色遭到了破坏或者被遗忘,处于尴尬被动的发展境地,所以,传统文化的创新发展还必须给予少数民族文化艺术资源的开发利用以应有关注。

无论从经济层面或价值意义揆诸,传统文化艺术资源的开发利用都必须坚持合理有度的原则,其目的指向绝不仅仅在于经济利益的追逐,根本旨趣在于实现优秀的民族传统文化艺术资源的可持续发展。对传统文化艺术资源进行科学合理、适度有效的开发利用,不仅是推动社会经济发展的有效举措,而且是民族文化创新发展的必然选择。

三、传统文化艺术资源保护与开发利用的关系辨析

传统文化艺术资源的保护与开发利用虽然在实践范式上指向不同,但实质呈现为有机统一的整体过程。作为一种资源态式,传统文化艺术资源的保护是对其进行经济性开发利用的实然前提,反之,合理的开发利用则为传统文化艺术资源生产性保护的具体演绎。作为一种文化形态,在民族共同体既定限域内,传统文化艺术资源的价值性保护指向民族传统文化的价值传承,其开发利用则指涉及民族文化的创新发展,文化传承是基础,文化创新为目的,传统文化艺术资源的保护是其价值性开发利用的根基承载,开发利用则体认着

其传承保护的目的旨归。

传统文化艺术资源的保护是对其进行经济性开发利用的前提与基础,只有妥善保护,才能保证文化资源的合理性存在与可持续发展;基于保护导向之适度开发利用则为推动传统文化艺术资源生产性保护的应然趋势。"是经济的发展促进了人们对人文资源的认识,反过来,对人文资源的认识也将促进人们对经济发展的更深一步的认识。"①在社会经济发展过程中,文化资源的巨大影响愈加彰显其重要地位,文化自觉的意识强化推动着民族成员更加理性对待经济、文化、生态等社会协调发展命题。就资源呈现而言,作为特殊态式的传统文化艺术资源普遍体现脆弱性特点,尤其是历史遗存与文化遗产等资源具有不可再生性,有鉴于此,对传统文化艺术资源的保护与开发利用必须遵循"保护第一,开发第二"的基本原则。但是,"保护第一"并非意味着过度保护,传统文化艺术资源的封闭保护不仅不会起到应有效果,而且很有可能由于乏人关注抑或无人问津导致资源逐渐减少甚至消逝,据此,适度的开发利用即是合理保护的必然选择与有效路径。传统文化艺术资源的合理性开发利用即是要在保护传统的基础上促进经济效益的实现,调动传统文化艺术资源保护传承的主体积极性。在市场经济导向下,传统文化艺术资源的经济性开发利用应当首先侧重于较具观赏性的物态景观抑或生产性文化艺术资源,不仅更易于获取相应经济效益,而且对文化资源自身的传承保护也极具推动作用。但是,即便是开发利用条件具体相对优势的传统文化艺术资源,其经济性开发利用也必须把握适当原则,分阶段、分步骤地规划开发,切不可随意开发乃至过度开发,尤其是对于少数民族传统文化艺术资源,在开发利用过程中必须充分考量其民族性特质与宗教性意义。与此同时,对不具再生性或独异性不明显的文化资源则必须坚持保护第一的原则,要注重于其文化生态的整体性保护,必须严格防止经济性开发利用对文化资源造成根本性破坏,如果因为盲目

---

① 费孝通:《西部开发中的文化资源问题》,《文艺研究》2001 年第 5 期。

开发破坏了其原生态面貌抑或造成传统的断裂,则得不偿失。文化被赋予生命,任何一种文化态式均以独有的内在意涵与外在具象诠释着其价值意旨与主体意义,传统文化艺术资源亦不例外,其保护与开发利用的目的是为了实现民族文化传统的传承与发展。传统文化艺术资源绝不会因为过度保护实现繁荣复兴,同样,也不会因为适度的开发利用而走向消逝,合理的开发利用不仅有助于传统文化艺术资源的生产性保护,而且有利于推动其在民族生活实践中的传承。

基于价值意义考量,传统文化艺术资源的保护承载着其开发利用的传统根基,而其价值性开发利用则实然指向民族传统文化的时代转化与创新发展。在文化竞争和文明冲突的时代场域中,传统文化的价值传承是民族文化创新发展的基础,而民族文化的创新发展则体认着文化传承的目的旨归。"人们创造自己的历史,但是他们并不是随心所欲地创造,并不是在他们自己选定的条件下创造,而是在直接碰到的、既定的、从过去继承下来的条件下创造。"①在价值多元的现实语境中,民族文化创新发展必然要求于文化反哺时代实现传统价值的现代转化与自信重塑。文化反哺时代,民族传统文化的传承发展实质指谓多元文化价值体系交流交锋语境中传统价值的现代调适,其中既包括主流价值理念的介入与规制,又蕴含民族社会对其价值传统"优胜劣汰"的扬弃与丰富,于其过程中传统文化实现着从形式到内涵的双重转换与创新,并据此更加契合民族主体的价值诉求与民族社会的价值准则。作为民族文化创新发展的传统承载与根基既定,传统文化的价值传承在多元文化竞争冲突的时代场景中更加彰显现实意义,其不仅是民族共同体意识筑牢的现实路径,也是民族国家归属自觉主体确证的价值基础。但是,伴随着文化反哺现象的强烈冲击,民族国家传统文化的主体认同遭受着前所未有的群体性式微,有鉴于此,传统文化的认同强化不仅需要其自身在与异质文化价值体系竞争博弈过

---

① 《马克思恩格斯选集》第1卷,人民出版社2012年版,第669页。

程中实现自我筛选与意涵丰富,而且更需要民族主体在对价值传统正确认知与理性理解基础上积极探寻其与时代价值契合之处,努力推动民族传统文化的创造性转化与创新性发展。文化发展虽有变革性飞跃,但飞跃的前提在于对传统的衔接与继承,文化传统的历时承续是民族文化创新发展的根基前提,创新意味着传统文化价值体系的模式转变与内容转化,中华文化的创新动力即体现于其传统之中。作为民族传统文化的具象承载,传统文化艺术资源的现代转型也必须立于其本真价值的传承之上,不能脱离文化传统的价值本义,据此,指向于传统文化时代转化与创新发展的传统文化艺术资源之价值性开发利用既要接受社会主流价值体系的价值引领,又要遵循民族文化价值传统的本源指向,在价值传承中推动丰富发展,在现代转化中实现价值传承。作为民族主体文化自觉的实践结果,传统文化的价值传承迫切要求在多元文化价值体系激烈冲突的现实式微下重塑民族文化的主体自信。文化自信绝非盲目自大,其建立于民族社会的文化创新与文明进步之上,民族文化自信的主体强化不仅需要民族成员理性认知自身的文化传统,而且要求多元主体必须明晰民族共同体文化传统的价值优势。文化自信的现实形塑必须基于民族文化与异质文化的比较甄别之上,民族成员在价值研判与抉择的过程中也强化着自身对文化传统的心理自觉与价值认同。"中国新文化的创造,应会综会人类已经发现的一切相对真理,达到已知真理的综会,同时开辟认识真理的广阔道路。真理不断发现,文化不断更新。"[①]文化全球化的空间扩张使得任一文化体系都必然存在与其他文化体系之间的交流碰撞,于此过程中,借鉴吸收外来文化的有益成分无疑对民族文化的时代发展极有帮助,但这种吸收的前提是继承和保持本民族的优秀文化传统,无视民族文化传统,对外来文化生搬硬套,无论精华抑或糟粕一概全盘接受,其最终结果只会给民族文化发展带来致命性危机。文化的创新动力来自于对民族传统文化的充分发掘和不断丰富,

---

① 王守常等主编:《中国文化书院九秩导师文集——张岱年卷》,东方出版社 2013 年版,第191 页。

但恰恰相反,我们目前对于传统文化的态度缺少足够的尊重与认同。中华文化之特质即存在于其传统之中,民族文化的创新发展绝不能脱离其传统根基,传统文化艺术资源以其具象呈现展演着民族文化传统的精神意涵与价值意旨,强化着民族成员的民族文化意识与文化心理自觉,推动着中华文明的世代相承与中华民族的百年复兴。

无论从资源存在的具象态势抑或传统文化的传承创新释义,传统文化艺术资源的保护与开发利用均呈现为不可分割的统一过程。"中华民族的古老文化虽然已经过去了,但它也是将来中国新文化的一个来源,这不仅是过去的终点,也是将来的起点。"①将传统文化艺术资源的保护与开发利用融入社会发展进程,切入民族生活实践,让民族成员共享其物化利益的同时强化主体的意识自觉与价值认同,不仅是实现优秀的传统文化艺术资源可持续利用之必然选择,而且是时代境遇下民族文化传承创新的重要命题。

---

① 冯友兰:《阐旧邦以辅新命》,上海远东出版社 1994 年版,第 240 页。

第二章 河湟地区传统文化艺术资源
保护与开发利用的意义明晰

在全球化所注解的社会转型进程中,多元文化的碰撞与冲突不断挑战着民族共同体限定界域内价值认同的传统根基与阐释原则,现代社会"最普遍的、重要的和危险的冲突并不会发生在社会阶级之间、贫富之间,或者其他以经济来划分的集团之间,而是属于不同文化实体的人民之间的冲突。"①作为民族文化传统的具象演绎与物化承载,传统文化艺术资源的保护与开发利用更加凸显为时代命题,尤其对于河湟民族区域而言,更加彰显其现实意义。河湟地区自古以来便为多元族群集聚地,次生多元一体的文化态势历史形成并积淀了异彩纷呈而又一体走向的传统文化艺术资源。在次生多元族群构成的现实场域中,传统文化艺术资源的保护与开发利用既有利于区域社会的团结稳定与和谐发展,又有助于河湟文化的时代传承与创新发展,并由此筑建着河湟民众"五个认同"、河湟地域铸牢中华民族共同体意识的意义场和实践域。

---

① Samuel Huntington. *The Clash of Civilization and the Remaking of World Order*. New York: Simon & Schuster. 1996.p.28.

第一节　河湟地区传统文化艺术
资源的历史生成

"每一时代的理论思维,包括我们这个时代的理论思维,都是一种历史的产物,它在不同的时代具有完全不同的形式,并同时具有完全不同的内容。"①异彩纷呈的传统文化艺术资源不仅是河湟地区次生多元一体文化态势的实然演绎,而且是民族区域文化发展历史积淀的具象存在。从考镜源流的角度出发,溯源民族区域社会变迁中传统文化艺术资源的历史生成是明晰其保护与开发利用现实意义的必然考量。

一、区域社会变迁中的族际互动

社会变迁是指由于社会结构及其功能的演变而引发的社会现象的变化,作为民族社会发展与演变的历史呈现,社会变迁既是历史过程又是历史结果。在中国社会变迁历史进程中,作为重要显性维度的民族性主要投射于社会变迁历史过程中源于民族问题而引发的诸多社会变革,其中,族际互动是其核心显现。族际互动不仅是我国民族关系历史形成与发展构型的基本路径,而且是民族文化生成发展和世代赓续的历史动力。

社会变迁的历史情境复杂多维,不同历史阶段引发社会变革的诸多因素及其相互关系、作用机制、呈现结果等共同构成一个有机互构的整体系统。作为"社会实践与活动系统中多种因素之间的多重的交互关系"②,情境虽然表征为多元范畴的复杂关系,但其主体性意义却不容忽视,同样,社会变迁的历史情境虽然不具备价值判断的意义,但其于历史时空中展现为中华民族多元

---

① 《马克思恩格斯选集》第3卷,人民出版社2012年版,第873页。
② [美]戴维·H.乔纳森:《学习环境的理论基础》,任友群译,华东师范大学出版社2002年版,第55页。

主体文化认同的发生契机与实在场域,因而,民族成员的主观目的与实践行为赋予变迁情境这一客观性存在以主动性意义。尽管中国社会在每一历史阶段的变迁表象与变革结果态势不同,却都遵循着固有的不以人类意志为转移的内在规律,但社会变迁归根结底是人类社会的变迁,人的产生及其社会性存在是社会变迁历史发生的前提和基础,因此,考察中国社会历史变迁的时空情境,必须将其置于人类历史发展的全过程进行整体考量,如白寿彝先生所言:"我们研究历史,不能采取割裂历史的办法。从一个历史阶段看问题,固然是必要的;从整个历史发展趋势看问题,则是更为重要的。"[1]

民族国家的社会变迁从本质上体现为民族主体的实践活动所引发的社会经济、政治、文化等一系列社会结构和社会发展态势的演变与变革。民族性是中国社会历史变迁的一个重要显性维度,其主要投射于社会变迁历史过程中源于民族问题而引发的诸多社会变革,族际互动是社会变迁过程中民族性维度的核心显现。马克思强调"社会——不管其形式如何——是什么呢? 是人们交互活动的产物。"[2]在河湟地区社会变迁的时空图景中,族际互动不仅是民族地区多元族群关系构型之前提基础,而且是丰富多彩的传统文化艺术资源历史生成之源发动力。

社会变迁虽带有鲜明的时代烙印,却深刻体现着不可逆的历史潮流与发展趋势。社会形态本质上反映着生产力与生产关系的逻辑关系及其作用机制。马克思曾经指出:"人们在自己生活的社会生产中发生一定的、必然的、不以他们的意志为转移的关系,即同他们的物质生产力的一定发展阶段相适合的生产关系。这些生产关系的总和构成社会的经济结构,即有法律的和政治的上层建筑竖立其上并有一定的社会意识形态与之相适应的现实基础。"[3]在马克思看来,生产力与生产关系之间的矛盾冲突是社会变革的根本动力,当

---

[1] 白寿彝:《白寿彝民族宗教论集》,北京师范大学出版社1992年版,第53页。

[2] 《马克思恩格斯选集》第4卷,人民出版社1995年版,第532页。

[3] 《马克思恩格斯选集》第2卷,人民出版社1995年版,第32页。

一定社会阶段的生产关系不适应生产力的发展时,社会变革就会自然而然地发生,其曾经强调"我们判断一个人不能以他对自己的看法为根据,同样,我们判断这样一个变革时代也不能以它的意识为根据;相反,这个意识必须从物质生活的矛盾中,从社会生产力和生产关系的现实冲突中去解释"①。中国社会结构在其历史变迁过程中也毫不例外地遵循着这一规律,从原始社会形态到封建社会形态的变革再到近代以来中国源于外来势力的入侵而被迫于艰难重重之中发生的社会变革,不管是源于内生的经济变革抑或外来势力强制的社会变革,本质上都折射出当时社会生产方式的落后以及生产关系的不合时宜,社会生产力的发展要求必须要变革现行的社会制度与现有的经济形态。众所周知,中国的近代化进程是在遭受鸦片与大炮并重的侵略下中华民族被迫觉醒的自救过程中实现的,但学界普遍认为,中国封建社会的商品经济已经孕育着资本主义的萌芽,但为什么这一本有可能引发中国社会实现"工业现代化"的内生发展路径被阻碍中断甚至扼杀,却最终走向一条备受欺凌与苦难的"近代化"之路? 究其根源,无外乎当时的社会经济环境与政治文化等体制不能够提供必需的发展条件与现实保障。一方面,"中国传统的社会结构具有既早熟又不成熟的二重特征,它包容多种生态环境、历史发展背景、经济文化发展程度等各不相同的民族与区域于一体,互为补充、互为牵制,有其他社会所无法比拟的适应性和弹性。"②这种其他社会无法比拟的适应性和弹性在赋予中国传统社会结构较易适应各种变化表象之能力的同时也使得其能够于变化了的条件下保持自身的深层结构体系而岿然不动。另一方面,长期的中央集权制政治体制与封建传统文化封闭保守的落后意识在封建社会末期不仅无法为社会近代化的内生转型提供必要的制度保障甚至极大程度上为其进展设置重重障碍,很大程度上限制并钳固着中国社会的历史转型与制度变迁。

　　社会的经济、政治、文化等历史变迁的演绎过程及其引发结果,既为社会

---

① 《马克思恩格斯选集》第 2 卷,人民出版社 1995 年版,第 33 页。
② 陈支平:《明代后期社会经济变迁的思考》,《河北学刊》2008 年第 1 期。

变迁的主导诱因,又为其阶段态势。社会经济的历史变迁主要体现于社会经济结构的历史变革和经济形态的深层演变,经济变迁不仅是社会变迁的根本诱因,而且为其本源呈现。中国古代历史上影响最为深远的经济变革,莫过于以自给自足的小农经济为主导的封建经济形态的形成与确立,绵延几千年的封建社会经济制度从根本上影响并改变着中国社会的发展进程与中国历史的发展趋势,也是华夏农耕文明辐射并带动周边经济相对落后民族聚居边缘地带的根本原因与发展方式。社会经济结构的变革会随之引发政治结构与文化结构的深层变革,因为"物质生活的生产方式制约着整个社会生活、政治生活和精神生活的过程"①。封建社会经济形态的主导地位也历史性地影响并决定着中国多元社会长期以来的政治变革与文化形成。社会的政治制度和国家政治体制的进步变革一定程度上赋予社会经济变革与经济行为以政治合法性与社会保障性。西周时期当权贵族将家族制与宗族制熔治合一,自此"家国同构"的社会政治体制逐渐形成并于封建社会得以充分发展。中央集权的国家政治体制在西周时期亦有萌芽,《诗经》曰"普天之下莫非王土,率土之滨莫非王臣",但彼时的周王朝与其统辖诸侯之间的关系较为松散,到了秦汉实现统一之后,"大一统"的中央集权制度才得以严格意义的真正推行。政治制度与政治体制变革某种意义上都在于改变旧的不适应社会生产力发展的生产关系与政治基础,从"商鞅变法"废除"世卿世禄制度"与"井田制度"、推行农耕制度从而巩固新兴的地主阶级统治,到"王安石变法"过程中提出"富国强兵"目标并向民众推行"免役法",再到"戊戌变法"中建议发展资本主义、建立君主立宪制政权从而达到"国富民强"之目的,无不体现出政治制度变革之最终标的在于保证社会经济的长足发展与顺利进行。文化变迁是社会变迁的本质体现,又是其核心要素,源于文化形成的相对缓慢性与文化存在的相对稳定性,文化变迁往往滞后于社会变迁的其他表象。社会文化的历史变迁主要体

---

① 《马克思恩格斯选集》第 2 卷,人民出版社 1995 年版,第 32 页。

征于源于多元族群的文化接触而引发的文化形态的历史演变与文化内涵的历史发展,多元族群文化互动交融过程中的文化涵化和文化异化是基于民族性维度文化变迁的重要内容。中国社会文化的历史变迁充分体现于"多元一体"中华民族文化的形成与发展过程。于此过程中,以儒家文化为主导的汉文化以滚雪球的方式逐渐向四周扩散和浸染,一直带动着文明的传播与文化的发展进程,"多元一体性造就了中华文化高度的统摄力、灵活的吸收力、兼容并蓄的包容力以及绵绵不断的传播力"①,并由此形成且确立着中华民族多元主体的集体凝聚力与高度向心力。

族际人口流迁是中国社会历史变迁民族性维度的重要体现,也是导致多民族国家社会变迁的客观因素。基于民族性维度的社会变迁之历史情境主要投向于族际迁移互动历史进程中引发社会变革的诸多因素交织在一起的社会背景与客观环境。"无论是历史上还是现实中,族际人口流迁都是民族过程推进的直接途径和最终途径"②,族际流迁打破了僵化封闭的民族地域并根本上式微着民族交往交流过程中必然引发的种种矛盾冲突,历史形成并现实发展为民族交融的达成要件与本源基础。族际变迁互动进程中的社会调适注定是一个漫长的历史过程。社会变迁过程中的族群流迁必然彰显族源认同,不断得以激发并愈加强化的族性也是族群群体在异质社会情境中维持并延续自身发展的现实诉求,虽然族性的彰显有助于维护族群的内部认同且有利于族群个体的现实需要,但源于"中国历史上的移民有两种类型,有其不同的特点,但就性质而言,却基本只有两种——生存型和发展型"③,出于生存发展的现实需要,流迁族群必然要在生活方式以及价值观念上逐步靠近主流社会,自身族性的式微与异质族性的沁入与此过程如影相随,因此在主体的调适过程中难以避免族源认同凸显与主流价值认同张扬的冲突与矛盾,但"族际人口

---

① 詹小美:《民族文化认同论》,人民出版社 2014 年版,第 33 页。
② 王希恩:《当代族际人口流迁与民族过程》,《西南民族大学学报》2008 年第 5 期。
③ 葛剑雄:《中国移民史》第一卷,福建人民出版社 1997 年版,第 48 页。

流迁既是一个张扬族性、增强认同的过程,又是一个消弭差异、增加共性的过程。两个过程是矛盾的,又是共存的、统一的。"①人口流迁打破着族群界限,并由此导致愈加频繁的族际互动,从而消解着多元族群之间的差异,并随着交往的扩大和交流的深入,使得主体之间的共性不断增多且最终实现和谐共生的交融格局。

总体而言,清朝末期以前的中国社会变迁呈现为自然态式,即变迁的主体因素是由民族国家内部关系和力量决定并实现的,很少甚至可以说几乎没有受到外部因素的影响和干扰,根本原因在于较长历史阶段的封闭状态与自给自足的封建经济形态。自从清朝末期"鸦片战争"被迫开放以来,尤其是八国联军的入侵和殖民势力的瓜分,直到新中国成立前,这一历史时期的社会变迁打破了中国社会历史传统的变迁模式,已经被迫转入了全球化的历史变革中。中华民族在面临外力强势入侵与内部封建政府腐朽欲亡的重重困难与压力之下自觉发起的"救亡图存"运动,通过彻底革命的手段完成了中国社会具有历史意义的社会形态的跨越式变革,从半殖民地半封建社会进入社会主义社会。所遭受的凌辱与苦难和所肩负的责任与使命不仅给予着中华民族全体成员前所未有之力量与勇气,而且从根本上筑牢着中华民族"同荣辱、共命运"之感情与道义。

作为社会变迁进程中民族交往的直接形态②,族际人口流迁推动着民族交往交流交融的历史进程,其打破了民族成员心理既定的空间观念,也拓展了族群文化互动交往的地域界限。地理环境是社会变迁动态演绎的前提条件,在族群大规模迁徙进程中,民族成员对地理环境及其附属资源给定形态的主体调适在较高意义上影响着其文化形态和生活方式的地域重塑。在族际人口流迁漫长进程中,多元族群彼此之间的互动交融占据着中华民族形成发展的全过程,也反映并构成中国社会历史变迁的真实情境。马克思强调:"社

---

① 王希恩:《当代族际人口流迁与民族过程》,《西南民族大学学报》2008 年第 5 期。
② 王希恩:《当代族际人口流迁与民族过程》,《西南民族大学学报》2008 年第 5 期。

会——不管其形式如何——是什么呢？是人们交互活动的产物。"①族际互动是民族关系历史形成的前提与基础，而民族关系体征为民族社会和民族国家的本质蕴涵与实然表达。中国自古以来就是多民族国家，司马迁于《史记》中记载，早在尧舜时期我国境内"方五千里，至于荒服。南抚交阯、北发、析枝、渠廋、氐、羌，北山戎、发、息慎、东长、鸟夷"②。长期以来，中华民族多元族群于历史形成发展进程中彼此之间多样态的交往、交流与交融在指向民族关系的起点、过程与结果的同时，也构型着族际互动复杂多元的演绎图景。

族群交往指谓民族关系的形成起点，族群交往的密度与程度本源决定着族际互动的现实模式与未来形态。马克思强调人类社会的历史既是生产的历史又是交往的历史，而生产本身又离不开个体彼此之间的交往。③ 个体交往是主体发展与社会前进的动力前提，作为个体交往汇聚为群体交往的社会交往形式，族群交往则为民族关系形成与民族群体发展的基础要件，"民族关系是以民族交往为其形式，没有民族交往无所谓民族关系。"④多元族群之间频繁的政治经济文化交往是民族成员赖以生存与发展的社会基础与心理依赖，除了经济政治文化交往外，通婚也是族群交往历史演绎的重要形式，不同族群之间的婚姻互动历来有之并随着民族社会历史的发展呈现愈加活跃之趋势。族际通婚不仅为族群交往的直接形式，而且通婚双方源于婚姻交流而萌生的生活方式与语言、价值符号以及心理规范的趋同性也愈加强化着族群之间的深层交流与情感交融。历史上汉族与其他少数民族的通婚更是彰显深刻的历史意义与重要的历史作用，汉人带去先进的生产生活方式与文明意识，推动着边缘区域的文化启蒙和游牧方式向农耕文明的演变进程。总之，多元族群之间的交往是族群历史形成与生存发展的基本方式，历史上"民族认同的确立

---

① 《马克思恩格斯全集》第4卷，人民出版社1995年版，第532页。
② 司马迁：《史记·本纪》，于童蒙编译，中国纺织出版社2007年版，第16页。
③ 参见《马克思恩格斯选集》第1卷，人民出版社1995年版，第168页。
④ 金炳镐：《民族理论与政策通论》，中央民族大学出版社2006年版，第12页。

和巩固,民族关系的形成和发展,民族矛盾的发生和解决,乃至民族同化和融合的实现等,最终都要在民族的直接交往中才能完成"①。

族群交流指谓民族关系的塑形过程,是族群交往深层向度的延伸和拓展,族群交流的效度与质度实际决定着族际互动的历史达成与发展走向。历史上多元族群之间的交流形式多样,内容多元,但其更深层意义上指向族际之间于文化意义的沟通与理解和文明层面的借鉴与共享,多元族群之间的文化交流不仅促进着群体文化观念和文明意识的发展进步,而且也推动着异质族群文化的趋同与交融并由此催生着民族集体意识的形成与价值观念的统一。历史上族际文化交流引发的主体文化涵化对于民族成员的身份认同曾经一度占据着比血统还重要的地位,如陈寅恪曾言"汉人与胡人之分别,在北朝时代文化较血统尤为重要。凡汉化之人即目为汉人,胡化之人即目为胡人,其血统如何,在所不论"②。无论是"汉化胡人"还是"胡化汉人",主体的文化涵化毫无疑问都是民族成员在交流过程中的文化互鉴与文明共享。文化交流的历史主体走向往往显现于相对先进的华夏农耕文明对边缘族群游牧文明的影响与辐射关系中,汉族在与边缘族群的经济文化政治等交流互动中传播着相对先进的文化理念与文明方式并由此推动着落后族群的文化发展与文明变迁进程。族群迁徙毫无疑问是中国历史发展过程中文化传播和文化交流的根本动因与重要途径,因为文化可以"穿越历史,从一个时代纵向地传到另一个时代,并且横向地从一个种族或地域传播到另一个种族或地域。"③族群迁徙的历程实质即为文化传播与文化交流的过程,当然,文化传播与文化交流并不尽然只限于族群迁徙这条路径,但族群流迁必然导致文化传播与文化交流的发生。

族群交融指谓民族关系的演绎结果,是族群交往交流旨归的呈现和诠释,

① 王希恩:《当代族际人口流迁与民族过程》,《西南民族大学学报》2008 年第 5 期。
② 陈寅恪:《唐代政治史述论稿》,上海古籍出版社 1982 年版,第 122 页。
③ [美]L.A.怀特:《文化的科学——人类与文明研究》,沈原等译,山东人民出版社 1998 年版,第 3 页。

族群交融的广度与深度本质决定着族际互动的实然态势与应然趋势。族群交融表现为多元族群"你中有我、我中有你"的共生状态与共享态势。严格意义而言,我国历史上曾经出现过之后抑或消隐抑或延续至今的族群从血统上讲都是彼此之间交融的结果,夏商周三族融合而成汉族的前身即华夏一族,秦朝之后国家的统一推动并强化了华夏族群与蛮夷戎狄等边缘族群的交汇融合,华夏文明向边缘扩散和辐射,或以战争或以中央推行的政治手段或以边缘族群自愿接受的方式促进着族群整合和族群交融的历史进程。族群交融实质为辩证互动的过程,"自我"的认同与"他者"的斥异并存,交融愈为彰显的地方民族间的冲突与碰撞也愈加激烈。在悠久漫长的历史发展进程中不同族群之间虽然常有局部战争和冲突,有矛盾和离散,但多元族群交往互动从整体上一直走向交融聚合的历史统一趋势未曾改变。当国家局势相对稳定之时,族群之间的相互包容与彼此理解就会于相对和谐的共居生活中得以凸显从而愈加推动并强化着族际之间交往交流交融的时空态势;而当国家陷入动荡不安之时,社会结构的演变与社会秩序失衡也会一定程度上直接或间接地催生着族群之间的互动交融或主动或被动地上演。各个族群的历史形成发展都离不开与"他族群"的互动交融,"异流融汇"是旧族群消隐与新族群形成的根本路径,也是中华民族这一复合族群共同体历史形成与现实建构的重要情境。多元族群的互动互融不仅为中华民族历史演绎的内在机理,而且是其近代建构的历史基础,如恩格斯所言:"越是深入地追溯历史,同出一源的各个民族之间的差异之点,也就越来越消失。……这一种或那一种特点,可能只有地方性意义,但是它所反映的那种特征却是整个民族所共同具有的,而史料的年代越是久远,这种地方性的差别就越是少见。"①

　　自秦汉文明以来,中国就逐渐形成为一个统一的多民族国家,民族迁徙以及多元族群彼此之间的冲突与交融占据着中华民族形成发展的全过程,也反

---

　　①　《马克思恩格斯全集》第16卷,人民出版社1964年版,第570页。

映并构成中国社会历史变迁的真实情境。"族际人口流迁是民族交往的直接形态"①，族群迁徙过程中的民族交融，不仅拓宽了民族成员的地域观念，而且开阔了其深层的主体视域。地理环境是社会变迁时空展演的基本条件。"文化的巨大变迁可与任何给定的环境形态相容"②，民族成员的生产生活方式及文化文明的形成与地理环境及其附属自然资源关系密切，也是多元一体民族格局形成的前提条件。费孝通曾经指出，中华民族的地理家园天然形成一个结构完整的单元体系，早期于这一地理单元内部的黄河中游出现了一个由若干民族集团汇集和逐步融合的核心即"华夏"，华夏中心像滚雪球一般把周围的异族逐渐吸收进入这个核心。③ 在华夷攸分内外有别的封建王朝，族际矛盾与冲突往往通过武力战争来解决，而战争在进一步激化矛盾的同时也客观地推动着族际互动的交融情景，如此过程反反复复，与民族分合的历程筑牢在一起，共演着民族关系和族际变迁的历史界面。从"华夷之辩"到"华夷一家"主流思想的历史演变有力佐证着多元族群于频繁的生活交往与互动交流过程中催生着族群文化之间的交融与涵化。

多元族群在彼此之间源远流长的族际互动历史进程中构型着"你中有我，我中有你"相互交融的民族格局。尽管大规模的族际互动交融往往发生在战乱动荡时代，但不能否认历史上多元族群在战争不断与时局不稳的年代经历过每一次更为深入和彻底的族际交融之后都势必会汇聚为更团结更优秀的民族统一体并由此推动着更强大更繁荣的统一多民族国家的形成。从诸侯争霸的春秋战国战乱不安时期到实现大一统的秦汉时局稳定时期，从政权频繁更迭的魏晋南北朝时期到盛世繁荣的隋唐时期，从局部战争频繁的宋辽时期到疆域最为辽阔的元明时期，再回顾外辱内患、内战不断的清末以来直到新

---

① 王希恩：《当代族际人口流迁与民族过程》，《西南民族大学学报》2008 年第 5 期。

② ［美］L.A.怀特：《文化的科学——人类与文明研究》，沈原等译，山东人民出版社 1998 年版，第 3 页。

③ 费孝通：《中华民族多元一体格局》，中央民族学院出版社 1989 年版，第 4 页。

中国的成立这段一百多年的近代历史,无不淋漓尽致地描摹着多元族群互动交融时空演绎的历史规律和历史趋势。

社会变迁中的族际互动,虽然时常伴以战争和冲突,但河湟区域族际之间交往互动表征着河湟区域多元族群其乐融融的生活场景。据史籍考证,河湟区域早期的迁居居民为西戎、氐和羌,秦汉之后随着西戎、氐、羌的外迁和匈奴、鲜卑、吐蕃、蒙古等诸多族群的内迁使得河湟地区的族群构成不断交替上演着解构和重构之历史场景,"羌、藏、吐谷浑、党项、吐蕃、土、撒拉、东乡、保安、回族等河湟古今族群的出现,即是这一族群互动、整合的结果"①。从经济区位看,河湟地区位于黄土高原农耕经济带和青藏高原游牧经济带过渡区,从地缘环境看,河湟境内"海河地尽肥饶,祁连宜于畜牧"②,特殊的经济形态构成和自然环境条件造成河湟地区各族群之间明显的经济分工,如汉、土、回等主要从事于农业耕作,藏、蒙古等则主要从事于畜牧业生产,东乡、保安等擅长于手工业生产,除此之外,还有撒拉等族群的特色林果经济。细化的分工在促进着农耕经济族群和游牧经济族群之间共生互补关系形成的同时,也根本上推动着河湟区域多元族群彼此互动的经济政治文化交往。

河湟地区民族互迁,最早可追溯至夏商时期。据记载早在商朝末期,就有西戎部族定居于今甘肃河湟一带,其部族首领曰:"我诸戎饮食衣服不与华同,货币不通,语言不达。"(《左传·襄公十四年》)由此可见早期迁居于此的西戎与华夏一族差异明显,生活不通,但随着诸戎的发展强大,与周边其他族群的交往交流也日益频繁和扩大。

周朝伊始,西戎大批东迁,羌人开始活跃于河湟境内,羌可谓是中国最古老的族群之一,而且延续至今。羌人曾参与武王伐纣之战,《尚书·牧誓》云"及庸、蜀、羌、髳、微、卢、澎、濮人",此记载也佐证着羌人与华夏民族早已发

---

① 马建春:《多元视域中的河湟:族际互动、文化认同与地缘关系》,社会科学文献出版社2013年版,第33页。

② (清)梁份著,赵盛世等校注:《秦边纪略》(卷一),青海人民出版社1987年版,第21页。

生互动关系。汉朝时期,汉武封建政权在河湟地区设置机构并进驻军事力量以加强其政治统治,随着内迁汉人的大量流入,当然,也有部分羌人源于种种历史原因选择东迁,这种双向流动为羌人与汉人之间的交流互动提供着更加便利的空间态势和历史情境。因此,汉朝时期居于河湟境内的羌、汉、匈奴、氐等多元族群之间有着愈加频繁和深入的交流互动,同时也伴随有冲突和矛盾,但总体而言民族整合和民族交融是不可违逆的历史趋势。与中国历史整体演绎的走向相一致,魏晋南北朝也是河湟流域一带族群迁徙最为频繁、族际问题最为复杂但同时族群交融大规模实现之时。晋朝初年,氐人已在河湟一带频繁活动,随着其所占领土的扩张和势力的强大,苻坚建立前秦政权,为巩固其部族统治和管理,苻坚下令将氐人由诸宗亲带领分居于方镇,各配氐人三千二百户。① 几乎同时期的氐人吕氏在河西走廊建立后凉政权,其进一步将统治势力推进到河湟地区并设置郡强化管理,后凉统治者虽在位时间不长,但其势力范围扩张使得大量氐人迁入河湟地区并由此推动着河湟氐、羌、汉等族群之间的交流交融。鲜卑人在魏晋时期也大量南下至河湟一带,从鲜卑汗国分裂出来的鲜卑各部纷纷在河湟地区及其周围先后成立政权,如乞伏部在淝水之战后建立西秦政权并于公元 400 年左右迁都于今河湟临夏,秃发部政权于公元 399 年迁都今西宁,从慕容鲜卑分裂出来的土谷浑部强势到甚至一度左右着河湟区域社会发展并最终在与河湟羌、汉等族的交往互动中形成了源于鲜卑但本质上又异于鲜卑的土谷浑族群,土谷浑最终为吐蕃所灭,其外迁支系融入汉人而留居之系或融入吐蕃或后来发展演变为河湟地区的新族群——土族。

唐宋时期的河湟社会较之南北朝时期时局相对稳定,但族群迁徙流动仍然纷繁复杂,且随着封建中央政府对河湟地区政治管制的强化和汉化文明的推进,河湟多元族群的交流互动更加深入和密切。党项是羌的支系,在南北朝

① 《资治通鉴》卷 104,晋孝武帝太元五年,中华书局 1976 年版。

后期开始活动于河湟一带,《新唐书·党项传》曾记载:"党项,汉西羌别种,魏晋后甚微。"①意谓党项是汉朝时期西羌的一支,魏晋后期势力逐渐弱化。唐朝时在其属河湟地区设置州府并委派党项人管理,安史之乱后一部分党项人迁至今宁夏银川及其附近并建立西夏国,而留居之人则被强制归属于吐蕃政权。西夏灭国后部分人回迁至青海河湟东部融入其他族群并最终消隐。唐朝时期源于西藏的吐蕃屡次北侵并先后占据河湟大部分地区成为河湟实际的统治者,吐蕃政权不仅内迁吐蕃人至河湟一带,而且还令其所辖制之党项人、氐人、羌人、土谷浑人等迁至河湟及其周边地区,从而形成多元族群共居共生于河湟腹地之热闹景象,宋朝时期吐蕃诸族在河湟地区与其他族群长期的共同生活中不断地整合,逐渐融为新的部族统一体也即河湟藏族的最初起源。

元代时期随着蒙古人和来自西域的穆斯林人的大量迁入,河湟区域的族群构成和社会结构发生着更大规模的整合和更深层的演变。元朝时在河湟推行的"以土官治土民"的政治策略奠定了这一地区土官土司政治制度的基础,即以本地区的吐蕃上层和藏族僧俗首领担任官位管理本族人众。明朝中后期随着蒙古人的大量迁入,河湟本地西蕃诸族被逼向藏区迁移,留居河湟的西蕃支系即安多藏族在蒙古统治的强制管辖下逐渐同行为蒙古人,史载河湟藏族人甚至"但知有蒙古,不知有中国"。② 明朝时期回族人大量迁入河湟地区并定居于此得以长足发展,但顾颉刚先生在民国时期到河湟达家川地区进行考察时曾发现"汉民中孔性皆自称为孔子之后,不知何时起而改从回者,可知环境移人之力实有不容忽视者。"③可见现今居于河湟地区的回人并非全部起源于内迁的回族人,也有部分汉人源于种种社会情境而改为回人。据相关史料考证(《循化志》《杂学本本》等),元代时期撒拉人也逐渐迁入河湟地区,其长期与藏人毗邻而居于循化地区并发展为河湟区域世居族群之一。

---

① 《党项传》,《新唐书》卷22,中华书局1975年版。
② 《武备志》,《乾隆西宁府新志》卷20,青海人民出版社1987年版。
③ 顾颉刚:《甘青闻见录》,甘肃人民出版社1988年版,第286页。

汉人大规模迁入河湟地区主要集中于汉朝和明朝。羌汉战争加强了两汉政府对河湟的政治管辖,汉族开始大量迁至河湟境内垦荒种地,进而在河湟区域形成汉、羌、氐等族群杂居局面。明朝时期汉人随着明政府驻军抑或经商、逃荒等民间路径大批进入河湟地区,据有关史料记载(《西宁志》),及至明洪武中期就西宁地区汉人户已达 7200 户,15580 人,军户人口也超过 26000 户,到明嘉靖、万历时期汉人人口当在 15 万人以上。① 以此户头和人数计,明朝时期河湟诸族群中汉人可谓人口大族。清朝因战乱或经商迁徙至河湟一带的汉人也有不少,有史料明载,"自有清收入版图,由是有以军入者,有以商入者"②。源于汉文化的强势传播和发展优势,汉人对河湟区域的族群整合和文化交融意义非常,汉文化的扩散和流传很大程度上影响着河湟地区的社会演变进程和文明发展历程。由于汉人的大量迁入和汉文化的广为传播,再加上蒙藏各自所属空间格局的重新划分和自我界定,清朝时期河湟区域汉、藏、蒙古、回、撒拉等世居族群相对稳定的分布格局已经大致成型并逐渐稳定。

河湟境内多元族群之间的经济互动由来已久,史料记载河湟地区曾经分布着许多诸如边市、茶马市等集镇市场,是河湟诸族群内部经济往来和商品交换的贸易场所,通过彼此买卖交换农业区的粮食、茶叶和工具等生产生活用品流入畜牧区,畜牧区的牲畜和药材等特殊产品进入农业区,互通有无的经济往来催生着河湟异质族群之间相互依赖、不可分割的密切社会关系。多元族群的经济互动自清代以后更加频繁和扩大化。清初在今河湟西宁、大通、循化、贵德等地曾专门设置"官歇家"为藏、蒙商人进城贸易提供落脚之处,即"宁、通、循、贵、丹、戎各属地方,向设官歇家,经理蒙番住宿贸易"③,由此可见当时河湟族群之间商品贸易的兴盛与繁荣。除了频繁的经济互动外,政治文化交

① 芈一之:《青海汉族的来源、变化和发展》,《青海民族研究》1996 年 3 月刊。
② 《民国大通县志》卷 2,青海图书馆藏铅印本。
③ 芈一之:《撒拉族档案史料》,青海民族学院民族研究所内部印刊(1981),第 123 页。

往自古也是维系和加强河湟诸族群社会关系的重要路径。循着中国政治变迁的历史脉络,河湟区域也持续上演着政治形态的历史演变和统治政权的频繁更迭,从东汉末年羌汉合建的河湟第一个政治实体平汉国到魏晋南北朝时期先后由匈奴人建立的前赵国、鲜卑乞伏部建立的西秦国、鲜卑秃发部建立的南凉国,从十六国后期羌人彭氏成立的部族政权到鲜卑吐谷浑部建立于西晋且延续至唐代的吐谷浑国,从北宋时期为抵御党项西夏国的扩张入侵吐蕃各部联合起来成立的唃厮啰政权即青(因以青唐城为其统治中心而得名)唐政权到明清时期中央政权对河湟地区的势力侵入和强化统治,河湟多元族群在政治势力和政治统治此消彼长的交替演变中加强着彼此之间的政治合作和政治联系。文化交往是族际互动的核心内容,而族群形成和族群整合是文化传播和文化互动的重要方式,河湟多元族群在族际人口流迁和族群杂居共生的历史过程中共享着彼此的文化并互鉴着彼此的文明,共同推动着河湟区域社会发展和文明进步的历史进程。同时,源于河湟地区复杂的族群结构态势和宗教信仰的特殊地位与非常意义,宗教寺院历来也是河湟族群之间经济政治文化交往互动的重要场所,多样化的宗教模式和多元化的宗教构成是维系河湟多元族群社会关系和固基区域社会内部内容的历史支撑和现实基础。

河湟世居族群不仅彼此之间关系密切,而且与内地的互动交往也颇为紧密。河湟地区自古以来便为重要的交通要道,古"丝绸之路"贯穿于此地,不仅承载着中西交通的重要任务,而且见证着汉族和少数民族贸易往来的繁荣景象,并同时推动着河湟区域的历史发展进程。自西安出发的"唐蕃古道"更是穿过河湟南北全境并向西延伸至拉萨,各地的商旅、商贾以及本地的商贩齐聚于此,演绎着"你买我卖"的繁荣景象。互市贸易是中国历史上中原地区和边缘族群经济交往的重要形式,其中,尤以茶马互市为主要形式的商业往来自唐代以来在河湟走廊最为频繁,宋金时期"青唐吐蕃政权为了弥补自身经济发展的不足和改变物资较为匮乏的状况,也积极发展同中原地区以茶马贸易为主的经济贸易关系,并通过频繁的进贡,从中原获得丰厚的回赠"①。河湟地区的茶马贸易在明代时期更是繁荣,为加强对茶马市场的管制,明政府甚至在西宁专门设置茶马司。茶马贸易不仅促进了河湟和内地相互依赖不可分割的密切关系,而且也增强着河湟多元族群之间的内部关系和整体认同感。清朝时期内地商人源于商业活动曾经大量迁入河湟,《丹噶尔厅志》在考证云丹噶尔汉人来源时记载"详加考究,半系山陕川湖,或本省东南各府,因工商到丹,立室家,传子孙,遂成土著。"②云丹噶尔即现今的西宁湟中县,此记录意为如果详加考证,云丹噶尔汉人半数以上都是来自于山西、陕西、四川或湖南湖北甚至为青海东南各府的商人之后,从中可探清当时河湟地区与内地商业互动颇为密切。

河湟地方社会与中原地区的政治互动也由来已久,有史记载"昔有成汤,自彼氐羌,莫敢不来享,莫敢不来王,曰商是常"③。由此推断早在夏商时期羌氐就已经前来归附朝贡。西汉以来随着汉人的大规模迁入和河湟地方各族群政治势力的交替强大,河湟区域社会的政治环境和政治态势愈加复杂和多变,也直接导致内部族群势力之间和地方政权与中央政府之间的诸多政治矛盾和政治冲突,造成局部社会族群争斗不断、战争频频爆发,给区域族群民众带来重重灾难之同时也愈加推动着中央政府对河湟地区加强政治统治和政治管理。明清时期河湟地区基本上已全部置于中央政府整体统辖之下,明政府在河湟洮地区设置"西番诸卫"行驶政治管辖权力,不仅承担军事防卫职责,而且代行地方行政职权,"凡以发政施令,用华变夷,修武威远,皆于卫乎在"④。明清时期中央政府的政治整合和统一管辖一定程度上加强了河湟地区与中原地区的政治关系并固实着河湟社会对中央政权的政治认同。多元族

---

① 崔永红、张得祖、杜长顺主编:《青海通史》,青海人民出版社 2002 年版,第 248 页。
② (清)《人类》,《光绪丹噶尔厅志》卷 6,甘肃省图书馆铅印本。
③ 朱熹:《诗经集传》,上海古籍出版社 1987 年版,第 168 页。
④ (清)杨应琚撰,崔永红校注:《西宁府新志》,青海人民出版社 1988 年版,第 920 页。

群与内地的文化互动主要体现于发展相对优势的汉文化在河湟地区的广泛传播和深远影响。族际人口流迁和多元族群共居生活使得汉文化在河湟境内广为传播和扩散，同时，河湟地方政权和中原政府为巩固统治与加强管理，也在不同历史阶段自愿抑或强制性推行"汉化"政策，进一步强化着华夏文明在河湟地方社会发展的文化影响和历史意义。两汉以来随着汉人大规模迁入河湟地区，已经出现专门从事教化的汉族文人，随后河湟地区不断出现政府抑或民间组织所设置诸如私塾学校之类传播儒家文化的教化机构，如明时的"卫儒学"、清代的"府儒学"等。史料记载，清代河湟丹噶尔厅"亦有蒙番子弟，资性聪颖，入塾读书，粗明礼仪，遂化为汉族者"①。至清末中原文化在河湟文化圈内已经基本占据主导地位。汉传佛教和道教文化也较早传入河湟并对河湟族群的宗教信仰和文化发展有着深远影响。汉传佛教大约于十六国时期传入河湟并在隋唐时代形成兴盛局面，宋元时代随着佛教影响的日渐式微，道教文化开始活跃起来，后来逐渐发展为河湟地区汉、藏、蒙古、土等世居族群共同的文化信奉，现今河湟地区儒释道、藏传佛教、伊斯兰教等三大文化圈为主的多元文化并生共荣的格局，强力佐证着多元文化交往互动的历史过去和实然景观。

作为中国古代文明的重要发源地之一，河湟地区历史上便为多元族群频繁流动迁徙之地，在族群互动的历史图景中逐渐发展为重要的民族聚居地。族群流迁过程中的共居生活是河湟地区多元族群生存发展的历史路径和根本态势，族际人口流迁及其过程中频繁的族际互动是河湟区域历史变迁进程中的常态情境，多元族群在河湟区域共享的空间内和共居的生活中虽时有冲突和矛盾，但在彼此之间源远流长的交往互动中日益生出"你中有我、我中有你"的相互依赖和相互交融的紧密关系。

---

① 青海省民委少数民族古籍整理规划办公室：《丹噶尔厅志》，《青海地方旧志五种》，青海人民出版社 1989 年版，第 316 页。

二、族际互动进程中的民族交融

族际互动彰显并强调族体间交往互动的有机性,巴斯认为:"我们主要地将着重点放在强调这样的事实,即:族群是行动者自我赞许(ascription)和认定的归属类别(categories),由此体现族体间有机互动的特质。"①有鉴于此,族际互动实质上表征为一个由多层内容及其相互关系而建构之有机系统,其中,投射于文化意义之民族交融是其核心蕴涵。共居空间内族际互动的历时演绎,不仅集聚着河湟地区多元族群一体交融的情感共通,而且推动着民族区域传统文化艺术资源生成发展的历时进程。

于主体意义分析,历史过程中的族际互动总是展演为"自我"群体与"他者"群体之间的实践活动,这一实践活动立于族群群体的经济交往之上、政治交往之下、文化交往之中。在历史性上,多元族群间的经济交往、政治交往和文化交往构成了族际互动的关系系统,其中,经济交往是基础,政治交往是中介,文化交往是导向。经济交往、政治交往、文化交往不仅表征着多元族群历史互动的实然内容,而且投射着其历史演绎的内在机理,三者在族际互动的历史场域中互为支撑、互相转化并由此塑形着彼此之间有机统一的共演关系。

经济交往是民族关系形成发展与族群和谐共生的物质基础。多元族群间的经济交往指民族成员形式多样的经济活动和贸易往来,"丝绸之路"与"茶马互市"真实形象地勾勒出多元族群间经济往来与商品交易的历史绘图。民族间的经济互动不仅促进着区域社会经济的发展进步,而且一定程度上打破着边缘族群的封闭落后状态,奠定着族群之间政治文化交往和文明学习互鉴的物质基础。"只有随着生产力的这种普遍发展,人们之间的普遍交往才能建立起来;普遍的交往,一方面,可以产生一切民族中同时都存在着'没有财

---

① Barth,Friderik.Introduction.In Friderik Barth(ed.).*Ethic Groups and Boundaries:The Social Organization of Cultural Difference*.Boston:Little Brown.1969.p.10.

产的'群众这一现象(普遍竞争),使每一民族都依赖于其他民族的变革。"①
天然的地域格局与自然地理条件差异历史造成了中原的华夏农耕经济带与边
疆的游牧经济带之间的巨大落差,源于生活发展的实际需求,各族群之间萌生
着经济贸易往来的迫切愿望并切实付诸于历史的经济互动中。《后汉书·南
匈奴传》描述西汉时期匈奴南下交换牲畜的热闹场景"驴骡驮驼,衔尾入塞",
汉武时期已经出现"长城以南,滨塞之郡,马牛放纵,蓄积布野"的繁荣贸易景
象;匈奴之后占据蒙古草原的鲜卑族与中原的曹魏和西晋政权经济往来更为
密切,双方"聘问交市、往来不绝";隋朝应突厥请求准许民间"交相往来,吏不
能禁"(《册府元龟·外臣部》),使得长城沿线出现"人民羊马,遍满山谷"的
壮观景象;唐朝时期太宗认为"夷狄亦人耳,其情欲中原不殊。人主患德泽不
加,不必猜忌异类。盖德泽洽,四海可使如一家"②,因此唐朝时期无论是政府
还是民间与突厥的经济交流都更为频繁,关系也更为和睦,双方在达成"甲兵
休息,互市交通"基础上呈现一片"彼此丰足,皆有便宜"的交好情景;明朝时
期中原与蒙古部落的经济交往主要以"通贡"和"马市"的方式进行,明朝政府
虽然对民间的经济往来推行"开市有日,货物有禁"的限制措施,但蒙古向明
政府的朝贡却出现"前使未归,后使踵至""金帛器服络绎载道"的热闹局面,
也变相折射出封建政府对于少数民族经济的依赖与需求。马克思曾言:"在
古代,每一个民族都由于物质关系和物质利益(如各个部落的敌视等等)而团
结在一起"③,互通往来、互相依存的经济贸易往来不仅是历史上维系中原各
族与边疆族群民族关系的物质基础,而且打破着民众"华夷有别"的传统民族
观念与狭隘族群意识,多元族群对彼此经济的依赖汇聚为民族复合体共同的
向心力与凝聚力,"民族间的经济的联系和依赖把各民族社会生活内在的需

---

① 《马克思恩格斯选集》第 1 卷,人民出版社 2012 年版,第 39 页。
② 《资治通鉴》卷 198,贞观二十一年五月,中华书局 2012 年版。
③ 《马克思恩格斯全集》第 3 卷,人民出版社 1960 年版,第 169 页。

要紧密地结合在一起,形成了中华民族作为一个整体而存在的一份牢固基础。"①

政治交往是民族关系发展和族群互动交流的中介力量。政治交往是民族成员于政治生活中一切政治行为的前提与基础,其构成了族群互动合法性存在的中介力量。中国历史上"大一统"的中央集权制使得统治者能够借以自身规定的政治措施与民族政策赋予族群交往以政治性的合理空间与行动规则,并由此筑形着统一国家内部多元族群政治基因与政治建设的共生性与趋同性,"中心向边缘的中央王权渗透结构、地方政权对中央王权'认庙不认神'的内向忠诚、文化吸附与治理吸纳力等,成为推动不同民族政治精英取向,各民族交往交流交融的重要因子。"②经济交往障碍的打破推动着族群间的政治联合,物质利益的驱动使得边疆少数民族政权常常愿意在政治上臣服于中原统治者,从而获得自身族群发展所必需的政治受益与政治权限。与经济交往路径与商业贸易方式不同,源于"大一统"的国家格局意识与高度的中央集权制政治形态使得战争与和亲成为中国历史上多元族群政治交往的常态路径。尽管充满灾难与杀戮,但某种意义而言战争以强制性的手段传播着先进的生产方式与文化意识,在促进着边缘地带由游牧文明向农耕文明历史演变的同时也加快着中华民族多元族群交往交融的历史进程,中国历史上从先秦时期到魏晋南北朝时期再到辽宋夏金元时期等发生的几次规模较大的民族大交融几乎都是源于区域战争直接或间接的影响与推动。除此之外,虽然有成功范例但是也有失败个案,但和亲总体上也不失为历史上多元族群之间相对温和且有效的政治交往方式。和亲是"两个不同民族或同一种族的两个不同政权的首领之间出于'为我所用'的目的所进行的联姻,尽管双方和亲的最初动机不全一致,但总的来看,都是为了避战言和,保持长久的和好"③。《史记·刘

---

① 陈育宁:《民族史概论》,宁夏人民出版社 2001 年版,第 58 页。
② 严庆:《命运与选择:历史上的各民族交往交流交融》,《中国民族报》2015 年 7 月 3 日。
③ 崔明德:《中国古代民族关系研究二题》,《中央民族大学学报》1995 年第 2 期。

敬叔孙同列传》曾经记载"［高祖］取家人子名为长公主,妻善于。使刘敬往结和亲约。"中国历史上相对影响较为深远的和亲常常发生,封建统治者为改善民族关系抑或为加强边疆统治与边疆各族群统治者结成的政治联姻,如西汉时期上演的"昭君出塞"、唐朝时期出现的"文成公主入藏"等流传千古的历史和亲事件,汉族与匈奴、汉族与藏族因此分别在和亲后保持了长期的友好和谐关系。

　　文化交往是族际互动过程中民族主体的价值导向与价值引领,"在文化生活中,指导人们的行为活动的,首先是价值观"①。文化交往本质上也体现为一种交换活动,但这一实践活动中的交换内容不是商品而是价值观念,马克思认为"观念的东西不外是移入人的头脑中改造过的物质的东西而已"②,多元族群在彼此交往互动的历史过程中相互学习、文明互鉴并通过交换从而共享着彼此实践活动的精神成果。中华大地自古即为多元文化和多样文明的发源地,多元族群文化和多样区域文化的交往互动,不仅催生着中华民族多元文化由多元到一体的历史演变进程,而且推动着民族共识的历史汇聚与民族认同的历史达成。历史上统治者及其文人政客早已经意识到文化传播与文化治国的重要作用和现实意义,孔子曾提出"远人不服,则修文德以来之,既来之,则安之"(《礼记·王制》)。即如果其他族类不服统治和管理的话,则教之以礼乐文明从而使其通过教化得以驯服,当然,孔子的提议是建立在其认为周文化要优于其他文化的基础之上,但孔子本人并不歧视和排除夷族,而且认为治学理应"学在九夷"并切实付诸实践。西汉时期南越王赵佗深谙文化理政和教化人心的道理,曾大力推行"以诗书而化国俗,夷仁义而团结人心"。汉恒帝时有越人主动谏言"郡人尹珍自认生于荒裔,不知礼仪,乃从汝南许慎,应奉受经书图纬,学成还乡里教授,于是南域始有学焉。"唐朝时期的长安更为

---

①　《张岱年全集》第 6 卷,河北人民出版社 2007 年版,第 172 页。
②　《马克思恩格斯选集》第 2 卷,人民出版社 1995 年版,第 112 页。

当时全国的经济政治文化中心,太宗曰"自古皆贵中华,贱夷狄,朕独爱之如一。"①"华夷一家"的政治理念和国家意识推动着多元族群文化交往互融格局的历史形成。宋元明时期中央政府皆大力设置学校,广为传播封建文化,尤其仁宗时期"始招藩镇立学,继而诏天下郡县皆立学"。到了清朝时期,早在努尔哈赤入关前满族就非常重视对汉文化的学习,皇太极继位后又专门授人编译《孟子》《通鉴》等汉书典籍。总之,多元族群间文化交往有着极其丰富的历史内涵和多样化的历史模式,其中,宗教传播与宗教交往在中国多元族群的历史文化交往进程中也占据着重要地位。宗教关系与民族关系之间影响密切,"任何一种关系的和谐都可以促进另一种关系的和谐,任何一种关系的对抗性的倾向,也会导致另一种对抗性的倾向,这是由宗教与民族的相互关联所决定了的"②。多元族群不同宗教信仰的交往交流有助于形成群体共通的心理意识和共同的集体情感,并一定程度上强化着民族群体对统一国家的历史认同。

长期以来,共居于中华大地的多元族群通过彼此之间的经济交往、政治交往、文化交往等历史互动在充实并丰富着自身发展和社会生活的同时也推动着民族交融格局的历史形成。经济交往的繁荣奠定着政治交往和文化交往的物质基础,政治交往的强化夯实着经济交往和文化交往的力量系统,文化交往的密切擢升着经济交往和政治交往的价值意义,多元族群在经济交往、政治交往、文化共生共演的历史关系构型中源于彼此共同利益的结成从而强化并加深着彼此的共通情感,在历史的跨时空展演中进一步走向更深层的民族交融,促进着民族共同体价值共识的汇聚与擢升。

交融意为"融合在一起,水乳交融"③,基于族群和民族的概念范畴,在中华民族共同体的既定限域内,民族交融实质指向多元族群"你中有我,我中有

---

①　《资治通鉴》卷198,贞观二十一年五月,中华书局2012年版。
②　何光沪:《试论宗教与民族的关系》,《世界宗教研究》1996年第1期。
③　《现代汉语词典》(修订本),商务印书馆1998年版,第628页。

你"的构型关系,其凸显着中华民族多元族群基于平等交流、优势互补、文明共享、相向而行之和谐共生、命运共济的历史承载和时代担当。就其概念范畴,尽管学界目前并无一致定论,但普遍意义达成之共识观点认为民族交融既不同于民族融合又区别于民族同化。所谓"民族融合",大致有两种情况:一种指涉不同民族在长期交往过程中通过相互吸收对方文化逐渐生成新的特征和认同并最终形成另一民族的现象和过程,"按照公有制原则结合起来的各个民族的民族特点,由于这种结合而必然融合在一起,从而也就自行消失"①;另外一种则形容作为历史过程的民族的消亡,斯大林曾经预言:"随着统一的世界社会主义经济的逐渐形成,类似共同语言的东西开始形成,可能首先形成几个各自包括一批民族的融合中心,然后在此基础上逐步完成最后的融合,民族最终消亡。"②于此层意义研判,"民族交融"与"民族融合"有着本质区别。有学者认为"'交融'不同于'融合',它强调的只是相互接纳、吸收、包容和认同,是'融合'的进行时态或过程,不是结果"③。也有观点强调交融是基于交往交流的学习与认同过程,但民族特性不会改变,其认为"民族交融是指各民族在交往交流中,在尊重差异的基础上,相互学习、相互交流、相互接近、相互认同的过程,提出各民族之间我学习你的,你学习我的,你中有我,我中有你。但是,你还是你,我还是我,各民族交往交流交融,各民族共存共荣,而不是不分你我的交融一体,不是民族融合"④。所谓民族同化,是指"民族在交往过程中,丧失自己民族的特征,接受别的民族的特征,变成别的民族的组成部分的社会现象和社会过程。"⑤列宁则认为"民族的同化问题,即丧失民族特性,变成另一个民族的问题"⑥。无论是自然同化还是被迫同化,最终的归宿必然

① 《马克思恩格斯论民族问题》上册,民族出版社1987年版,第115页。
② 《斯大林论民族问题》上册,民族出版社1990年版,第404—405页。
③ 王希恩:《民族的融合、交融及互嵌》,《学术界》2016年第4期。
④ 王有星:《正确理解"各民族交往交流交融"思想》,《理论研究》2012年第6期。
⑤ 金炳镐:《民族理论通论》,中央民族大学出版社1994年版,第149页。
⑥ 《列宁论民族问题》上册,民族出版社1987年版,第229页。

导致本体民族族性的消失而从本质上归属为另一个民族,但同化始终伴随着民族的历史形成与演变过程。有学者指出从现象而论,"民族交融"应介于"民族融合"与"民族同化"之间,其现实指涉"各民族在交往交流中共同性因素增加"这一状态,如果把"民族之间不往来"和"民族之间融合为一体"视为民族交往的起点和终点,那么民族交融即为从起点到终点的过程与现象。①

总结而言,现有观点大多侧重于基于"民族融合"与"民族同化"的表征比较之上对"民族交融"进行解读,缺乏对"民族交融"概念范畴之深层研判与本质揭示。民族交融既是过程又是结果,交融表象并非形式展演民族的一体化,而是本质诠释中华民族多元族群"你中有我,我中有你"之和谐共生、命运共济的现实态势。还有观点认为民族交融的实质表征为多元族群之间共性的增加和差异的式微甚至消解,事实上,民族交融不仅不能够式微民族差异,反而更加彰显族群异质,尤其是多元族群的文化差异在交融过程中愈加得以彰显,民族交融局面之所以形成,其根源在于多元族群在长期的共同生活中逐渐形成且得以沉淀的情感共通、利益一致与价值共识。

民族交融不仅是河湟地区多元族群生存发展的历史常态,而且是其多元族群关系构型的现实态势。河湟地区自古便为多元族群的聚居地,共居的地缘空间、族际人口的流迁、中原文化的西渐、不断更替的政权、族际之间的频繁互动等共同创设着河湟地区民族交融的历史情境和现实场域,并深刻影响着华夏民族的历史形成和发展进程。"神话传说与古史记载,虽出现与形成有先后,但夏民族源于氐羌,则是无可怀疑的历史事实,不仅如此,它还是以后中华民族的主源之一呢。"②氐羌一族可谓中国最古老的族群之一,其在古史上又被称为羌戎,自周朝以来一直在河湟一带频繁活动,而且曾经在一定历史时期发展壮大为河湟地方社会的主导族群。

---

① 杨须爱:《"民族交融"的科学内涵及实践意义》,《贵州民族研究》2014年第2期。
② 李文实:《西陲古地与羌藏文化》,青海人民出版社2001年版,第8页。

在民族交融的历时场景中再度审视河湟族群的谱系构成,其实质表征为古今族群在区域空间互动交融共居生活中的建构过程,多元族群的历时演变与关系构型充分佐证着河湟地域空间民族交融的时空图景。"族群是经由它与其他族群的关系而确定的,并通过它的边界而明显化,但(族群)边界本身即是一种社会的产物,其强调的方面各有不同而随着时间变迁而变化。"①社会变迁不断重构着时空情境的主体指向,并使得族群边界随之发生相应变化,也由此创设着民族交融的空间界域。在河湟社会的历史变迁过程中,古今族群基于主体性意义不断发生着解构与重构之群体塑形。在共居空间内长期的互动交融生活中,吐蕃人与汉人、羌人、鲜卑人、土谷浑人等逐渐融为藏族,回人也逐渐在汉、藏文化的生活影响中逐渐发展为现今的回族,留居河湟地区东部的土谷浑人在逐渐吸收汉族、藏、蒙古等族群成分之后日益发展为今天的土族,来自于撒马尔罕的撒鲁人也在与藏人、回人、东乡人等长期的杂居生活中相互融入并逐渐发展为如今的撒拉族等。多元族群的互动交融乃至吸收融合在地方社会的历史变迁过程中最终形成河湟地区以汉族、藏族、回族、蒙古族、撒拉族、土族、保安族、东乡族等为主体构成的次生多元一体之民族格局。

文化交融演绎着民族交融之本质蕴涵,其现实指涉多元族群文化互鉴、文明共享的结果呈现和存在态势,其凸显多元异质族群文化"你中有我,我中有你,你还是你,我还是我,你是发展了的你,我是进步了的我"之相互渗透和相互融入的关系聚合。文化交融的现实旨趣投射于主体通过文化层面的实践性研判与交互性反思在解构自身预设的知识习惯与文化本性基础上进而达成利益一致与价值共识。人类创造文化达到一定程度后,文化会形成系统的结构并走向逻辑化,这些文化结构和文化逻辑系统经历史的积淀就会沉成一定的文化传统与文化习俗,这些传统与习俗一经融入人们日常的物质与精神生活就会潜移默化地影响着人的行为方式以及价值取向并可能使之发生改变,因

---

① Eriksen, Thomas Hylland. *Ethnicity and Nationalism*: *Anthropological Perspectives*. London: Pluto Press. 1993.p.38.

此,文化交融不仅体现于生活习俗、语言习惯、行为方式、宗教信仰等实然层面的互相影响与学习借鉴,而且更深刻地演绎为心理特征、思维模式与价值理念等抽象层面的共生共通与共存共荣。尊重与理解族群间的差异是民族交融的前提和原则。

作为民族交融的本质体现,文化交融既异于文化融合也不同于文化涵化。文化融合意为异质文化的杂糅渗透与互相吸收,文化涵化指向文化态势的替代与重构,从中华文化的形成与发展限域揆诸,文化融合和文化涵化两种现象均大多发生于强势族群文化与弱势族群文化的交互联系中。文化交融则指谓多元异质族群文化基于交往交流基础上的文明互鉴与价值共享,因此,无论是表征现象抑或呈现结果,文化交融过程中的多元族群文化始终是彼此对等的客观存在,这也是其区别于文化融合和文化涵化的本质所在。就主体投射意涵,文化交融指谓多元族群于共居空间内和共同生活中的文明互鉴和价值共享,如民族交融之于民族融合和民族同化的关系一样,文化交融虽然绝不同于文化融合与文化同化,但文化交融极有可能会导致文化融合与文化同化现象的发生,历史过程中族群的消隐和整合与民族融合和民族同化如影随形,同样,族群文化的消解和融合与文化融合和文化同化也不无关系。文化交融是族群文化共性与个性的现实有机统一,但并非文化趋同抑或文化一体化。"生活中存在某种尊严和价值,这种概念本身需要一种对照"①,任何文化模式一旦趋同于另外一种文化模式而失去自身的独特个性与本源属性,其必将走向消亡之态势。文化交融的应然趋势并非导致文化单一化,其生成源点与价值场域决定着多元异质族群文化共生博弈之发展逻辑。

源于华夏文明及其生产方式的历史先进性,文化交融的历史常态往往显现于汉文化对边缘族群文化辐射影响的时空关系之中。人口流迁、局部战争、婚姻互动等不同方式的族际互动推动着非华夏族群或自愿或被迫地接受着汉

---

① [加]查尔斯·泰勒:《自我的根源:现代认同的形成》,韩震等译,译林出版社 2001 年版,第 32 页。

文化的洗礼和教化,使得汉文化从语言体系、符号系统与价值观念等都深刻地影响并改变着边缘族群的生活方式和文明礼仪。但这也并非文化交融所必然遵循的历史规律,河湟区域多元族群文化交往互动的历史源远流长,民族成员在文化势力此消彼长的区域空间态势内生动演绎着文化交融的历史图景。

早在先秦时期,不同区域文化就已经体现出相互吸收、融通贯汇的交融趋势。炎黄部落联盟的成立使得黄河流域逐渐成为早期民族融合的文化中心,炎黄集团继而在黄河中下游地区与太昊少昊集团的融合形成了夏商周族群及其文化并成为华夏民族和华夏文化的演进起源。据史料记载,"孟子称大禹生石纽,西夷人也"(《史记·六国年表》)。即孟子认为大禹是西夷人。但又有说法认为大禹出自西羌,因此羌人中也保持着对大禹的崇拜。[1] 基于禹的出身之史料考证也充分说明不同部族之间的文化交融早已存在。相对优越的夏商文化历史上的进一步交汇融合,不仅加剧着多元区域由分散走向聚合的进程,同时也推动着华夏文明的形成与发展。国力逐渐强盛的周团结诸侯盟友,通过武力伐纣,实现了黄河中下游部族的整合和不同文化区的融合。周自成为夏的后人,并把其延承下来的商族祖神归入黄帝始祖的谱系之内,通过强化夏商周三族集体的内部认同从而强化周朝的政治统治和政权巩固。周朝已经开始通过设置宗主宗法分封体系而实行雏形的封建统治,诸侯各国即发源兴起于此时,通过政治上的统一强化以及部族认同的归一,夏商周三部族在西周时期某种意义上可谓已经融为一体,体制和形式上的融合也使得文化愈加走向趋同,华夏民族共同体也于这一历史时期得以基本形成。西周后期到春秋时期,北方族群的大规模南迁又造成多元族群杂居共生的历史局面,不同势力于局部区域的此消彼长,不仅空前加强着华夏民族的内部认同感,而且也式微着其与迁徙异族之间的文化差别与文明差异,华夏诸侯甚至生出"夫和夷狄,国之福也"(《左传·襄公十一年》)的感叹。春秋时期以华夏礼乐文明作

---

[1]　参见顾颉刚:《古史辨》第 7 册(下),海南出版社 2003 年版,第 117—139 页。

为夏夷之辨的基本标准,以孔子为首的儒家所主张的"夏夷之辨"虽然强调华夏民族与异质族群的文化差异和文明冲突,但其并不排斥和歧视异族,孔子主张"远人不服,则修文德以来之"(《礼记·王制》),也一定程度上促进着华夏民族与内迁部族的文化交融。战国时期,内迁各族已经逐渐被华夏民族所包容吸收,稳定的华夏民族共同体已经得以初步形成。"中国诸夷,五方之民,皆有性也,不可推移。"(《管子·小匡》)"五方之民"分别指华夏、东夷、西戎、南蛮和北狄,这五方之民因为环境差异而导致文化习俗的不同,以华夏为核心的"五方之民"之天下构成观念虽然存在一定的不合理性,"但它大致反映了当时的民族分布格局及民族关系:各民族之间和而不同,彼此包容,华夏与周边各族共同构成一个统一整体。"①

秦汉时期的大一统也赋予着多元族群文化互动交融前所未有的历史场域。秦朝时期高度统一的中央政权在全国推行书同文、车同轨、行同伦,在强化着国家经济政治文化统一的同时也强制性地推动着境内族群的文化交融。汉朝延续着秦代的统一制度,并通过对边疆地区的大力开发推动着"华夷一统"民族交融历史格局的形成。秦汉时期不仅实现了国家的大一统并由此奠定着中国历史上延续两千多年的封建专制制度之基础,而且上层统治者通过对边缘族群自上而下的强制融合政策使得华夏民族得以更加壮大并逐渐发展形成一个人数更多、态势更稳的民族共同体即汉族。作为历史上第一部全国性史籍,编写于西汉时期的《史记》首次把边疆族群作为国家臣民列入其中,"华夷一体"的大一统思想得以深刻体现并从理论真正付诸实践。魏晋南北朝既是中国历史上国家大分裂与时局大动荡时期,又是空前未有的民族大迁徙与大融合时期。伴随着族际人口迁徙的文化传播与文化交流进一步推动着多元族群间文化交融的历史进展。自东汉以来大规模内迁的边疆族群推行"汉化"政策,而向边疆地区流向的汉族人口又带去汉文化的传播,"人口流迁

---

① 刘正寅:《交融与发展:历史进程中华夏民族》,《学术前沿》2013 年第 10 期。

是打破族际界限的开端,回应这个开端的首先是族性的抬升。然而族际交往本质上是消弭差别的过程,因此族际人口流迁的总体趋势是差异族性的下降、共性的增多和融合的实现。"①双向的族际人口迁徙和文化上的交流互动进一步扩大着汉文化所辐射影响的地域空间,并推动着以汉化为主流走向的空前规模的民族交融和文化交融局面的出现。尤其是北魏入主中原之后,以儒学思想为指导,大力推行自上而下的全面"汉化"政策,实行"礼孝治国"政策,这些政策和措施于文化意识层面式微着鲜卑族与汉族的差异并进而促进着二者之间的交互融汇。总之,魏晋南北朝阶段尽管局部战争不断、政权更迭频繁,但从国家的分裂到统一、政治的割据到集权、文化的冲突到交融不仅强固着多元族群内在的统一性和完整性,而且奠定着民族国家发展强大的历史基础。

隋唐时期汉族王朝愈加得以巩固发展,封建统治者包容的文化理念和开明的民族政策为多元族群的文化交往互动提供着更为适易和便利的历史情境。隋朝统治者本身即出自于民族融合的政治集团,"华夷同宗"的理念是隋朝政治思想和文化心理的本然之义。唐朝统治者与鲜卑族是有着血缘关系的宗亲,对待少数民族更是宽容和友善,太宗曾言:"百姓(汉族)不欲而必顺其情,但夷狄不欲亦能从其意。"(《册府元龟》)意即对汉族和夷狄应一视同仁,不能有别,"华夷一家"的观念得到自上而下的推崇和强化。受汉文化影响颇深的契丹族在北方建立起与宋并立的辽国,辽仿效汉朝政治以世袭皇权治国,辽国在与中原政权的战争与冲突中也频繁加强着自身的汉化进程,逐渐形成"以汉文化为核心又带有契丹民族特色和时代特色的辽文化"②。宋辽之时,党项建立西夏,西夏"潜设中官,全异羌夷之体;曲延儒士,渐行中国之风"③,即西夏国在政治上效仿中原封建王朝吏制,在文化上推崇儒家礼仪。女真建立的金国在南下过程中掠虏大量汉人迁入东北,在推动着汉族与女真族之间

---

① 王希恩:《当代族际人口流迁与民族过程》,《西南民族大学学报》2008 年第 5 期。
② 《中国通史》第 6 册,中华书局 1979 年版,第 122 页。
③ 《续资治通鉴长编》卷 50,中华书局 1985 年版。

的交融互动之同时也促进着女真族的汉化演变。

元朝是中华历史上第一个由少数民族建立的大一统政权,其不仅结束了长时期的国家分裂局面而且拓展并巩固了全国空前规模的辽阔疆域。元朝统治者以"中原正统"自居,突破了民族间固有的政治文化边界,大一统的政治统治和族际间频繁的交往互动与常态通婚再加上境外民族的迁入等不仅推动着族际交流和文化交融,而且催生着新的族群群体的产生,回族就形成于这段历史时期。朱元璋以"驱除胡虏,恢复中华"[①]为口号扛起反元大旗,但明朝确立之后,朱元璋辩称"朕既为天下主,华夷无间,姓氏虽异,抚字如一",[②]此言虽为巩固明朝政治统治所需,但也佐证着族际间长时期的经济政治文化交融使得大一统的国家观念和整体性的文化心理已经被民众所普遍接受。清朝早在入关前努尔哈赤时期就命人翻译《素书》《三略》《明会典》等汉书经典,康熙时期颁布的《圣谕十六条》以程宋理学为基本治国思想,推行"敦孝悌以重人伦""笃宗族以昭雍穆""和乡党以息争讼""尚节俭以惜财用""重农桑以足衣食""隆学校以端士习""黜异端以崇正学""讲法律以儆愚顽",并以四书五经作为满人的行为规范与准则。[③]《八旗通志》也记载清朝皇太极时期分设蒙八旗和汉八旗,汉族旗人因为长期归属于旗下,生活方式和文化礼仪上也深受满文化的影响,男子蓄发留辫,女子不再缠足,而且语言上也逐渐开始讲满语,民族间的文化交融更加深入人心。近代时期,尤其是鸦片战争之后,随着八国联军的强势入侵,民族和国家均处于生死存亡的关键时刻,中华民族各族儿女在危机面前团结一致,毫不畏惧,在抵御外侵的共同斗争中,在救亡图存的觉醒运动中,在反帝反封建的革命战争中,民族集体意识和民族整体认同愈发得以凸显和强化,并于曲折历史进程中汇聚擢升为中华民族多元族群共享的精

---

① 《明太祖实录》卷108,洪武九年(1376)八月庚戌,上海书店1999年版。

② 《明太祖实录》卷53,洪武三年(1370)六月丁丑,上海书店1999年版。

③ 转引自李学成、王雁:《清代民族文化交融进程中的满族婚俗历史演变》,《满族研究》2014年第1期。

神力量。

无论历经多少曲折艰难,无论历史如何演变,多元族群的文化交融总是走向愈加趋同一致。当然,不管是边疆族群主动汉化抑或是汉族人口边缘族群化,也不管是以战争形式抑或是族际迁徙抑或其他方式推动族际文化传播与文化交融,其根本原因不外乎么是当权者以此赋予其政治统治以合法性的文化基础与现实支持,抑或是族群群体出于自身的生产发展需要,但如此种种举措实质上均不同程度地促进着多元族群文化交融统一的历史局面并强化着"华夷一体"的民族统一观念和文化整体心理。必须强调的是历史上虽然大多数边缘族群文化某种意义上都深受汉文化的影响,但其在与汉文化交往互动的过程中不仅没有失去反而依旧凸显着自身的鲜明特色和独特个性,因此,文化交融的实质并非意味着某种文化的消亡或者文化之间的融为一体,其基本的历史趋势必然走向"和而不同"的多元文化态势。

在多民族国家历史型构过程中,文化交融发挥着不可或缺的推动作用和凝聚功能,孔子"欲居九夷"[1]的治学心态生动反映了华夏与诸夷文化交融的历史图景。文化交融历史呈现为多元族群文化态式及其价值蕴涵不断被民族成员所理解、接受、共享乃至重构的共聚过程,于此过程中民族成员的文化研判与价值抉择始终遵循着情感——利益——价值这一主线走向,换言之,始于情感、基于利益并最终归于价值可谓中华民族多元族群文化交融的主体历史走向。

中华民族多元族群经历时空的文化交融首先呈现于民族情感的汇聚。社会学定义情感为"一种以自我体验形式反映客体与主体需要关系的心理现象"[2],民族情感则体现为主体"感觉到大家属于一个人们共同体的自己人的心理"[3],由此可见,民族情感实质表征为一种基于社会意义的心理现象,这种

---

[1]　杨伯峻:《论语译注》,中华书局 1980 年版,第 914 页。

[2]　郭景萍:《情感社会学:情感、理论、现实》,三联书店 2008 年版,第 42 页。

[3]　费孝通:《关于我国民族的识别问题》,《中国社会科学》1980 年第 1 期。

心理归属意识亦为民族共同体世代积累并秉承下来的文化积淀,民族成员的情感共通不仅为多元族群文化交融的实在表现而且为族群之间文化屏障与文化边界得以缓和并走向交融的心理支撑与行为基点,如马克思所言:"在不同的占有形式上,在社会生存条件上,耸立着由各种不同的、表现独特的情感、幻想、思想方式和人生观构成的整个上层建筑。整个阶级在它的物质条件和相应的社会关系的基础上创造和构成这一切。通过传统和教育承受了这些情感和观点的个人,所以为这些情感和观点就是他的行为的真实动机和出发点。"①特纳也曾经强调情感常常被用来铸造社会关系,建立和保持对社会结构与文化的承诺,或者摧毁社会文化缔造的文明,并于基础上断言社会的每一维度都有情感所凝聚,但也可能因情感而四分五裂。② 中华民族多元族群在长期的共居生活中自然生成且汇聚着共同的深厚情感和民族意识,也实质展演着多元族群文化交融的最初走向,共通情感的形成与汇聚使得民族成员属于同一民族共同体的心理意识与身份定位在民族历史的发展长河中愈演愈烈,某种意义而言,文化交融的历史走向与中国社会长期受到民族与国家大一统思想的浸染渗透不无关系,多元族群间的文化交融甚至可谓为大一统思想的历史反映,据此有学者认为"大一统思想"是一种浸润着民族大众深厚思想感情的凝聚力,是一种理想,是一种民族国家实体升华的境界,这一境界是于大一统的政治统一过渡到社会性质的历史变迁过程中逐渐形成的。③ 多元族群间的文化差异是客观的历史存在,异质族群的文化交流与互动催生着民族成员共通情感的形成和聚合,而民族成员的情感交融又反之式微并消解着异质族群之间的文化屏障与文化冲突,二者之间的有机互构逻辑演绎着中华民族多元族群文化交融的历史图景。

---

① 《马克思恩格斯选集》第 1 卷,人民出版社 1995 年版,第 611 页。
② [美]乔纳森·H.特纳:《人类情感:社会学的理论》,孙俊才等译,东方出版社 2009 年版,第 1 页。
③ 杨向奎:《大一统与儒家思想》,中国友谊出版公司 1989 年版,第 199 页。

中华民族多元族群的文化交融其次显现于民族利益的形成。中华民族多元族群文化于共居的地缘空间中相互制衡与博弈的同时发生着整合与交融，民族成员于多元文化的历史交往互动中也萌生并形成着彼此之间的共同利益，其不仅仅反映在民族主体的现实生活与物质层面，而更深意义上体现于其文化诉求与价值取向等方面。多元异质族群于交往空间的历史延伸与拓展使得各族源文化所涵养的文化精神与价值传统成为交往他者主体所理解、接受和认可的实然存在，较高意义上秉承着民族交往的价值导向功能。基于主体视角而言，利益追求是族群群体归属于共同体的原始动力，因为"共同体的本质，就在于共同体成员在利益诉求上的趋同及对共同价值规范的遵从，利益是共同体凝聚的核心。"[1]作为共同体构建的展演类型，中华民族生动诠释着多元族群共同利益的历史集聚。族群本质上呈现为利益表征的实际载体，不同的族群表达着不同的利益诉求，其利益诉求的发展变化从根本上影响着族群群体的认同与斥异以及个体成员的皈依与离散，历史上同一族群内部因为利益冲突分解为不同的次生群体之景象时有发生，而原本不属于同一族群的成员源于利益联系又达成某种意义的群体结盟也较为常见。在一个多民族社会里，在族群之间的交往互动过程中，"族群"会逐步成为具有特定经济或政治利益的群体单元，并会在此基础上产生某种的"自身动力"，民族的成员们可能会通过动员族群的集体行为来为自己争取这些利益。[2]　因此，民族集体利益的形成有赖于其是否最大限度地涵盖了多元族群的利益交汇部分且又能调整族群之间的利益矛盾与冲突，中华民族集体利益既较高程度地蕴含着56个族群的群体利益又高于其中任一族群利益。集体利益是中华民族历史形成的本源基础，其绝非中华民族构成之56个族群利益的简单叠加，而是多元族群在长期的共居生活与交互互动中所历史形成的民族共同的价值认知与利益诉求。国家统一是中华民族集体利益的最高表达，历史上任何企图分裂国家和

---

①　周平、白利友：《多民族国家的政治认同及认同政治》，《思想战线》2004年第2期。

②　Glazer.N.and D.P.Moynihan.eds.*Ethnicity*.Cambridge：Harvard University Press. 1975.p.28.

阻挠民族团结的野心和阴谋从没得逞,而多元族群的文化统一又是国家统一实现的核心要件。美国学者拉比德指出:"虽然中国存在各种不同的政体,但是很早就发展出强烈的文化统一意识。"①中国历史变迁与政权更迭过程中始终贯穿的"以夷变夏"主线生动描摹着华夏文明对周边相对封闭落后的民族社会之辐射影响与带动功能,也深刻反映出多元族群文化交融的历史潮流与发展趋势。

中华民族多元族群历时空的文化交融最终体现于价值共识的擢升。价值意涵是文化的核心理念,价值共识诠释着文化交融的最高层次,其指涉民族成员于多元文化互动的历史过程中提炼出来的大家所共同承认且实现共享的价值理念,并进而将其擢升为生活实践中的行为规范与道德目标。中华民族多元族群在文化交融的历史进程中最终走向价值意义的交融与认同,并于此基础上内生出"高一层次的民族认同意识,即共休戚、共存亡、共荣辱、共命运的情感和道义"②。多元族群价值共识的历史表达集中彰显于中华民族多元主体于漫长的共同境遇中所达成的精神共识与价值传统,并汇聚而成中华民族精神。中华民族精神是多元族群在长期的共居生活和频繁的交往互动中所逐渐形成的,其表征着中华民族多元族群集体的价值抉择和价值体认,并最大限度地包容着多元族群的价值交汇与价值共识。萌发并形成于民族交融的历史过程中的爱国主义是中华民族精神历史形成的核心要义,也是中华民族多元族群生存发展与一致对外的精神支撑和重要依据,恩格斯曾经在《英人对华的新远征》一文中提道:"驻防旗兵虽然不通兵法,可是绝不缺乏勇气和锐气。这些驻防旗兵总共只有 1500 人,但却殊死奋战,直到最后一人。"③满族旗兵

① [美]佛格森·曼斯巴赫:《过去是未来的前奏? 全球政治中的认同与忠诚》,载[美]纳瑟夫·拉比德等主编:《文化和认同:国际关系回归理论》,金烨译,浙江人民出版社 2003 年版,第 38 页。

② 费孝通:《中华民族多元一体格局》(修订本),中央民族大学 1999 年版,第 13 页。

③ 转引自何晓芳:《论满族精神及对中华民族精神形成的历史贡献》,《满族研究》2014 年第 4 期。

抵御外来侵略的勇气和锐气正是其爱国主义精神的真实写照与生动体现,尽管中国历史上的爱国主义常常与封建"忠君"思想以及狭隘的族群利益等消极因素混淆在一起,但不能因此否认爱国主义精神曾经的积极作用与历史贡献。中国历史上的"国"通常被认为是"家"的扩大与延伸,孟子曾曰,"天下之本在国,国之本在家"(《孟子·离娄上》),因此,爱国主义精神的历史展演较大程度上呈现于"家国一体"的观念架构中,并由此成为维系中华民族多元族群团结统一的价值取向与精神内核。从"天下一家"的社会主张到"天下为公"的社会思想,无不折射出中华民族精神所体现的至高境界和人生理想。《淮南子·泰族训》曾言"仰取象于天,俯取度于地,中取法于人,天下一家,民胞物与,四海之内皆兄弟",范仲淹曾经高歌"先天下之忧而忧,后天下之乐而乐",顾炎武也曾经呼吁"天下兴亡,匹夫有责",其中所表达的"天下一家"之群体意识和"达济天下"之社会责任感充分体现着中华民族多元个体的集体主义原则与整体归属共识。刚健有为、自强不息是中华民族精神的固有之义与基本注释。《周易》曰"天行健,君子以自强不息"。中华民族虽然在族群纷争与政权更替的历史过程中历经无数战争和重重灾难,但每一次战争过后都能够迎来新的复兴,每一次灾难之后都能够再现新的繁荣,其根本原因在于民族成员刚健有为、自强不息的进取精神与积极面貌,这也是中华文明之所以能够绵延数千年不绝于世的重要原因。

情感交融、利益交融、价值交融既为中华民族多元族群文化交融的历史主线又为其历史呈现。任何一种文化态式都须由特定的群体承载,反言之,任一族群都承载并体征特定的文化模式与文化意义,多元族群的文化交融不仅表现于其文化模式的改变,更加体现于其文化所蕴含价值体系之演变。价值体系最大限度地变革着民族成员的生活方式与行为模式,且最深程度地影响着民族主体的心理意识与精神理念,无论是情感交融、利益交融抑或价值交融于本质意义上都意味着民族成员与民族共同体内部"他者"价值体系与心理观念的相互理解、彼此接受并于此基础上实现共享,因此,文化交融的历史过程实质指向民族主体价值体系的解构与重构之动态过程。

河湟地区多元族群文化交融的历史表象不仅体现为汉文化对其他族群文化的强势侵入和深远影响，而且呈现为异质族群文化对汉文化的逐渐渗透和互相借鉴抑或除汉文化外的其他族群文化之间的彼此影响和相互融入。就文化交融的历史指征溯源，其主要投射于河湟世居族群语言体系、符号系统和价值观念等层面的互相影响与彼此借鉴。

多元族群文化交融的语言指征主要指向语言构成与语义体系的互相借鉴和趋同演变。语言体系是文化交融的重要导向，因为语言"可以追溯历史上不同民族之间关系"①，长期的共居生活和族际互动使得河湟诸族群内部彼此之间语言结构和语义体系互相借鉴之现象颇为常见，随着语言的不断发展演变甚至部分族群语言已经在模式和构成等方面趋同于其他族群语言。虽然河湟族群语言体系各有不同，但河湟汉族方言的形成和普及鲜明诠释着多元族群彼此之间的语义互融和语言借鉴，汉族方言在汉语言的基础上广泛吸收各族群语词语义而形成，并逐渐发展为河湟境内汉族、藏族、土族、回族、撒拉族、东乡族、保安族等世居族群的通用语言。河湟土族由于没有自己的文字一直使用汉字抑或藏文，土族语言中还大量借鉴蒙古语词汇，并融入藏语和汉语等成分，有学者考证时竟然发现其与蒙古语同源词汇竟达85%左右。② 就语言趋同演变而言，河湟蒙古人最为明显，基于与藏族群众的密切互动，河湟地区的蒙古族群语言体系与藏语体系逐渐走向一致趋同，也使得蒙古族群文化愈发深受藏文化的高度影响。以蒙古族广为流传的宏大史诗《格斯尔可汗传》为例，其始源于藏族脍炙人口的宏篇文学史诗《格萨尔王传》，均以歌颂勇敢无畏的英勇精神为主题，写照着中华民族亘古不变的精神传承。河湟回族语言、东乡语、撒拉语等也多有借鉴吸收汉族语言、蒙古语以及藏语等。族群语言之间相互影响和借鉴现象举不胜举，语言体系的相互借鉴和吸收不仅是河

---

① 容观琼：《人类学方法论》，广西民族大学出版社1999年版，第158页。
② 李克郁：《土族(蒙古尔)源流考》，青海人民出版社1993年版，第74页。

湟族群文化交融的历史表象,而且是多元族群文化交融的重要路径。

纵观河湟地区多元族群的历史变迁和社会演变,就生活方式和文明发展层面而言可谓边缘族群主动抑或被动的"汉化"过程。与此同时,表征为民俗礼仪的符号指征在河湟族群文化交融的历史展演中却并不严格遵守着中国历史上多元族群文化交融的大致脉络和整体走向,其凸显着鲜明的地域特征和空间特性。源于华夏文明及其生产方式的历史先进性,在族际迁徙漫长进程中,多元族群文化交融的历史常态往往显现于汉文化对边缘族群文化辐射影响的时空关系之中。在地域空间社会变迁场景中,人口流迁、局部战争、婚姻互动等不同方式的族际互动推动着非华夏族群或自愿或被迫地接受着汉文化的洗礼和教化,使得汉文化从语言体系、符号系统与价值观念等均深刻地影响并改变着边缘地区少数族群的生活方式和文明礼仪,但具象到河湟地区历史变迁的地域图景,这也并非文化交融历史规律的必然遵循。就地域空间族际动迁的长期历程考察回溯,河湟地区多元族群文化交往互动的历史源远流长,民族成员在文化势力此消彼长的区域空间态势内生动演绎着文化交融的多维图景。其中,多元族群民俗文化和习俗仪式的互动共享充分彰显着文化交融的多向交互的空间态势。以河湟地区广为流传的民俗艺术"花儿"为例,其形成发展与河湟地区历史变迁进程中曾经出现或最终消隐或存续至今的诸多族群均有着深浅渊源。"花儿"与西羌音乐渊源密切,其尽管在话语体系表达层面多采用借鉴河湟地区独居特色的汉语方言,但在曲调艺术形式上趋向于四川羌族民歌,且糅杂浓郁的藏族民俗音乐曲风。与此同时,"花儿"在回族、撒拉族等民族群众中的广为传唱也充分证明其与西域音乐交集匪浅。多元族群在地域空间共居生活中的互动交往也催生着其习俗礼仪的彼此互鉴和深度交融,无论是在服饰着装、民居风格抑或节庆礼仪等方面,世居族群在地域空间长期的互动生活中彼此之间深受影响并积极共享。在日常生活中,藏袍服饰颇受汉族、蒙古族、土族等广泛喜爱,不同民族群众着藏袍、佩戴藏饰在河湟地区节日庆典中极其常见;颇具特色的藏式建筑和内居装饰在河湟地区民居建筑方面也较多借鉴;汉人庙会、"花儿"歌会、藏族迎神会等在河湟民众中均广受欢迎。文化符号的相互影响和共同演绎反映着河湟地区多元族群互动交融的密切关系而且强化着区域社会内部多元族群整体的心理归属和情感认同。

河湟地区多元族群文化交融的价值指征主要指谓民族成员价值理念的相互借鉴和彼此共享。价值指征是多元族群文化交融的本源指向,因为"族群间文化的交融并不完全是互相接触中自然而然的运动,只有异族文化元素在某些方面表现出可贵的价值时,异文化元素的借鉴才能发生"①。源于特殊的族群构成,宗教文化本质体征着河湟地区文化构成的重要机理和核心要义,"宗教现象在本质上可以归结为两个基本的范畴:信仰和仪式。前者属于主张和见解,并存在于许多表象之中,后者则是明确的行为模式"②,宗教信仰和宗教仪式不仅深层影响着河湟地区多元族群的社会关系和内部认同,而且本源形塑着民族成员的生活方式和行为模式。

河湟地区历史形成以汉族等族群为主的儒释道信仰文化圈,以藏族、土族、蒙古族等族群为主的藏传佛教信仰文化圈,以回族和撒拉族等族群为主的伊斯兰教信仰文化圈并存共生之文化格局,不同族群宗教信仰的相互融入与展演仪式的彼此参与及同一宗教文化圈不同信仰族群的细节差异,使得河湟境内宗教表象极为复杂和多元。藏传佛教在河湟地区的受众范围比较广泛,信众覆盖藏族、蒙古族、土族等族群,其起源于吐蕃政权时期传入的佛教,吐蕃赞普源于巩固政权统治的需要大力推崇佛教以抵御多神信仰的原始苯教,佛教在与苯教的长期较量交锋中,在取代苯教信仰的同时也难以避免地吸收借鉴了部分苯教内容和形式,并最终形成带有浓郁区域社会色彩的藏传佛教,因

---

① 马建春:《多元视阈中的河湟:族群互动、文化认同与地缘关系》,社会科学文献出版社2013年版,第301页。

② 史宗主编:《20世纪西方宗教人类学文选》上册,上海三联书店1995年版,第61页。

此,藏传佛教实质为汉人佛教和藏人苯教两种异质宗教长期交融的历史结果。由于连接中西交通的丝绸之路穿过河湟地区,唐宋时期河湟走廊就已经有回族商贾从事经济活动,明清时期随着回族的大量迁入,使伊斯兰教在河湟地区得以迅速传播。随着伊斯兰教势力的发展壮大,以回族、撒拉族、保安族、东乡族等为主的穆斯林族群集合体在河湟境内逐渐形成。河湟地区的伊斯兰教全然不同于最初流入的西域伊斯兰教,其在历史发展演变的过程中与封建宗法制度相融汇,从而形成河湟伊斯兰教所特有的门宦教派管理制度。某种意义而言,河湟伊斯兰教的历史形成指向为原始伊斯兰教和封建传统文化彼此之间互动交融的最终呈现。河湟多元族群文化交融的价值指征不仅体现于宗教信仰的彼此共享,而且投射于民间信仰的互相借鉴。形式多样的民间信仰在河湟诸族群中甚为普及,特定的民间信仰常常被不同族群民众所供奉和信拜,如汉人社会中常见的关公信仰于清代时期被纳入河湟藏传佛教的神祇体系且成为藏族民众心中能够降妖伏魔的护法武神;"法拉"民间巫神信仰不仅在藏、土等族群中得以普及,而且在汉人中也极具影响等。此类现象在河湟地区颇为常态。① 多元宗教信仰和多样民间信仰在地域空间的融会贯通,不仅有利于维系世居族群集体之共通情感,而且有助于强化多元主体整体之历史认同。

文化交融是河湟地区族际互动的核心内容,次生多元河湟族群在族际人口流迁和族群杂居共生的历史过程中,既积淀着共创文化又传承着共享文明,共同推动着河湟区域社会发展和文明进步的历史进程。

河湟区域族际之间文化交融的历史演绎态式多样、表征多元,正如有学者所言:"从历史时期以来,河湟地区各民族间就结成了文化上相互影响、相互渗透和相互吸收的多元多变的互动关系,这种文化互动与河湟地区共同体文化的形成和发展的过程紧密相随并产生了重要影响。"②"和而不同"

---

① 参考杜常顺:《论河湟地区多民族文化互动关系》,《青海社会科学》2004年第2期。
② 杜常顺:《论河湟地区多民族文化互动关系》,《青海社会科学》2004年第4期。

既是多元一体中华文化的历史走向,也是河湟多元文化互动交融的历史趋势。如同中华文化变迁过程中汉文化像滚雪球般向四周扩散和传播一样,在河湟文化数千年的历史变迁过程中,多元族群文化也源于不断传播扩散的汉文化所带来的辐射影响而逐渐走向趋同和一致,但其同时又保持并凸显着明显的地域特征和文化特性,既体现一体又自成一系,无强弱之分,无主次之别。多元族群文化在交往互动中相互学习、彼此借鉴,在相互包容理解中走向价值共识的汇聚与价值认同的达成,历史演绎着多元族群文化于共享的地缘空间格局内交融共生的经典案例。尽管流传久远的历史记忆确证着河湟族群历经数次冲突乃至战争,但多元族群在此消彼长的势力博弈中却不断重现着相互承认、平等交流、理解认同的交融图景,并由此推动着地域空间次生多元文化具象一体共演的价值指向。作为地域文化传统的时代呈现,河湟地区形式多样、蕴涵丰富的传统文化艺术资源,不仅生动写意着多元族群交往互动的历史过往,而且尽情展演着多元异质族群文化互动交融的深层记忆。

三、民族交融情境中的文化生成

情境指谓主体实践所处的特定背景。作为主体实践与社会环境互动关系时空建构的结果呈现,情境虽非主观精神意境,但却蕴含多维复杂的主体性意义,特设情境中的主体行为取决于其自身赋予情境的现实意义。作为民族形塑的实然演绎,民族交融必然投射于历时与共时并蓄的特定情境;作为民族意指的归属确证,文化自然生成于民族形塑的时空情境。河湟地区多元族群互动交融的时空图景不仅孕育着区域内部次生多元一体的文化态势,而且推动着异彩纷呈的传统文化艺术资源的历史生成。

从本体论的维度研判,交融情境为历时的持续发展变化的主客观情境及其关涉因素的纵向聚合。历时性指某一现实领域中现象发展的历史连贯性,其研究对象为把时间上彼此相继的诸因素联系起来的种种关系,这些关系既不能被同一个集体意识所把握,也不能构成一个体系。① 民族交融呈现为历时的动态延续过程,但不同历史阶段的民族交融源于社会主客观环境及其相关诸多因素交互关系的演变又呈现为各自不一的演绎模式和表征态式。民族交融既为历史规律又为历史现象,其始终贯穿于多元一体中华民族形成发展的过程。"从生物基础,或所谓'血统'上讲,可以说中华民族这个一体中经常在发生混合、交杂的作用,没有哪一个民族在血统上可以说是'纯种'。"②历时的交融情境即指向不同历史阶段的民族交融所处之历史环境及诸多要素作用关系的纵向聚合,其中,社会历史变迁过程中的族群流迁和族际互动是民族交融历史情境的重要构成。民族是历史形成的稳定的人类共同体,民族形成发展的历史过程某种程度而言即为民族交融的历史演绎,民族交融是华夏民族形成发展的历史常态与历史延续的基本模式,其历史踪迹并非为德里达所言的"曾经出场而后被擦去的痕迹,一种在场中的不在场"③,而实质为海德格尔的要通过踪迹去"追寻那曾被蒙蔽的存在及其意义"④。中华民族即为历史形成的民族共同体,且在民族交融的现实场域中不断得以发展与巩固。朝代的兴亡更替、政权的分裂割据和族群之间的矛盾冲突从未阻挡住华夏各族人民互动交融的历史步伐和发展趋势,历史上民族间每一次的深度交融之后都会推动民族群体的愈加团结与更深认同。"只有根据历史发展才能衡量和评价时下的各种成分的相互关系。"⑤指向历史情境聚合的历时情境不仅为民族交融情境的应然之义,而且为交融情境共时呈现的预设基础。

---

① 冯契主编:《哲学大辞典》(上),上海辞书出版社 2001 年版,第 829 页。

② 费孝通:《中华民族的多元一体格局》,《北京大学学报》(哲学社会科学版)1989 年第 4 期。

③ [美]道格拉斯·凯尔纳、斯蒂文·贝内特:《后现代理论——批判性的质疑》,张志斌译,中央编译出版社 1999 年版,第 22 页。

④ [美]道格拉斯·凯尔纳、斯蒂文·贝内特:《后现代理论——批判性的质疑》,张志斌译,中央编译出版社 1999 年版,第 40 页。

⑤ [法]列维·斯特劳斯:《结构人类学》,张祖建译,中国人民大学出版社 2006 年版,第 28 页。

从现象论的维度揆诸,交融情境为共时的具有瞬时稳定性之主客观情境及其关涉因素的横向态势。同时性(又称共时性)指某一现实领域中诸多现象在一定时期内的共存与结构的状况,其研究对象为把共存的诸因素联系起来并能构成一个体系的种种关系。① 民族既为相继的不同因素因为种种关联而维系于一起的群体,而这一群体又源于主体以及与主体相联系的客观世界的变迁在某一时间阶段具备瞬时的相对稳定的特性,作为民族关系的现实塑形和呈现结果,民族交融的共时演绎现实表征为社会发展特定阶段中民族关系的瞬时定格态势,其共时情境指向相对稳定的社会结构及其关联系统之间的交互关系等等。"交融"理念的产生恰如其分地诠释并式微着当前维护民族存在多样性及民族差异合理性与承认民族日益增长的共性及民族融合规律性之间的冲突场域与矛盾情境。差异与冲突的合理性存在并不能抹杀民族交融仍然为当前民族关系的主流态势,民族交融不仅为正在发生的事实,而且为民族关系的常态表征,其并非是要消灭差异,而是于差异中寻求理解,于对立中建构认同,凸显着多元族群"你中有我,我中有你"之命运共同体的历史担当和时代责任。"族群的边界不一定是自然边界,更是指社会边界,而后者通常都是情境性和构建性的。"②全球化的冲击和信息化的普及,不仅拓展着中华民族多元族群交往互动的时空场域,而且在式微并解构着多元族群社会边界的同时延续并重构着民族交融的现实情境,民族间的共性因素和共享成分不断得以逐渐增加,并由此夯实着中华民族多元一体的社会根基与族群意义。民族间的共生共融使具有不同文化的民族体由多元共存越来越走向更高层次的"多元一体",③而多元一体的民族构成又反之为民族交融的现实展演提供着历史寄养与现实支撑,构成中华民族的多元族群在民族交融的历史过程中

① 冯契主编:《哲学大辞典》(下),上海辞书出版社 2007 年版,第 829 页。

② Fredric Barth.*Ethnic Groups and Boundaries:the Social Organization of Culture Difference*.Boston:Little Brown. 1969.p.11.

③ 费孝通:《中华民族多元一体格局》,中央民族学院出版社 1999 年版,第 10 页。

互相学习,彼此借鉴,取长补短,和谐共生。民族交融不仅是中华民族实现自我完善与发展的基本形式与重要推力,而且也是社会主义的本质要求和社会主义社会民族关系发展的正确路径。中华民族的复兴和中国梦的实现不仅是更深度民族交融的发生契机,而且现实擢升为民族关系发展的精神导向和价值引领,民族间的经济往来、政治平等、文化共建等又反之建构着民族复兴和民族梦实现的助力系统与践行机制,平等互助、合作共生、和谐共荣的民族关系是当前阶段民族关系发展的现实走向,也是社会主义阶段民族交融的本质蕴涵。

从方法论的维度解读,交融情境则为历时与共时并存的主客观情境及其关涉系统的动态集聚。作为民族交往互动的结果呈现与衡量指标,民族交融不仅表征为历时的质的演绎而且体现于共时的量的延伸。"离开时间和空间的物质运动也是不可理解的,无法存在的。"①马克思基于人的实践活动引申出时空概念的哲学蕴涵,民族交融恰为时空二元维度下多元族群彼此实践行为构图与民族关系态势的现实展现与本质写照。同时,民族交融实质表征着民族关系的现实构型,而"民族关系作为一种社会关系和历史关系,是民族生存和发展过程中相关民族之间的相互交往、联系及作用、影响的关系。民族关系是双向的,也是动态的,是共时和历时的社会现象。"②因此,民族交融不仅体现为历时与共时民族关系的互构过程,而且必然发生于历时与共时社会变迁的共演情境。从历时与共时的关系看,民族交融的情境既是一个不断变化着的动态系统,又是具有瞬时稳定状态的客观架构,情境现之于宏观与微观、主观与客观、主体与群体的辩证统一时空关系中,共时是历时的发展与延续,是历时的特定阶段,因为"任何人都处在一定的、不受他们任意支配的物质生活条件之中,都受到某一生产力发展阶段以及该生产力阶段相适应的交往的

---

① 肖前、李秀林、汪永祥主编:《历史唯物主义原理》,人民出版社1983年版,第132页。

② 金炳镐:《民族关系通论》,中央民族大学出版社2007年版,第1页。

制约。因此,任何现实的人都是一定历史阶段的人。"①历时是共时的前提与基础,是共时的集聚态势,二者是辩证统一的关系。作为历史形成的民族统一体,构成中华民族的多元族群彼此之间基于交往交流之上的交融态势离不开历时与共时并存的社会情境,民族交融的现实演绎表征为历时与共时并存的循序渐进过程,其不仅表征为历史现象和历史过程,更多呈现为现实演绎与实然景观。民族交融既表征为历时图景,又呈现为共时演绎,其不仅于空间中交织缠绕,而且于时间上交叠延续,因此,从历时与共时相统一的视角解读民族交融的社会情境,明晰民族交融的历史场景与现实场域,是揭示民族交融本质的深层视域。

民族交融不仅是河湟区域多元族群生存发展的历史常态,而且是其民族关系的现实态势。河湟地区自古便为多元族群的聚居地,共居的地缘空间、族际人口的流迁、中原文化的西渐、不断更替的族群政权、频繁的交流互动等等共同形塑着河湟地区民族交融的历史情境和现实场域,深刻影响着华夏民族的历史形成和发展进程。审视河湟地区族群构成的谱系关联,其不仅是古今诸族群互动交融的重构群体,而且是诸多因素相互作用的历史产物,多元族群的历史演变和现实构型无不佐证着区域空间内部民族交融的历时演绎和共时呈现。"族群之间因内在必然的要求而自发结成共时性与历时性、共享性与共轭性相统一的存在方式和价值取向"②。多元族群在共居的地缘空间和长期的共同生活中萌生着彼此之间的共通情感和共同利益,由此催生着其群体意识和共享价值的历史形成和现实集聚,从本源上不仅塑形着河湟区域多元族群历时与共时并蓄的交融情境,而且推动着多元族群互动交融时空情境中次生多元一体的文化生成。

多元一体的族群构成是河湟地区次生多元一体文化态势的生发源点。如

---

① 《马克思恩格斯全集》第 4 卷,人民出版社 1960 年版,第 174 页。
② 袁年兴:《民族杂居区族际互动的结构性特征——一种超越二元对立的研究视阈》,《中央民族大学学报》2012 年第 4 期。

同中华民族多元一体构成格局奠定着中华文化多元一体结构态势一样,河湟地区多元族群在交互杂居的共同生活中夯实着区域空间次生多元一体的文化架构。河湟地区处于我国三大民族走廊(即藏彝走廊、西北走廊、南岭走廊)中"西北走廊"之要道,自古以来便为多元族群互动交融的重要民族区域,其境内现居住着包括汉族、藏族、回族、撒拉族、土族、蒙古族等世居民族在内大大小小 30 多个民族的 400 多万人口。据相关学者的详细统计,仅仅占据青海省面积不到 8% 的河湟地区却居住着超过全省 75% 以上的人口,在其现居 400 多万总人口中汉族约占据其中的 60% 以上,而其余分居在河湟地区的藏族、回族、撒拉族、蒙古族等大大小小 30 多个民族约有 150 多万人口。① 河湟地区次生多元一体的族群格局形成且构筑于区域内部族群变迁和族群整合的历史过程中,多元族群在历史变迁的进程中发生着消融抑或得以整合之解构与重塑。

据有关史籍考证,河湟区域早期的迁居居民为西戎、氏和羌,秦汉之后随着西戎、氏、羌的外迁和匈奴、鲜卑、吐蕃、蒙古等诸多族群的内迁,尤其是汉族人口的大规模西迁,有力推动河湟地区多元族群不断交替上演着解构和重构之历史场景,在族群整合中得以保留且现今仍生活于河湟区域的藏族、土族、撒拉族、东乡族、保安族等世居民族也形成且构建于此过程。多元族群之间无强弱之分,无主次之别,在其交互杂居的共同生活和交往互动中相互学习、彼此借鉴,既充分吸收着"他族群"的优势,也贡献着"我族群"的长处,在彼此之间的包容理解中走向和谐共生、一体交融的现实图景。从河湟多元族群文化交融的演绎层次出发,李文实先生在分析河湟化隆的族群构成演变过程时总结认为就文化层面的融合而言,从氏羌先民到无弋爰剑子孙的活动为第一层;吐蕃时代融合土谷浑、秃发氏等鲜卑族为第二层;元以后西域回族和汉族、蒙古族、撒拉族引入化隆为第三层。学者马建春认为这一文化融合现象同样适

────────────

① 周国英:《河湟地区生态环境保护与可持续发展》,青海人民出版社 2012 年版,第 8—9 页。

用于河湟族群的演变规律。① 据此追溯,与夏商周文化同期出现的羌戎文化为河湟境内最早期的发源文化,其凸显原始部落文化特征且带有浓厚的地域色彩;形成于魏晋南北朝时期的土谷浑族群文化现象更为复杂,其文化既源于鲜卑但本质上又不同于鲜卑,在保留着鲜卑游牧文化和萨满教遗俗的同时土谷浑部又信仰佛教,其语言在保留鲜卑语言基本结构的同时却又属于阿尔泰语系或蒙古语族或通古斯语族,同时汉文汉字又是其官方通用文字;自秦汉伊始的汉人内迁在宋元以后随着中央政府驻军河湟并实施屯田垦荒,大批汉人迁入河湟使得汉文化得以广泛传播并带来深远影响;明朝时期也曾经出现以俺答汗为首的蒙古贵族因为深受藏文化的影响而皈依藏传佛教,且随着藏文化在河湟蒙古人中的传播和扩散,藏传佛教逐渐成为蒙古民众的全面信仰,不仅从根本上改变着蒙古文化的构成机理并深刻影响着蒙古人的社会生活,而且同时也赋予藏人社会的发展以深远意义;明清时期随着大量回人的持续迁入,河湟区域汉、藏等族群部分人众皈依伊斯兰教从而实现宗教信仰层面的回化,之后小月氏、匈奴、鲜卑、吐蕃、党项、回等多种文化和多样文明在此交流互动而逐渐形成和谐交融格局。

多元族群的互动交融推动着河湟地区异彩纷呈之传统文化艺术资源的历史生成。马克思强调人类社会的历史既是生产的历史又是交往的历史,而生产本身又离不开个体彼此之间的交往。② 交往不仅是人类社会存在发展的根本动力,而且是民族形成发展的基本前提。作为交往形式的广度拓展与深度强化,族群交融则为河湟地区异质纷呈而又一体走向的传统文化艺术资源何以生成之前提基础。源于多元族群频繁密切的互动交融,河湟地区自古以来便为多元文化交融地,历史上来自中原的儒道文化、西域的伊斯兰文化、蒙古高原的游牧文化与青藏高原的佛苯文化在这里长期碰撞、交融,文化类型多种

----

① 参见马建春:《多元视阈中的河湟:族际互动、文化认同与地缘关系》,社会科学文献出版社 2013 年版,第 33 页。

② 《马克思恩格斯选集》第 1 卷,人民出版社 1995 年版,第 168 页。

多样,且相互浸润、涵化,形成了"你离不开我,我离不开你;你中有我,我中有你;甚至我就是你,你就是我"的异质纷呈的民族文化亲缘关系。①

次生多元的文化态势从本源上决定着河湟地区异彩纷呈而又一体走向之传统文化艺术资源的历史生成。在特殊的地理环境中,世居于此的河湟诸族群在长期的共同生活中创造了具有浓郁民族特色的民俗民间文化艺术资源,并在区域社会的历史发展进程中与多元族群的互动交融图景中沉淀为河湟地区特有的文化标识与历史记忆。河湟地区传统文化艺术资源不仅形式多样,而且内容丰富,涵盖了从宗教与民间信仰、民间文学、传统音乐与舞蹈、传统戏剧与曲艺、民间手工艺与美术、民间习俗礼仪以及传统医药等各种文化遗产资源。从河湟地区传统文化艺术资源的具象表征研判,其现实演绎主要体现于民族成员生活方式的相互影响与区域社会习俗礼仪的文明传承。与汉文化在中华大地的传播和辐射相一致,河湟地区多元族群生活方式的相互影响主要体现为华夏文明对边缘族群生活模式和生活理念的深远影响和深刻意义,纵观河湟地区多元族群的历史变迁和社会演变,就生活方式和文明发展层面而言可谓边缘族群主动抑或被动的"汉化"过程。两汉以来随着汉人大规模入迁已经出现专门教化的汉族文人,随后河湟地区不断出现政府抑或民间组织所设置诸如私塾学校之类传播儒家文化的教化机构,如明时的"卫儒学",清代的"府儒学"等。汉传佛教和道教文化对河湟族群的文化信仰有着深远影响。汉传佛教大约于十六国时期传入河湟并在隋唐时代形成兴盛局面,宋元时代随着佛教影响的日渐式微道教文化开始活跃起来,后来逐渐发展为河湟地区诸族群共同的文化信奉。表征为生活方式代际相承与民俗礼仪文明相续的河湟地区传统文化艺术资源在历史展演中深受汉文化的辐射影响,但与此同时也愈加彰显着鲜明的地域特性。影响广泛的信仰文化、流传久远的民间文学、宛转悠扬的民间小调、色彩艳丽的民俗民间工艺美术、技艺绝伦的民间

① 班班多杰:《和而不同:青海多民族文化和睦相处经验考察》,《中国社会科学》2007年第6期。

绣品等,形式多样的传统文化艺术资源不仅是河湟地区世居民族在漫长的社会历史实践中所创造的宝贵财富,而且是区域社会和谐稳定、繁荣发展的精神动力。

河湟地区传统文化艺术资源尽管态式多样、内容多维,但其异彩纷呈的展演态势又同时筑牢着一体走向的价值语境,正如有学者所言"从历史时期以来,河湟地区各民族间就结成了文化上相互影响、相互渗透和相互吸收的多元多变的互动关系,这种文化互动与河湟地区共同体文化的形成和发展的过程紧密相随并产生了重要影响。"①在区域社会历史变迁中,河湟地区世居族群在交往互动中相互学习、彼此借鉴,既充分吸收着"他族群"文化的优势同时也贡献着"我族群"文化的长处,在共居空间内演绎着和谐发展与共同繁荣的历史图景,在次生多元文化的相互理解与彼此包容中走向文明共享与共识达成。多元族群的互动交融不仅催生着其内部次生多元一体文化态势的历时形成,也本源上决定着区域空间异彩纷呈之传统文化艺术资源一体走向的价值体认。

第二节 河湟地区传统文化艺术
资源的态势展演

作为黄河流域人类实践最早的区域空间,青海河湟地区既是青藏高原文明的历史发源地,又是中原文明西延的重要展演场域。植根于此的传统文化艺术资源不仅形式多样、风格迥异,而且内容多维、意涵丰富,从历史遗留的文物古迹到遍地林立的寺庙胜地,从流传久远的民族文学诗歌到受众广泛的传统音乐舞蹈,从色彩缤纷的传统手工技艺作品到颇具风情的民族传统礼仪习俗等,无不体现着河湟地区地域鲜明的文化特质与多元族群代际相传的文明

---

① 杜常顺:《论河湟地区多民族文化互动关系》,《青海社会科学》2004 年第 4 期。

创造。特殊的地理环境与多元族群的互动交融催生并积淀着河湟地区传统文化艺术资源次生多元一体的实然态势,并由此体认着河湟世居族群共同的文化显现与共享的精神意旨。河湟地区传统文化艺术资源在其次生多元具象表征的时代演绎中不仅彰显着区域文化"和而不同"的空间特性,而且夯实着多元族群一体走向的价值旨归。

一、次生多元的具象表征

青海河湟地区以汉族、藏族、回族、土族、蒙古族、撒拉族六个世居族群为主体,多元族群在长期的世居交融生活中共同创造了异彩纷呈的传统文化艺术资源。多元族群构成的区域格局与多元文化共生的空间态势本然决定着河湟地区传统文化艺术资源次生多元的具象呈现。作为区域空间次生多元文化的物化存在与具象演绎,河湟地区传统文化艺术资源形式多样、内容丰富,主要涵盖了宗教寺庙与历史文化景观、民族民间文学、传统民间戏剧曲艺及传唱艺术、传统民间歌舞表演艺术、民间美术及手工技艺、传统民俗礼仪与服饰饮食、传统民族医药等各种物质的与非物质的传统文化艺术资源形态。传统文化艺术资源次生多元的具象表征,不仅历时展演着河湟地区世居族群的文化传承与文明相续,而且现实固基着民族区域多元主体的价值凝聚与归属自觉。

青海河湟地区的宗教文化构成主体主要有:以藏族与土族为主的藏传佛教信仰文化圈、以回族与撒拉族为主的伊斯兰教信仰文化圈、以汉族为主的儒释道三教信仰文化圈等,区域空间遍地开花的宗教及民间信仰文化资源也整体呈现为藏传佛教、伊斯兰教与儒释道教三足鼎立之具象态势。作为信教群众基础泛化的民族区域典型演绎,以湟中"塔尔寺"、乐都"瞿坛寺"、西宁"东关清真大寺"、湟源"丹噶尔古城"、互助"佑宁寺"为代表的宗教寺庙历史文化景观是河湟地区传统文化艺术资源的核心构成。"要了解一个国家和民族的社会历史、文化和民族心理特点,而不了解它的宗教传统,终不过是隔岸观花,难尽奇妙。"①尤其对于民族地域实然态势考察,在现实性上,宗教文化对于地域文化的传承发展以及地域社会的和谐稳定具有不可或缺之重要意义。青海河湟地区自古便为多元宗教交汇地,历史上佛教、道教、伊斯兰教等均在此地得以广泛传播,也因此给予着地域传统文化艺术资源以浓厚的宗教色彩,隶属于不同教派分支的寺庙、道观等各种宗教文化圣地举不胜举(见表2-1)。

表 2-1　青海河湟地区主要宗教历史文化圣地分布

名称	地理位置	隶属教派	备注
塔尔寺	西宁市湟中县鲁沙尔镇	藏传佛教格鲁派	宗喀巴大师诞生地
瞿坛寺	海东市乐都县城南	藏传佛教格鲁派	明朝末年改宗
隆务寺	黄南藏族自治州隆务镇	藏传佛教格鲁派	明万历年间改宗
佑宁寺	海东市互助县五十镇	藏传佛教	湟水北岸诸寺之母
大佛寺	西宁市区	藏传佛教	又名南山寺
南禅寺	西宁市南山	汉传佛教	净土宗派
北禅寺	西宁市北山	道教	又名永兴寺
东关清真大寺	西宁市城东区	伊斯兰教	西北四大清真寺之一
街子清真大寺	循化县街子乡	伊斯兰教	撒拉族祖寺
洪水泉清真寺	海东市平安县洪水泉乡	伊斯兰教	中国传统汉式建筑
湟源城隍庙	西宁市湟源县	道教	西北地区保存最完整的城隍庙之一
贵德玉皇阁	贵德县河阴镇	道教	寺庙建筑群

作为藏传佛教的始源地之一,青海河湟地区有着极其丰富的藏传佛教信仰文化遗存,尤以湟中"塔尔寺"、互助"佑宁寺"、乐都"瞿坛寺"等藏传佛教胜地为突出代表。位于湟中县的塔尔寺是藏传佛教格鲁派(黄教)创始人宗喀巴大师的诞生地,作为藏传佛教格鲁派六大宗教主寺之一,塔尔寺在藏传佛

———————
① 吕大吉:《宗教学通论》,中国社会科学出版社1989年版,第3页。

教信徒心中极具影响力。塔尔寺创建于明朝洪武十年(1377),自创建伊始一直受到历代中央政府的关注与推崇,其既是宗教圣地又是历史文化名地,更是在1961年被授予全国重点文物保护单位。塔尔寺坐落于河湟谷地莲花形的群山怀抱之中,其深蓝色和深绿色交互相映的琉璃瓦殿顶鳞次栉比,中间的大金瓦寺金光闪耀,金碧辉煌的建筑群令人为之惊叹,藏传佛教的神秘隐于其中,堪称河湟谷地的绚丽瑰宝。塔尔寺不失为一座宝贵的艺术宝库,有着极高的宗教文化与艺术价值。寺内珍藏着丰富的文献藏书与文物典籍等,色彩鲜艳、形态生动的酥油花、壁画和堆绣更是被誉为"塔尔寺艺术三绝",而且每年都会举办"四大观经"活动,即分别在农历正月、四月、六月以及九月举办隆重的大型法会,各地信众及参观人群络绎不绝,影响甚广。与此同时,位于互助县境内龙王山南麓的佑宁寺是青海湟水以北地区最大的格鲁派寺院,也是土族信众地区最大的寺院。佑宁寺学经风气浓厚,层出不穷的名僧高师先后成为藏传佛教历史发展进程中的知名学者,也推动佑宁寺为增强汉、藏、土、蒙古、满等河湟地区世居族群之间的友好团结作出了卓越贡献。

位于乐都县城南部的瞿坛寺为西北地区保存最为完整的明朝寺院,始建于明朝洪武二十五年(1392),比塔尔寺建成日期稍晚,并于次年被朱元璋赐名"瞿坛寺",1982年获批为第二批国家重点文物保护单位。瞿坛寺最初隶属于藏传佛教噶玛噶举派寺院,在明朝末年格鲁派兴起之后其又改宗格鲁派。瞿坛寺内现存历史文物甚为丰富,不仅有汉藏文对照御制碑刻、明清匾额与各种御赐珍贵文物,而且还珍藏有栩栩如生的迴廊壁画与佛经典著,其中以"象被云鼓"石像最为引人关注。石像高约1米,周约5.3米,翘首回盼,鼻卷莲花,背部托起木雕叠云,叠云托着一面真鼓,寓意深刻,令人深思。每年农历六月十四到十六举行的为期三天的瞿坛寺花儿会是瞿坛寺盛大隆重的民俗节庆仪式。"瞿坛寺花儿会"在2006年被列入我国首批非物质文化遗产保护名录,演唱曲令主要有《白牡丹令》《尕马儿令》《水红花令》等,参与民众广泛,阵营对歌极具特色,是区域传统文化艺术资源现实演绎的典型范例。

　　以回族和撒拉族为主体信众的伊斯兰教在青海河湟地区也较为普遍,大大小小的清真寺在河湟谷地随处可见,数以千计。其中,最具代表性的当属位于西宁市区的东关清真大寺。极富浓郁伊斯兰教特色的东关清真大寺始建于明朝洪武年间,整座大寺已有 600 多年历史,现存建筑经过数次重修与扩建,寺院古朴别致且显得庄严肃穆,能够同时容纳 4—6 万穆斯林聚众礼拜,是青海省文物保护单位。东关清真大寺不仅是伊斯兰教信徒宗教活动场所,而且还设有伊斯兰经学研究最高学府,培养了一大批伊斯兰教学者,对伊斯兰教的积极传播与民族区域宗教文化的健康发展发挥着重要作用。除此之外,位于循化撒拉族自治县的街子清真寺是河湟谷地第二大伊斯兰教清真寺,也是撒拉族的祖寺,在位于寺院内的"手抄本古兰经珍藏馆"大厅中央玻璃柜中,存放有两页乳白底色、黑色字体的阿拉伯文羊皮纸,是大约 700 年前撒拉族先民所携带的手抄本《古兰经》中的两页,虽历经世事变幻之沧桑,但字迹清晰饱满,据相关专家考证其已经具有 1300 多年历史。循化街子清真寺所珍藏的《古兰经》共计上下两部 30 卷,是中国迄今为止发现的最古老手抄版本的《古兰经》,已入选中国《国家珍贵古籍名录》。除珍藏馆玻璃柜里所展览的两页之外,其余经卷被安置保存在珍藏馆里最安全之处。如今街子清真寺不仅是省级重点文物保护单位,而且是爱国主义教育基地,其在撒拉族信徒心中地位非同寻常。

　　汉文化的强势传播与中原文明的广泛影响也使得儒释道信仰在青海河湟地区受众甚广,佛教寺院、道教城隍庙以及各种民间信仰神祇在河湟地区随处可见。比较典型的如位于湟源的城隍庙,其始建于清朝乾隆年间,距今已有二百多年的历史,是西北地区迄今为止保存最为完整的城隍庙之一,见证着汉文化在河湟地区的广泛传播与深远影响。尤其是明代以来,封建中央政府为进一步加强对河湟地区的政治统治和行政管辖,陆续在河湟各地设置儒学、书院等专门机构进行汉文化教育,并且大量兴建文庙、关帝庙、土地祠、城隍庙等汉人的民间神祇场所,有史料记载河湟河州地区有"城隍庙在州内西北隅,元至大三年 1310 年,武靖王卜纳剌建。"①书院设置和寺庙兴建使得儒释道教和各种中原民间信仰在河湟地区迅速得以广泛传播并深刻影响着河湟诸族群民众的文化心理,此外,青海河湟境内还有许多历史文化景观资源,如日月山、热贡艺术之乡等,其中尤以湟源"丹噶尔古城"为突出代表。始建于明朝洪武年间的"丹噶尔古城"距今已有六百多年的历史,其不仅是文化名城,更是宗教圣地,古城本就得名于搬迁于此的著名藏传佛教寺院东科尔,古城内还修建了城隍庙、关帝庙、清真寺等。丰富多样的宗教寺庙及历史文化景观,不仅是河湟地区多元族群精神诉求与愿景寄托的具象演绎,而且是农耕文明在河湟谷地广为传播与代际相传的物化承载。

以昆仑神话、口头文学、地方谚语等为代表的河湟民间文学极为繁荣和丰富,不仅流传广泛而且影响深远,是河湟地区传统文化艺术资源乃至我国传统文化宝库的重要内容。作为"通过人民的幻想用一种不自觉的艺术方式加工过的自然和社会形式本身"②,无论从形式抑或内容而言,河湟民间文学与区域社会多元族群的历史、文化、宗教以及生活习俗等有着不可分割的密切关系,彰显极强的民族特色和地域特征。

起源于昆仑山脉的昆仑神话在河湟地区传播甚为广泛,其内容主要关涉昆仑山及其相关人物神话传说,经典形象如西王母、黄帝等,传奇故事有嫦娥奔月、后羿射日、牛郎织女爱情传说等。作为地理区位范畴指向的昆仑山早在《山海经》中就有详细描述:"海内昆仑之虚,在西北,帝之下都。昆仑之虚,方八百里,高万仞。上有木禾,长五寻,大五围。而有九井,以玉为槛。面有九门,门有开明兽受之,百神之所在。在八隅之岩,赤水之际,非仁羿莫能上冈之岩。"③从中可见,昆仑山自古便被视为神灵所在之地,其历史溯源被披上了浓郁的神秘色彩。基于民族起源解读,"昆仑"更深层意义上指向于文化始源,

---

① （明）《典礼志·祠祀》,《嘉靖河州志》卷 2,甘肃文化出版社 2004 年版,第 132 页。
② 《马克思恩格斯选集》第 2 卷,人民出版社 1995 年版,第 29 页。
③ 袁珂校注:《山海经》,海古籍出版社 1980 年版,第 294 页。

《淮南子》对昆仑山的具述中恰恰强调此意："昆仑之丘，或上倍之，是谓凉风之山，登之而不死；或上倍之，是谓悬圃，登之乃灵，能使风雨；或上倍之，乃维上天，登之乃神，是谓太帝之居。"①作为与蓬莱神话、楚辞神话齐名的三大神话体系构成之一，昆仑神话不仅是区域社会传统文化艺术资源的重要标识，而且是中华文明代际相传的历史源头。作为中华民族多元一体历史形塑的精神涵养，神话传说不仅体现于传奇故事与神话传说的历史记录，更大意义则投射于对中华民族出发历程的历史溯源与一体形塑的记忆承载，正如有学者强调："古代神话，可以从各方面进行研究。我们可以研究它的丰富内涵，揭示它反映的精神。中国古代神话如女娲补天、精卫填海、夸父逐日、后羿射日、大禹治水等表现出的同困难、同自然灾害进行顽强斗争的伟大精神与磅礴气势，为了替广大民众清除灾害，自觉担负责任，永不停息，奉献自身的高尚品质，永远是中华民族的精神源泉；它所表现出的能给人以正义冲动、无限力量的丰富瑰丽的想象，所体现的崇高和美善合一的美学思想，也都决定了我们民族文学艺术的性格。"②

　　口传文学在青海河湟地区也广受欢迎，其大多歌颂英武神灵抑或宗教圣人的正义之气与奉献精神。河湟口传文学脚本不少源自于宗教经学故事，对宗喀巴大师"舍己救人"无私精神的传颂尤为脍炙人口。《破指滴血救天鹅》形象讲述了宗喀巴大师在进藏路途中尽管自己深处难境，但当看到因为口渴难耐痛苦哀嚎、甚至已经命悬一线的小天鹅之时，大发慈悲之心不惜咬破指头滴血救活小天鹅，"宗喀巴没法儿，毅然咬破手指，用血水灌小天鹅，一滴、二滴、三滴……大约过了一炷香功夫，小天鹅来了精神，抬起头，睁开双眼，拍膀展翅飞走了。可是，已经好久没喝到水，又流了很多血的宗喀巴，却昏倒在沙滩上。"③藏族人民集体创作的鸿篇史诗《格萨尔》（又称《格萨尔王传》）在河

---

① （西汉）刘安：《淮南子》，万卷出版公司 2009 年版，第 85 页。
② 赵逵夫师：《〈中外神话与文明研究〉序》，《贵州文史丛刊》2005 年第 1 期。
③ 韩生魁、马光星编：《塔尔寺的传说》，青海人民出版社 1990 年版，第 11 页。

湟地区也流传深远。《格萨尔》被誉为"东方的荷马史诗",其不仅是目前世界上篇幅最长、流传最为广泛的史诗,也是世界上迄今为止仍在民间流传的活史诗。《格萨尔》起源于青藏高原藏族聚居区,其既在河湟涉藏地区民众中影响深远,又广泛流传于蒙古族、土族、汉族等河湟世居族群中,在河湟地区受众极其广泛。《格萨尔》主要歌颂了古代藏族部落的英雄领袖"格萨尔"降魔伏妖、保卫部落和民族的英勇行为,它代表着古代藏族文化的最高成就,不仅是河湟民间文学的重要构成,而且不失为中华传统文化的绚丽瑰宝。格萨尔王相传是莲花生大师的化身,在史诗创作者的塑造改编下,其被赋予非凡的才能和高尚的人格,是神、龙、念(存在于藏族原始宗教信仰中的一种厉神)三者合一的人神英雄,人世使命在于降妖伏魔、惩强济弱、造福于一方百姓。格萨尔王一生为部落和平和部族自由而战,其为部落民众安稳生活与邪恶势力不懈斗争之英勇精神和英雄形象永存于群众心中。

除了神话史诗与口传文学外,其他形式的民族民间文学在青海河湟地区也异常活跃和丰富,如土族文学、回族谚语、地方寓言等。土族民间文学异常丰富多彩,其不仅在形式上载体多样,包括歌谣谚语、神话传说、叙事史诗等,而且在内容上涉猎广泛,可追溯至土族经济、文化、政治、历史、宗教、建筑等,堪称一部宏伟巨制的土族"百科全书"。其中,尤以长篇叙事诗《拉仁布与吉门索》广为流传,在河湟谷地影响深远。作为土族叙事诗的代表作《拉仁布与吉门索》,全诗共计 300 余行,主要讲述了一个爱情悲剧:美丽热情的土族姑娘吉门索在共同的生活劳动中爱上了自家的放牧长工拉仁布,两人山盟海誓,期待结为夫妻,但两人之间纯洁的爱情被吉门索的哥哥得知后,哥哥竭力反对,不仅将妹妹锁在家中,而且还假扮吉门索刺死了拉仁布。拉仁布的尸体在火化时三天三夜不着火,悲哀之极的姑娘吉门索得知后赶到火葬场,看着爱人的尸体,悲痛地唱道:"你不着来我知道,盼我和你一块烧;五尺身子舍给你,一直烧到天荒和地老。"姑娘唱完后纵身一跃跳入火中,熊熊烈火即刻燃烧,两人的尸体瞬间化为了灰烬。但吉门锁的哥哥却狠心地把两人的骨灰埋在了河的两岸。三年后,两颗连理连枝的合欢树分别在两岸拔地而起,哥哥把合欢树砍倒劈柴,投进火里焚烧,火光中飞出了一对比翼双飞的鸳鸯(土语"翔尼娃"),扑向狠心的哥哥啄瞎了他的双眼,而后唱着欢快的歌儿,径直飞向牧野之上……诗歌主题虽是爱情悲剧,但旨在歌颂土族民众对美好爱情、自由婚姻的不懈追求。作为回族民众对自身生活习惯和生活经验的文化描摹,回族谚语集中展现了回族人民的传统文化习俗,其在内容上涵盖民族伦理道德、宗教文化信仰、民族习俗礼仪等,充满哲理寓意和启迪思想,如"回汉一条心,黄土变成金""口善心不善,枉把阿拉念""爱国是伊玛尼的一部分"(伊玛尼为阿拉伯语,意为"信仰"),"卫国是法勒则"(法勒则为阿拉伯语,意为"天命")等,意蕴丰富的回族谚语充分体现了回族民众拥护民族团结、爱家爱国、保家卫国之价值遵从与精神传承。这些内容丰富、表现形式各异的民族民间文学不仅承载着河湟地区世居族群的文化诉求与价值理念,体现着民族成员对未来生活的美好向往和无限憧憬,而且诉诸着河湟民众对祖先的无比崇敬、对神灵的无限敬畏以及对国家的无上忠诚。

以"花儿""藏戏"以及汉族民间小调等为代表的传统民间曲艺及传唱艺术深受河湟地区民众欢迎和喜爱。复杂的地理环境和特殊的人文环境孕育了青海河湟地区丰富多彩的民间曲艺和传唱艺术,"花儿"还被列入世界级非物质文化遗产名录。"花儿"是极其富有地域特色的西北地区民间音乐的重要组成部分,也是传统的西北音乐表现形式,其大多以歌颂男女爱情为主题,是热恋中的男女表达爱慕和喜悦的传情以及求爱方式,以歌为媒,对唱求偶。"花儿"在河湟地区受众非常广泛,据不完全统计,河湟"花儿"有上百种曲调,曲调不同"令"不同,河湟"花儿"曲令有的以流行地区划分命名,如"湟源令""循化令""西宁令""互助令""河州令"等;有的以人物形象特征命名,如"大眼睛令""乖嘴儿令"等;有的以花木植物命名,如"白牡丹令""水红花令"等。

"花儿"盛会是河湟地区的重要传统民俗仪式,举行花儿会期间,各族民众纷至沓来,人山人海,热闹非凡,齐享这富有特色的民间音乐饕餮盛宴。青海河湟地区的西宁、民和、互助、大通、贵德、湟源、化隆、循化、同仁等均是"花儿"比较盛行的地方,每年从农历的四月开始到六月是"花儿"表演的高峰时期(见表2-2)。河湟地区"花儿会"规模影响相对较大的有大通老爷山六月六花儿会、湟中南佛山六月六花儿会、乐都瞿坛寺花儿会等,其中,老爷山花儿会、丹麻土族花儿会、瞿坛寺花儿会等被列入国家级非物质文化遗产。

表2-2　青海河湟地区主要花儿会时间及地点分布

"花儿会"名称	举办时间(农历)	举办地点
南山公园花儿会	六月初六	西宁市南山公园
㟆公园花儿会	不定期	西宁市㟆公园
凤凰山花儿会	四月初八	西宁市凤凰山
老爷山花儿会	六月初六	大通县桥头镇老爷山
东峡花儿会	六月十五	大通县青山乡
祁家寺花儿会	六月十五	大通县东峡乡
瞿坛寺花儿会	六月十五	乐都县瞿昙乡
乐都老爷山朝山会	四月初六	乐都县引胜乡
乐都中坝花儿会	五月初五	乐都县中坝乡
乐都水峡花儿会	六月初六	乐都县李家乡
夏宗寺花儿会	六月初六	平安县寺台乡
拉干寺花儿会	立秋节	平安县沙沟乡
冰岭山药水泉花儿会	六月初六	平安县三合乡
河东滴水涯花儿会	六月初六	贵德县河东乡太平村
河滨公园花儿会	六月二十二	贵德县河滨公园
日月山之夏花儿会(主场)	六月初六	湟源县人民公园
日月山之夏花儿会(副场)	六月初六	湟源县日月乡
扎臧寺花儿会	六月初六	湟源县沸海乡
五峰寺朝山会	六月初六	互助县五峰乡
丹麻土族花儿会	六月十五	互助县丹麻乡
威远镇物资交流花儿会	二月初二	互助县威远镇
松蕃寺花儿会	六月十三	互助县东合乡

"花儿会"名称	举办时间（农历）	举办地点
佑宁寺花儿会	六月初六	互助县五十乡
白马寺物资交流花儿会	四月初八	互助县红崖乡子沟乡
七里寺花儿会	六月初六	民和县古鄯镇
峡门花儿会	五月初五	民和县陕门乡
东沟花儿会	五月十二	民和县东沟乡
南佛山花儿会	六月初六	湟中县南佛山
峡口花儿会	六月十五	湟中县上五庄乡
拉沙花儿会	六月初六	湟中县拉沙乡
南朔山花儿会	六月初六	湟中县大源乡
药水滩花儿会	六月初六	湟中县上新庄乡
鲁沙尔公园花儿会	六月初六	湟中县鲁沙尔镇
昂思多花儿会	五月初五	化隆县昂思多乡
雄先花儿会	六月十五	化隆县雄先乡
香里胡拉花儿会	四月十九	化隆县加合乡
茶甫药水泉花儿会	六月初六	化隆县茶甫乡
道帏花儿会	六月初六	循化县道帏乡

除了"花儿"之外，河湟地区世居族群还共同创造了其他形式多样的曲艺以及传唱形式，如"藏戏""平弦""越弦""眉户""孝贤""目连戏""汉族民间小调"等，其中，尤以"皮影戏"在河湟地区影响久远。

在河湟民间，皮影戏是具有浓郁地方色彩的主要传统民俗文化活动之一。作为传统文化地域演绎的典型个案，河湟皮影戏将民族民间音乐、戏曲、美术、文学等融为一体，其兼有河湟地区传统文化艺术资源次生多元之展演态势，又兼容河湟地域文化一体走向之价值诉求。河湟皮影戏有着其他艺术表达形式不可替代的草根性特质，其创作灵感来源于民众生活，汲取了丰富的民族文化艺术养料，通过艺术家们的加工改编和即兴发挥给受众以契合实际的艺术感受，让观众对河湟地区民族民俗风情和民俗生活礼仪直观理解。

　　"藏戏"是以歌舞和说唱形式来进行表演的综合艺术形式,最早由西藏传入,但在青海河湟地区流传甚广的藏戏融入了安多地区的藏族音乐舞蹈和说唱艺术,形成了多种形式的支系,如安多藏戏、黄南藏戏以及华热藏戏等等。藏戏是藏族戏剧的统称,其藏语名为"阿基拉姆"(意为"仙女姐妹"),最早可溯源至8世纪时期藏族的宗教艺术,17世纪时从寺院宗教仪式分离出来后逐渐形成以唱为主,唱、舞、颂等相结合的表演形式,于2006年被国务院列入第一批国家级非物质文化遗产名录之一。"平弦"和"越弦"是一种坐唱曲艺形式,曲调众多,通俗上口,故事易懂,如平弦戏《马五哥与尕豆妹》、《狸猫换太子》,越弦戏《长城》等。"眉户"是由陕西曲子传到青海后经过改变融入青海本地元素后形成的地方曲调,而"孝贤"则为源自青海河湟地区的地方曲种,顾名思义主要是歌颂忠臣良将孝子贤孙等文化内容。"目连戏"则是主要流行于河湟民和地区的一种简单剧种。作为民族聚居区多元文化交融互鉴的典型性演绎,汉族民间小调尤为彰显河湟文化的地域特质。汉族民间小调在河湟地区起源较早,自唐代"唐蕃古道"开辟以来,中原文化不断西渐,伴随着明朝年间的大规模军屯、民屯进程,族际之间频繁的交往互动为河湟地域民间音乐注入新鲜血液,汉族民间小调也由此产生并发展成熟。河湟汉族民间小调以地方方言为主进行演唱,取材甚为广泛,涉及地方民俗风情、神话故事传说等,还有一些活跃气氛的宴席曲、婚礼曲等,佐以喜剧效果的伴演,不仅内涵极其丰富,而且韵味尤为独特,既具江南民歌的细腻典雅,又有北方民歌的质朴嘹亮,可谓南北方民歌交融的典范奇葩。青海河湟地区民族民间曲艺及传唱艺术种类繁多且内容丰富,曲词的内容主要反映了当地人们对于爱情、婚姻以及生活的美好追求和渴望,体现了人们的精神追求和生活理想,更为重要的是展示了河湟地区多元文化的交融交流以及各民族之间和睦相处的良好精神风貌,对民族区域社会的和谐发展具有重要意义。

　　以热贡绘画艺术唐卡、酥油花等为代表的传统民族民间美术与手工技艺是河湟地区传统文化艺术资源不可或缺的重要部分,也是中华民族民俗文化的绚丽瑰宝。青海河湟地区自古以来就是传统民间美术与工艺制作的故乡，被列入国家级非物质文化遗产的十项青海省传统美术项目中，仅河湟地区就占据七项。民族民间工艺美术和制作技艺在青海河湟地区经久不衰，不仅传承了民族区域传统民间民俗特色文化，而且也为区域经济发展作出了巨大贡献。源于藏传佛教在青海河湟地区的广泛传播以及塔尔寺对藏传佛教信徒的深远影响，河湟传统民间美术亦深受藏传佛教文化影响，其中以热贡绘画艺术唐卡、酥油花、堆绣、壁画等佛教美术最具代表性。

唐卡是一种用矿物质原料绘制的图画，主要描述主题关涉藏传佛教故事，有佛经及人物故事、社会历史、生活习俗、天文历算、藏医藏药等。唐卡既是一种艺术品又是宗教用品，其种类繁多，有热贡彩绘唐卡、堆绣唐卡、湟中高堆唐卡，还有珍珠唐卡、皮雕唐卡、剪纸唐卡等。其中尤以热贡唐卡享誉海内外，热贡唐卡的生产经营在一定程度上已经成为当地民众经济收入的重要来源。热贡唐卡讲究用金，大量金箔的修饰再加上传统美术技艺与现代绘画技巧的结合，使得本就色彩艳丽的唐卡作品愈加富丽堂皇、和谐一致。

酥油花是以酥油为原料的雕塑艺术品，其题材主要以佛教故事为主，内容丰富多样，如《文成公主进藏》《唐僧取经》等。酥油是从牛奶、羊奶提炼而来的脂肪，作为藏族群众日常食物之精华，其有着极高的营养价值。用酥油制作的酥油花雕塑工艺品，色彩绚丽如生，形象生动逼真，多为佛教相关人物形象、飞禽走兽、花草树木等题材，其表现形式与内容主题也随着藏族人民生活水平的提高与佛教文化的时代发展与时俱进。作为藏族独有的传统美术技艺，酥油花雕塑工艺作品在河湟地区藏传佛教寺院中非常普遍，塔尔寺的酥油佛像更是与寺内壁画、堆绣并称为"塔尔寺三绝"。每年农历正月十五元宵节在塔尔寺举办的酥油花展，都吸引了各族人民前往参观，盛况空前。作为藏族民众独具特色的技艺传承，酥油花不仅体现了藏传佛教文化的价值意蕴，而且呈现了世居族群在共同的生产生活中团结友爱的图景。

源于多元族群的历史集聚与次生多元的文化构成，青海河湟地区传统民间美术异常丰富多样,除影响较大的唐卡等佛教美术外,刺绣、剪纸、皮影、木雕等不同民族民间传统美术在河湟地区也甚为流行。刺绣以互助土族盘绣为代表,土族盘绣被列为 2006 年第一批国家级非物质文化遗产。土族盘绣色彩鲜艳、技法独特,题材涉猎广泛。散漫着浓郁民族色彩的土族盘绣恰如土族群众用岁月织就的彩色民谣,其有着悠久的历史传承和独特的制作工艺,体现着土族人民极具特色的生活方式和礼仪习俗,具有极高的观赏以及收藏价值。剪纸广泛流传于河湟地区汉族农业家庭,有着浓郁地方特色,如象征吉祥如意的佛教图案与牦牛图像等。河湟皮影则主要分布在湟源、西宁、乐都等农业区,在 20 世纪 80 年代尤为盛行。

河湟地区民间工艺美术和制作技艺也种类繁多,如藏族的藏毯制作技术,土族的堆绣技艺,撒拉族的黄河石画制作以及民间彩绘、泥塑、书法等,都展示了河湟地域文化独具特色的传统面貌。藏毯在河湟地区较受消费者喜爱,其制作技艺也得以较好地保护和传承下来。藏毯采用手工制作技艺,用的也是矿物质染料,毯子上常有吉祥八宝、琴棋书画等寓意祥和美丽的事物,既展示了民间传统文化的内涵,也同时把人们对生活的美好向往编织到了毯子中去。青海河湟境内还有一种比较有特色的民间美术技艺即撒拉族的"黄河石画"。"黄河石"意为"黄河的灵魂",世代生活于黄河河畔的撒拉族人民用他们特有的艺术眼光和生活审美把原本不值钱的黄河碎石制作成了天然的水墨石画,也令这一技艺成为了他们独一无二的特色文化。另外,河湟民间雕塑、刺绣以及书法等作品也都深受当地民众追捧,尤其是农民画和绒毛画,更是巧妙地以不同绘画手法突出了河湟民众生活的情趣和青藏高原文化特征。农民画借鉴了唐卡、刺绣以及建筑手绘等手法,主要突出画作艳丽的色彩,强调装饰效果;绒毛画则是借鉴了国画和西方油画的艺术表现形式,在内容上却又突出了牦牛、羚羊等特有的青藏高原动物题材,不仅是区域社会独具匠心的艺术制作技艺,而且也是青海河湟地区传统文化艺术资源特色鲜明的重要内容。

以土族纳顿表演、河湟社火、藏族果卓舞等为代表的传统民间歌舞戏剧表演艺术在河湟地区也较为盛行。青海河湟地区民间歌舞表演艺术历史悠久，最早可追溯到新石器时代，从大通孙家寨出土的舞蹈纹盆和同德宗日的舞蹈纹盆上就绘制了具体生动的舞蹈表演动作。传统民间歌舞表演艺术与河湟地区多元族群的交融生活关系密切，其体认并凝聚着河湟族群共同的生活向往与共通的情感追求。

源于民族宗教信仰自由的现实性和特殊性，流行于青海河湟地区的传统民间歌舞表演艺术形式多样，主要有两大类，即民族民俗舞蹈和民族宗教舞蹈。

民族民俗舞蹈主要指的是各民族与生活习俗有关的属于本民族的民间舞蹈，主要的表演形式为集体舞蹈，舞蹈的动作是继承本民族的古老传统，内容则主要是表现本民族的生活风俗，如河湟地区享誉盛名的土族纳顿表演与藏族果卓舞等，互助土族纳顿节还被列入国家第一批非物质文化遗产名录。"纳顿"为土语音译，汉语为"娱乐"之意，纳顿节为土族人民庆祝丰收之传统节庆习俗，因此其又称"庄丰收会"、"庄稼人会"等。纳顿节庆活动通常从农历七月十二开始，直到秋天农历九月十五左右才告结束，可谓"世界上最长的狂欢节"。纳顿节正会由跳会手、跳面具舞（又称傩戏）与跳"法拉"巫神三个环节构成，纳顿会场锣鼓喧天，热闹非凡，表达着河湟土族民众丰收后的喜悦心情。纳顿表演极具地方民族民俗特色，而且又吸收了汉文化信仰元素，如关公、二郎神民间崇拜等，其不仅以民间信仰为纽带链接着河湟土族乡亲的世代延续，而且展演着河湟地区次生多元文化交融共生之和谐场景。

社火表演是河湟地区比较流行的传统民间文娱活动，受众广泛且较具影响力。河湟各地在春节至元宵节前后都盛行社火表演。人们欢聚一堂，载歌载舞，不仅表达着对美好生活的满足，而且祈祷着来年的吉祥顺安。整个社火表演包括音乐、舞蹈、戏剧、曲艺及杂剧等不同项目，其中杂剧舞（高台、高跷、低跷）等最受欢迎。在河湟社火表演中，有老者被邀坐于靠背椅子的习俗，充分体现了中华文化的尊老传统。河湟社火中亦有舞黄龙传统表演，其寓意着国家风调雨顺,人民安居乐业。河湟社火以其生动有趣的综合性艺术表演形式体现着传统民俗的文化情趣,刻画着民族地区与文化旷达古朴的精神面貌。

起源于青藏高原的果卓舞在青海河湟地区也较受欢迎。藏语"卓"即为一种古老的集体舞蹈,少则十几人,多则百十人,围城一圈跳舞,"果卓"又意为锅庄,是指围着篝火或者锅台而作舞的形式,比较受欢迎的"白龙卓"主要用于婚礼庆典,据说是格萨尔与珠牡结婚的当天跳的,寓意藏族人民对婚礼的赞美和对今后婚姻生活的憧憬。果卓舞虽然始源于涉藏地区人民,但由于其独特的地域风情与健康的舞蹈动作,吸引了河湟不同族群民众的积极参与,也由此在河湟地区日益流行起来。除了比较典型的土族纳顿、藏族果卓等传统歌舞表演艺术外,青海河湟世居族群还有其他各式各样的歌舞表演,比如汉族的社火表演,回族的宴席舞表演,蒙古族的鞑子摔跤表演,土族的安昭表演以及撒拉族的骆驼舞表演等,这些形式各异的民间民俗舞蹈无一不展示了不同民族的生活生产风俗面貌。

与民族风俗舞蹈不同的是,民族宗教舞蹈的表现手段和方式主要与宗教信仰直接联系密切。青海民族宗教舞蹈主要种类为法舞,即舞者在舞蹈的过程中要带上具有宗教象征意义的面具或者绘有原始宗教或者巫术象征的纹饰,在法器的伴奏下来展示宗教的面貌和意义,比较典型的如属于藏传佛教法舞形式的金刚舞和法王舞,还有民间宗教法舞形式的"於菟"(又叫虎舞),於菟本是一项隆重的宗教仪式,现在又引申为对"舞者"的称呼,这是一种流行于青海黄南藏族自治州同仁县的土族舞蹈,跳"於菟"的年轻小伙要在脸、上身以及四肢上都画满虎豹斑纹,还要把头发扎成毛刷状,形似愤怒的老虎,装扮后由头戴五佛冠的巫师"拉哇"带领下到山神庙中跪拜诸神,"拉哇"要击鼓诵平安经,祈祷神灵保佑全村平安并授予"於菟"为村子驱魔除疫的本领,这也与宗教信仰的初衷不谋而合。其实,无论是民族民俗舞蹈还是民族宗教舞蹈,传统民族表演艺术无不寓意着河湟诸族民众对于美好生活的追求和向往。

丰富多样的传统习俗礼仪与服饰饮食等生产生活风俗承载着河湟地区传

统文化艺术资源历时展演的具体范式。青海河湟地区世居族群在互动交融的长期生活中一直保持着富有区域特色的传统民风民俗文化。河湟地区各族人民都非常重视社交礼仪与传统节日,也都有着彼此相异的礼仪风俗和传统节庆。现今保留下来且在河湟民众中比较流行的礼仪节庆有很多,比如汉族的有践行洗三礼、中秋节、重阳节以及备受重视的除夕等等;回族的有阿拉舒节、者那扎、避斋节、开斋节、倒扎门婚等等;藏族的有下马仪式、雪顿节、阿香掸尘、送年等;土族的有喇嘛、加拉、灭社、保拉等;撒拉族的有撒谷、挤门、阿让思达、胡斯泡命名茶等;蒙古族的有剪发礼、偷婚、熬婚、那达慕、塔葬峨博盛会等。在参加这些传统的礼仪活动以及节庆日庆祝时,各民族的民众都会穿上隆重的民族盛装,戴上富有民族特色的金银等首饰,民族服饰以及装扮本身即为传统文化艺术资源的重要内容。青海河湟地区较具特色的民族服饰如土族服饰、撒拉族服饰等,均已经被列为国家级非物质文化遗产名录,并且在不同族群聚居地还会经常举行民族服饰展览会等,表达着河湟民众对民族服饰的喜爱和推崇。同时,丰富多彩的生产生活风俗在河湟地区也都比较盛行。生产风俗主要指的是人们在长期的生产劳动中逐渐形成的约定俗成的文化行为和现象,内容丰富,除了农业、畜牧业以及手工业外,还包括现如今的金融业以及商业贸易等。不同的民族有着不同的生产风俗,如汉族的歇家、种皇粮、祈祷风姨等;回族的水磨、藏客、油盘油杠等;藏族的刮具、挖蕨嘛、抛绳等;土族的加斯喀迭力嘎、拍春、卸捆插牌等;蒙古族的治疗布莲、牧驼、脚绊等;撒拉族的种辣子、打糖子、浇冻水等,这些行为风俗都反映了河湟族群在生产生活实践中的精神面貌。生活风俗则主要是包括人们的衣食住行四个方面的内容,从表2-3可加以详细了解。河湟世居族群生活风俗从形式到内容都非常丰富,无论从服饰、饮食到住房以及交通都体现了较为明显的民族特色。其实,无论是隆重的礼仪节庆活动还是各具特色的民族服饰,抑或是丰富多彩的生产生活风俗,不仅展示了河湟族群的传统文化生活精神,而且也可从中看出河湟民众对于生产生活的丰富想象和热爱程度。

表 2-3 青海河湟地区世居族群主要生活风俗内容

族群	服装佩饰	饮食器具	住所陈设	交通文体
汉	大襟袄、暖袖、长命富贵锁等	灶卷、油包儿、老鼠儿、韭合儿等	书架炕柜、拜帖匣儿、典房等	搊、木哇、冰桥、握桥等
藏	氆氇袍、夹衫袍腰带等	曲拉、油汁蕨麻、木壶、铜碗等	碉楼、马脊式帐房、六角形帐房、阁莫切、塔夸等	马鞍垫、骑牛、驮羊等
回	号帽、褐褂、挖泥皮鞋等	亥亭食物、喜庆食物、马如意包子等	砖雕、建房和贺房风俗等	油脚户、车马店、响盒儿等
土	尼克、胡尔美苏平朵挪朵大褃、普斯尔等	烫水烙饼、普什作、锅蹋、米面窝窝等	锅头连炕、互助日麻、民和囊托等	牛皮筏子、轮子秋、路路套、磨多档等
蒙古	德吾里、拉吾谢格吾齐、图力布其等	灌肠、奶豆腐、奶皮、水煮饼等	蒙古包、贺新包、阿布达日等	轿车、浩穆、马鞍、摔跤等
撒拉	六牙子帽、汗褟儿、皮袄等	熬头、方形油饼、古古馍馍、油搅团包子等	立门、盘锅台、立白石、卖屋习俗等	筏子扳拉、羊皮筏子、油皮袋、蹬棍儿等

  语言文字、典藏古籍、传统民族医药文化遗产等也均为青海河湟地区传统文化艺术资源的重要构成。作为民族区域次生多元文化历史传承的主要工具和核心承载,民族语言文字的发展使用在河湟地区一直比较活跃。源于多元族群的长期聚居与交往互动,河湟地区形成并发展了态式多样的民族语言文字体系,影响相对广泛的如汉语方言、藏语、蒙古语、东乡语、保安语、撒拉语等,不同语言文字在河湟民众的共居交融生活实践中既相互借鉴又各成一体,在叙述着河湟社会历史过往的过程中追溯着多元族群共同的文化记忆、汇聚着河湟民众共通的情感诉求。在河湟区域社会变迁历史进程中,伴随着族群消隐与重构,特别是宗教文化的强势传播与深刻影响,与宗教文化相关的典藏古籍异常丰富,其中尤以塔尔寺藏书最为著名。作为藏传佛教的著名圣地,塔尔寺拥有规模巨大的印经院,并历来以其丰盛无比的古籍经卷珍藏闻名于世。塔尔寺古籍珍藏中既有高僧传记、佛教经卷,又有经典史书、圣人著述,比较突

出的如《至尊宗喀巴大师传》，大藏经《甘珠尔》《丹珠尔》，五世达赖喇嘛所著《西藏王臣记》等，其珍贵典藏不仅在河湟地区具有重要意义，而且在整个藏传佛教界影响深远。

传统民族医药医术在河湟地区备受信任和推崇，主要包括藏族传统医药学、蒙古族传统医药学、回族传统医药学等，其中尤以藏族传统医药学影响最为久远。作为世界著名的四大传统医药学之一，藏医药学被称为中国医学宝库中的一颗璀璨的明珠，在我国现存具有完整提出理论的少数民族传统医药学中，其位于首位，并于2006年被列入第一批国家非物质文化遗产名录。藏医药学历史源远流长，据相关考证其已有四千多年历史。藏医药学理论博大精深，体系丰富完整。世代久居于高原的藏族人民在长期高寒缺氧的恶劣生存条件下，与自然以及各种疾病进行着顽强不屈的斗争，并积累了丰富的诊断和治疗经验，形成了具有浓郁民族色彩和独特治疗方法的藏医药学体系，给后代子孙乃至国内外的人民留下了宝贵的医学财富。传统藏医药学在漫长历史发展进程中形成了完备的医学理论体系，富含丰富哲学理念，其主张宇宙是由大五行（气、火、土、水、空间）、小五行（金、木、水、火、土）构成，主要核心理论包括"人体七大物质""三种排泄物""三因学说"等。其中，"人体七大物质"分别为血、肉、骨、髓、脂、精、饮食的精微等，人体通过这些物质维持身体正常状态。"三种排泄物"则指汗、尿、粪便等，人体通过这些介质将垃圾排出体外。"三因学说"认为人体由三大元素构成，分别为"隆"（气）、"赤巴"（火）、"培根（水、土）"等，此"三因"通过彼此之间的相生相制维系着人体状态的相对平衡，任一因素的兴衰均会导致人体状态既有平衡的破坏，从而使人生病。传统藏医药学理论认为人体构成的七大物质、三种废物、三大元素处于同一矛盾体中，有机统一、相互依赖，与此同时，人体本身也与自然条件相依相存，人体疾病是由内外因共同作用产生。藏医药学有相当多传世佳作，以《四部医典》（又称《医方四续》，藏语名为《居悉》）最为知名，在藏医药学术领域最具权威性，亦被称为"藏医药百科全书"，其吸收借鉴其他医典菁华，并作出丰富补充说明和校对校订,详细介绍了相关疾病的生发原理、诊断方法、治疾手段等,对藏香藏药也有具体说明,甚至还较早涉及了胚胎学研究。《四部医典》不仅在医学理论研究方面早于国外,而且将医学理论与民族医药实践紧密结合起来,推动了藏医药学的系统化、理论化发展,是传统民族医药学发展历史中的绚丽瑰宝。

在河湟地区,藏医药诊断和治疗在民族群众当中较受欢迎,特别是在治疗特有的高原病方面效果比较奇特,受到人们推崇。在当地政府扶持振兴下,河湟地区藏族聚居地基本都有藏医院,西宁还建有专门的藏医学博物馆,集中展示了藏医药体系形成发展的历史与现状,这些都为传统藏医药文化的传承发展作出了巨大贡献。与此同时,源于地域空间多元主体的生活聚居,传统蒙医药学、传统回医药学在河湟地区也有着广泛受众。传统蒙医药学以临床医疗实践为基础,吸收传统中医学、传统藏医药学等不同医学理论精华,发展成为具有鲜明民族特色的医学理论体系。传统回医药学体系以"四大物质学说""四津学说"为核心,保留了许多富有价值的医药经典,较具影响的如元末著书《回回药方》。该书是一部中国回族大型综合性医著,内容极其丰富,既彰显民族医学特色,又具有较高的医史学价值,其最大贡献在于对正骨术的详细研究,对骨伤致病机制及其临床疗法等进行了详细解读,具有深远影响。作为民族群众同疾病抗争过程中的智慧凝结,绚丽多彩的传统民族医药是河湟地区多元族群的共同创造,无论是传统藏医药学、传统蒙医药学,还是传统回医药学等,均展演着次生多元一体民族地域文化的具象态势,体现着中华文化多元一体的价值旨归。

"思想、观念、意识的生产最初是直接与人们的物质活动,与人们的物质交往,与现实生活的语言交织在一起的。"①作为思想观念和精神意识的主观体认,任何一种文化态式都源于人类社会发展进程中民族主体的生活实践。

① 《马克思恩格斯选集》第1卷,人民出版社1995年版,第72页。

河湟地区次生多元族群在彼此交往互动的历史过程中相互学习、文明互鉴并通过交换从而共享着彼此实践活动的精神成果。作为民族传统文化的具象演绎与物化形态,次生多元的传统文化艺术资源是河湟世居各族在长期的共同生活与交往实践中得以形成和发展的,其不仅以物化存在展演着河湟社会的文化传统与河湟民众的生活习俗,而且以具象呈现承载着中华文化的地域传承与中华文明的代际相传。在文化多元与价值冲突的时代境遇中,民族地区文化传统的弱化常态在河湟地区也愈加凸显,据此,作为民族文化传统的空间呈现,必须强化河湟地区传统文化艺术资源的保护传承与开发利用,以其对世居族群文化传统的时代再现固基多元主体的传统文化心理,夯实民族文化自信的主体自觉。

二、"和而不同"的空间特性

空间概念与精神的、文化的、社会的、历史的空间联系在一起,[①]在现实性上,文化的物化总是存在于一定空间,而空间的生产总是依托于文化导向。文化区域观念最早提出者为德国民族学家巴斯蒂安,他在《历史上的人类》一书中提出了人类学研究的三个观念,即原始观念、民族观念与地理观念。其中的地理观念逐渐演变为地域观念并由美国文化人类学家韦斯勒(Wisler)明确提出"文化区域"(culture area)概念,认为文化的生成与发展受区域地理环境与气候条件的制约与影响,不同区域相同的文化现象与表征乃是伴随族群迁移必然产生的文化传播之结果。[②] 空间通过人类有意识的实践活动而产生(列斐伏尔语),其因承载着实践性的主体意义而从哲学范畴上指向文化空间的实然态式。在现实性上,文化的物化总是存在于一定的空间,而空间的生产总是依托于文化的导向,文化给予空间隐喻性存在的价值意涵和意义系统。文化空间从本质内涵上更加凸显空间的隐喻性存

---

① 张一兵:《社会批判理论纪事》,中央编译出版社 2006 年版,第 176 页。
② 梁钊韬:《文化人类学》,中山大学出版社 1991 年版,第 172—173 页。

在,其不仅仅表现为文化活动的场所,更本质上彰显文化创造和传承的在场,是文化及文化所依附的人类主体所存在、发展、生产的物化场所和意义场域。

作为人类意向性活动生成和创造的场所,文化空间展演着自然与社会在空间中体现的意义和抽象的价值状态。列宁指出地理环境的特性决定着生产力的发展,而生产力的发展又决定着经济关系以及跟随在其后的所有其他社会关系的发展,①由此可见,地域环境对于文化空间的辐射影响不容小觑,文化与地域关系密切,地域赋予文化不同的空间特质,从文化维度揆诸地域又可划分为不同的文化空间,但文化空间的划分维度并不尽然遵守地域格局的自然法则,其与文化的纯粹地理空间既有交集又有实质区别。文化形成既映射于时间延续,又观照于空间态势,而文化空间表现的是人类世界的空间维度,本身与时间相对称,即文化空间必须通过时间得以纵向延续和发展,②作为人类活动广延性和伸展性的体现,文化空间的结构态势又规制和界定着人们日常生活和发展的阈界,因此,地理学范畴的文化空间(抑或称文化地域)实质上由文化的时空态势所共同构建,通过文化特质的空间分布重塑文化历时空的承续及与此相关涉的文化主体的关系维系。基于文化客观特质和功能特性的空间投射,文化空间的本质意象可具体从三重维度进行解读,即根基文化空间、利益文化空间、价值文化空间。

根基文化空间侧重于表达特定空间文化的起源特性和地域特质,文化空间的根基性以其对特定区域文化态势时空变迁的承继影响而实现着空间文化的特质重构和意义重塑。从主体性意义考量,文化空间的根基维度指向空间文化的谱系起源和文化归属的先天给定。文化依附于人类而存在和发展,族群构建着文化体系的核心元素,美国人类学家博厄斯认为,过去遗留下来的文

---

① 《列宁全集》第 38 卷,人民出版社 1986 年版,第 459 页。
② 邹广文:《当代文化哲学》,人民出版社 2007 年版,第 240 页。

化特质会展示在当代的空间分布中,透过当代空间所见到的文化特质可以重建一个族群文化的过去历史。① 族群是文化的依托载体与存在方式,是文化的基本单位,而任一族群最初均形成并居于共同的地域空间,共居的空间格局逐渐孕育其共同的生活方式并进而生成着本源族群最初的根基文化空间。族群文化一旦形成,其所蕴含的精神理念和价值意识就会在主体实践和日常生活中不断得以巩固和提炼,并日益擢升为民族成员所共同遵循的行为规范和价值准则,在导引着主体行为的同时也逐渐沉淀为族源文化的本然特性和实然内涵,并在文化时空承继的变迁过程中赋予着特定空间文化独有的谱系特质和传承意义,从而使得空间文化的当代态势在不同程度上再现着特定群体文化的历史图谱。文化归属的先天给定从主体视域层面与民族成员不可退出的族属身份和文化预设相互反生建构,因为"一切事情都依赖于婴儿所诞生的文化类型"②。始于谱系起源的族群文化体系在时间上的承续继起和在空间上的意义再现使得其历史凝聚而成的价值规范和行为准则在现实空间内部不仅一定程度上仍然规制着民族成员的行为实践,而且很大意义上继续界定着文化空间的主体限域和群体边界。杨·阿思曼认为,文化体系的"极聚性结构"体现于两个层面:在时间维度上,其把过去和现在联在一起,通过对过去的重要事件及其回忆的固定和保存并不断得以再现从而获得意义;在社会维度上,其内在蕴含着从过去共同的记忆和回忆中剥离出来的对所有成员具有约束力的价值体系和行为准则。③ 从此层意义而言,文化归属的先天给定不仅预设着空间文化主体群体归属的身份识别和意识共生,而且构建且筑牢着文化空间的源起基质和本相意涵。从客观性存在研判,文化空间的根基维度指涉空间文化的物态特征和区域定位。文化的生成与发展受区域地理环境

---

① [美]弗兰兹·博厄斯:《人类学与现代生活》,刘莎等译,华夏出版社 1999 年版,第104—107 页。

② [美]L.A.怀特:《文化科学——人和文明的研究》,曹锦清等译,浙江人民出版社 1988 年版,第 118 页。

③ 周宪:《文化研究关键词》,江苏人民出版社 2007 年版,第 350 页。

与气候条件的制约与影响,自然环境和区域特征赋予文化天然的空间特质和物化表象。人类的实践活动必然置于特定的自然环境和固定场所之中,通过人类主体实践而创造的文化体系也由此深烙着地域环境的痕迹和特征,"每一种文化都以原始的力量从它的土生土长的土壤中勃兴起来,都在它的整个生活期中坚实地和那片土壤联系着。"①在伴随着民族形成的文化生成过程中,尽管同一文化态式再现于不同时空主体面前之时已经进行了再造和重构,但任一空间文化体系在特定时空中的发展和创新都必须植根于其文化传统的历史传承,区域环境在推动和制约空间文化生产的矛盾律动中不仅实现着文化从"物化"形态到"人化"世界转化,与此同时也抽象并凝练着空间文化的区域特质,并从文化起源上表达且固基着文化空间的根基维度。

利益文化空间现实呈现为空间文化物化存在的具体表象和实体景观,文化空间的利益性展演诠释着文化实践的主观意图和客观效用,构型着文化主体在场的空间关系和客体存在的本源意义,并由此建构着空间文化生产和发展的实然面相。人是文化空间的主体,文化是社会所共享的价值理念和意义系统,其关涉着利益主体的分配和共享,由此,文化空间的本真特性决定着其客观存在的实然状态,客观存在不可推卸地承载着满足主体的功能和责任。马克思指出:"在社会历史领域内进行活动的,是具有意识的、经过思虑的或凭激情行动的、追求某种目的的人,任何事情的发生都不是没有自觉的意图,没有预期的目的。"②人的实践行为是在目的性导引下的获取自身满足的活动,利益的最大程度实现是人类实践的现实指向,作为有意识的实践行为,主体的文化活动也不例外,主体利益追逐和客体满足需求也因此构成着文化空间生产的具体环节。空间文化对于主体利益的满足不仅表征于物质层面,而且体现于精神意义。马克思认为文化空间的现实确证"不应当到人们的头脑

中,到人们对永恒的真理和正义的日益增进的意识中去寻找,而应当到生产方式和交换方式的变更中去寻找;不应当到有关时代的哲学中去寻找,而应当到有关时代的经济中去寻找"①。文化空间的内涵不仅指向"文化"本身,而且更加凸显权力分配与利益制衡的表达,它以文化要素的相对位置、相互关联、相互作用、相互适应的集聚态势,导引和再现了区域文化的关系和交往。在精神、制度、习惯的区位框架下,人、活动和场所相互结合、互动共生,构成了文化的空间内核。在特定区域空间内部,文化以经济为基础、政治为中介,通过人类实践的主体化、意识化和对象化,使物质载体的经济和社会中介的政治,转化为内涵性、意向性和价值性的社会域与文化场,并以此给予空间主体以实际的物化利益。文化是人类为了满足自身需要创造出来的物质和精神成果,代表了人类对象性活动的本质与力量。在布迪厄看来,空间中的事物和场所的客观化,须通过一定图式的实践,才能使其结构性的意义完整的呈现,反过来,实践活动结构化所依循的图式,则更多的指向这些事物和场所之上的组织。于基础上形成的文化空间不仅受制于该地域的要素,而且受制于物质结构交换的关系,由此出发,一定区域系统中的要素分布和空间结合,反映了空间系统内在机制社会化演变的过程,并进而刻写着人地关系结构作用的现实图景,也由此佐证着"马克思不是从传统哲学的时空框架中引申出实践概念,相反,是从人的实践活动,特别是从生产劳动出发引申出时空概念的。所以,马克思的时空观以生产实践为轴心,显示出人活动于其中的世界的整体图景。"②"人"既是文化活动的主体,又是文化空间的创造者,他的参与、组织和能动不断深化着物态"场所"的文化域,延伸着文化空间的实在场,并由此构筑着特定区域空间文化利益的分配机制和共享原则,描摹着文化空间利益维度的现实写意。

价值文化空间诠释着空间文化的精神指向和价值意义。作为文化空间的

---

① 《马克思恩格斯选集》第 3 卷,人民出版社 1995 年版,第 741 页。

② 俞吾金:《马克思时空观新论》,《哲学研究》1996 年第 3 期。

核心表达,空间文化的价值性客观存在和主体投射构建着民族成员共同的社会心理、价值观念和集体意识,并在具体的社会实践中外化且固定为社会所共同遵守的道德规范和行为准则,由此塑造着民族主体价值意义的本质存在和精神人格。文化空间所蕴含和表征的精神本源和价值意涵从整体性上导引着民族成员的行为动机和价值取向,证明着空间文化构成体系的精神指向和价值意指。作为人类对象性活动的本质,文化承受着价值的引导和规制,基于特定空间文化构成的价值体系和价值理念实质表征着主体的价值诉求和价值取向。文化"必须被群体中的人们所共同接受才能在群体中维持下去"①,而民族群体对文化体系的接受与否取决于特定空间的文化构成是否能够满足主体需要,这也是空间文化价值意旨的现实投射。在文化实践的过程中,主体通过对文化规律的探寻和文化属性的把握实现着空间文化的再生产和再塑造,在满足自身需要的同时也促成着文化内在的价值实现,因此,空间文化的价值确认在于其价值蕴涵对民族成员的意义实现,是否体征民族成员的价值诉求、能否满足空间主体的价值追求,不仅关涉着价值文化空间客观性存在的本体意义,而且决定着空间文化价值主客体相契合的意义达致。从文化空间的价值体系考量,空间文化所体认的价值理念在提供着实践层面的价值导向和约束规范之同时也给予具体空间内民族成员的文化创造以意义的诠释和价值的肯定。空间文化通过赋予区域空间内部规则和社会规范以价值注脚和意义注释推动并固基着民族成员对民族国家这一整体空间内在社会秩序和社会制度认同的心理依据和价值基础。在区域空间的现实格局内,当文化空间所释放的价值意念和空间文化所表达的价值体认相互符合和彼此一致之时,就较易达成空间内部共同的群体意识和共通的社会心理,使得民族群体"形成了一种独特的存在受群体精神统一律的支配"②。不同文化空间不仅面临着自然地域空间差异,而且面临着诸如生产生活方式、语言文字、艺术科学、宗教信仰、

---

① 费孝通:《论文化与文化自觉》,群言出版社 2010 年版,第 391 页。
② [法]靳庞:《乌合之众》,冯克利译,中央编译出版社 2000 年版,第 16 页。

风俗习惯、政治生活等文化现象和价值理念的差异,以及由于这些差异而引起的文化演变和价值冲突,民族成员据此内生着自我明晰和自觉归属的心理边界和空间限域。文化空间的价值表征性即通过符号的意指性实践来实现和生产意义,①文化的价值意义必须借以具体符号进行表达,符号是携带意义的感知性存在,符号表征也由此成为文化空间价值理念的意义指征,并通过指向意涵的不断诠释和再现而建构着文化空间的价值本源。价值文化空间本真释义着"一种最内在地理解、最深层次地共有的、由我们所有人分享的信念、价值、习俗,是构成我们生活体系的一切概念、细节的总和"②。文化的空间特性现实规定着空间文化具体表象的异质性,与此同时,空间文化的价值体征本质注释着文化空间的价值意涵,文化空间的再生产和空间文化的再构建通过文化现象的多维变迁最终指向文化的意识本源,文化空间的价值指向也于此层意义上得以生动展现。

在文化空间的现实结构上,文化特质的投射往往侧重于关注文化区域的绝对划分,却经常忽视根基、利益、价值三维文化空间相互交汇的复杂态势。在现实性上,文化空间指谓的根基维度、利益维度、价值维度不仅具有动态性、不可逆性,而且具有时代性和意识形态性的特点。投向于血缘族群和地缘区域的原生性根基文化空间在本源上影响且实现着空间文化的承续和继起,关涉着绩效分配和利益共享的工具性利益文化空间在本义上构建并推动着空间文化主观见之于客观的际合和达致,注解着行为规则和社会规范的价值文化空间在本性上界定且释义着空间文化的价值明晰和意义确证,三者在民族共同体内部复杂关系的构型场域中融通会合,共演着文化空间的民族意指和价值旨趣。

文化空间的特质投射建构着态势不一的文化区域,与此同时,源于文化意义的主体依附和客观存在反生着物态空间的价值意涵,二者在民族区域次生

---

① Hall S.*Representation：Cultural Representations and Signifying Practices*.London：SAGE. 1997. p.15

② ［德］伽达默尔：《真理与方法》,王才勇译,辽宁人民出版社 1989 年版,第 15 页。

多元一体民族构成的现实场景中形塑着文化生成的空间态势。特有的民族显现和文化形成不仅创设着区域空间族群建构的文化根基,而且筑牢着河湟文化"和而不同"的价值语境。《礼记·王制》云:"广谷大川异制,民生期间者异俗,刚柔轻重迟速异齐,五味异和,器械异制,衣服异宜。修其教不易其俗,齐其政不易其宜,中国、戎夷、五方之民各有性也,不可推移。"青海河湟地区境内以汉、藏、回、土、撒拉等民族为主,族群多样的历史传统与环境生成了河湟地域文化的多维特质。世居于此的各族人民在长期的共同生活中创造出了我国最具民族与宗教文化多样性的区域文化,河湟地区各民族特有的民族显现和融合交流不仅建构了深厚的文化底蕴,而且夯实了河湟地区多元民族与宗教文化合而不同的文化积淀。梁漱溟先生曾言:"据我们看,所谓一家文化不过是一个民族生活的种种面面。"[1]河湟区域文化实则为生活在此区域内部的多个民族集合体的方方面面生活的表征,群体生活的表征复杂而多变,也鲜明地注释了区域文化"和而不同"的多维特质。

河湟区域文化"和"之特质凸显于多元族群互动与交融的多维动态过程中。多元族群是河湟地区最基本的社会结构,单个族群或者不同族群之间的社会性活动建构了多元族群文化的物的基础与实在。"文化的整合及对文化的认同是河湟地区族群互动关系中的一个重要特点,而区域内不同文化丛的并行发展,又促成了各族群文化特质的显现,这也是河湟地区长期以来族群间得以和平共处的基础。"[2]不同族群间的频繁生活交流与交融也推动着族群文化之间的互动与涵化,在历史推进的过程中尽管汉文化曾经一度占据上风,甚至现在也有着显著的影响力,但处于汉文化圈边缘地带的河湟区域文化始终保持着异质族群文化博弈的自由与公平:汉族文化在整合着少数民族文化的同时也正在被其部分地同化着,"在这多元格局中,同时也在接触中出现了竞

---

①　梁漱溟:《东西文化及其哲学》,上海人民出版社 2005 年版,第 18 页。
②　马建春:《多元视阈的河湟:族群互动、文化认同与地缘关系》,社会科学文献出版社 2013 年版,第 17 页。

争机制,相互吸收比自己优秀的文化而不失其原有的个性。"①当然,对汉文化以外的文化理解必须符合本文化自身的规律与现实,把一般的文化原则投射于异质文化或糅合之多元文化,理解之最终必然会产生曲解甚至误解,因此,在强调河湟区域多元文化共通性的同时更要重视其内在的多维"不同"特征,归属于不同族群的民族异质文化,宗教信仰的不同体系与派别等等,都有着自身鲜明的文化烙印与特性。多元文化一体发展的最终结果必然归于一致与趋同,但任何一种文化的发展,都不能孤立独行,都需要一种与其相异质的他者文化的存在。萨义德说:"每一文化的发展和维护都需要一种与其相异质的并且与其相竞争的另一个自我的存在(Alter Ego)。身份的建构——因为在我看来,身份,不管东方的还是西方的,法国的还是英国的,不仅显然是独特的集体经验之汇集,最终都是一种建构——牵涉到与自己相反的'他者'身份的建构,而且总牵涉到对与'我们'不同的特质的不断阐释和再阐释。每一时代和社会都重新创造自己的'他者'。"②唯有如此,异质缤纷的河湟区域多元文化才能达到"各美其美,美人之美,美美与共,和而不同"的至高境界。作为区域社会文化传统的具象演绎与物化承载,河湟地区传统文化艺术资源在其民族性、宗教性、交融性的多维面向中彰显着河湟文化"和而不同"的空间特性。

表 2-4　青海河湟地区国家级非物质文化遗产项目统计表

颁布时间与批次	序号	项目名称	申报地区或单位
2006 年 5 月第一批名录 (合计 13 项)	1	拉仁布与吉门索	互助土族自治县
	2	老爷山花儿会	大通回族自治县
	3	丹麻土族花儿会	互助土族自治县
	4	七里寺花儿会	民和回族土族自治县

---

① 费孝通:《费孝通论文化与文化自觉》,群言出版社 2007 年版,第 89 页。

② [美]爱德华·W.萨义德:《东方学》,王宇根译,三联书店 2007 年版,第 426 页。

续表

颁布时间与批次	序号	项目名称	申报地区或单位
2006年5月第一批名录（合计13项）	5	瞿坛寺花儿会	乐都县
	6	土族於菟	同仁县
	7	土族盘绣	互助土族自治县
	8	塔尔寺酥油花	湟中县
	9	灯彩（湟源排灯）	湟源县
	10	加牙藏族织毯技艺	湟中县
	11	土族纳顿节	民和回族土族自治县
	12	土族婚礼	互助土族自治县
	13	撒拉族婚礼	循化撒拉族自治县
2008年6月第一批扩展名录（合计5项）	14	皮影戏（河湟皮影戏）	青海省
	15	孝贤（西宁孝贤）	西宁市
	16	藏医药俗疗法	青海省藏医院金诃藏药业有限公司
	17	藏药阿茹拉炮制技术	
	18	七十味珍珠丸赛太炮制	
2008年6月第二批名录（合计13项）	19	藏族螭鼓舞	循化撒拉族自治县
	20	则柔（尚尤则柔）	贵德县
	21	青海平弦	西宁市
	22	青海越弦	西宁市
	23	传统箭术（南山射箭）	乐都县
	24	土族轮子秋	互助土族自治县
	25	湟中堆绣	湟中县
	26	撒拉族篱笆楼营造技艺	循化撒拉族自治县
	27	元宵节（九曲黄河灯俗）	乐都县
	28	抬阁（芯子、铁枝、飘色）湟中县千户营高台	湟中县
	29	土族服饰	互助土族自治县
	30	撒拉族服饰	循化撒拉族自治县
	31	藏族服饰	玉树藏族自治州门源回族自治县

续表

颁布时间与批次	序号	项目名称	申报地区或单位
2011年5月第三批及扩展名录(合计4项)	32	汉族民间小调	西宁市
	33	安昭	互助土族自治县
	34	银铜器修复及鎏金技艺	青海省湟中县
	35	佛教音乐	青海省湟中县
2014年7月第四批名录(合计3项)	36	骆驼泉传说	循化撒拉族自治县
	37	祁家延西	互助土族自治县
	38	撒拉族民歌	循化撒拉族自治县

民族性折射着河湟地区传统文化艺术资源"和而不同"的主体特性。青海河湟地区自古以来就是民族聚居地,多元族群在地域空间内的世居生活中共同创造并积淀了极具民族个性的传统文化艺术资源。作为一种文化现象,族群是人们对其出身和世系所做的文化解释(查尔斯·凯斯语),受此影响,文化论的学者将"族群"定位为文化区分的基本单位,据此,多元族群亦释义着河湟区域的社会承载,族群文化也由此演绎着河湟文化的时空演进。青海河湟地区不仅受中原文化影响久远,而且也是多元族群文化交往互动最为频繁密切的民族区域之一,多元族群的接触交流与互动交融也推动着次生多元族群文化的欣欣向荣。无论从内容意涵抑或主体视域考量,青海河湟地区传统文化艺术资源均极为凸显民族性特质,其民族性显现在丰富多样的非物质文化遗产资源中尤为突出。河湟地区非物质文化遗产资源不仅类型多样而且内容丰富。据不完全统计,青海河湟地区先后获批的国家级非物质文化遗产项目就高达30多项(见表2-4),其中,"花儿""热贡艺术"等还被列入世界级非物质文化遗产名录。从内容意涵分析,河湟地区国家级非物质文化遗产项目主要呈现为民族色彩极为浓郁的传统民间民俗文化艺术资源,如民族民俗音乐舞蹈、民族传统习俗、民族服饰等。再者,就非物质文化遗产资源国家

级传承人分布情况看(见表2-5),少数民族传承人数也占据绝对优势,总体占比竟然高达70%还要多,其中尤以藏族、土族代表为甚。以汉族、藏族、土族等为主要代表的河湟地区传承人分布主要集中于民俗音乐表演、曲艺传唱、民族民间文学、传统美术技艺制作以及藏医药等不同种类,民族性特征极为鲜明,尤其表现于传统藏医药以及民族服饰等项目,少数民族传承人代表达到100%。同时,民族性特征还集中显现于河湟地区传统文化艺术资源的语言叙述层面,尤其是河湟地方民俗民间文化艺术资源,深烙着地域空间特有的民族语言痕迹。任何一种民俗文化事项的形成、发展和传承都必然借助于民族语言的记忆叙事与演绎承载,据此,河湟民俗民间文化艺术资源的历史积淀和时代传承也必然不能脱离民族语言的叙事范式。担负着河湟传统民俗民间文化艺术资源传承中介的语言承载不仅形式多元而且内容多维,具体如饮食类中有狗浇尿、破布衫、砖包城、巴罗儿、花花、果儿、老鼠、翻跟头、麦仁、甜醅等;风俗类的有行营干、打醋坛、火盆、打通关、打泥坑、枣儿胰子、雀儿屎、糊隔背、剁麻筋等;再如俗语类的有古节儿当当、碟儿大碗儿小、抄花子、支当、说下的话堵下的坝、日子长着树叶儿、会水的鱼浪打死等,都极为彰显河湟地区传统文化艺术资源的民族性显现。异彩纷呈的传统文化艺术资源不仅生发于河湟区域多元族群的社会实践,而且展现着次生多元族群文化各自迥异的生活习俗,也据此决定着其民族性特质的张扬。

表2-5　青海河湟地区国家级非物质文化遗产传承人民族分布一览表

颁布时间及批次	总计人数	汉族	土族	藏族	回族	撒拉族	蒙古族	少数民族所占比例
2007 年第一批	6 人	2 人	2 人	2 人	0 人	0 人	0 人	66.67%
2008 年第二批	8 人	0 人	1 人	2 人	5 人	0 人	0 人	100%
2009 年第三批	13 人	2 人	2 人	7 人	0 人	1 人	1 人	84.62%
2012 年第四批	12 人	5 人	1 人	5 人	0 人	1 人	0 人	58.33%
2017 年第五批	18 人	7 人	4 人	5 人	0 人	2 人	0 人	61.11%

续表

颁布时间及批次	总计人数	汉族	土族	藏族	回族	撒拉族	蒙古族	少数民族所占比例
总计	57人	16人	10人	21人	5人	4人	1人	71.93%

宗教性体认着河湟地区传统文化艺术资源"和而不同"的本质特性。青海河湟地区自古以来便为多元宗教集汇地,现今以儒释道、藏传佛教、伊斯兰教等三大文化圈为主的多元文化格局强力佐证着河湟地区多元宗教文化交往互动的历史过去和实然景观。河湟世居族群所信仰的藏传佛教、伊斯兰教、道教以及其他原始宗教等在独立发展的同时也给予着地域文化独有的宗教特性,也据此增添着河湟地区传统文化艺术资源神秘的宗教色彩。源于特殊的族群构成,宗教文化本质体征着河湟地区文化构成的重要机理和核心要义,"宗教现象在本质上可以归结为两个基本的范畴:信仰和仪式。前者属于主张和见解,并存在于许多表象之中,后者则是明确的行为模式"①,宗教信仰和宗教仪式不仅深层影响着河湟地区多元族群的关系构型,而且本源形塑着民族成员的生活方式。河湟地区历史形成以汉等为主的儒释道信仰文化圈、以藏、土、蒙古等族群为主的藏传佛教信仰文化圈、以回和撒拉等族群为主的伊斯兰教信仰文化圈并存共生之文化格局,不同族群宗教信仰的相互融入与展演仪式的彼此参与及同一宗教文化圈不同信仰族群的细节差异使得河湟境内宗教表象极为复杂和多元。同时,形式多样的民间信仰在河湟诸族群中甚为普及,特定的民间信仰常常被不同族群民众所供奉和信拜,如汉人社会常见的关公信仰于清代时期被纳入河湟藏传佛教的神祇体系且成为藏民众心中能够降妖伏魔的护法武神,"法拉"民间巫神信仰不仅在藏族、土等族群中得以普及,而且在汉族中也极具影响等此类现象在河湟地区颇为常态。② 多元宗教

---

① 史宗主编:《20世纪西方宗教人类学文选》上册,上海三联书店1995年版,第61页。
② 参考杜常顺:《论河湟地区多民族文化互动关系》,《青海社会科学》2004年第4期。

信仰文化在河湟族群中的融会贯通,不仅规制着区域社会的秩序规范,而且赋予着河湟文化强烈的宗教特性。青海河湟地区传统文化艺术资源大多与民族宗教密切相关,从遍地林立的宗教寺庙人文景观到以"唐卡"、酥油花等为代表的民族民间美术及建筑彩绘艺术,从珍藏经卷到民族民间文学经典叙事,从传统民间舞蹈表演艺术到传统民族节庆习俗等,无不凸显着鲜明的民族宗教色彩。源于藏传佛教在河湟地区深厚的受众基础,藏传佛教的文化影响最为广泛,佛经故事在河湟民间口传文学中的广为传颂即是由于特殊的地理环境、社会情境和文化语境所致力的结果。[①] 次生多元的族群构成与多元宗教文化的共存局面在现实性上创设着河湟地域文化的宗教语境,也由此在本源意义上强化着河湟地区传统文化艺术资源的宗教显现。

交融性展演着河湟地区传统文化艺术资源"和而不同"的实然特性。多元族群文化的互动交融是河湟文化显著的地域特性,其不仅体现为汉文化对其他族群文化的强势侵入与深远影响,而且体征于多元族群文化的互相借鉴与彼此渗透,"从历史时期以来,河湟地区各民族间就结成了文化上相互影响、相互渗透和相互吸收的多元多变的互动关系,这种文化互动与河湟地区共同体文化的形成和发展的过程紧密相随并产生了重要影响"[②]。

作为区域文化交融特性的符号指征,河湟地区多元族群民俗文化和习俗仪式的互融和共享彰显着传统文化艺术资源交融性展演的多向态势,其中,以民俗文艺"花儿"的形成和传播最具代表性。"花儿"是一种以描述男女感情为主要内容的山歌形式,其在河湟地区受众范围甚广,被河湟汉、回、藏、土、撒拉、保安、东乡等各族群众喜爱且广为传唱。"花儿"的形成起源和表现形式与曾经现于河湟历史后来或消隐或延续至今的各个族群几乎均有着或深或浅的渊源,可谓河湟多元族群文化长期互动交融的历史结晶。"花儿"在语言形

---

① 蒲生华:《佛经故事与河湟口传文学》,《青海师范大学学报》(哲学社会科学版)2015 年第 1 期。

② 杜常顺:《论河湟地区多民族文化互动关系》,《青海社会科学》2004 年第 4 期。

式上采用河湟地区独有的汉语方言,但"花儿"在曲词曲调等方面不仅接近于四川羌族民歌而且富含浓厚的藏族民族色彩,由此推断"花儿"与古西羌音乐颇有渊源,同时,"花儿"在回族和撒拉族等穆斯林文化族群的传唱和普及说明其与元代迁入的回、撒拉等西域族群音乐关系密切,总之,"花儿"艺术形式的后期演变及其在河湟诸族群的广泛受众充分证明其是河湟多元族群音乐相互融入和共同发展的结果,是糅合了汉语言、西域调、羌藏风等河湟族群共享的民俗音乐和民间文学。河湟族群在习俗仪式方面也长期彼此影响和相互借鉴。在服饰着装上,河湟一些地区土、保安、汉、回等民众深受藏族影响喜穿藏袍、佩戴藏人饰品,土绣在汉、藏、回、保安、东乡等河湟诸族群日常穿戴上也多有体现等;在民居风格上,汉式建筑和内居装饰在河湟地区比较流行和普遍,但诸族群在居住风格上又深受藏族习俗传统影响,如以奇石竖于院墙周落的藏人原始图腾崇拜在汉、土、回、东乡、保安等族群村庄民居中比较常见;在传统仪式上,土族人与汉族人一样过端午节、中秋节和春节等,蒙古族人和藏族人一样实行天葬和火葬,汉人庙会、"花儿"歌会、藏人的端午迎神会、拔河比赛等节日庆祝仪式吸引着民族群众的参与和分享。

语言体系的借鉴交融也深刻强化着河湟地区传统文化艺术资源的交融性显现。源于跟藏人的密切互动和频繁交流,蒙古族群的语言体系逐渐趋同于藏语言甚至接近一致,语言上的趋同使得藏文化对蒙古文化的影响愈加深远和扩大,在河湟地区蒙古族流传甚广的鸿篇史诗《格斯尔可汗传》即源于藏文学史诗《格萨尔王传》改编而成。河湟回族语言在大量借鉴汉语言的同时还较多吸收蒙古语和藏语词汇,同时,东乡语和保安语等与蒙古语有着千丝万缕的联系,撒拉语又大量糅合汉语和藏语成分等。作为历史记忆代际相传的文化符号,河湟地区传统文化艺术资源交融性特质的空间显现不仅固基着区域空间次生多元文化"和而不同"的现实态势,而且强化着民族地区多元族群互动交融的关系构型。

源于河湟地区复杂的族群结构态势和宗教信仰的特殊意义,其文化态势的交融性特质也深刻彰显于地域宗教文化艺术资源的历时展演中。儒释道、藏传佛教、伊斯兰教等宗教信仰文化圈的并存共生是河湟地区次生多元、一体共演之文化格局的典型演绎。异质宗教信仰丰富多姿的仪式展演以及同质宗教信仰彼此之间的细节差异建构着地域社会极其复杂的宗教表象,却也在地域社会多元主体交融共居生活实践中于价值体认意义逐渐走向一致趋同。作为河湟地区宗教文化艺术资源的主要载体,宗教寺院历来也是河湟族群之间经济政治文化交往互动的重要场所,多样化的宗教模式和多元化的宗教构成是维系河湟多元族群社会关系和固基区域社会内部内容的历史支撑和现实基础。随着两汉以来中原文化的日渐西进,汉传佛教和道教文化较早传入河湟并对河湟族群的宗教信仰和文化发展有着深远影响。汉传佛教大约于两晋南北朝与北方十六国时期逐渐传入河湟,并在隋唐时代形成兴盛局面。宋元时期随着佛教影响的日渐式微,道教文化开始活跃起来,后来逐渐发展为河湟地区汉、藏、蒙古、土等世居族群共同的文化信奉,现今河湟地区儒释道、藏传佛教、伊斯兰教等三大文化圈为主的多元文化并生共荣的格局强力佐证着多元文化交往互动的历史过去和实然景观。

藏传佛教在河湟地区的受众范围比较广泛,信众覆盖藏族、蒙古族、土族等族群,其起源于吐蕃政权时期传入的佛教,吐蕃赞普源于巩固政权统治的需要大力推崇佛教以抵御多神信仰的原始苯教,佛教在与苯教的长期较量交锋中在取代苯教信仰的同时也难以避免地吸收借鉴了部分苯教内容和形式,并最终形成带有浓郁区域社会色彩的藏传佛教,因此,藏传佛教实质为汉人佛教和藏人苯教两种异质宗教长期交融的历史结果。蒙古族接触藏语系佛教最早可溯源至元朝忽必烈时期。13 世纪初期,隶属于藏语系佛教派系之萨迦派僧人八思巴归附蒙古,忽必烈于中统元年(1206)封八思巴为“帝师”,而且在西藏为其专门设置官职进行分封,推崇八思巴为时任西藏最高政权首领,自此伊始,萨迦派开创藏语系佛教高僧掌管西藏地方政权之历史。此举随之在元代继续沿袭,元朝皇帝大多分封藏语系佛教高僧为“国师”抑或“帝师”等,并邀请其入朝向皇室成员及大臣们讲经说法,藏语系佛教也因此成为元朝皇室的主要宗教信仰。15世纪初期,高僧宗喀巴在西藏创立藏语系佛教格鲁派,因宗喀巴为青海人,所以格鲁派创立初期即传入青海,并随之在青海各地广为传播,影响极其深远,在河湟地区也不例外。明朝万历时期,三世达赖喇嘛索南嘉措应蒙古土默俺答汗之邀请前来青海相会,索南嘉措值此之际向俺答汗宣扬格鲁派教义教规,并得到蒙古族上层人士的热烈拥护,上千余蒙古人举行剃度仪式和传戒法会,随之大批格鲁派藏传佛教寺院在青海河湟地区修建起来,藏传佛教也由此在河湟地区蒙古族民众当中得以流传,成为蒙古族的主要信仰。由于连接中西交通的丝绸之路穿过河湟地区,唐宋时期河湟走廊就已经有穆斯林商贾从事经济活动,明清时期随着穆斯林人口的大量迁入,伊斯兰教在河湟地区得以迅速传播,随着伊斯兰教势力的发展壮大,以回、撒拉、保安、东乡等为主的穆斯林族群集合体在河湟境内逐渐形成。河湟地区的伊斯兰教全然不同于最初流入的西域伊斯兰教,其在历史发展演变的过程中与封建宗法制度相融汇从而形成河湟伊斯兰教所特有的门宦教派管理制度,某种意义而言河湟伊斯兰教的历史形成指向为原始伊斯兰教和封建传统文化彼此之间互动交融的最终呈现。多元宗教信仰和多样民间信仰在河湟地区民众中的融会贯通,不仅有利于维系多元族群集体的心理基础和情感意识,而且强化着区域社会民众共同的历史记忆和整体的内部认同。

　　特质投射的区域构成文化划分的基础,不同地区相同的文化现象为族群迁移互动的文化传播结果,①有鉴于此,河湟地区"和而不同"的文化态势生发并形成于区域空间内族群建构与文化传播的时空历程。"和而不同"既是中华文化的历史走向,又是河湟文化的应然趋势。作为河湟地区文化传统的具象承载,传统文化艺术资源在其民族性、宗教性、交融性的共演图谱中体征并展现着区域文化"和而不同"的空间特性,"和而不同"也据此呈现为河湟地区传统文化

---

① 梁钊韬:《文化人类学》,中山大学出版社1991年版,第172页。

艺术资源存在态势的普遍显现,实然演绎着中华文化"和而不同"的空间范式。

三、一体走向的价值旨归

作为中华文化"多元一体"的典型演绎,次生多元的族群构成从本源上决定着河湟文化多元并蓄、一体共演的空间态势,起源多元的河湟族群在彼此之间日益频繁密切的互动交融中也不断夯实着其文化形成的一体走向。河湟文化的"次生多元"不仅指向族群文化构成的多元异质和地域文化的复杂多维,而且体现于区域文化结构的多样态式和文化具象的多重表征;河湟文化的"一体走向"则指涉异质族群文化在次生多元民族格局的现实场域中所形成且凝练的共享价值和共通心理,其实质并非文化同化抑或文化融合,而在于彰显民族区域次生多元文化之间交融互鉴之现实态势。次生多元的族群构成和多元并蓄、一体共演的文化态势本源上决定着河湟传统文化艺术资源异彩纷呈之同时也筑牢着其一体走向的价值旨归。

多元族群在中华民族历史形成和自觉形塑的漫长进程中发展并筑牢着彼此之间平等交流、优势互补、文明共享、相向而行的和谐共生和命运共济,也由此决定着中华民族演绎着多元走向一体的实然图景。文化依附于民族而存在,民族承载着文化的物态形式和意义内涵,多元一体的民族构成范式从本源上决定着特定区域空间内多元并蓄、一体共演的文化态势。无论从民族构成抑或文化态势研判,多元与一体在中华大地的时空共演实质指向多元族群"你中有我,我中有你;你还是你,我还是我;你是发展了的你,我是进步了的我"交融互动、互济共生之关系态势。作为复合民族共同体构成的典范态式,多元一体不仅高度概括而且生动诠释着中华民族构成格局的时空图谱。"多元"实质投射于 56 个族群构成之中华民族共同体的复合具象,而"一体"则现实指谓中华民族共同体构成之 56 个族群相互依存、不可分割的集聚态势。起源多元的中华民族在历史形成发展过程中伴随着族群间日益频繁密切的交往交流交融,其趋同性和一致性也不断得以强化与夯实,并由此呈现为多元并蓄、一体共演的时空走向。中华民族多元一体的构成格局从本源上决定着中华文化多元并蓄、一体共演的结构态势,而文化特质的区域投射在奠定中华文化多元一体的历史沉淀与现实框架之同时又使得其深烙上地域文化多元异质的痕迹和特征。中华文化的"多元"凸显文化构成的多样性和异质性,其不仅指向族群文化构成的多元异质和地域文化的复杂多维,而且体现于区域文化结构的多样态式和文化具象的多重表征;中华文化的"一体"则指涉多元文化在多元一体民族格局的现实场域中所形成且凝练的共享价值和共通心理,其实质并非文化同化抑或文化融合,而在于彰显民族构成多元主体之间文明互鉴、相向而行的文化交融和价值认同之达致态势。中华文化多元一体之逻辑推演源于中华民族多元一体的结构态式。族群承载着文化内涵和价值意义,不同族群表征且演绎着异质的生活方式和礼仪习俗,《礼记·王制》曾云:"凡居民材,必因天地寒暖燥湿,广谷大川异制,民生期间者异俗,刚柔轻重迟速异齐,五味异和,器械异制,衣服异宜。修其教不易其俗,齐其政不易其宜,中国、戎夷、五方之民各有性也,不可推移。"在民族形塑和族群演绎的时空进程中,尽管在中华大地上先后出现且生存过的不同族群最终或归于消融或实现重整,但其所遗留的文化特质和文明痕迹都不同程度地得以保留和传承。纵观中华文化形成发展的历史图谱,不难发现从起源伊始中华文化即呈现为多元族群际代相承、互动交融之结果。

如同中华民族多元一体的构成格局奠定着中华文化多元一体的结构态势一样,河湟地区多元族群在交互杂居的共同生活中演绎着和谐共生、交融一体的时空图景之同时,也夯实着区域空间多元文化异质纷呈而又一体走向的时代架构。无论从主体构成抑或文化体系揆诸,河湟区域在本质上既体现着多元一体的整体特征,又孕育着其内部次生多元一体的空间态势,可谓多元一体中华民族格局和多元一体中华文化构成的经典范式。

民族成员的地域迁徙和交流互动不仅是历史常态更为现实景观,也由此引发着文化空间在根基、利益、价值三重维度的多向流变,在推动着河湟区域内部文化构成由异质多元走向交融一体之同时也筑牢着中华民族多元族群一体本源之价值基础和群体共识。事实上,回溯中华民族多元一体时空展演的图谱表征,无论多元和一体在现实性上的指向如何变化,其固守着本然的演进规律且遵循着自身的演绎逻辑,其"既不是国家分裂时期的部族,也不是资本主义时期的资产阶级民族,而是在独特的社会条件下形成的独特的民族"①。这一促成中华民族形成的独特社会条件,不仅仅指向多元族群一体演绎所处之地域条件和社会环境,而且映射于多元族群归属一体之历史情境和时代场景。

作为河湟区域文化传统的具象演绎与物化承载,传统文化艺术资源现实展演着次生多元河湟文化一体共演的历史走向。河湟地区自古以来便为多元文化交融地,历史上来自中原的儒道文化、西域的伊斯兰文化、蒙古高原的游牧文化与青藏高原的佛苯文化在这里长期碰撞、交融,文化类型多种多样,且相互浸润、涵化,形成了"你离不开我,我离不开你;你中有我,我中有你;甚至我就是你,你就是我"的异质纷呈的民族文化亲缘关系。② 次生多元族群文化在地域空间的共生交融也从本质上推动其具象形态一体走向的价值意旨。河湟地区多元异质族群文化尽管在历时共生的演进中也时有竞争与博弈,汉文化偶尔也曾经于发展态势上明显占据着上风,甚至即使现在也发挥着影响威力,但次生多元文化彼此之间却始终保持着共生与博弈的自由与公平,并在此过程中发展着区域空间共生族群的文化共识,也实现着多元族群价值体系一体走向的历时型构。河湟区域内部多元异质族群文化之间的交融借鉴与文明共享不仅是河湟地区多元族群关系构型的价值基础,而且也是传统文化艺术资源历时形成的深厚积淀。河湟地区的文化主体现今主要包括儒释道文化、伊斯兰文化与藏传佛教文化等,异质文化群尽管相互独立,却在彼此借鉴中使

---

① 范文澜:《试论中国自秦汉时期成为统一国家的原因》,《历史研究》1954 年 3 月刊。
② 班班多杰:《和而不同:青海多民族文化和睦相处经验考察》,《中国社会科学》2007 年第6 期。

自我发展的同时也嵌入着对方的优势与先进之处,并最终走向一体趋同的价值图景。作为其文化传统的空间具象,源于其文化形成的次生多元与价值态势的一体共演,河湟地区传统文化艺术资源在展现着异彩纷呈文化表象的同时也发展着彼此之间一体走向的价值意旨。

基于文化呈现的空间特质揆诸,河湟地区传统文化艺术资源价值旨归的一体走向彰显于区域空间宗教文化体系的异质共通性。宗教性释义着河湟地区传统文化艺术资源的本质特性,次生多元文化价值体系的一体融通在河湟地区宗教文化信仰体系中更为凸显与强烈。作为民族区域社会风俗与道德规制的历时演绎,从丰富多彩的历史文化景观到传统民族民间艺术,从民族民间文学到传统习俗礼仪等,河湟地区传统文化艺术资源张扬着极为鲜明的宗教色彩,并以具象表征体认着河湟地区多元宗教信仰文化的价值指向。河湟地区的宗教文化构成存在着比较复杂的宗派分化,与此同时,体征为不同神物具象的民间信仰文化在河湟地区也较为常见且受众也相对广泛。次生多元宗教派系之间尽管截然不同,但其互动交融确是历史趋势。汉族的传统民间宗教信仰吸收了少数民族某些具体的古老信仰因素,如"法拉"巫神的诞生与世传,'法'为汉语词汇,'拉'为藏语词汇,译为'神灵',此神不仅存于藏族与土族信仰,在汉族信仰中也极具影响;①土族所信仰的藏传佛教源自于萨满文化与藏文化互动交流的融合结果,并吸收借鉴了汉族民间信仰的某些成分等。各宗教信仰文化体系在保持自身本源个性的同时从发展模式与价值理念上又逐渐走向整体的趋同与一致,创设着作为其具象表征的传统文化艺术资源价值体认一体走向的空间情境。对河湟地区文化构成而言,"多元性是其区域文化的显著特征,而多元性的互融与和合共生的'一体性'又是其内在结构"②。次生多元一体不仅是河湟文化的空间范式,而且是河湟社会传统文化

① 杜常顺:《论河湟地区多民族文化互动关系》,《青海社会科学》2004年第4期。
② 杨文炯、樊莹:《多元宗教文化的涵化与和合共生——以河湟地区的道教文化为视点》,《兰州大学学报》(社会科学版)2013年第6期。

艺术资源的具象态势,多元并蓄维系着河湟区域次生多元族群文化交融共生之多样性,一体共演恰恰集聚着异彩纷呈之传统文化艺术资源历时演绎之价值共识。

基于文化价值的时代意旨考察,河湟地区传统文化艺术资源价值旨归的一体走向展现于区域空间多元族群生活实践中的文化借鉴与文明共享。文化建构价值,价值注解着文化现象的精神蕴涵。作为河湟地区文化传统的具象存在与物化承载,在次生多元一体民族构成的现实场域中,传统文化艺术资源集中诠释着河湟文化价值意涵一体走向的时代趋势,其历史演绎显现于河湟地区多元族群生活实践中文明建构的文化交融与价值共享。

作为族群文化交融互鉴的典型个案,河湟地区"卡力岗"人生动描绘着次生多元族群文化价值体系一体走向之历史演绎。"卡力岗"人,俗称"藏回",是指现今居于青海化隆卡力岗山系的讲藏语安多方言并深烙藏文化痕迹的回族穆斯林群体。回溯"卡力岗"人的历史起源,其族群来源不仅有回人、藏人而且有撒拉人。《化隆县志》中记载"该地区是沙联藏族聚居地,明时为西宁府中马蕃族二十五族之一的占啞落牧地,兼营农牧。清初为思那加族和安达其哈族部落居牧,明末清初回族迁入,垦荒种地,部分藏族迁往海南等地。乾隆年间部分藏族皈依伊斯兰教,之间形成回、藏杂居,以农为主,兼营畜牧的地区。"①还有学者调查考证认为"卡力岗"部分回族民众是从循化等地迁入该地区的撒拉族,因为与回族信仰一致、习俗相同而逐渐与回族融合而成。② 历史上这一地区的回人、藏人、撒拉人在频繁的互动交流中源于彼此的文化影响和共同的利益诉求相互认可、接受并内化着对方符合自身发展的文化价值体系,并在这一历史过程中实现着自身文化价值构成的解构和重构,一部分回人学说藏语并吸收融入其他藏文化成分,一部分藏人和撒拉人改信伊斯兰教,最

---

① 化隆四族自治县志编纂委员会编:《化隆县志》,陕西人民出版社1994年版,第127—131页。

② 冶清芳:《青海化隆卡力岗地区藏回渊源考》,《青海师范大学学报》1986年第4期。

终从文化意义上形成"卡力岗"族群的多元态势。历史溯源"卡力岗"人的信仰演变,清初卡力岗地区的藏传佛教寺院对藏人的盘剥和奴役非常严重,恰逢伊斯兰教在此地开始传播扩散,由于其教义教规很大程度上迎合着当时备受苦难的藏人民众的情感依赖和心理需求,同时,由于大多藏传佛教寺院直接或间接参与了雍正年间爆发的罗卜藏丹津反清事件,清政府对藏传佛教采取种种限制而对伊斯兰教则采取宽容甚至鼓励态度,特殊的历史情境和主体的自我需求推动着"卡力岗"藏人的信仰从藏传佛教转为伊斯兰教。"卡力岗"回人的历史形成有力佐证着河湟地区异质族群在彼此之间交往互动的历史境遇中有机共演着价值意义的自然认同、强制认同、理解认同的生动场景,共同的伊斯兰教信仰不仅是"卡力岗"人维系其内部认同的价值本源,而且为其自我身份确证的价值基础。

基于文化交融的核心意旨研判,"家西番"深刻确证着河湟地区汉、藏、蒙古等族际之间价值认同之现实展演。"家西番"指居于今青海河湟地区湟中、湟源和大通及其周边一带的在生活方式上接近于汉人、使用汉语且融合了汉人、蒙古人等的藏人群体,其族群文化富含汉、藏、蒙、回等文化特征,虽然从事农业生产但仍然信奉藏传佛教。"西番"的本义指谓藏人,"宋元时期的吐蕃,明时称西番,即今藏族"①,"家"即是藏语"汉"的意思,"家西番"意为像汉人一样的藏人,所以又称"假西番","假"主要意指这些藏人在生活方式和行为习俗等方面由于深受汉文化影响无比接近于汉人而跟藏人已经有诸多不同。据历史考证,"家西番"的历史起源与藏传佛教格鲁派圣地塔尔寺关系密切,史料记载"申中十三族中,除群加族及贾尔藏、琐尔加有部分未汉化的藏民外,全部融化为汉民"②,"申中十三族"指生活在塔尔

① 王昱、聪喆:《青海简史》,青海人民出版社 1998 年版,第 132 页。
② 梁莉莉:《多元共生中的文化涵化——青海河湟地区"卡力岗"和"家西番"族群的个案研究》,载《学科、学术、学人的薪火相传:第二届中国人类学民族学中青年学者高级研修班论文集》,知识产权出版社 2016 年版。

寺及其周围地区的藏人部落,"全部融化为汉民"的藏人可谓"家西番"族群的最初雏形。"丝绸之路"和"唐蕃古道"的中西贯通使得汉文化和农耕文明在河湟地区得以广泛传播,尤其是明代以来随着汉人的大量迁入,河湟地区诸族群无论是族源文化还是生活生产方式均深受汉人影响,长期生活在汉、藏文化交汇带的"家西番"在与汉人的互动交融中逐渐实现着其生活方式从传统游牧到农耕定居的转变,至清中期"家西番"已经基本完成了从游牧到定居、从畜牧到农耕生活生产方式的彻底转变。"相邻的民俗文化区域之间,常有一个交接、过渡的地带,它远离文化中心,称之为文化边际。它是区域的民俗模式最为淡薄的地方,其容涵的内容由相邻的各个文化区域的民俗模式混合而成。"[1]"家西番"长期生活在汉、藏、蒙古、回等多元族群文化交接带,其在信仰上仍然保持着藏传佛教和苯教信仰,但使用汉语且在生活习俗和节庆礼仪等方面与汉人基本一致且有与回、蒙等族群相似之处,异质族群语言体系、习俗礼仪等文化符号的趋同并不仅仅表征着文化基因的相互借鉴和彼此融入,而在更深层意义折射出多元族群交互多向的文化认同和价值共享,"家西番"特殊的生活表象和文化态势生动诠释着河湟地区汉、藏、蒙古、回等多元族群在文化互动交融历史过程中最终走向彼此之间的价值认同。

作为民族区域社会发展道德传统与民俗礼仪的物化承载与具象演绎,河湟地区传统文化艺术资源在其丰富多彩的呈现态势中展演着次生多元河湟文化价值意涵一体走向的历史趋势。表象多元的传统文化艺术资源在区域空间多元族群互动交融的生活场景中,不仅实现着地域文化的传统传承与文明相续,而且汇聚着河湟地区多元族群彼此认同的价值一致与情感共通,生动展演着次生多元族群文化和谐共生、一体共演的空间图景。

---

① 　仲富兰:《中国民俗文化学导论》,浙江人民出版社1998年版,第34页。

第三节　河湟地区传统文化艺术资源保护与
开发利用的现实意义

河湟地区自古以来便为多元族群集聚地,次生多元一体的文化形成历史积淀着区域空间异彩纷呈而又一体走向的传统文化艺术资源。传统文化艺术资源不仅演绎着河湟族群互动交融的历史图景,而且承载着河湟文明的代际相续。作为河湟文化传统的具象表征与物化形态,传统文化艺术资源的保护与开发利用,不仅为区域社会的和谐发展提供动力支持,而且溯源着河湟文化时代传承与创新发展的传统寻向,并进而筑建着河湟多元主体"五个认同"、河湟地域铸牢中华民族共同体意识的时代场域。

一、区域社会和谐稳定的动力保证

作为河湟世居族群在长期的生活实践中共同创造的物质财富和精神财富的总和,异彩纷呈的传统文化艺术资源以其对区域传统文化的物态呈现出认着河湟文化的价值意旨。在次生多元族群构成的现实场域中,传统文化艺术资源的保护与开发利用是区域社会和谐发展的动力保证,其不仅为河湟地区的社会发展给予物化支持,而且为地方社会的团结稳定乃至国家的和谐统一提供精神支撑。

作为社会发展赖以生存的无形资产与独特优势,河湟地区传统文化艺术资源的保护与开发利用为区域社会的和谐发展给予物化支持。基于资源的功能指向考量,当文化以资源范畴界定时,其本身即已被赋予深刻的经济意义,传统文化艺术资源自然呈现为经济资源的特殊态式,抑或者讲其本身即为物化形态的经济存在。有鉴于此,作为资源具象的文化艺术,不仅是经济发展的独特资产,而且是社会发展的重要推力。河湟地区丰富多样的传统文化艺术资源是区域社会经济发展的重要物化力量,体征为经济资源的河湟地区传统文化艺术资源对区域社会发展有着不可估量的经济价值。

事实上,河湟地区传统文化艺术资源的经济性保护和开发利用目前已经为区域社会的经济发展作出了巨大贡献,尤其是随着文化旅游热度的日益高涨与地方政府的宣传推广,河湟地区依托传统历史文化资源进行的人文旅游开发以及文化产业整合取得了明显成绩。比如近些年来以塔尔寺等为代表的主打文化旅游品牌以及在地方政府的支持和推动下举办的传统文化艺术节、传统手工技艺产品展销等,都直接推动着地方经济效益的增长并带动了一些相关产业的发展,如餐饮、交通、房地产、民族服饰等,甚至河湟个别地方民众的生活收入也主要来源于相关传统文化艺术资源的产业开发。传统文化艺术资源凝聚着民族成员对自然、世界和生命的传统认知和深层感受,显现着民族文化的历史发展脉络,反映着民族文化的时空面向。由此出发,区域空间的传统文化艺术资源亦历史沉淀着特定的区域文化形象与文化特色,而特定文化形象与文化特色一旦形成,就会深镌在民族成员的意识记忆之中并最终影响到地区文化的发展进程。一个地区的文化特色是指这个地区在发展过程中所形成的自身特有的文化风格,它既是地域空间的文化标志,也是地域文化的独特魅力所在。在现实性上,地区文化的特色形成往往始于自身的历史文化传统,也正因为其体征着地方空间不同的文化积淀,所以才形成了地区文化的特色。地域文化特色与文化形象的时空勾勒总是显现于其传统文化艺术资源的具象呈现中,如"少林寺"对于中原文化气势恢弘与包容开放之形象建构,"兵马俑"对于西安古城之辉煌过往与厚重历史之记忆重塑,同样,"塔尔寺"则形象展演着河湟文化神秘莫测而又多元交融的空间态势。在区域社会历史变迁进程中,地域文化的传承发展可谓是历史的和传统的,传统文化艺术资源以其对区域文化传统的演绎实现着文化个性与文化特色的代际相传。一定程度而言,河湟地区传统文化艺术资源在河湟文化的个性传承与特色发展中起着关键性决定作用,也正因如此,富有特色的文化资源和文化品牌往往与地方特有的传统文化艺术资源关系密切,丰富多样的传统文化艺术资源也由此成为河湟地区文化发展与产业整合的重要支撑。以传统文化艺术资源为依托，把有利于形成健康文化形象与有助于文化产业发展的积极因素整合起来，充分保护和利用好传统文化艺术资源，取其精华，弃其糟粕，在区域社会现代化建设的过程中推动河湟地区传统文化艺术资源的保护与开发利用，实现河湟文化的特色传承与品牌创新，不仅有利于区域社会经济发展的效益提升，而且有助于民族地区多元社会的和谐发展。

作为区域文化传统的具象存在，河湟地区传统文化艺术资源的保护与开发利用为区域社会的和谐发展提供了精神支撑。马克思曾经强调："在社会历史领域内进行活动的，是具有意识的、经过思虑的或凭激情行动的、追求某种目的的人，任何事情的发生都不是没有自觉的意图，没有预期的目的。"[①]人的实践行为是在目的性导引下的获取自身满足的活动，利益诉求的最大程度实现是人类实践的现实指向，作为有意识的实践行为，传统文化艺术资源的保护与开发利用也不例外，其对于民族区域多样主体的利益满足不仅表征于物质层面，而且体现于精神意义。传统文化艺术资源不仅是河湟文化的传统根基，而且是中华优秀传统文化的地域呈现，更是中国特色社会主义先进文化的重要来源。"每一种文化都以原始的力量从它的土生土长的土壤中勃兴起来，都在它的整个生活期中坚实地和那片土壤联系着。"[②]人类的实践活动必然置于特定的自然环境和固定场所之中，通过人类主体实践而创造的文化体系也由此深烙着地域环境的痕迹和特征，伴随着民族建构的文化生成过程，区域环境在推动和制约空间文化生产的矛盾律动中不仅实现着文化从"物化"形态到"人化"世界的转化，与此同时也抽象并凝练着空间文化的天然特性和区域特质，并从文化起源上固基着传统文化艺术资源表象呈现的空间维度。

一个地区的文化传统建立在该地区物质社会发展基础之上，河湟地区

---

① 《马克思恩格斯选集》第 4 卷，人民出版社 1995 年版，第 247 页。

② ［德］奥斯瓦尔德·斯宾格勒：《西方的没落》，齐世荣等译，商务印书馆 1963 年版，第 39 页。

丰富多样的传统文化艺术资源亦生成于区域空间世居族群长期互动交融的生活实践中。在次生多元文化构成的河湟场景中,加强传统文化艺术资源的保护与开发利用,以其对历史文化价值传统的具象演绎贴近民众生活,使各种历史文化景观、民俗活动、民间文学艺术、民间歌舞、口头文学、历史传说、消费习惯、交际礼节、节日庆典、娱乐游戏、艺术技艺以及饮食文化等深入到民众生活实践中去,以吸引更多的人自觉传承与主动践行,不仅能够加强加深当地民众对传统文化艺术资源的内涵认知与理性自觉,而且有利于助推社会主义核心价值体系在河湟地区的弘扬和传播。以爱国主义为核心的民族精神和以改革开放为核心的时代精神,以及以"八荣八耻"为主要内容的社会主义荣辱观是社会主义核心价值体系的重要内容,与此同时,民族精神也是中华传统文化的重要内容之一,时代精神又是新时期下我们国家所提倡的精神价值取向,作为中华传统文化重要构成部分的河湟传统文化艺术资源,在很大程度上也恰恰契合着社会主义核心价值体系的核心意涵。传统民俗所蕴含的礼仪礼节与道德规范,恰恰体现了河湟民众所具备的热情好客以及礼貌周到的良好品性;"唐卡""藏毯"等传统美术及手工技艺作品等传递着多元族群对美好生活的向往与热爱;"花儿"、河湟民间小调等传统民间文学及戏剧传唱等表演艺术等均传颂着爱国团结、勤劳勇敢的民族精神……加强传统文化艺术资源的保护与开发利用,以其对历史文化价值意涵的现实演绎帮助民族成员形成对优秀传统文化的理性认知,不仅有助于强化河湟族群对区域历史文化传统的自觉践行,而且有利于社会主义核心价值观在民族区域的弘扬与传播,并由此助推着民族区域的和谐发展。

在当前异质文化冲突愈加激烈的现实境遇中,传统文化艺术资源的保护与开发利用不仅一定意义上决定着区域社会发展的和谐一致,而且很大程度上影响着民族国家的团结稳定。尤其是对于河湟地区而言,源于次生多元的民族格局与文化形成,传统文化艺术资源的保护与开发利用对民族区域的和谐发展更加凸显重大意义。必须强化传统文化艺术资源的保护与开发利用,传承区域社会发展的文化根基,满足区域空间多元主体的文化诉求,才能筑建和谐稳定的河湟社会,从而助推中华文化的传承发展与民族国家的团结统一。

二、河湟文化创新发展的根基寻向

作为人们对其出身和世系所做的文化解释(查尔斯·凯斯语),族群既表征为文化单位又体认着价值意涵,河湟文化多元并蓄、一体共演的空间态势也由此得以注解。在多元族群构成的河湟场景中,作为区域文化传统的具象呈现,异彩纷呈而又一体走向的传统文化艺术资源,不仅展演着河湟文化次生多元一体的区域范式,而且承载着其创新发展的根基寻向。

具现着河湟地区世居族群历史文化的传统文化艺术资源表达着地域文化的起源特性,以其对文化传统的根基呈现再现着河湟区域族群文化时空变迁的历史过往。"族群就是一种社会群体,其成员宣称具有共同世系或在继嗣方面相近,并宣称具有历史上或现实的共同文化。"①从主体性意义考量,空间文化的根基维度指向族群文化的谱系起源和文化归属的先天给定。文化依附于人类而存在和发展,族群构建着文化体系的核心元素,美国人类学家博厄斯认为过去遗留下来的文化特质会展示在当代的空间分布中,透过当代空间所见到的文化特质可以重建一个族群文化的过去历史。② 世居于河湟境内的多元族群在互动交融的共居生活中创造了异质多元的族群文化,传统文化艺术资源则在表象多样的具象演绎中释义着次生多元族群文化的传统显现,且以此溯源着河湟族群主体建构与文化形成的历史过往。族际人口持续的迁徙流动及其过程中族群之间的交往互动本质展演为河湟区域多元族群生存演变的历史形态。据史籍考证,河湟区域早期的迁居居民为西戎、氐和羌,秦汉之后

---

① Stephen Cornell. *The Variable Ties that Bind*: *Contend and Circumstance in Ethnic Process* [N]. Ethnic and Racial Studies, Volume19, Number2, April1996.
② [美]弗兰兹·博厄斯:《人类学与现代生活》,刘莎等译,华夏出版社 1999 年版,第104—107 页。

随着西戎、氐、羌的外迁和匈奴、鲜卑、吐蕃、蒙古等诸多族群的内迁使得河湟地区的族群构成不断交替上演着解构和重构之历史场景,"羌、藏、吐谷浑、党项、吐蕃、土、撒拉、东乡、保安、回族等河湟古今族群的出现,即是这一族群互动、整合的结果。"①河湟多元族群在族际人口流迁和族群杂居共生的历史过程中实现着文化互鉴与文明共享,共同推动着河湟区域社会发展和文明进步,也上演着次生多元河湟文化一体走向的交融场景。基于相关史料的历史考察,对地域文化形成发展的漫长历程进行梳理不难发现,河湟文化不仅凸显浓郁的地域色彩,而且具有极其强烈的宗教显现。其中,羌戎文化是河湟地区最早的始源文化,其与夏商周文化几乎同期出现。吐谷浑文化在魏晋南北朝时期得以形成发展,其不仅保有鲜卑游牧文化的明显特征,而且凸显萨满文化的传统习俗。就其具体演绎,佛教信仰在吐谷浑部的泛化接受又使得吐谷浑文化语言体系深受阿尔泰语、蒙古语以及汉语言等深刻影响。秦汉以来,汉人开始大规模向河湟地区迁徙,尤其是宋元之后,伴随着中央政府在河湟境内开始驻军,并强力推广实施垦荒屯田政策,愈发推动汉文化在河湟地区的强势传播,对地域民众的生活方式以及地域社会的文明发展具有重要推动作用。与此同时,源于藏文化的广泛影响,藏传佛教在河湟地区发展迅速,明朝时期河湟地区蒙古族民众全面皈依藏传佛教,其不仅重构着地域文化的发展机理,而且赋予地域民众生活方式以长远意义。随着回族在明清时代大规模迁入河湟地区,也有部分汉族、藏族等民众选择皈依伊斯兰教,在一定程度上不仅助演了河湟地区宗教文化信仰的复杂镜像,而且推动了地域文化互动交融的历史进程。区域空间多元族群的整合重构与多元族群文化的互动交融本源决定着河湟文化次生多元一体的历史走向,作为河湟文化历史传统的物化承载,传统文化艺术资源在其丰富多样的具象呈现中溯源着河湟文化谱系传承的根基显现。

---

① 马建春:《多元视域中的河湟:族际互动、文化认同与地缘关系》,社会科学文献出版社2013年版,第33页。

体认着河湟文化价值蕴涵的传统文化艺术资源释义着次生多元族群文化的根基意旨,以其对价值传统现实演绎的主体强化影响乃至决定着河湟文化创新发展的意义重塑。文化的发展演进实质表征为在取舍中传承、在调适中创新之动态过程,于其过程中文化价值蕴涵被主体基于其价值诉求进行取舍抉择,并进而依据社会价值需求在自我调适中实现创新发展。文化是"包括知识、信仰、艺术、法律、道德、风俗以及作为一个社会成员所获得的能力与习惯的复杂整体"①。作为社会成员在历史发展与自身成长过程中逐渐习得并积累之复杂统一体,文化既包括知识体系又涵盖生活习俗,其不仅遵循其自身独特之发展规律,而且凸显其极强的社会适应性。"文化具有适应性,在广义上指社会传承的知识是人类的主要适应方式,狭义上则指每一文化都是人类为生存而设计的计划,这个生存计划使人类以群体的形式在特定的环境中得以生息繁衍、绵延不断。"②文化的适应性即指文化在其发展过程中会自觉"优胜劣汰",保留人类未来生存繁衍之所需,去除人类未来生存计划所不需,因此,文化为适应主体需求而自觉进行的主动调适和自我选择,不仅主观催生着文化的自我传承和发展,而且客观推动着文化的社会创新和丰富。人类文化价值体系的发展是一种动态的历史选择过程,其过程以丰富多样的流动形式向前展延,因此,尽管任何一种文化价值体系在其历史生成之时已经被深烙下时代痕迹,但当它每一次以直观形式再现于不同时空情境中的主体面前之时,实际上已经遭遇了被主体主动选择以及再次创造之过程。"任何一个文化的轮廓在不同人的眼里看来都可能是一幅不同的图景:而在讨论到我们自己的文化之母,也就是直到今天仍对我们影响的这个文化时,作者和读者就更不可

---

① [美]威廉·A.哈维兰:《当代人类学》,王铭铭等译,上海人民出版社 1987 年版,第 241 页。

② [美]S.南达:《文化人类学》,刘燕鸣、韩养民编译,陕西人民教育出版社 1987 年版,第 54 页。

避免地要随时受个人意见和个人感情地影响了。"①文化价值体系的历时演进不仅包含着时代社会对传统价值体系的自觉过滤与主动保留,而且内蕴着现代社会对价值传统内容之理性判断与自主抉择。

　　始于谱系起源的河湟地区次生多元族群文化在时间上的承续继起和在空间上的意义再现使得其历史凝聚而成的价值规范和行为准则,不仅一定程度上仍然规制着多元主体的行为实践,而且很大意义上继续界定着河湟文化的主体限域和群体边界。杨·阿思曼认为文化体系的"凝聚性结构"体现于两个层面:在时间维度上,其把过去和现在连在一起,通过对过去的重要事件及其回忆的固定和保存并不断得以再现从而获得意义;在社会维度上,其内在蕴含着从过去共同的记忆和回忆中剥离出来的对所有成员具有约束力的价值体系和行为准则。② 从此层意义而言,文化归属的先天给定不仅预设着河湟族群主体归属的身份识别和意识共生,而且筑牢着河湟文化的起源基质和本质意涵。族群不仅是文化的依托载体与存在方式,而且是文化形成的基本单位。族群文化一旦形成,其所蕴含的精神理念和价值意识就会在主体实践和日常生活中不断得以巩固和提炼,并日益擢升为民族成员所共同遵循的行为规范和价值准则,在导引着主体行为的同时也逐渐沉淀着空间文化的本质意涵,并在文化时空承继的变迁过程中赋予着区域文化独有的谱系特质和传承意义,从而使得空间文化的当代态势在不同程度上再现着特定群体文化的历史图谱,河湟文化亦不例外。次生多元的文化构成沉淀着河湟社会特性鲜明的文化传统与文化习俗,这些传统与习俗日益融入河湟民众的生活实践中,并潜移默化地影响着多元主体的行为方式以及价值取向并可能使之发生改变。作为次生多元河湟文化历史传统的具象存在,河湟地区传统文化艺术资源不仅仅再现着多元族群文化互动交融的历史场景,在现实性上,其

---

　　① 〔瑞士〕雅各布·布克哈特:《意大利文艺复兴时期的文化》,何新译,商务印书馆1997年版,第1页。

　　② 周宪:《文化研究关键词》,江苏人民出版社2007年版,第350页。

更深刻地演绎着河湟社会约定俗成的风俗习惯与道德规范。无论是宗教色彩弥漫的历史文化资源抑或神秘莫测的民间神话传说,无论是族源特质彰显的民族民间表演艺术抑或受众广泛的传统曲艺及民间传唱等,都在河湟文明的社会风俗与道德规范的建构与传颂中印证着世居族群对于传统习俗与道德规范的敬畏与遵从,也据此深刻重塑着河湟文化在时代场景中创新发展的意义寻向。

传统文化艺术资源以其对河湟文化次生多元表象的根基呈现与一体走向意指的根基体认不仅再现着河湟族群互动交融的历史过往、诠释着河湟文化价值意涵的意义重塑,而且给定着河湟族群不言而明的文化归属与身份确证。族源文化认同指向族群主体基于情感依赖和共同心理形成的自觉归属,其不仅表达着民族成员文化认同的始源维度,而且关照着族群构建的文化意旨,一如韦伯所言建立在共享世系、相信来自共同血缘祖先的主观情感,及其对这种共享的文化诠释,对一个群体的构成至关重要。① 文化本为人适应环境的特定模式,共有文化是族群群体形成和发展的本源动力和本质表征,族群本身即为"社会对文化差异的组织方式,不同的宏观区域环境和文明,就会孕育出不同的族群关系模式。因此,族群在本质上是文化的,是适应性和关系性的,'自身'和'他者'都是相对而言的。"②始于谱系文化自然想象和理性养成的根基认同使得民族成员无论在行为动机抑或目标指向上都更加彰显主体预定。族源文化建构且诠释着特定族群的本真属性,也由此在概念范畴意义上成为族群意涵的本质界定,族群常常"通过强调自身特定的文化特征,来强化'族群边界'以排除其他族群成员的介入"③,但与此同时,"当族群认同被视

① Max Weber.*Economy and Society:An outline of Interpretive Sociology*[M].Gunther Rose and Claus Wittich(eds.)New York:Bedminister Press,1978.p.389.

② 马戎:《关于当前我国民族问题的进一步讨论——也谈第二代民族政策》,《当代中国民族宗教问题研究》第9集,中国社会科学出版社2015年版,第79页。

③ [挪威]弗里德里克·巴斯:《族群与边界》,高崇等译,《广西民族学院学报》(哲学社会科学版)1999年第1期。

为共有祖先世系时,文化就被视为准则和实践的表现"①。在复合民族国家内部,民族成员"自我"确认的延伸和"他者"承认的佐证均避不开对其族属文化的理性认知和族属身份的正确定位,先天给定的族群身份和前提预设的文化归属历史形成族群主体根深蒂固的主观心理和客观评判,在构型着民族成员身份皈依自觉归属的同时,也内化为其根基认同的主体图式。族源特质的文化维系和传承在民族成员生理和心理双重维度的自觉内化已经生成且限定着区域社会本位性的框架图式,不仅在主观上影响着民族主体文化归属的既定限域,而且在客观上创设着民族身份皈依的价值语境。河湟文化传统意旨给定着民族成员宿命天定的族属特质和情感依赖,基于谱系起源的根基传承是区域文化创新发展的逻辑出发。

作为世居族群文化传统的具象展演,次生多元而又一体走向的传统文化艺术资源给予着民族地区空间场景中铸牢中华民族共同体意识之动力保证。精彩纷呈的文化呈现不仅是地域文化之厚植根基,而且是中华文化之空间展演,更是中国特色社会主义先进文化之重要来源。"每一种文化都以原始的力量从它的土生土长的土壤中勃兴起来,都在它的整个生活期中坚实地和那片土壤联系着。"②伴随着地域社会次生多元族群之空间形塑,在河湟地区次生多元文化发展演进过程中,区域环境在推动和制约空间文化生产的矛盾律动中不仅实现着文化从"物化"形态到"人化"世界转化,也抽象并凝练着空间文化的天然特性和区域特质,并从世系起源上塑型着河湟地区文化意义的空间维度。

作为中华文化的地域展演,河湟地区次生多元文化态势基于价值论域恰

---

① Thomas,Hylland.*Eriksen*,*Ethnic Identity*,*National Identity and Intergroup Conflict*:*the Significance of Personal Experiences in Ashmore*[A].Jussim,Wilder eds.*Social Conflict*,*Intergroup Conflict*,*and Conflict Reduction*.Oxford:Oxford University Press,2001.p.42.

② [德]奥斯瓦尔德·斯宾格勒:《西方的没落》,齐世荣等译,商务印书馆1963年版,第39页。

恰契合着社会主义核心价值体系之本真意涵。人的实践行为是目的性导引下获取自身满足的社会活动,利益满足的最大化实现是其现实指向,正如马克思所言:"在社会历史领域内进行活动的,是具有意识的、经过思虑的或凭激情行动的、追求某种目的的人,任何事情的发生都不是没有自觉的意图,没有预期的目的。"①作为世居族群意识自觉的实践关照,河湟地区次生多元文化一体走向态势最高程度上体认着民族群众共同的价值诉求,规制着地域社会普适之价值取向。在河湟地区次生多元传统文化艺术资源具象展演的空间场景中,传统民族民间习俗所蕴含之礼仪礼节与道德规范,体现了民族群众热情好客、礼貌周到之良好品性;传统民族民间美术与手工技艺等传递着民族群众对美好生活之向往与热爱;传统民族民间文学、神话传说等倾诉着民族群众勤劳勇敢、不畏艰险之精神传承;传统民族民间音乐戏剧、民间小调等传唱艺术颂扬着民族群众爱国爱家、和平正义之价值追求……在异质文化多元冲突现实场域中,以社会主义核心价值体系引领共享价值传统的地域展演,凝聚多元主体契合社会主流价值导向之价值共识,是铸牢中华民族共同体意识的地域指向。

河湟地区次生多元而又一体走向的传统文化艺术资源承载着铸牢中华民族共同体意识之价值寻向。世居族群在互动交融生活中创造了次生多元之地域文化,其溯源着民族地区主体建构与文化形成之历史过往。文化依附于人类而存在和发展,族群建构着文化体系之核心要素,博厄斯认为过去遗留下来的文化特质会展示在当代的空间分布中,透过当代空间所见到的文化特质可以重建一个族群文化的过去历史②。族群文化一旦形成,其蕴含之精神理念和价值意识就会在主体实践和日常生活中不断得以巩固和提炼,并日益擢升为民族成员所共同遵循的行为规范和价值准则。始于谱系起源之次生多元地

---

① 《马克思恩格斯选集》第 4 卷,人民出版社 1995 年版,第 247 页。
② [美]弗兰兹·博厄斯:《人类学与现代生活》,刘莎等译,华夏出版社 1999 年版,第 104—107 页。

域文化以其在时间上的承续继起以及在空间上的意义再现,一定程度上仍然规范着多元主体的行为实践,也继续界定着空间文化的主体限域和群体边界。据此可见,文化归属之先天给定不仅规制着地域文化之源起特质,而且预设着多元主体之身份归属。

在次生多元河湟地区传统文化艺术资源的具象演绎中,其一体走向之价值意旨再现着民族地域世居族群互动交融之历史过往,寻向着民族成员归属确证之意义所指。作为中华文化历史传统的空间具象,河湟地区次生多元的文化资源深刻地演绎着民族社会约定俗成的风俗习惯与道德规范。基于文化主体视域出发,地域文化价值意涵的根基指向赋予多元族群不可退出的族属身份和文化预设,因为"一切事情都依赖于婴儿所诞生的文化类型。假如他诞生于某种文化,他将按某种方式思考、感觉和行为;假如他诞生于另外一种文化,他的行为也就相应地不同。"①族源特质的文化维系和传承在民族成员生理和心理双重维度之自觉内化,限定着区域社会本位性的框架图式,不仅主观上影响着民族主体文化归属的既定限域,而且客观上创设着其身份皈依的价值语境。在异质文化交锋冲突的现实境遇中,价值困惑的问题求解愈加寻向于文化传统,传统不仅支配着民族成员的道德行为,而且约束着民族主体的生活实践。在次生多元河湟地域场景中,伴随着族群建构之历史进程,尽管文化图景历经数次整合与意义重塑,但中华民族共同体意识的空间铸牢不仅要负载于地域空间次生多元族群文化之根基传承,而且必然寻向于地域文化传统一体走向之价值语境。

次生多元河湟地区传统文化艺术资源在世居族群互动交融生活实践中以其对中华民族一体形塑之空间展演,擢升着民族成员"五个认同"之价值共识,养成着铸牢中华民族共同体意识之心理自觉。在族群交融空间场景中,现实矛盾与历史理性的杂糅态势形象勾勒出河湟地区文化多元并蓄、一体共演

---

① [美]L.A.怀特:《文化科学——人和文明的研究》,曹锦清等译,浙江人民出版社 1988 年版,第 118 页。

之清晰脉络。地域空间的共生交融、族际人口的历史流迁、中原文化的日益西渐、不断更替的族群政权等不仅共创着多元族群互动交融之历时情境,而且深远影响着中华民族一体形塑之空间进程。李文实先生曾言:"神话传说与古史记载,虽出现与形成有先后,但夏民族源于氐羌,则是无可怀疑的历史事实,不仅如此,它还是以后中华民族的主源之一呢。"①次生多元异质族群文化在共生博弈中孕育并集聚着价值共享,推演着河湟文化一体走向之价值嬗变,其在现实性上物化着民族成员共同的价值诉求,并最终于价值意义走向一体本源。

作为世居族群共享的文化记忆与文明传承,河湟地区次生多元传统文化艺术资源在世居族群文化传统的具象演绎与价值意涵的物化展演中,预设着地域空间民族成员"五个认同"的身份界域与归属给定。族群文化不仅是多元一体中华文化的现实承载,而且是次生多元河湟地域文化一体走向之源发基础。多元族群文化的共生博弈在河湟地区宗教信仰体系中尤为凸显,其体认着地域文化价值传统的主旋律。在河湟地域社会历史变迁进程中,宗教信仰不仅逐渐发展为基础文化单位而且日益演变为现实政治载体,宗教问题从根本上影响着地域空间的政治稳定和社会发展。就宗教信仰与政治认同关系逻辑透视,马克思强调应该"更多地在批判政治状况当中来批判宗教,而不是在宗教当中来批判政治状况"②,问题的现实导向需要求助于基于价值诉求调适之价值共识的探寻。事实上,河湟地区不同宗教文化派系所秉持的精神信仰整体彰显着多元族群共享的价值诉求与中华民族共同的价值取向,无论是儒释道文化、藏传佛教文化抑或伊斯兰教文化等,其精神蕴涵与信仰指向均从整体上体现着和谐、宽容、真诚与为善之价值体系,也维系着次生多元族群一体建构之普域体系。在次生多元一体走向空间场景中,具象着河湟文化价值传统的宗教文化艺术资源在传承发展过程中与社会主义核心价值体系的契合

---

① 李文实:《西陲古地与羌藏文化》,青海人民出版社 200 年版,第 8 页。
② 《马克思恩格斯文集》第 10 卷,人民出版社 2009 年版,第 3—4 页。

对接,"五个认同"的民族体认对地域社会价值语境的空间投射,从价值基础、价值目标、价值旨归的内外相接中明晰着河湟地区多元主体"五个认同"之价值意指。

回溯次生多元河湟文化次生一体交融之空间图谱,无论其态势如何演变,在现实性上均始终指向价值认同之中华民族一体语境与民族国家整体旨归。"人们宁愿冒生命危险,放弃自己的爱,舍弃自己的自由,牺牲自己的思想,为的就是成为群体中的一员,与群体协调一致,并由此获得哪怕是想象的身份感。"①在中国特色社会主义时代境遇中,中国共产党领导下的民族区域自治制度给予民族平等和民族自治之合法性保障,也保证着多元主体合理之利益诉求和政治权利的最大化程度实现,打破了族群之间固有的文化隔阂与心理局限,式微着纯粹的"我们"与"他们"的理念异化与分隔界限,给予民族群众情感表达和利益诉求的安放空间,基于"五个认同"价值意指主体明晰之上涵濡着地域空间铸牢中华民族共同体意识之共识自觉。

作为河湟族群文化传统的根基呈现,传统文化艺术资源以丰富多元的具象展演强化着河湟民族对其历史文化的情感依赖和自觉归属,固基着多元主体对文化传统的历史记忆与自觉认知。文化本为人适应环境的特定模式,共享的文化记忆与文化传统是次生多元一体河湟族群历史建构的本源动力,族群本身即为"社会对文化差异的组织方式,不同的宏观区域环境和文明,就会孕育出不同的族群关系模式。因此,族群在本质上是文化的,是适应性和关系性的,'自身'和'他者'都是相对而言的。"②作为谱系文化共同想象的地域积淀,无论在行为动机抑或目标指向上,传统文化艺术资源以其对河湟文化价值传统的生动展演愈加彰显着河湟族群文化自觉的主观意图和主体预定,其不

---

① [美]佛洛姆:《佛洛姆文集:我相信人有实现自己的权利》,冯川等译,改革出版社 1997 年版,第 50 页。

② 马戎:《关于当前我国民族问题的进一步讨论——也谈第二代民族政策》,《当代中国民族宗教问题研究》第 9 集,中国社会科学出版社 2015 年版,第 79 页。

仅生成着多元族群文化历史承续的出发源点,而且重塑着河湟地域文化创新发展的意义特质。

在异质文化交锋冲突的现实境遇中,价值困惑的问题求解愈加寻向于文化传统,传统不仅支配着民族成员的道德行为,而且约束着民族主体的生活实践。在伴随着族群整合和族群建构的次生多元文化形成过程中,尽管文化态式的时空再现历经数次重塑,但河湟文化在时代境遇中的创新发展,不仅必须植根于其次生多元的价值语境,而且必然寻向于其文化传统的根基传承。传统文化艺术资源是河湟世居族群共同创造且世代积淀的传统显现,在次生多元族群构成场景中加强传统文化艺术资源保护与开发利用,激发河湟文化传统的生命活力与时代魅力,不仅有利于增强河湟民众的文化自信心和自豪感,而且有助于河湟文化在时代境遇下的创新发展。

三、"五个认同"价值指向的现实筑牢

传统文化艺术资源不仅具象着河湟族群次生多元的根基显现,而且体认着河湟文化一体共演的价值意涵。从河湟地区传统文化艺术资源异质纷呈而又一体走向的表象呈现中管窥区域内部次生多元一体的空间态势,多元族群互动交融的历时演绎不仅推动着中华民族一体形塑的历史进程,而且指向着中华文化认同的价值本源。多元族群的互动交融、族群文化的彼此互鉴、河湟文明的代际相承在传统文化艺术资源的现实展演中凝聚着河湟族群的情感共通与价值共识,强基着多元主体"五个认同"的价值意指与心理自觉,并据此筑建着河湟地区铸牢中华民族共同体意识的现实场域。

任何一种认同实质均为主体的自我想象,折射出主体的文化境遇与文化属性,也建构着主体存在的文化镜像。全球化和信息化在引发民族社会转型、拓展民族国家空间交往互动的同时,也伸缩着民族国家传统界域的文化区位并影响着民族成员文化原生性认同达致的基础。社会转型的结构性对决、多元一体的民族构成、价值交织的认同语境在反思与建构的二元交互间指谓着

民族国家认同与斥异的现实境遇。在中国特色社会主义时代场域中，源于民族成员情感性、利益性、价值性延伸的"五个认同"，其内生逻辑和外衍关系的固本强基，阐释并表征于其基于价值体认的文化—民族、基于价值引领的政党—政治、基于价值旨归的道路—国家之向度演进中，在祖国认同、中华民族认同、中华文化认同、中国共产党认同、中国特色社会主义认同依次递进的链接向度中深化着多元族群的价值指向，擢升着多元主体的价值共识，确证着民族成员的身份归属。

在中华民族一体形塑漫长进程中，与意义探寻相联系的民族文化认同、与归属确证相联系的中华民族认同在多元族群互动交融关系构型中共凝着民众主体"五个认同"之价值体认。民族文化认同投射于民族群体基于本民族文化价值体系的理解认知而达成的民族集体意识和共同心理特征，民族认同则指涉民族个体对中华民族共同体的情感依赖和身份归属，民族认同本质即表征为社会成员对自己民族归属的认知和感情依附。① 民族文化认同是民族认同的核心演绎，对民族共同体文化的承认、接受与内化是民族成员获得身份确认和所在民族群体认同的评判依据，作为民族诸多特征中最稳固的和最具生命力的，民族文化具有抗拒他者文化同行的固有本质，并由此规定着民族成员身份识别和群体归属的先天给定和前提预设。民族文化折射出民族成员的心理定位和价值诉求，其蕴含的思维模式和价值理念在民族成员长期的社会实践中逐渐沉淀为其共同的价值抉择和价值体认，主体对特定民族文化的认同即意味着其对该民族价值体系的认同以及对该民族价值体系所表征的群体规则和行为规范的遵守，并在此基础上抬升为"我族"认同归属和"他族"斥异区分的原则和依据，这既是民族认同的文化释义又是"维护社会模式的工具"②。

民族文化认同指涉民族成员对其文化的承认、认可和赞同，由此产生归属

---

① 王希恩：《民族认同和民族意识》，《民族研究》1995 年第 6 期。

② 万俊人主编：《20 世纪西方伦理学经典》Ⅱ，中国人民大学出版社 2004 年版，第 38 页。

意识,进而获得民族文化自觉的过程,①其在现实性上决定着民族认同的外延和内涵。民族成员的文化身份导引着主体实践的方向抉择,其文化价值认同的主客体属性具有情感皈依和身份归属的双重定位,不仅指向以主体自我为前提的外延关系,而且诠释着民族共同体的集体意识和群体心理,而民族认同的现实实现取决于民族共同体的民族意识和共同心理。民族是生活在既定地域空间内的人类共同体,借以区分"我们"与"他们"的民族特性表征于本民族的文化价值体系之中,民族文化认同从质的规定性上确认着民族个体和群体之间归属关系,缺乏文化价值导引的民族认同必将流于空泛的群体嬉戏。民族文化必须"被吸引在群体中的人们所共同接受才能在群体中维持下去"②,其所蕴含的价值体系和道德观念通过社会实践的积聚和沉淀,并进而擢升为民族成员所共同认可和共享的价值理念和行为规范,共享的价值理念得以传承,共同的行为规范得以遵从,并在此基础上建构着基于"我族认同"的共同意识和较于"他族认同"的斥异心理,从根本上规制着民族认同的共同意识之源和民族斥异的分界意识之流。"共同意识是一整个阶级、一整个人民集体、一整个民族乃至整个人类所共有的不假思索的判断。"③这一不假思索判断的共同意识以具体有形的民族文化存在态势被形成民族共同体成员所接触了解并形成共同的价值认知与价值判断,并由于群体的介入使得认知和判断内化为价值意识与价值抉择并逐渐抽象为社会主流的价值观念与价值形态,最终擢升为维系民族共同体认同的文化价值理念与整合力,彻底摧垮着民族个体历史形成的固有的文化隔阂与心理局限,在民族情感认同层面迈出了实质性的步伐,发展了"我"与"我们"的价值认同与身份归属感。民族成员对民族文化肯定与否定之二元评判直接影响着民族内部认同标准与斥异原则的划分,并导引着实践的不同结果呈现,中华民族多元族群正是基于民族文化认同之

---

① 詹小美:《民族文化认同论》,人民出版社2014年版,第15页。
② 费孝通:《论人类学与文化自觉》,华夏出版社2004年版,第196页。
③ [意]维柯:《新科学》,朱光潜译,人民文学出版社1986年版,第87页。

上维系并固基着中华民族集体认同之共同心理和价值基础。

民族的文化身份关联着民族的过去、现在和未来，其现实指谓着民族成员对"我是谁"、"我从哪里来"的身份追问和意义探寻，民族文化价值体系也因此导引和规制着民族认同的时空演绎和呈现态势。民族共同体本身就意味着不同族源群体的存在和聚合，也因此投射着群体之间的差异和不同，共同体内部多元个体对不同群体的认同和斥异、皈依和离散对民族本身的发展内聚、延续传承之影响意义重大，而其中对民族成员抉择行为起决定作用的是在民族长期历史变迁中却愈加稳固和鲜明的基于民族文化之上的共同心理素质和共享价值体系。萨义德强调"身份，不管是东方的还是西方的，法国的还是英国的，不仅显然是独特集体经验之汇集，最终都是一种建构——而且总是牵扯到对与'我们'不同特质的不断阐释和再阐释。"①一个民族的文化是其区别于其他民族的本质特征，民族文化的社会功能和主体意义在特定的地域空间内和既定的民族群体中建构并确立着民族成员的身份认同和"他者"斥异，并由此确证着主体的自我归属和群体认同。共同的世系传承和族源文化是民族认同的根基部分，"共同体想象"的原性建构，于族群认同的本原上形成文化标识的身份与确立，在认同达致的发展中获得"不证自明"的宿命与特质，这种"同舟共济的亲密感"，不仅重复体验在民族成员社会生活的践行中，而且反复确证在语言、仪式、宗教、风俗、习惯等的社会展演里。民族认同基于文化解释的主观认定和基于普系传承的心理图景，不仅指向了民族认同原生态的心理边界，而且指向了民族认同根基性的群体坐标，在激活个体认知心理意义的同时，阐发群体推崇心理体验的过程，进而使文化符号外显的描述性讯息和文化价值内蕴的默示性讯息，共同指谓内部关系的个体变量和群体认同的源点描摹，并从根本上佐证着民族成员的身份确认和群体归属。"真正把人们维系在一起的是他们的文化，即他们所共同共有的观念和准则"②，民族之所以

---

① ［美］爱德华·W.萨义德：《东方学》，王宇根译，三联书店1999年版，第426页。
② ［美］露丝·本尼迪克特：《文化模式》，王炜译，三联书店1988年版，第18页。

能够得以维系和传承,其根本原因在于共同体文化的价值导引和精神内聚,因此,历史文化认同本身即为民族认同的主要形式和重要蕴涵。认同的主体意义投射使得民族认同的主观情境必须具备先天预设的主体视域,主体视域的在场取决于民族共同体共同的文化传承和内在的经验聚合,并由此逐渐形成民族成员身份认同的文化表达。"民族文化以情感、规范、目标为导向,切入民族生存的客观与实际,展现民族发展的血脉与相承,推进民族这一特定人群本质力量的对象化。"①中华民族多元族群在共居的地缘空间内和长期的交融生活中形成发展着极富民族特色和民族本性的中华文化,其不仅从表象上凸显着中华民族多元族群异质趋同之发展规律,而且从本质上擢升为多元一体中华民族共同的精神体系和价值体认。中华文化所蕴含之爱国主义的价值取向、儒家传统的责任使命、整体主义的价值导向、向善礼教的人文主义精神等不仅从责任意义上维系着中华民族多元族群相互依赖、不可分割的使命担当,而且从精神本源上固实着多元一体中华民族"共休戚、共存亡、共荣辱、共命运"的情感道义。

作为社会现象的文化彰显鲜明的民族性,其以民族为实际载体依附于具体的国家而存在,其所蕴含的思维模式和价值理念等以其固有的方式逐渐内涵为民族成员所共享之价值体认。对于民族成员而言,民族文化认同所赋予其的主体归属和民族身份意味着宿命天定和不可退出,族属身份的先天给定和前提预设也因此诠释着文化认同的民族特性,于此层意义研判,文化认同的民族蕴涵不仅塑形着民族成员的主体人格,而且凸显着其最本质的社会性存在,一如约翰·密尔曾经所言:"人们几乎无法知道任何一部分人应自由地做些什么,如果不先确定在各种的人类集体组织中他们愿意参加哪一种集体组织的话。"②与中华民族多元一体的构成相一致,中华民族文化也在现实性上凸显着多元一体的异质趋同,并由此型构着民族整合过程中"你中有我、我中

---

① 詹小美:《民族文化认同论》,人民出版社 2014 年版,第 1 页。
② [英]J.S.密尔:《代议制政府》,汪瑄译,商务印书馆 1982 年版,第 223 页。

有你"之平等互助、相向而行的交融态势。民族共同体是文化变迁过程中的历史形成,安德森强调"它是想象的,因为即使是最小的民族的成员,也不可能认识他们大多数的同胞,和他们相遇,或者甚至听说过他们,然而,他们相互连接的意象却活在每一位成员的心中"①。正是基于多元族群对中华文化的一致承认、认可和赞同,中华文化的历史延续和现实发展才成为可能并得以实现,也正是基于中华民族文化所形成之共通情感和共同意识,中华民族多元族群在历经长期的社会变迁和无数次的聚合离散之后还维系着民族的统一和内在的凝聚。"社会成员通过走向他们共同目标的构想,形成一个价值共同体。"②民族共同体在文化意涵上亦表征为价值共同体,共享的价值体系和共同的价值体认是文化给予民族最稳固的社会特征和最深层的价值表达,也由此形塑着民族成员身份认同和群体归属的社会边界和本质规定。中华民族多元族群在共经的社会变迁与共同的文化历程中源于彼此的情感需求和利益诉求,逐渐集聚形成一个有着共同价值体认和共同目标导向的价值统一体,这一价值共同体在自然彰显着民族成员对中华民族历史既定的时空发展、民族特质和观念形态的体认与赞同的同时生成为共同体成员身份识别、群体归属确立、价值共识形成的本源和基础,并从整体性上夯实着多元一体中华民族的集体认同。

民族认同指谓民族成员对民族共同体自然及文化倾向性的认可和赞同,由此产生情感依附和归属意识并进而形成民族自觉的实然过程。民族认同意味着民族共同体内部成员感觉同属于一个共同体的"自己人"心理归属和情感依赖,其体现着民族成员个体对于所属民族群体的归属意识和共同心理,表达的是"我是谁? 我属于哪个群体?"的身份确证和归属确认。主体身份的群

---

① ［美］本尼迪克特·安德森:《想象的共同体:民族主义的起源与散布》,吴叡人译,上海世纪出版集团 2003 年版,第 5—6 页。

② ［德］阿克赛尔·霍耐特:《为承认而斗争》,胡继华译,曹卫东校对,上海世纪出版集团 2005 年版,第 128 页。

体归属感是在主体认同过程中形成的关于"我群"与"他群"有别的共有情感和心理现象，①并由此在认同的个体反思过程中形成群体归属，从而实现着从"我"到"我们"主体认同的逻辑延伸和扩展。身份认同有个体认同和群体认同之分，埃里克森认为认同不仅仅是个体的，而且是群体的、社会的，其指向自我在情感或信念上与他者对象联结为一体的心理过程和情感依赖，是在人与人、群体与群体的交往过程中所发现的差异、特征及其归属感。在个体认同层面上，认同是指个人对自我的社会角度或身份的理性确认，它是个人社会行为的持久动力，且与社会认同密切关联。安东尼·吉登斯的"自我认同"概念就属于这个层面，其从现代性反思的维度将认同归结为是"个体依据个人的经历所反思性地理解到的自我。"②在集体认同层面上，认同则是指社会共同体成员对一定信仰和情感的共有和分享，它是维系社会共同体的内在凝聚力。埃米尔·涂尔干的"集体意识"或"共同意识"就属于这个层面的认同概念，涂尔干认为认同是"一种称为'集体意识'的东西，是将一个共同体中不同的个人团结起来的内在凝聚力。"③在亨廷顿看来，无论是个体认同还是群体认同，均为在复杂环境或者条件下建构而起的对自我身份的自我认知，他认为"个人有 Identity，群体也有 Identity……在绝大多数情况下，Identity 都是建构起来的概念。人们在程度不等的压力、诱因或自由选择的情况下，决定自己的 Identity。"④因此，在特定的时空情境中，民族主体总是依据现实诉求赋予谱系象征和文化符号以某种意义并不断对其加以解释和想象借以强化自身的群体身份认同，但在自我认同的现实场域中，主体的本质属性和现实诉求对自身的身份认同发挥着关键意义。作为个体认同和集体认同二者兼之的民族认同既

① 汝信主编：《社会科学新辞典》，重庆出版社 1988 年版，第 1247 页。

② ［英］安东尼·吉登斯：《现代性与自我认同》，赵旭东等译，三联书店 1998 年版，第 58 页。

③ ［法］埃米尔·涂尔干：《社会分工论》，渠东译，三联书店 2000 年版，第 42 页。

④ ［美］塞缪尔·亨廷顿：《我们是谁？ 美国国家特性面临的挑战》，程克雄译，新华出版社 2005 年版，第 21—22 页。

体现个体认同的群体性又凸显集体认同的主体性,其实质表征着主体的群体性归属和情感依附,指向民族成员对民族共同体的情感依赖和归属心理。民族主体的个体认同从本源上固基着民族认同的主体性意义和理性思维,而民族成员的集体认同则从本质上夯实着民族认同的群体性特征和内聚性生成,二者从现实性上共同形塑着民族认同的主体身份确证和群体心理归属。

从民族认同的内涵释义出发,中华民族认同就是民族成员对中华民族这一民族共同体及中华民族文化的认可、赞同并由此产生情感依赖和归属意识进而形成民族自觉的动态过程。解读中华民族认同必须首先厘清"中华民族"概念。在国人的理解视域中,"民族"一词的本源概念常常与"族群"相混淆,马戎指出:"对于像中国这样被动接受'西欧'概念同时又保留了强烈传统认同意识的国家,人们很容易把有强烈政治意涵的'民族'(nation)和体现血缘与文化传统的群体(在西方国家被称为'族群',ethnic group)混为一谈,并把国内的这些'族群'也想象为'民族'(nation)"[①]。在现实性上,族群与民族是既有区别又紧密联系的概念范畴。族群与民族均为历史形成的人类共同体,但二者又并不决然等同,一定意义上族群可谓民族构成的基本单位,"族群可能是一个民族,也可能不是一个民族;而民族不仅可以称为族群,也可以包括若干不同的族群。"[②]查尔斯·凯斯说,作为一种社会现象,文化是共同体的基因图谱和精神支撑,它以民族为载体依附于具体的国家而存在;作为一种文化现象,族群是人们对其出身和世系所做的文化解释,受此影响,文化论的学者将"族群"定位为社会承载与文化区分的单位,而历史人类学者则将近代意义的"民族"诠释为"表现在共同文化之上的共同心理素质"的承载。

在西方语境中,"族群(ethnic group)在人类学中是最早用来指归属于同一个社会,拥有相同的文化,尤其是共用同一种语言(并且文化和语言在其传

---

① 马戎:《如何认识"跨境民族"》,《开放时代》2016年第6期。
② 徐杰舜:《论族群与民族》,《民族研究》2002年第1期。

承的过程中未发生改变)的人类群体。"①其中,谱系祖先与文化想象是西方学界诠释族群概念的两大关涉因素,"族群就是一种社会群体,其成员宣称具有共同世系或在继嗣方面相近,并宣称具有历史上或现实的共同文化。"②理查德·谢默霍恩与安东尼·史密斯二者的族群解释更是达成了惊人一致,谢默霍恩认为"ethnic group"某种程度上可定义为大社会中的小群体,其具有真实或假想的祖先并享有共同的历史记忆,用一个或数个象征因数作为文化焦点以体现自身的群体性。③ 安东尼·史密斯则直接定义族群为"拥有名称的人类群体,它具有真实或假想的共同祖先,享有共同的历史记忆,用一个或数个象征因数作为文化焦点以体现自身的群体性"。④ 相比而言,巴斯的总结更为深刻,认为一般意义而言族群可以被理解为这样一个群体:一是生物上具有极强的自我延续性;二是分享基本的文化价值,实现文化形式上的统一;三是形成交流和互动的领域;四是具有自我认同和他人认同的成员资格,以形成一种与其他具有同一秩序的类型不同的类型。⑤ 巴斯在强调谱系延续与文化建构的同时基于主体间性的哲学范式提出族群个体互动与群体秩序形成的族性特征,赫瑞对此也有着相似的理解,认为族群具有两个特征:其一是族群成员认为拥有共同祖先和共同文化,这种认同可以是客观实在的,也可以是虚拟的(artificial);其二是族群群体用共同祖先、共同文化来有意识地与其他群体相区别,并以此形成内部的统一与外部的差异。⑥ 穆罕默德·哈雷德指出族群是指在社会上具有独特因素,因文化和血统而形成不同意识的群体,其中,可识别性(identifiability)、权力差别(differential power)及群体意识(group

---

① 李鹏程主编:《当代西方文化研究新词典》,吉林人民出版社 2003 年版,第 387 页。

② Stephen Cornell.: *The Variable Ties that Bind*: *Contend and Circumstance in Ethnic Process*. Ethnic and Racial Studies, Volume19, Number2, April1996.

③ Richard Schemerhom: *Comparative Ethnic Relations*. New York: RandomHouse, 1970. p.12.

④ Anthony D.Smith. *National Identity*. New York: Random House, 1991. p.13.

⑤ 转引自[挪]佛雷德里克·巴斯著,高崇译,周大鸣校,李远龙复校:《族群与边界(序言)》,《广西民族学院学报》1999 年第 1 期。

⑥ 转引自徐杰舜:《论族群与民族》,《民族研究》2002 年第 1 期。

awareness)是族群的三个基本特点。① 由此可见,客观或想象的谱系祖先、共同的文化记忆以及内部的群体认同是族群构成的实然特征已经成为学界共识。

族群概念引入中国始于20世纪90年代,其在国内学界的普遍使用拓宽了学术研究的新视阈。汉语语境中的族群被普遍认为是一种"社会群体",且多以文化、语言、国籍等因素加以界定,陈国强指出"族群指一种社会群体。它通常可被用来指称任何一种群体,既可以指具有由共同的语言、地域以及心理素质等物质的人所构成的文化、民族群体;也可以指由独具某些特点(诸如国别的、次文化的、宗教的、种族的)而有共同来源、共同历史的人构成的群体"②。李鑫生等认为,"族群是一种社会群体,在较大的文化和社会体系中因根据多种相关的特质而组成的文化丛或民族特质,显露出或被认出它具有的民族特质,而具有其特殊的地位。这种特质多而复杂,其中主要的有血统、体质形状、语言、宗教、国籍或民族来源"③。徐杰舜将族群概念细分为三层意涵,其源于文化认同的族群归属意识去解读族群本质,从而明晰文化认同对族群意识形成与族性特质维系的重要意义,指出"所谓族群,是对某些社会文化要素认同而自觉为我的一种社会实体。这个概念有三层含义:一是对某些社会文化要素的认同;二是要对他'自觉为我';三是一个社会实体。"④

民族与族群有着千丝万缕的联系,西方话语体系中的民族概念始于谱系并逐渐发展为政治层面。共居地域、世系祖先与共享文化等被普遍视为民族构成的基本因子,布伦奇利将民族特质总结为八个层面:(1)其始也同

---

① [科威特]穆罕默德·哈雷德:《科威特市的民族群体和民族等级结构》,小兵摘译,《民族译丛》1992年第5期。

② 陈国强主编:《简明文化人类学词典》,浙江人民出版社1990年版,第454页。

③ 李鑫生、蒋宝德等主编:《人类学辞典》,北京华艺出版社1990年版,第412页。

④ 徐杰舜:《论族群与民族》,《民族研究》2002年第1期。

居一地;(2)其始也同一血统;(3)同其肢体形状;(4)同其语言;(5)同其文字;(6)同其宗教;(7)同其风俗;(8)同其生计。① 民族的历史形成过程中语言彰显着特殊意义,雅各布·格林甚至认为"一个民族就是由说同一种语言的人组成的集体"②。哈贝马斯的民族概念在谱系意涵基础上又明确提出民族始源的政治缺失与未来趋势,其认为"民族首先是一些有着共同的起源的共同体,他们定居在一定的地域,并构成邻里关系;文化上拥有共同的语言,风俗和习惯,但他们在政治上还没有达到一体化的地步,也没有出现类似于国家的组织形式"③。麦内克的民族概念相对理性化,其比较了体现民族精神的"民族"与作为国家公民的"民族"二者的本质不同,认为"民族精神的民族表现为操同一种语言和拥有共同祖先的人们的集合,国家公民的民族表现为生活在同一个政府之下的有共同法律和官方语言以及宗教的人口。"④舒尔策提出了集体认同的民族概念,但同时又认为这一概念"在相当长的时间只存在于人们的思想中,而不是在现实中"⑤,安德鲁·海伍德认为民族本质表征为文化实体,马克思·韦伯则将民族直接等同于政治,其认为"民族基本上是一个政治概念,尽管民族与国家不尽相同,但只有与国家联系起来才能界定"。⑥韦伯承认民族与国家的不同,但同时又指出民族概念的建构不能离开国家,恰如恩格斯所言"以血族团体为基础的旧社会,由于新形成的社会各阶级的冲突而被炸毁;组成国家的新社会取而代之,而国家的基层单位已经不是血族团体,而是地区团体了。"⑦从"血族团体"抑或"氏族组织"演变而来的"地区团

---

① 参见廖盖隆、孙连成、陈有进等主编:《马克思主义百科要览》下卷,人民日报出版社1993年版,第2359—2361页。

② [德]哈贝马斯:《后民族结构》,曹卫东译,上海人民出版社2002年版,第9页。

③ [德]哈贝马斯:《包容他者》,曹卫东译,上海人民出版社2002年版,第129—130页。

④ 刘荣清:《"交往行为理论"语境下的"民族"概念》,《世界民族》2010年第2期。

⑤ [德]哈贝马斯:《包容他者》,曹卫东译,上海人民出版社2002年版,第131页。

⑥ 转引自黄鹏:《对民族、民族—国家、民族主义问题的再认识》,《世界民族》2006年第6期。

⑦ 《马克思恩格斯选集》第4卷,人民出版社1995年版,第2页。

体"与"地区组织"即为民族形成的初始态式,而国家则为民族演变的最终归旨。

　　民族与族群均为历史形成的稳定的社会共同体,但民族更加彰显政治色彩与法律效用,族群则更倾向于表征文化意涵与学术意义。要具体解释族性,应先区分民族(nation)和族群(ethnic group),英文 nation 是指有 state(国家)或 government(政府)的一个族群,含有国家和民族两层意思,而族群本身并不一定含有 state(国家)或 government(政府)的意义,它只是有意识、有认同的群体中的一种。① 比较而言,民族共同体是历史上形成的具有政治性质且被赋予法律地位的一种人类共同体,其与国家联系密切,不能简单以族群取而代之,但就内涵而言,学界普遍认为族群概念意义更加宽泛,民族概念表达相对狭隘,而且从性质上看,族群强调的是文化性,民族强调的是政治性;从社会效果上看,族群显现的是学术性,而民族显现的是法律性,二者有着本质区别。

　　作为复合民族国家主体的中华民族,其应首先彰显其"中华民族"之"民族"的集体蕴含,其次方为体现构成中华民族的多元民族之含义(更确切而言应为族群)。自 1903 年梁启超把布伦奇利的民族概念引入到国内以来,国内开始泛用汉语"民族"一词,但对其概念界定始终意见不一。国内学界就民族概念的界定普遍意义上采纳斯大林民族定义:"民族是人们在历史上形成的一个有共同语言、共同地域、共同经济生活以及表现在共同文化上的共同心理素质的稳定的共同体。"②多元一体民族构成现实语境中的"民族"一词应本然指谓中华民族这一集体概念。无论从历史性抑或现实性上,"中华民族"这一称谓并不仅仅等同于其构成的 56 个族群简单叠加,而是在民族国家长期的历史形成发展过程中曾经出现最终消隐或者延续下来的古今族群交融形成的民族集合体。顾颉刚先生曾于 1939 年发表文章《中华民族是一个》,在试图明晰民族概念的同时也意在危难时期号召并凝聚中华民族的向心力与团结

---

　　① 转引自徐杰舜:《论族群与民族》,《民族研究》2002 年第 1 期。
　　② 《斯大林选集》上卷,人民出版社 1979 年版,第 64 页。

力。正如费孝通所言："中华民族作为一个自觉的民族实体,是近百年来中国和西方列强对抗中出现的,但作为一个自在的民族实体则是几千年的历史过程中所形成的。"①在族际整合的过程中,多元族群间的良性互动与正态交往互动伴随着共同性因素的逐渐增长,也同时使得彼此之间的关系愈加亲密,民族主体的心理接纳程度与群体归属意识也在不断增强,极大程度上强化着多元族群的中华民族一体认同。中华民族既是血缘谱系传承的族群混合体,又为以民族共同价值体系凝聚的文化共同体。中华民族多元族群在文化认同的基础上形成"高一层次的民族认同意识,即共休戚、共存亡、共荣辱、共命运的情感和道义",②这一高层次的民族认同意识即为高于族群认同之上的中华民族集体认同。中华民族认同不仅现实沉淀着民族成员的共通情感和共同意识,而且历史给定着中华民族多元族群的身份预设和群体归属。

民族认同与民族文化认同既有区别又有交叠,民族认同强调民族成员的身份归属,民族文化认同则强调民族成员的心理归属和价值抉择,在民族关系多元复杂的现实境遇里,民族认同从根基性上投射着民族文化认同的主体意义和给定视域,民族文化认同则从价值性上固基着民族认同的精神本源和价值基础。民族认同常常意味着民族成员宿命天定不可退出的族属身份,先天预设的主体属性在群体归属的现实场景中愈加得以巩固和沉淀,也同时规制并体现着民族成员文化构成的给定视域和文化选择的主体投射。"对个人来说,族群归属和身份是生来就有的"③,当民族个体的族属身份先天给定之后,其必然不能回避地接受所属群体给予自身的思维方式、行为模式、道德规范等文化表征,也即他诞生于某种文化,也必将按照某种方式思考、感觉和行为,假

---

① 费孝通:《中华民族的多元一体格局》,《北京大学学报》(哲学社会科学版)1989 年第 4 期。

② 费孝通:《中华民族多元一体格局》(修订本),中央民族大学出版社 1999 年版,第 13 页。

③ 汝信主编:《社会科学新辞典》,重庆出版社 1988 年版,第 1246 页。

如诞生于另一种文化,其行为也就相应地不同,①因此,族属身份的不容选择在决定着民族成员先天的主体文化视域之时也根本上影响着其后天的文化研判和价值抉择。源于民族发展的强弱以及个体认同的差异表现在民族认同态度上就有积极的民族认同和消极的民族认同之区分。② 毫无疑问,积极的民族认同在认同实践上指向民族成员的民族自豪感,其所蕴含的强烈内聚性在有力地维系着民族内部的团结统一之时,也从实际意义上推动并巩固着民族文化认同的现实进程和群体属性;与此相反,消极的民族认同不仅不利于民族成员的关系发展和民族内部团结,而且从不同方面不同程度地式微着民族成员现实的民族文化认同。有鉴于此,民族认同必然需要文化价值体系的整合和导引。民族文化认同是民族认同何以可能的前提和基础,作为个体文化归属和理性基点之表征,文化认同理所当然是民族认同的精神引领和价值导向,正是因为民族文化规制着民族成员共同的文化属性和文化内在,民族内部的不同族群才具有相互认同并进而擢升为民族共同体集体认同的可能。在多元族群交融共生的关系场域中,无论从模式抑或内涵,中华民族认同的内部态势极其复杂多元,其中既涉及民族成员的个体认同,又包括多元族群的彼此认同,还集中反映着中华民族的整体认同。民族认同的现实演绎中个体的文化构成、族群的文化构成、民族的文化构成等等相互交织和杂糅,其中必有利益矛盾和价值冲突,有不同主体文化构成的解构和重构,以中华优秀传统文化为根基的中华民族文化在整体性上整合和凝聚着多元族群的共同利益和价值诉求,并汇聚擢升为中华民族多元主体共同的精神体系和价值理念,从价值意涵上规范并引导着民族共同体内部样态不一的身份认同趋于一致且在此基础上升华并强化着中华民族的整体认同。韦伯认为建立在共享世系、相信来自共

---

① ［美］L.A.怀特:《文化科学——人和文明的研究》,曹锦清等译,浙江人民出版社1988年版,第118页。

② 王希恩:《民族认同与民族意识》,《民族研究》1995年第6期。

同血缘祖先的主观情感及其对这种共享的文化诠释,对一个群体的构成至关重要。① 彼此的情感依附和共同的文化记忆是民族建构的基石,也是民族得以存在并维系的根本,而民族文化认同从本质上导引着民族成员的情感依赖和心理归属,给予着民族共同体最强大的内聚力和最稳固的团结力。同时,民族文化认同也是民族成员身份确证的主要依据,作为民族诸特征中最为鲜明和最为牢固的体现,民族文化的稳定性往往承载着民族成员身份识别的重要功能,其抗同质化特性从文化本性上划定着族属身份的斥异和认同,并强化着民族共同体内部成员属于同一群体的情感和心理。民族文化认同是中华民族共同体内部多元族群和谐共生、交融一体的历史支撑和现实基础。

多元族群彼此之间经济、政治和文化等诸方面的交互关系是民族文化认同和中华民族认同何以可能的现实场域和必要条件。马克思认为人的本质在其现实性上"是一切社会关系的总和"②,民族成员基于身份归属的民族认同和基于价值意义的民族文化认同是在彼此之间复杂社会关系中通过诸多因素的影响和作用而实现的。无论是民族身份认同抑或者民族文化认同,民族社会发展的客观存在均起着决定性作用,社会经济、政治、文化等方面的发展决定着民族认同和民族文化认同的内容和走向。民族认同实质指谓民族成员的身份确证和归属确认,民族共同体内部成员能否真正从情感和心理上感觉同属一个共同体也即民族认同能否真正实现的主要原因取决于彼此利益诉求能否在现实社会发展中达成一致。在一个多民族社会里,在族群之间的交往互动过程中,"族群"会逐步成为具有特定经济或政治利益的群体单元,并会在此基础上产生某种"自身动力",民族的成员们可能会通过动员族群的集体行为来为自己争取这些利益。③ 对于复合民族而言,族群是实际的利益诉求载

① Max Weber.*Economy and Society:An outline of Interpretive Sociology*.Gunther Rose and Claus Wittich(eds.)New York:Bedminister Press.1978.p.389.

② 《马克思恩格斯选集》第 1 卷,人民出版社 1995 年版,第 60 页。

③ Glazer.N and D.P.Moynihan.eds.*Ethnicity*.Cambridge:Harvard University Press.1975.p.28.

体,不同族群的存在就意味着不同利益群体的存在,利益诉求的内涵与外延影响着族群群体对民族共同体乃至民族国家的认同与斥异、归依与离散。中华民族多元族群在共居的地缘空间内和长期的共同生活中历史演绎并现实塑形着交融的民族关系,"民族间的经济的联系和依赖把各民族社会生活内在的需要紧密地结合在一起,形成了中华民族作为一个整体而存在的一份牢固基础。"①频繁的经济往来和交往互动不仅推动着民族社会的发展进程而且整合着多元族群不同的利益表达并在此基础上形成着其共同的利益诉求,从本源上筑牢着中华民族整体认同的社会基础。民族文化认同实质表征为价值意识的认同,是主观对客观的反映,是把客观实在转化为主观意识的过程。对中华民族文化的理解、接受和认可既是民族主体自身研判的抉择的过程,也是其与人交往联系过程中诸多因素相互作用的结果。民族文化认同是一个不断发展变化的动态过程,认同不是强加于主体的,而是主体的主动选择,民族成员的客观需要是民族文化认同的现实动力。"任何事情的发生都不是没有自觉的意图,没有预期的目的的"②,没有需要就不会有认同,民族文化认同亦是如此,民族内部成员在彼此交往关系中产生的内在需要是民族文化认同实现的重要条件。民族成员的思维方式和价值诉求在彼此之间经济、政治、文化等交往互动中和共同的生活实践中逐渐走向一致甚至趋同,情感的共通和价值的共享使得多元群体"形成了一种独特的存在,受群体精神统一律的支配"③,从精神层面强化着民族成员对表征着民族群体精神统一律之民族文化的自觉认同。离开了民族成员交往互动的关系场域,无论是民族认同抑或民族文化认同,都将失去其赖以实现的时空情境。同样,民族关系的时空演绎也离不开民族认同和民族文化认同的群体归属确证和主体价值导引,民族交融的现实态势即佐证着民族关系复杂场域中民族认同和民族文化认同的实然景观。

---

① 陈育宁:《民族史概论》,宁夏人民出版社 2001 年版,第 58 页。
② 《马克思恩格斯选集》第 4 卷,人民出版社 1995 年版,第 247 页。
③ [法]勒庞:《乌合之众》,冯克利译,中央编译出版社 2000 年版,第 16 页。

当然,研判中华民族认同和中华民族文化认同不能仅仅只局限于中华民族内部多元族群的关系演绎中,如费孝通先生所言:"必须和'非我族类'的外人接触才发生民族的认同,也就是所谓民族意识。"①实际上在全球化和信息化的现代语境中,无论是民族认同抑或民族文化认同,都必须置于与"他族"的接触过程中得以强化和筑牢,因为在时代境遇中'民族认同'实际上已经被理解为'民族认异',即一个民族确定自己不同于别人的差异或他性。② 同样,民族文化认同在很大程度上也往往意味着对他族文化的斥异,多元一体的中华民族认同和中华民族文化认同不仅在民族共同体内部多元族群的关系构型中得以建构和固基,而且在与他族接触和斥异的过程中得以发展和彰显。

在中国特色社会主义时代境遇中,基于执政效能指向的中国共产党认同、基于利益指征强化的政治认同在多元一体民族格局现实场域中共释着民族成员"五个认同"之价值引领。"凡在公共空间展现的一切,从定义来说都是政治的,即使它不是行动的直接产物"③,政治认同的现实注解也由此得以明鉴。政治认同投向于民族成员对于共同体政治信仰和政治理念的主动接受和自觉内化,执政党认同则诉诸民族成员对民族国家执政党治国理政方略的认可与赞同。执政党认同的时空图谱表征着政治认同本然之义,但从认同投射的主客体视域出发,执政党认同在紧系政治认同的历史限阈之同时亦反观着政治认同的时下境遇。立于当代中国政治语境研判,政治认同实质内含着民族成员对中国共产党执政地位的历史肯定,得益于中国共产党执政理念和执政能力的国民赞同,诠释于民族共同体政治制度设计、现实利益分配与政治绩效认可的具体实践中。

政治认同表征为民众对共同体政治体系和政治价值的信任和依赖并由此

---

① 费孝通:《中华民族的多元一体格局》,《北京大学学报》(哲学社会科学版)1989年第8期。

② 张汝伦:《经济全球化和文化认同》,《哲学研究》2001年第2期。

③ Hannah Arendt.*Between Past and Future*:*Eight Exercises in Political Thought*.New York:The Viking Press.1968.p.115.

产生情感和心理层面的政治归属感,因此,政治认同不仅映射着民族主体的具体的政治心理和政治选择,而且表征着其主观见之于客观的政治中介,实现着主体政治价值抉择和政治行为践行的整合和统一。民族共同体的"政治认同是指一个人感觉他属于什么政治单位(国家、民族、城镇、区域)、地理区域和团体,这是他自己的社会认同的一部分。这些认同包括那些他感觉要强烈效忠、尽义务或责任的单位和团体"①。政治认同呈现为个体认同和集体认同不同层面,个体认同强调自我的政治身份确立和政治群体归属,而集体认同则指涉民族共同体成员对于共同体政治信仰的承认和共同体政治利益的共享,涂尔干认为"社会成员平均具有的信仰和感情的总和,构成了他们自身明确的生活体系,我们可以称之为集体意识或共同意识"②,集体意识或共同意识是民族共同体成员政治认同的基础条件,政治认同的共同目标即是民族成员社会关系的群体定位。合法性承认是政治认同何以可能的预设前提,因为"达到理解的目标是导向某种认同。认同归于相互理解、共享知识、彼此信任、两相符合的主观际相互依存"③。承认表征着共同体成员交互对话的本质,政治的合法性承认意味着认同主客体双向的肯定和践行的统一。政治民主化进程使得对政治合法性的注解由"占有"和"统治"走向"对话"和"承认",也即个体选择与群体推崇在理解基础上达成着高度的视域融合。制度认同、价值认同、绩效认同是政治认同的集中表达。制度认同指谓主体基于社会制度层面的理解、认可、赞同肯定并由此产生的政治归属感,其源于民族成员对共同体政治制度的高度信任。制度"是一系列被制度出来的规则、守法程序和行为的道德伦理规范,它旨在约束追求主体福利或效用最大化利益的个人行为"④。约束和规范个体福利和利益追逐行为的制度若想得到遵循和认同,其

---

① 　[美]威尔特·罗森保姆:《政治文化》,桂冠图书股份有限公司1984年版,第6页。
② 　[法]涂尔干:《社会分工论》,渠东译,三联书店2013年版,第42页。
③ 　[德]尤尔根·哈贝马斯:《交往与社会进化》,重庆出版社1989年版,第3页。
④ 　[美]道格拉斯·C.诺斯:《经济史中的结构和变迁》,陈郁译,上海人民出版社1994年版,第52页。

必须体现公正和公平,因此,社会正义即是制度认同的发生源点和核心之义。罗尔斯曾言:"正义是社会制度的首要价值,正像真理是思想体系的首要价值一样。一种理论,无论它多么精致和简洁,只要它不真实,就必须加以拒绝或修正;同样,某些法律和制度,不管它们如何有效率和条理,只要他们不正义,就必须加以改造和废除。"①制度正义的合法性体现和有效性运作需要相应的规范和保证机制,否则终将流于形式。价值认同是政治认同的核心表达,其本质指涉主体对共同体政治理念的认可和政治价值的信仰。"民族共同体政治认同的构建不仅包括司法地域等行政资源的整合,而且包括民族成员社会心理和价值观念的文化调整,其双向发展的相互交织,使共同体政治认同的理解逻辑性地包含了民族存在的本质意蕴和对象性意旨,折射出意义投放的民族意味与时代成果。"②从主体政治行为的视角研判,政治认同表现为民族成员基于政治认知和理解之上对共同体政治信仰和政治体系的承认、接受和赞同,通过一定的政治意志和政治措施借以实现共同体内部成员对政治信仰、政治理念等政治价值体系的承认、认可和赞同。绩效认同是共同体政治认同的逻辑起点和目标归旨。民族共同体的政治认同投射着民族存在的本真意蕴和主体意旨,其在现实性上表征为利益整合和绩效评估的顶层设计和现实观照。如果"没有带给被统治者以幸福安康,那么他的魅力型权威的机会就会消失"③。绩效增长是共同体社会政治认同的必要条件,虽然绩效增长不一定必然强化政治的合法性巩固,但毕竟"人们奋斗所争取的一切,都同他们的利益有关"④。有鉴于此,作为共同体政治理念和政治价值的维护者和执行者,政权组织和政治机构必须能够保障成员的实际利益并给予利益以合法性的保护,政治认同才真正具备何以实现的前提和基础。

---

① [美]约翰·罗尔斯:《正义论》,何怀宏译,中国社会科学出版社1988年版,第3页。
② 詹小美:《民族共同体政治认同的理解向度》,《马克思主义与现实》2013年第1期。
③ [德]马克斯·韦伯:《经济与社会》,林荣远译,商务印书馆1996年版,第269—273页。
④ 《马克思恩格斯全集》第1卷,人民出版社1956年版,第82页。

　　在民族国家既定限域内,执政党认同是政治认同的核心演绎。政党认同概念最早由美国学者坎贝尔提出,其基于选民政治视角认为政党认同表现为选民"在心理上对某一政党的归属感或忠诚感"①。作为认同形式的其中一种,政党认同毫无疑问也是主观建构和想象的结果,其虽表现出相对的稳定性,但也同时随着主观需求和客观情境而发生着相应的解构和重构。伴随着民主政治现代化的发展过程,政党认同的内涵诠释愈加宽泛,政党活动的现实表征也愈加多元,"政治现代化的一个重要标志就是整个社会中的组织和团体通过政党日益参与政治活动。"②政党认同从层次上又划分为执政党认同和参政党认同,其中,执政党认同是政党认同核心范畴。执政党认同现实指谓共同体内部成员在政治实践和社会生活中对执政党的认可、接受和赞同并由此产生的情感和心理层面的归属感。与政治认同逻辑理路相一致,在现实政治场域中,执政党认同凸显三个面向,即执政方式认同、执政理念认同、执政绩效认同。执政方式是执政党治国理政的方法机制,其从执政表象上映射着执政理念的蕴涵和意旨。执政理念认同集中表征于民众对执政党意识形态理论的认同和内化。意识形态认同是执政党认同何以实现并延续其政治合法性的重中之重。政治合法性是执政党执政的前提预设,其意指"政府基于被民众认可的原则的基础上实施政治统治的正统性和正当性。"③意识形态反射着占据社会统治地位的执政党集团系统化、逻辑化的政治思想体系,其在为执政党的政治治理和政治体系提供着合法性诠释的同时也引导并规制着共同体成员对共同体政治信仰予以承认和皈依。马克思认为意识形态"一则是作为对自己统治的粉饰或意识;一则是作为这种统治的道德手段。"④意识形态通过道德理性说服予以注释执政党的合法性地位和合法性执政,也同时为执政者本身

①　Angus Campbell.*The American Voter*.New York:John Willey & Sons. 1960.p.121.

②　[美]塞缪尔·亨廷顿:《变化社会中的政治秩序》,李盛平等译,华夏出版社 1988 年版,第 19 页。

③　燕继荣:《政治学十五讲》,北京大学出版社 2004 年版,第 144 页。

④　《马克思恩格斯全集》第 3 卷,人民出版社 1960 年版,第 492 页。

提供合法性的心理依据和心理慰藉。以政治机构为基点的共同体政府在维护和强化其政治权威的合法性认同过程中必然要首先确立其所表征的意识形态,逐渐使其得以稳固沉淀,并在共同体的政治实践中和社会生活中被民众所接受和认可。绩效认同是执政党强化其认同并进而稳固执政合法性的前提基础,民众利益诉求的满足与实现程度则为执政党认同的生成本源和逻辑起点。

政治民主化进程中的社会主流意识形态认同是执政党认同的核心之重,意识形态是执政党的理论基础,也是其执政合法性的理论来源,其给予着政治统治和政治体系合理性诠释的同时也导引着民族成员对执政党政治思想和现行政治制度的信任和服从。马克思主义意识形态集中表征着中国共产党的执政思想和执政理念,在当前多元文化碰撞和价值异质交织的现实境遇下,马克思主义的中国化是刻不容缓的政治命题,其不仅关涉着中国共产党执政话语权的主导地位,而且紧系着国家政治的发展稳定。马克思主义的中国化实然指向马克思主义话语权在文化形态和文化意涵上的民族化和时代化重构,因为"在其文化的维度上,马克思主义中国化主要指涉一个国外意识形态学说和中国独特的文化品格相融合的问题。"①作为一种意识形态,马克思主义本质表征为特定的文化模式与价值体系,对马克思主义当代中国化的诠释必须揆诸其文化维度。马克思主义中国化的现实实现要求价值主体必须深刻反思与理解当代中国社会的文化需要与价值诉求,以民族文化为支撑与条件、于中华文化境遇下丰富发展马克思主义,实现马克思主义的本土化、通俗化、与民族化,体现马克思主义的时代性与实践性,给予马克思主义民族的文化蕴涵与价值体认,是马克思主义中国化的应有之义。"马克思主义必须通过民族形式才能实现。没有抽象的马克思主义,只有具体的马克思主义。所谓具体的马克思主义,就是通过民族形式的马克思主义。"②通过民族形式表达的具体

① [美]雷蒙德·怀利:《毛泽东、陈伯达和"马克思主义中国化"(1936—1938)》,林育川译,《现代哲学》2006年第6期。

② 《中共中央文件选集》第11卷,中共中央党校出版社1986年版,第202页。

的马克思主义不仅表征着其自身的价值内涵与价值意义,而且彰显着符合民族传统与时代精神的价值利益与价值诉求,并以价值导向与精神引领的方式服务于社会主体与民族国家。"所谓精华或糟粕,所谓普适不普适,往往同其是否可在其他文明或文化中找到类似或相通的流传久远的东西相关联。"马克思主义价值体系所诠释之价值真谛与价值蕴涵最本质地表达并代表着当代人类社会发展进程中最先进也最普适的价值准则与价值意义,与中华文明所一贯推崇之价值理念与价值体认存在高度契合与集聚,从根本上强化着民族成员马克思主义认同的自觉内化并由此筑牢着中国共产党认同的文化给养与价值引领。

政治认同和执政党认同在当代中国现实语境里达成着高度的一致和重叠。当代中国政治认同实质即投射于多元一体中华民众对中国共产党的认同、对中国特色社会主义制度的认同等等。中国共产党的执政地位不仅是社会演变过程中的历史选择,更是人民大众基于充分信任和认同基础上之自愿选择。"在中国,政党是国家的前提,首先是历史的给定性,其次还是社会主义社会质的规定性。"①中国共产党代表着最广大人民群众的利益,从本质上筑牢着中华民族成员对中国共产党最深层的执政认同,是中华民族成员对中国共产党执政的正确认识与正向研判,指涉国民身份的具体和国族意志的高扬。是否集中体现中华民族成员的现实利益诉求是研判中国特色社会主义制度认同的重要维度,评判制度认同的决定因素在于制度对于主体利益的满足和实现程度。恩格斯指出:"每一时代的社会经济结构形成现实基础,每一个历史时期的由法的设施和政治设施以及宗教的、哲学的和其他的观念形式所构成的全部的上层建筑,归根到底都应由这个基础来说明。"②以公有制为主体的社会主义经济关系从现实基础上决定着中国特色社会主义制度必然从逻

---

① 林尚立:《党内民主:中国共产党的理论与实践》,上海社会科学院出版社 2002 年版,第105 页。

② 《马克思恩格斯选集》第 3 卷,人民出版社 1995 年版,第 739 页。

辑起源上即代表且维护着大多数民众成员的利益诉求,公有制的本源机理规制着社会主义制度体系本质的利益表征和发展趋势。社会主义意识形态既为中国共产党合法性执政的立论基础,又为中国特色社会主义制度的理论注释,因此,无论是中国共产党认同抑或社会主义制度认同,都必须充分考量社会主义意识形态的现实意义和主导作用。在当前价值多元与价值冲突的复杂境遇中,强化民族成员社会主义意识形态认同的根本在于增强其对社会主义核心价值体系的认同,并进而从理论基础和实践意义上筑牢中华民族成员社会主义政治认同和中国共产党认同的价值根基和演绎逻辑。

在河湟区域社会变迁进程中,宗教信仰不仅逐渐形成为基础的文化单位,而且日益发展为现实的政治载体,宗教与政治之间的密切关系甚至直接影响着河湟地区的社会历史演变和民族构成格局,宗教认同在很大程度上影响着河湟民众政治认同的实然态势。宗教问题从根本上关涉着民族地域政治稳定和社会发展,马克思强调对待宗教和政治的分歧应该"更多地在批判政治状况当中来批判宗教,而不是在宗教当中来批判政治状况"①,宗教信仰与政治认同并不存在决然的冲突和矛盾,问题的现实指向依然需要求助于价值共识的探寻和利益诉求的调适。基于河湟地域次生多元一体文化态势考量,不同的宗教文化派系所秉持的精神信仰大多彰显宽容、和谐、真诚及为善之共同价值取向与中华精神固源本质,并于多元族群糅合生活过程中擢升为维系异质族群文化异质趋于价值一致的普域体系。多元文化群体彼此之间在历史共生与文化博弈的过程中孕育并集聚着价值共识与相通利益,这一外现为多元族群和谐交融的价值诉求也恰恰体认着政治认同的价值蕴涵与民族归旨,二者基于价值认知与价值判断之上的现实对接彰显着多元族群与中华民族整体的利益趋同,并由此建构着民族区域政治认同的价值根基。同时,在中国共产党的领导和社会主义制度框架下,民族区域自治制度与民族团结政策在给予民

① 《马克思恩格斯文集》第10卷,人民出版社2009年版,第3—4页。

族地位平等和民族治理自主合法性保障的同时也保证并实现着多元主体合理的利益诉求和政治权利,打破了族群间固有的文化隔阂与心理局限,式微着纯粹的"我们"与"他们"的理念异化与分隔界限,从制度保障和利益保证上强化着河湟地区民众政治认同和中国共产党认同的心理自觉和情感归属。

在民族国家历史型构时空图景中,基于民族共同体意指彰显的国家认同、基于国家面向实然投射的中国特色社会主义认同在社会主义国家现实场景中共演着中华民众"五个认同"之价值旨归。国家是"政治实体的最高形式,民族精神的政治外壳,民族意志和命运的物质体现"①,国家表征着民族共同体的最高利益与最终归宿,民族共同体诠释着国家认同的现实图景。在复合民族国家时代场景中,国家认同彰显着民族与国家、文化与政治的现实整合与群体对接,表征于国家主权、国民身份、国家利益的捍卫与坚守,升华在中国特色社会主义的主体自觉,这是一种民族目标愿景达致的价值旨归。

国家认同的含义非常宽泛,其与民族共同体的政治认同既有区别又有重叠,但国家认同伴随时空情境的变化而发生相应变化。就当代中国国家认同而言,从主体视域揆诸,既表征为祖国认同,又展演为对中华人民共和国这一社会主义国家的认同,从后者意义出发,中国特色社会主义认同不仅仅体现着民族国家政治认同的本然内涵,更加映射出民族共同体国家认同的本质意蕴。国家展演着民族共同体的现代外壳,民族共同体利益的维护和内部的凝聚必须依赖于国家构建,因为国家"是一个共同体能够借以产生共同意志和共同行动的条件。"②文艺复兴和宗教改革从根本上助推着民族国家观念的复兴与普及,某种意义而论民族国家可谓孕育了现代国家的基本形态,恩格斯曾言:"日益明显日益自觉地建立民族国家[nationale Staaten]的趋向,成为中世纪进

---

① George H.Sabine.*A History of Political Theory*.New York;Holt,Rinehart and Winston,1961. p.306.

② [美]伊格尔斯:《德国的历史观》,彭刚等译,译林出版社 2006 年版,第 321 页。

步的重要杠杆之一。"①无论就概念抑或态式而言,从最初萌芽之态到现时成熟之姿,国家均经历了漫长的演绎过程,现代意义的国家概念于近代终得成形之后,又被赋予不同的时代蕴含并历经多维的境遇变迁。维斯特法利亚体系标志着现代国家观念被普遍认可和接受,国家本然立于社会之上,国家概念的现代释义更加注重诠释国家的本质蕴涵而非形式写意,鲍桑葵认为国家不失为公共意志的直接体现,"它赋予政治统一体以生命和意义,同时又接受它的相互调节,从而得到发展并具有一种更加开明的气氛"②。在布丹看来,国家已经是一种独特的权力机构,这一权力机构区别于以往任何一种社会公共团体,其赋予国家以主权理念。③ 西塞罗早已提出,"国家是人民的事业,但人民不是某种随意聚集在一起人的集合体,而是大量的民众基于法的一致和利益的共同而结合起来的联合体。"④国家概念的建构立于政治、权力和主体之上,其实质指向基于利益之上组合起来的享有绝对主权并占据统治地位的政治共同体,是国家主体阶级矛盾不可调和的产物。对国家认同的研判必须置于民族国家现实语境,回到认同与归属的本真,民族与国家是其重要的考量,这不仅归因于民族与国家是国际体系中最为稳定的共同体形式,而且得益于它们是国际竞争体系中最本质的实体与单元。对于民族成员而言,国家认同"乃是他们个人安身立命最基本而不可或缺的认同存在,是他们赖以为生的社会价值体系"⑤,有鉴于此,国家认同实质指谓民族成员对所属国家的认知、评判、认可和选择,由此产生归属感,并进而获得命运相关的国家自主意识的过程,从民族主体视域而言,国家认同"实质上是一个民族确认自己的国族身

① 《马克思恩格斯文集》第4卷,人民出版社2009年版,第219页。

② [英]鲍桑葵:《关于国家的哲学理论》,汪淑钧译,商务印书馆2006年版,第163页。

③ [英]昆廷·斯纳金:《现代政治思想的基础》,段胜武等译,求实出版社1989年版,第632页。

④ [古罗马]西塞罗:《论共和国 论法律》,王焕生译,中国政法大学出版社1997年版,第39页。

⑤ [英]埃里克·霍布斯鲍姆:《民族与民族主义》,李金梅译,上海世纪出版集团2006年版,第5页。

份,将自己的民族自觉归属于国家,形成捍卫国家主权和民族利益的主体意识"①。民族国家的内部排斥机制涵盖了国家主权的独立性、神圣性和不可侵犯性,它以民族国家政治运行的前提和预设,对以"原子"身份出现的民族成员的独立性进行了强调,对以"国民"身份出现的民族成员的平等性进行了演绎,它的意义不仅构成了国际关系准则的法理基础,而且型塑着国家认同具体达致的政治基质。

作为民族政治实体的最高形式、民族意志和民族命运的物质体现,民族国家的形成和发展必然置于民族成员个体的文化建构和集体的文化记忆之上,国家认同也因此在本质上表现为"一个国家的公民对自己祖国的历史文化传统、道德价值观、理想信念、国家主权等的认同"②。历史文化传统及其所表征之道德价值观念以其对民族共同记忆的历史建构以及对民族历史的时空延续,承载着现代民族国家的集体意志和精神实质,共同的历史传统和共享的文化观念不仅从本源上给予国家认同的现实达成以个体驱动力和群体聚合力,而且从现实性上赋予民族主体身份确认和群体归属所必需之价值理性和逻辑思维,因此,在民族国家现实架构内,民族成员所共享的文化观念和传统价值理念是固基并强化其一体归属,进而达成国家认同不可或缺之基础要件。加拿大著名学者威尔·金里卡强调人们正是通过追问他们"认同谁"和他们感到"与谁休戚相关",来决定他们想与谁分享一个国家的,而此种认同感实是源自共同的历史和文化。但是,在多民族国家中,人们难以共享的恰恰是这些东西。③ 民族国家现实生存和发展的根基集中凸显为多元族群共同文化的形成和共享价值的汇聚,民族成员国家认同的真正达致亟待国家文化的社会强化和主体接受。国家文化与民族文化是既有区别又有联系的概念范畴,前者

---

① 贺金瑞、燕继荣:《论从民族认同到国家认同》,《中央民族大学学报》2008 年第 3 期。

② 李崇富:《马克思主义国家观和国家认同问题》,《中国社会科学》2013 年第 9 期。

③ ［加］威尔·金里卡:《多元文化公民权——一种有关少数族群权利的自由主义理论》,杨立峰译,上海世纪出版集团 2009 年版,第 240 页。

指涉地域空间的文化界限,后者则侧重文化概念的民族渊源,国家文化呈现为文化生存的空间态势,民族文化则表征为文化发展的时空延续,特定时期的国家文化必然包含国家构建之民族文化,而民族文化在一定意义上不失为国家文化的时空聚合。无论是从文化的地域划分抑或其民族属性界定,"没有一个国家,甚至没有一个自由主义国家能保持文化上的中立性"①,民族国家当然更不能例外,也正如此,有学者认为国家文化必须与各地方文化有联系又有共同性,是把地方文化整合起来的共同文化,并指出以地域文化的共同性模糊其之间的差异性,进而凸显国家文化的普遍意义和共同性是民族国家社会稳定的前提和国家认同实然达成的基础。② 据此释义,基于历史文化传统之上的民族文化及其所蕴含之价值理念不失为国家认同的核心之义。对于民族国家而言,共同的理想信念和民族成员所普遍接受的核心价值观是国家认同固本强基之必需。"人类社会发展的历史表明,对一个民族、一个国家来说,最持久、最深层的力量是全社会共同认可的核心价值观。"③作为中华民族文化一以贯之且符合历史发展方向的道德标准和价值理念,社会主义核心价值体系和社会主义核心价值观不仅集中体现着中华民族构成之多元主体现实利益和价值诉求,而且构筑并凝练着复合社会主义民族国家集体认同的共同信念和共享价值。

事实上,当代中国的国家认同的历时建构在很大程度上深受历史和文化所传承下来的传统国家观念和国家治理理念的影响和规制。有学者认为,基于中国历史发展的结构和逻辑,当代中国国家认同是国家认知和国家观念在三个不同时空阶段的复合而成,第一个时空是中国千年历史与传统的时空,其建构了中国人对"文化中国"的认同及其独特的国家观念;第二个时空是鸦片

---

① 〔英〕恩勒·伊辛、布雷恩·特纳主编:《公民权研究手册》,王小章译,浙江人民出版社2007年版,第339页。

② 韩震:《全球化时代的公民教育与国家认同及文化认同》,《社会科学战线》2010年第5期。

③ 《习近平总书记系列讲话重要读本》,学习出版社、人民出版社2014年版,第92页。

战争以来中国从传统帝国迈入现代国家历史的时空,其构建了中国人对现代共和国的认同;第三个时空是新中国成立以来社会主义革命与社会主义建设的时空,其建构了中国人对社会主义中国的认同。① 在当代中国国家认同的现实情境中,现阶段的国家认同实质指向社会主义中国的认同,其虽然离不开第一和第二时空所给予国家认同的意涵和理念建构,但又有着截然不同的本质区别。

　　中国特色社会主义认同集中表征着当代中国国家认同的本质意涵。在现实性上,中国特色社会主义认同具体指涉民族成员对中国特色社会主义的理解认同,主要表现为深刻的价值认同。这是一种源于五千年文明的涵化、感悟中国共产党执政理念的物化、对中国特色社会主义的承认与接受,据此形成的道路自信、理论自信、制度自信、文化自信,表征着民族成员对共产党执政规律、社会主义建设规律和人类社会发展规律的认可与赞同。社会发展的多元性、历史积淀的多样性与现实境况的差异性决定着没有普适皆准的国家路径与道路模式,任一国家的发展都必然依据其体征其自身的历史本源性与现实特殊性,都不可能一模一样,即便同为社会主义国家,一如列宁所言:“一切国家都将走向社会主义,这是不可避免的,但一切民族的走法却不会完全一样。”②中国特色既是民族国家社会主义历史生发的特性彰显,也是时代境遇中社会主义国别化模式的生动演绎。中国特色社会主义不仅实现了对马克思恩格斯关涉社会主义发展模式经典设想的理论超越,也实现了对苏联社会主义发展道路经典模式的实践突破。在现实性上,基于社会主义价值规制下,中国特色的实然投向必须立足于中国实际,对中国实际的具体揆褡不仅要考量社会主义中国的发展进程和中国特色社会主义的现实景观,而且要考察中华民族的形塑历程和民族国家的发展历史,因为人们创造的历史并不能随心所欲,“并不是在他们自己选定的条件下创造,而是在直接碰到的、既定的、从过

---

① 林尚立:《现代国家认同建构的政治逻辑》,《中国社会科学》2013 年第 8 期。
② 《列宁专题文集·论社会主义》,人民出版社 2009 年版,第 398 页。

去承继下来的条件下创造。"①民族成员对中国特色社会主义的正确认知和理性研判是中国特色社会主义认同的前提和基础。中国特色社会主义在理论上既坚持了科学社会主义的原则又兼具中国特色。"中国特色"植根于中国土壤,立足于中国历史传统与现实情况,依赖于中国人民的实践,并随着中国社会发展而实现相应发展,因为"中国特色社会主义最成功的经验之一,就是从中国国情出发选择现代化道路,保持发展的自主性"②。中国特色社会主义体现着人类社会文明的发展方向和历史趋势,是人类文明史上的伟大创举,"是因为它既超越了掠夺和战争的资本主义现代化,是一条通过和平发展实现社会主义现代化的道路;也是因为它又超越了苏联模式,是使社会主义朝着和本国具体实际、时代特征紧密结合起来的更加健康的方向发展的道路。"③"中国之谜"在震惊世界的同时亦震撼着国人之心且让民众为祖国在改革开放短短40多年里所创造的辉煌和成绩感到无比自豪和骄傲,这不仅有力佐证着中国特色社会道路这一历史选择的正确性和合理性,而且夯实着中国特色社会主义认同的理论依据和民众基础。

基于河湟地区空间实景考察,族群认同与中华民族认同、族群文化认同与民族文化认同在次生多元族群文化一体走向地域展演中相互交织杂糅,既彼此制衡又适时调适,既相互博弈又交融共生,既各自独立又源自利益互通嵌入着彼此优势。回溯河湟地区次生多元文化一体交融之空间图谱,无论其呈现态势如何演变,在现实性上均始终指向价值认同之中华民族一体语境与民族国家整体旨归。"人们宁愿冒生命危险,放弃自己的爱,舍弃自己的自由,牺牲自己的思想,为的就是成为群体中的一员,与群体协调一致,并由此获得哪

---

① 《马克思恩格斯文集》第2卷,人民出版社2009年版,第470—471页。
② 陈金龙:《发展中国家走向现代化的中国智慧》,《人民日报》2017年11月22日。
③ 徐崇温:《中国特色社会主义道路是人类文明史上的伟大创举》,《马克思主义研究》2012年第4期。

怕是想象的身份感。"①次生多元族群文化在民族成员交融互动生活实践中擢升为彼此认同且共同遵循的普域价值体系,并最终于价值层面走向了"一体"本源,建构着地域空间"五个认同"的社会基础。

表象多元的传统文化艺术资源现实追溯着河湟地区多元族群互动交融的时空图谱,其不仅强化着河湟族群集体建构的历史记忆,而且展现着中华民族一体形塑的空间景观,并由此固基着河湟民众"五个认同"的民族体认与身份确证。族群交融时空情境中现实矛盾与历史理性的杂糅态势形象勾勒出河湟文化多元并蓄、一体共演的清晰脉络,也决定着区域空间异彩纷呈传统文化艺术资源一体走向之价值旨归。地域空间的共生交融、族际人口的历史流迁、中原文化的日益西渐、不断更替的族群政权等不仅共创着河湟地区多元族群互动交融的历时情境,而且深远影响着中华民族历史形塑的发展进程。李文实先生曾言"神话传说与古史记载,虽出现与形成有先后,但夏民族源于氐羌,则是无可怀疑的历史事实,不仅如此,它还是以后中华民族的主源之一呢。"②河湟地区多元族群在历史共生与文化博弈的过程中孕育并集聚着价值共识与利益相通,这一外现为多元族群的价值诉求与利益追逐也恰恰注解着中华民族认同与中华文化认同的价值语境。作为河湟族群共享的文化记忆与文明体征,传统文化艺术资源在其对文化具象的历时演绎中固基着河湟民众"五个认同"的心理归属与身份确证,比较具代表性的如河湟社火的"舞龙"表演。"龙"被公认为中华民族的典型象征,在河湟民间,青龙(蓝色的龙)据说掌管着风调雨顺,"舞青龙"意为祈祷丰收,黄龙则象征着国运顺畅、政通人和,"二龙共舞"寓意国泰民安、天下欣荣。作为河湟社火表演的传统必备项目,"舞龙"表演不仅充分表达着河湟民众希望国家繁荣昌盛、中华民族蒸蒸日上的美好祝愿,而且深层刻写着河湟族群"五个认同"的主体自觉与民族体认。

---

①　[美]佛洛姆:《佛洛姆文集:我相信人有实现自己的权利》,冯川等译,改革出版社1997年版,第50页。

②　李文实:《西陲古地与羌藏文化》,青海人民出版社2001年版,第8页。

　　弥漫着宗教色彩的传统文化艺术资源以其对河湟宗教信仰文化的具象演绎筑牢着河湟民众"五个认同"的精神本源与价值共识。宗教多元是河湟地区次生多元一体民族构成和文化构成显要特征,多元族群文化的共生与博弈在河湟地区的宗教信仰体系中更为凸显与强烈。河湟地区的宗教文化形式不一,表征多元,主体构成是以汉族为主的道教信仰文化圈、以藏族与土族为主的藏传佛教信仰文化圈、以回族与撒拉族为主的伊斯兰教信仰文化圈等,此外在不同族群民众之中还普遍流行着各种民间信仰。阿根廷学者马里亚诺·格隆多纳曾言:"自古至今,宗教观是最丰富的价值观源泉。"①河湟地区异彩纷呈的传统文化艺术资源生动张扬着多元宗教观的秩序规制与价值规范。在河湟地区,宗教文化艺术资源承载着地域文化价值传统的主旋律指向,无论是儒释道文化、藏传佛教文化抑或伊斯兰教文化派系等,其精神蕴涵与信仰指向均从整体上体现着和谐、宽容、真诚与为善之价值体系,这一价值也成了维系河湟地区次生多元族群一体建构的普域体系。"人们宁愿冒生命危险,放弃自己的爱,舍弃自己的自由,牺牲自己的思想,为的就是成为群体中的一员,与群体协调一致,并由此获得哪怕是想象的身份感。"②在河湟区域社会历史变迁的长期过程中,宗教信仰不仅逐渐形成为基础的文化单位而且日益发展为现实的政治载体,宗教与政治之间的密切关系甚至直接影响着河湟地区的社会历史演变和民族构成格局。宗教问题从根本上关涉着民族地区的政治稳定和社会发展,马克思强调对待宗教和政治的分歧应该"更多地在批判政治状况当中来批判宗教,而不是在宗教当中来批判政治状况"③,宗教信仰与政治认同并不存在决然的冲突和矛盾,问题的现实指向依然需要求助于价值共识的探寻和利益诉求的调适。河湟地区不同的宗教文化派系所秉持的精神信仰整

---

　　① 〔美〕塞缪尔·亨廷顿、劳伦斯·哈里森主编:《文化的重要作用》,程克雄译,新华出版社 2002 年版,第 84 页。

　　② 〔美〕佛洛姆:《佛洛姆文集:我相信人有实现自己的权利》,冯川等译,改革出版社 1997 年版,第 50 页。

　　③ 《马克思恩格斯文集》第 10 卷,人民出版社 2009 年版,第 3—4 页。

体彰显着多元族群共同的价值取向与中华民族一体的精神本源。与此同时，在中国共产党的领导和社会主义制度框架下，民族区域自治制度与民族团结政策在给予民族地位平等和民族治理自主合法性保障的同时也保证并实现着河湟地区多元主体合理的利益诉求和政治权利，打破了族群之间固有的文化隔阂与心理局限，式微着纯粹的"我们"与"他们"的理念异化与分隔界限，从制度保障和利益保证上强化着河湟民众中国共产党认同、中国特色社会主义认同的心理自觉和身份确证。丰富多样的传统文化艺术资源呈现着河湟宗教文化的多元表征，展演着多元宗教文化的教化仪式，不仅吸引着多元族群的广泛参与，而且给予着河湟民族情感表达和现实诉求的安放空间，凝聚着河湟族群彼此认同的情感共通与利益一致，并由此夯实着多元主体"五个认同"的共识凝聚与价值基础。

彰显着民族特质的传统文化艺术资源以其对河湟多族群文化传统的具象呈现与价值意涵的物化展演中规制着民族成员"五个认同"的身份界域与归属给定。亨廷顿强调"乡村、宗教、种族群体、族群、宗教群体都在文化异质性的不同层面上具有独特的文化"①，在河湟地区，次生多元族群文化的现实构成、异质多元宗教派系的共存态势从根本上决定着区域空间传统文化艺术资源异彩纷呈的现实呈现。族群文化不仅是多元一体中华文化的现实承载，而且是次生多元一体河湟文化的源发基础，作为河湟地区多元异质族群文化的核心演绎，多元异质的宗教文化派系负载着河湟文化的历史记忆与叙事方式，也赋予着地域空间传统文化艺术资源的具象态势。对于河湟地域文化整体态势而言，"多元性是其区域文化的显著特征，而多元性的互融与和合共生的'一体性'又是其内在结构。"②族群文化的均衡发展孕育着河湟文化次生多

---

① ［美］塞缪尔·亨廷顿：《文明的冲突与世界秩序的重建》，周琪等译，新华出版社2001年版，第26页。

② 杨文炯、樊莹：《多元宗教文化的涵化与和合共生——以河湟地区的道教文化为视点》，《兰州大学学报》（社会科学版）2013年第11期。

元之空间态势,推演着河湟文化一体走向之价值演变,并整体凝聚着河湟社会历史发展的文化共识与价值共享,并最终于文化价值层意义走向了一体本源。在次生多元一体的河湟场景中,具象着地域文化传统的传统文化艺术资源在现代转换过程中与社会主义主流价值体系的契合对接,"五个认同"的民族归旨对河湟地区传统文化艺术资源价值语境的空间投射,二者在民族社会现实境遇中的有机结合从价值基础、价值目标、价值旨归的内外相接中共构着河湟文化价值认同的和谐一致,筑牢着河湟民众"五个认同"的价值意指与国家旨归。

"和而不同"的文化表象以其价值意涵的一体走向承载着河湟民众"五个认同"之价值凝聚。被记忆的传统往往是被选择的和被认同的片段,无论是群体还是个体,民众的认同意识和归属感源自民俗生活的方方面面并深刻影响着其行为和理念。《格萨尔》叙事中藏族部落首领英勇无畏的民族气节,"花儿"情歌吟唱的对婚姻和爱情的向往,於菟表演中寄托的对平安和谐社会的期待,唐卡手绘蕴含的对美好未来的憧憬,无不表达着民族成员对幸福生活的渴望与家国富强的理想,表面上的差异内隐着共同的价值追求,构成了河湟地区不同族属群体之间的特有的精神共通性与融合性,也凝聚为河湟区域"五个认同"之价值共识。在族群之间的文化交流与日常生活互动中,不同价值取向的群体文化实现了碰撞、交融与对接。文化共生与博弈的结果不仅导致了河湟地区传统文化艺术资源"和而不同"之呈现格局,并最终演进着其价值取向之一致性与趋同性,构建了河湟区域"五个认同"的价值凝聚路径。河湟区域文化在历史发展的漫长过程中从未出现过消灭其他文化、建立单一文化圈的企图与野心,而恰恰展延了多元异质文化认同与斥异进而和谐共生的文化演进过程,如湟中县的苏木世村落,在其形成过程中,当地汉族在接受藏传佛教信仰的同时又保留了本族的民俗宗教信仰,而藏族源于在生活生产方式上对汉族习俗的认同也接受了汉族的民俗信仰神灵,异质的文化体系在信仰层面达成了一致,也为民族地区"五个认同"的现实固基嵌入了异质同系的文化本根与信仰渊源。同时,从精神层面到生活层面交融有序的民俗信仰体系在社会生活的历史变迁中从形式表征到价值内涵都在不断得以演进与归纳,佐证着其存在的合理性与必要性。多民族村落异质性村落文化之间的交融与涵化打破了民族间固有的文化隔阂与心理局限,在民族情感认同迈出了实质性的步伐,削弱了异质族群间纯粹的"我们"与"他们"的理念异化与分隔界限,在民族复合体内部的个体之间强化着"我"与"我们"的认同归属感,也据此整合着河湟区域"五个认同"之主体基础。

河湟地区既为多元文明之历史交汇地,又为中华文明之重要展演场域,多元族群在地域空间交融生活中共同创造且积淀了形态多样、意涵多维之文化艺术显现,其负载着世居族群代际相传的价值传承与文明创造。次生多元文化艺术具象在世居族群的时代演绎中张扬着地域文化"和而不同"之空间特质,阐发着其价值旨归之一体走向,并据此澄明着河湟地域铸牢中华民族共同体意识的价值指向。作为共识性价值和共鸣性情感的高度集聚,中华民族共同体意识生发于民族文化的历史沉淀,植根于中华优秀传统文化的意涵滋养。在次生多元河湟地域场景中,中华民族共同体意识的现实铸牢尤为彰显文化意义。多元族群的构成格局与多元文化的共生态势本源决定着河湟地区传统文化艺术资源次生多元之具象呈现。在特殊的地理环境中,世居族群在长期的共同生活实践中创造了具有鲜明地域特色的文化资源,并在多元族群互动交融图景中沉淀为河湟地域特有的文化标识与历史记忆。基于存在态势考量,河湟地区传统文化艺术资源不仅形态多样,而且意涵多维,涵盖了从宗教文化与民间信仰、民族民间文学、传统民俗音乐舞蹈、传统戏剧曲艺与民族传唱小调到民族民间手工艺美术、民间习俗礼仪以及传统医药等资源具象。"思想、观念、意识的生产最初是直接与人们的物质活动,与人们的物质交往,与现实生活的语言交织在一起的。"[①]作为民族地域文化具象的历时展演,次

---

① 《马克思恩格斯选集》第 1 卷,人民出版社 2012 年版,第 151 页。

生多元的文化具象与地域空间世居族群的历史、文化、宗教以及生活习俗等有着不可分割的密切关系,其不仅是地域社会文化传统的具象标识,而且是中华文明代际相传的历史源头,在多元主体空间交融生活的现实演绎中承载着世居族群文化诉求与价值理念之社会表达,体现着民族成员对未来生活的美好向往和无限憧憬,也诉诸着民族群众对祖先的崇敬、对神灵的敬畏以及对国家的忠诚。在区域社会历史变迁进程中,世居族群在交往互动中相互学习、彼此借鉴,次生多元文化主体在相互理解包容中走向共识达成与文明共享。

"和而不同"既是中华文化的历史走向,也是河湟文化的空间态势。空间概念与精神的、文化的、社会的、历史的空间联系在一起,①在现实性上,文化的物化总是存在于一定空间,而空间的生产总是依托于文化导向。文化空间的特质投射建构着态势不一的文化区域,与此同时,源于文化意义的主体依附和客观存在反生着物态空间的价值意涵,二者在民族区域次生多元一体民族构成现实场景中形塑着文化生成的空间态势。特质投射的区域建构文化划分的基础,不同地区相同的文化现象为族群迁移互动的文化传播结果,"和而不同"彰显着河湟地区次生多元文化态势之空间特质,其生发并形成于区域空间族群建构与文化传播的时空历程中。特有的民族显现不仅标识着河湟地区族群建构之地域根基,而且构造着河湟文化价值意涵之空间语境。作为社会传统的具象承载,河湟地区传统文化艺术资源具象在其民族性、宗教性、交融性之图谱共演中张扬着次生多元文化构成"和而不同"之特性彰显。

民族性折射出河湟地区传统文化艺术资源"和而不同"之主体特性。作为一种文化现象,族群是人们对其出身和世系所做的文化解释(查尔斯·凯斯语),族群释义着民族地域社会之关系承载,族群文化也由此负载着民族地域文化之时空演绎。生发于世居族群交融生活实践中之次生多元文化显现不仅表征着多元族群各自迥异的生活习俗,也决定着地域文化民族性特质的空

---

① 张一兵:《社会批判理论纪事》,中央编译出版社 2006 年版,第 176 页。

间张扬。宗教性体认着河湟地区传统文化艺术资源"和而不同"之本质特性。源于复杂的民族格局,宗教文化体征着河湟地域文化构成之重要机理和核心要义。河湟地区传统文化艺术资源具象大多与民族宗教密切相连,从宗教寺庙历史文化景观到民族民间美术与建筑彩绘艺术,从珍藏经卷古籍到民族民间文学经典叙事,从传统民间舞蹈表演艺术到传统民族节庆习俗等,无不极其凸显宗教文化色彩。宗教信仰和宗教仪式不仅影响着地域社会多元族群的关系构型,而且构造着地域空间民族成员的生活方式。交融性展演着河湟地区传统文化艺术资源"和而不同"之实然特性。族群文化互动交融是河湟地区次生多元文化态势之显著特性,其不仅体现为汉文化对其他族群文化的强势侵入与深远影响,而且体征于族群文化的互相借鉴与彼此渗透,作为河湟文化交融特性的符号指征,世居族群民俗文化和习俗仪式的互融和共享彰显着空间文化交融展演之多向维度。在异质族群文化互动交往关系演进中,世居族群在日常生活方面彼此深受影响,河湟地域文化共同体也由此形成且不断得以巩固。异质族群文化的互相借鉴和彼此共享在服饰着装、音乐艺术、居住风格、节庆礼仪等均有着生动展现,其形象具演着河湟文化一体交融的空间场景。如藏袍藏饰在河湟民众中备受喜爱,堆绣、唐卡等在河湟地区广受欢迎,汉式建筑、藏居装饰等在河湟民居中颇为常见,射箭比赛、拔河比赛、土族纳顿庆丰收会、"花儿"歌会等均吸引着当地民众的广泛参与与共同庆祝。丰富多样的生活习俗和节庆礼仪等不仅充分体现着河湟民众在地域空间共居生活中的喜悦分享和交往互动,而且深刻展演着多元异质族群文化在互动交融中于价值层面的高度趋同与一致走向。作为世居族群代际相传的记忆指征,地域文化交融性之特质彰显不仅固基着次生多元河湟文化存在"和而不同"之意义呈现,而且在时代境遇中筑牢着河湟地区多元族群互动交融之关系态势。

作为多元一体中华文化的典范演绎,河湟地区次生多元传统文化艺术资源空间态势在世居族群互动交融生活实践中不断擢升着其一体走向的价值旨归。河湟地区传统文化艺术资源的"次生多元"不仅指向于族群文化构成的多元异质,而且体现于文化结构的多重态式,其价值旨归的"一体走向"则指涉异质族群文化在次生多元地域场景中所凝练之共享价值和共通心理,其实质并非文化同化抑或文化融合,而在于彰显民族区域次生多元文化之间交融互鉴的实然态势。源于次生多元一体民族格局,河湟地区历来便为文化交融地,中原儒道文化、高原游牧文化等在长期浸润与涵化中形成了"你离不开我,我离不开你;你中有我,我中有你;甚至我就是你,你就是我"的异质纷呈的民族文化亲缘关系。次生多元族群文化在河湟地域空间的共生交融从本质上催化着其一体走向之价值意指。在频繁的互动交流生活实践中,世代族群源于彼此的文化影响和共同的利益诉求相互认可、接受并内化着"他族群"契合自身发展之价值体系,并在这一历史过程中实现着自身文化价值构成的解构和重构。在次生多元空间场域中,异质族群文化尽管在历时共生演进中也时有竞争与博弈,汉文化偶尔也曾经于明显占据上风,甚至即使现在也发挥着影响威力,但彼此之间却始终保持着共生与博弈之自由与公平,并在此过程中凝聚为区域空间共生族群之文化共识,也固牢着其价值体系一体走向之历史型构。作为地域空间社会风俗与道德规制的具象演绎,河湟地区传统文化艺术资源生动再现着次生多元地域文化一体走向的历时演进。从丰富多彩的历史文化景观到样态不一的传统民族民间艺术,从内涵丰富的民俗民间文学到意蕴浓厚的传统习俗礼仪等,异质文化群尽管相互独立,却在彼此借鉴中自我发展的同时也嵌入着对方之优势,并最终呈现一体趋同之价值图景。

河湟地区传统文化艺术资源在地域空间意涵丰富的民俗礼仪和文化幕像的历时演绎中不仅生动写意着次生多元族群交融共生的时空图景,而且淋漓描摹着异质族群文化一体走向的共享记忆。事实上,再次回溯河湟地区次生多元族群文化由竞争博弈到一体交融的图谱景观,无论地域空间呈现态势的次生多元如何演变,其在现实性上始终指向着价值认同的民族体认与国家旨归。作为河湟文化物化承载的河湟地区传统文化艺术资源尽管异质纷呈,但又展现着多元族群"你中有我,我中有你"的文化互鉴与文明共享,最终于价值层面走向一体本源,不仅固基着区域空间文化认同的共通心理和共同价值,而且筑牢着多元主体"五个认同"的价值共识与心理自觉,也据此更加彰显其保护与开发利用的现实意义。

第三章　河湟地区传统文化艺术资源 保护与开发利用的现状聚焦

河湟地区异彩纷呈而又一体走向之传统文化艺术资源不仅是河湟世居族群文化记忆的时代呈现，而且是中华民族文化传统的具象演绎。在全球化、现代化、信息化所注解的社会转型进程中，作为中华优秀传统文化的区域标识与物化符号，河湟地区传统文化艺术资源的保护与开发利用更愈加彰显社会意义。基于传统文化艺术资源的时代功能出发，对河湟地区传统文化艺术资源的保护与开发利用现状进行实证描摹，并据此总结分析积极态势，具体研判问题成因，不仅有利于强化河湟民众对传统文化艺术资源保护与开发利用的理性认知与意义明晰，而且有助于河湟地区传统文化艺术资源保护与开发利用的实践构型，从而整体推动河湟地区传统文化艺术资源的保护与开发利用工作。

第一节　河湟地区传统文化艺术资源 保护与开发利用的现状调研

立足于实证调研之上，对河湟地区传统文化艺术资源的保护与开发利用进行现状描摹，不仅是保护与开发利用问题成因的研判依据，而且是保护与开发利用具体工作的构型基础。在次生多元文化构成的河湟场景中，对表象多样的传统文化艺术资源保护与开发利用现状进行全景扫描绝非易事。为整体了解河湟地区传统文化艺术资源保护与开发利用的实然状况，以便全面研判问题与机遇，并进而提出有效性对策建议，构筑可行性路径，课题组成员在结合前期研究基础之上做了大量而又翔实的调研工作。

在地理界域上，本书所指河湟地区即通常意义的"小河湟"地区，又称为青海河湟地区，主要包括黄河流域的贵德、尖扎、循化、化隆等县市以及湟水流域的湟源、大通、湟中、互助、平安、乐都、民和、西宁等地，据此，实证研究的调研对象主要选取于青海河湟地区各地。现居于青海河湟地区包括汉、回、藏、撒拉、土、蒙古、保安等在内的共计30多个民族400多万人口中，少数民族约占其中的40%以上，即大约150多万的少数民族人口分散杂居，抑或小众聚居在青海河湟地区的各地。在河湟地区多元主体互动交融的历史图景中，世居族群共同创造且历史积淀了丰富多样的传统文化艺术资源，其不仅对区域社会发展意义大，而且对河湟民众生活影响深远。在国家和地方政府相关部门指导与协调下，河湟地区传统文化艺术资源的保护与开发利用工作取得了相当成效。为相对全面客观地把握河湟地区传统文化艺术资源保护与开发利用的实际情况；同时，源于问题研究的地域复杂性与主体特殊性，依据研究目的和实际需要，本课题调研对象具体划分为普通民众群体与大学生群体等，且就传统文化艺术资源保护与开发利用的代表性个案调研（主要以塔尔寺、"唐卡"等为代表），课题组还随机选取了游客、传统手工艺从业者等调研样本。

就调研对象的主体构成而言，普通民众群体相对比较宽泛，既有民族群众，又有民族干部，而且在进入具体调研地点随机抽样的调研对象中也有在校大学生人员，样态构成的复杂性和多样化使得实证调研能够尽可能全面真实地反映问题现状。根据实际情况，接受调研的普通民众有效人数合计为1578

人,主要涉及汉、回、藏、土、撒拉、蒙古、哈萨克等民族成员,其中,问卷样本的涉及范围最广,访谈对象和体验对象均包含之内。单就问卷调研而言,实际发放问卷2000余份,最终回收1578份,其中有效问卷为1326份,问卷有效比为84.03%,这一数据相对不高,甚至出现委托有关人员在位于河湟民族临界区某些具体村点所发放问卷无一有效的情况(具体原因会在下述相关分析中作出详细说明)。就普通民众样本构成的性别、民族、年龄、文化程度及职业等具体统计见表3-1。

表3-1　普通民众群体样本简况表　　　　（单位:人）

合计人数 1326	性别		族群来源						年龄				文化程度				职业			
	男	女	汉	藏	回	蒙古	土	其他	18—30	31—45	46—60	60以上	高中以下	专科	本科	硕士以上	农牧民	工人及其他	企事业单位	公务员
	810	516	426	246	210	168	150	126	390	462	348	126	768	276	234	48	558	300	348	120
所占百分比(%)	61.09	38.91	32.12	18.55	15.84	12.67	11.31	9.50	29.41	34.84	26.24	9.50	57.92	20.81	17.65	3.62	42.08	22.62	26.24	9.05

　　从表3-1统计的具体情况分析,调研样本从性别而言男性人数相对较多,占据总人数的60%以上;就族群来源,汉族占据30%多,藏、回、蒙古、土族等均在10%以上,其他民族合计不到10%,汉族在人数比例上虽然占一定优势,但与其他民族人数比较而言相对差距大;年龄分布上以青壮年人为主,18—45岁年龄段人员数量上占据绝对优势,合计比例高达60%还要多;学历构成上高中以下人员占据多数,占据比例达57%还要多,专科和本科合计占比接近40%,这也与调研对象的职业状况分布呈一致态势,因为从职业分布上看以农牧民、工人及其他从业者为主,二者合计比例约为65%,而企事业单位人员和公务员则共计占比的35%还要多。无论从性别、民族、年龄抑或学历、职业等方面分析,普通民众群体调研对象整体上呈现较为合理的样本态势,这也很大程度上有助于实证研究真实数据的采集,并据此相对确切地反映

实证内容的真实状况。

作为当代社会最具典型性意义的青年代表,大学生不仅肩负着中华民族复兴的责任和使命,而且承载着中华文明继起的现实和未来。作为大学生群体的特殊构成,河湟地区复杂多元的大学生构成主体更具典型性。有鉴于此,选择大学生群体作为河湟地区传统文化艺术资源保护与开发利用的调研样本对于现状研判更具意义。依据课题研究地域界定与研究内容实际情况,本课题大学生群体调研样本主要在青海高校选取。青海省高校民族大学生生源比例高达40%以上,其中,从地域来源上看,绝大多数民族生源来自青海省内,其主体构成也较为多元,民族来源主要包括回、藏、土、蒙古、撒拉、哈萨克等。课题组主要在青海大学、青海师范大学、青海民族大学、青海交通职业技术学院、青海警官学院、青海卫生职业技术学院、湟源牧校等在校大学生群体中进行实际抽样,选取样本既有综合类院校、师范类院校学生,又有民族类、职业技术类院校学生;在政治面貌上既有党员又有非党员群众;在学历构成上既有专本科生源,又有硕博生源等。针对大学生群体的调研主要以问卷为主并辅以访谈,其中,问卷对象亦包括访谈对象,共计发放调研问卷1200余份,回收有效问卷1164份(其中,青海大学295份,青海师范大学251份,青海民族大学262份,青海交通职业技术学院96份,青海警官学院89份,青海卫生职业技术学院93份,湟源牧校78份),有效率高达97%,与普通民众群体问卷有效率相比,反映出受教育层次和文化水平的主体影响。就大学生样本构成的学校来源、性别、政治面貌、族群来源、生源地、学历层次以及专业等具体统计见表3-2。从表中统计可见,大学生群体的样本选取涉及了不同政治面貌、不同族群身份、不同生源地、不同教育层次及不同专业等,样本分布整体上相对合理体现了课题研究界定地域大学生群体的构成状况,对全面把握河湟地区大学生群体对传统文化艺术资源保护与开发利用相关问题的认知理解和自觉践行状况有重要帮助。

表 3-2　大学生群体样本简况表　　　　（单位：人）

合计人数1164	性别		政治面貌		族群来源						生源地		学历层次			专业			
	男	女	党员	群众	汉	藏	回	蒙古	土	其他	青海	其他	专本科	硕士	博士	文史类学科	理工农牧类学科	艺术类学科	医学类学科
	597	567	328	836	481	204	196	152	47	84	748	416	771	290	103	384	468	196	116
所占百分比(%)	51.28	48.71	28.18	71.82	41.32	17.53	16.84	13.06	4.04	7.22	64.26	35.74	66.24	24.91	8.85	32.99	40.20	16.84	9.97

　　在现状调研实证范式上，本研究遵循整体与具体相统一、定性与定量相结合、理论与实践相联系等原则，基于河湟地区传统文化艺术资源保护与开发利用现状描摹进行全面分析，明晰积极态势，研判问题成因，为实践构型提供参考依据。表象多样的河湟地区传统文化艺术资源散布在河湟谷地各个村落，为获取最真实且相对确切的第一手材料，就具体方法而言，对普通民众群体主要采取了问卷、访谈、观察体验等相结合的综合性调研方法。本课题的实证调研工作几乎覆盖青海河湟地区各地，同时出于研究实际需要，还专程赴青海唯一的哈萨克族村落——海西蒙古族藏族自治州马海村进行实证考察。就大学生群体而言，源于其认知水平和沟通能力相对高于普通民众群体，针对大学生样本则主要采取了问卷辅以访谈等相关方法。同时，就河湟地区传统文化资源保护与开发利用的个案调研（以塔尔寺、唐卡、"花儿"等为代表），课题组又特意选取了僧人、游客、民间艺人以及传统手工艺从业者等为实证样本。在内容设置上，根据理论研究导向与实证研究需要，课题组结合河湟地区传统文化艺术资源基本内容以及保护与开发利用的目前工作，经过多次比较与审视、分析与筛选，设计了相应问卷与访谈提纲等，调研问卷更侧重于问题的模块设置以便于具体数据的量化与态势分析，访谈提纲则较为相对灵活，且在实际访谈过程中，访谈内容依据样本主体和调研客体的实际情况有适当调整。

一、传统文化艺术资源认知与理解层面

河湟地区异彩纷呈而又一体走向的传统文化艺术资源不仅呈现着次生多元河湟文化的传统具象,而且成为展演着中华文化历史传统的空间承载。民族成员对传统文化艺术资源的认知与理解是河湟地区传统文化艺术资源保护与开发利用现状研判的重要依据,理性的认知评价与深刻的意涵理解是开展有效的保护与开发利用工作的前提基础。为相对真实客观测评当地民众对河湟地区传统文化艺术资源认知与理解的现实态势,在充分考量河湟地区传统文化艺术资源表象呈现与意涵体认复杂性和特殊性的基础上,课题组特据此设置了相应问卷和访谈问题。

对传统文化、传统文化艺术资源与传统文化、河湟地区传统文化艺术资源与中华传统文化等多维关系的客观评判是正确认知河湟地区传统文化艺术资源的理性源点,其一定程度上反映着河湟民众文化归属的主观倾向。就传统文化的认知状况而言,仅有 8.47% 的受访者认为自己非常了解传统文化,15.86% 的受访者表示基本了解,除了高达 42.33% 的受访者表示不太了解之外,剩余占比 33.33% 的受访者直接表示不了解,表示不太了解和不了解的受访者人数合计占比竟然超过 75%。从具体数据反馈结果清晰可见,绝大多数受访民众对传统文化不只是了解不够深入,甚至缺乏基本认知,这一现象在民族群众中极具普遍性。

具体到传统文化艺术资源与传统文化的关系理解,从数据可以清楚看到,仅有 19.48% 的受访者认为传统文化艺术资源是传统文化的重要构成,35.34% 的受访者表示传统文化艺术资源是传统文化的物化形态,但与此同时却有高达 26.51% 的受访者认为传统文化艺术资源就是传统文化,表示对传统文化艺术资源与传统文化二者关系说不清楚的受访者占比也达 18.67%。在继续要求受访民众具体解释对二者关系的理解依据时,实际情况却反映出大多数受访者对二者关系似是而非,缺乏足够的清晰认知与相对全面的理性

理解。

受访民众对中华优秀传统文化的认知情况整体上也不容乐观,尽管高达 58.56% 的受访者表示中华优秀传统文化是中华民族多元族群共同的智慧结晶,但仍有 15.66% 的受访者认为中华优秀传统文化是部分族群的传统文化,更是高达 21.75% 的受访者认为中华优秀传统文化只是汉族的传统文化,与其他民族没有关系,相对占比并不算低。同样的情况也相应体现在河湟地区传统文化艺术资源与中华传统文化的关系辨析层面,虽然 55.98% 的受访者认为河湟地区传统文化艺术资源是中华传统文化的组成部分,但还有分别占比 21.45% 与 17.55% 的受访者认为河湟地区传统文化艺术资源与中华传统文化关系不大甚至没有关系,二者合计比例近乎 40%。受此影响,就河湟地区传统文化艺术资源的创造主体接着追问时,竟然高达 42.57% 的受访者认为是河湟多元族群分别创造积累的,还有 19.64% 的受访者表示是由个别族群创造积累的,认为是由多元族群共同创造积累的受访者人数占比只有 28.67%。从调研数据具体反馈结果分析(见表 3-3),受访民众虽然对传统文化、传统文化艺术资源、中华优秀传统文化等具有一定程度的认知和了解,但相对而言不够理性客观,尤其对传统文化艺术资源与传统文化、河湟地区传统文化艺术资源与中华传统文化等关系范畴缺乏足够的正向评判。课题组在实际调研过程中发现,相当部分受访民众对传统文化、传统文化艺术资源、中华优秀传统文化、河湟地区传统文化艺术资源及其关系范畴等在某种程度上可谓缺乏基本的认知与理解,尤其是在中华传统文化与河湟地区传统文化艺术资源的关系理解层面,甚至存在一定的错误认知与负面理解现象,问题显现在民族群众当中具有一定严重性,也从中反映出传统文化艺术资源关涉内容的知识普及与宣传教育在河湟地区的重要性和紧迫性。

表 3-3　河湟地区传统文化艺术资源基本认知情况表

问题	A 选择人数（所占比例）	B 选择人数（所占比例）	C 选择人数（所占比例）	D 选择人数（所占比例）
您认为中华优秀传统文化是	1458(58.56%) 多元族群的智慧结晶	390(15.66%) 部分族群的传统文化	542(26.75%) 汉族的传统文化	100(4.02%) 说不清楚
如何看待河湟地区传统文化艺术资源与中华传统文化关系	1394(55.98%) 中华传统文化的组成部分	534(21.45%) 二者关系不大	437(17.55%) 二者没有关系	125(5.02%) 说不清楚
河湟地区传统文化艺术资源是谁创造的	1060(42.57%) 河湟族群分别创造的	489(19.64%) 个别族群创造的	714(28.67%) 河湟族群共同创造的	227(9.12%) 说不清楚

　　具体到对河湟地区传统文化艺术资源的表象认知,实际调研数据整体呈现出符号认知感强但情节认知感弱、自我认知感强但他者认知感弱之"知其然,不知其所以然"的实然境况。针对河湟地区传统文化艺术资源现存问题,高达 59.59%的受访者认为非常丰富,还有 27.67%的受访者认为丰富,二者合计占比超过 85%,由此可见,河湟地区有着丰富多样的传统文化艺术资源在当地民众心中已成共识。就河湟地区传统文化艺术资源的符号认知,选择以塔尔寺、丹噶尔古城等为代表的寺庙与历史文化遗址、以"花儿"、社火等为代表的传统民族民间音乐舞蹈表演艺术,以唐卡、酥油花等为代表的传统民族民间美术及手工技艺的受访者占绝对优势,选项人数分别占比 85.34%、72.65%、75.54%,可见塔尔寺、"花儿"、唐卡等俨然已成河湟地区传统文化艺术资源品牌标识。相较而言,传统民间文学诗歌、传统民间戏剧曲艺以及传统民俗礼仪、节庆服饰等受众范围远不及此,当然,这也与河湟地区传统文化艺术资源的主要传播途径不无关系。当继续追问主要以何种途径了解河湟地区传统文化艺术资源时,选择"电视及网络媒体"以及"参观旅游活动"的二者人数合计占比高达 82.95%还要多,也据此反映出河湟地区传统文化艺术资源

主要是通过电视、网络媒体等信息化手段进行传播,且源于河湟谷地特殊的自然气候以及文化氛围,伴随着河湟区域旅游的日益兴起也很大程度上强化着民众对传统文化艺术资源的认识了解。

尽管受访者对河湟地区传统文化艺术资源普遍表现出较为强烈的符号认知感,但情节认知程度却相对弱化很多(见表3-4)。比如在问到对塔尔寺及其与藏传佛教的历史渊源时,仅有12.93%的受访者表示非常了解,17.55%的受访者表示基本了解,且"非常了解"与"基本了解"的受访者中大半为藏族民众,这也与实际选取的调研样本中藏族人数基本保持一致,竟然有高达42.01%的受访者直接表示对塔尔寺与藏传佛教的历史渊源一点也不了解,再加上27.51%的受访者表示不太了解,二者合计占比接近70%,可见受访民众对塔尔寺情节认知之弱化态势极其严重。同时,就花儿会历史由来的问题,更是只有8.63%的受访者表示非常清楚,11.37%的受访者表示基本清楚,更是高达44.44%的受访者表示自己不太清楚其历史由来,还有占比39.56%的受访者表示根本就不清楚,据此可见花儿会的情节认知现象也极为弱化。作为河湟地区传统文化艺术资源的重要指征,传统习俗与节庆仪式等体现着河湟文化的价值传统,多元族群传统习俗与节庆仪式的彼此认知程度是考量传统文化艺术资源认知理解的重要影响因子。就实际调研数据分析,河湟族群对传统习俗与节庆仪式的认知理解表现出"自我认知感极强但他者认知感极弱"的两极分化态势。就具体调研情况来看,分别高达43.61%、46.07%的受访者表示自己非常了解抑或基本了解自己族群传统习俗与节庆仪式,二者合计比例已经接近90%,表示不太了解或不了解自己族群传统习俗与节庆仪式的受访者仅分别占比5.86%、4.46%。但是,当继续追问对当地其他族群传统习俗与节庆仪式的了解情况时,表示非常了解和基本了解的受访者人数比例分别仅为7.67%、13.9%,与此同时,却有占比分别高达34.78%、43.65%的受访者表示自己对其他族群的传统习俗与节庆仪式不太了解甚或者一点也不了解,二者比例合计甚至已经超过78%,据此可断,就传统文化表象方面存在严重的自我认知与他者认知两极分化趋势,民族性显现较大程度上式微着当地民众对河湟地区传统文化艺术资源的客观认知与整体了解。

表 3-4 河湟地区传统文化艺术资源情节认知情况表

问题	A 选择人数 (所占比例)	B 选择人数 (所占比例)	C 选择人数 (所占比例)	D 选择人数 (所占比例)
是否了解塔尔寺与藏传佛教的历史渊源	322(12.93%) 非常了解	437(17.55%) 基本了解	685(27.51%) 不太了解	1046(42.01%) 不了解
是否清楚河湟地区花儿会的历史由来	215(8.63%) 非常清楚	283(11.37%) 基本清楚	1007(40.44%) 不太清楚	985(39.56%) 不清楚
是否了解本族群的传统习俗与节庆仪式等	1086(43.61%) 非常了解	1147(46.06%) 基本了解	714(28.67%) 不太了解	227(9.12%) 不了解
是否了解周边其他族群的传统习俗与节庆仪式等	191(7.67%) 非常了解	346(13.90%) 基本了解	866(34.78%) 不太了解	1087(43.65%) 不了解

特质明晰与价值厘清是正确认知和深化理解河湟地区传统文化艺术资源的关键所在。河湟地区异彩纷呈的传统文化艺术资源不仅凸显着河湟文化独有的区域特质,而且体认着中华优秀传统文化的价值意涵。就河湟地区传统文化艺术资源的特质显现,尽管分别有 11.61% 的受访者认为民族性特质鲜明、19.76% 的受访者认为宗教性特质浓郁、5.18% 的受访者认为交融性特质突出,但高达 63.45% 的受访者认为上述观点均为河湟地区传统文化艺术资源的特质显现,由此可见大部分受访者的认知相对比较清晰。当然,在实际调研中也有一些受访者就相关问题提出其他观点,认为河湟地区传统文化艺术资源彰显包容性、多元性等,本书认为作为中华文化"多元一体"的空间范式,河湟文化整体上即呈现为多元并蓄、一体共演之区域态势,而作为次生多元一体河湟文化历史传统的具象存在,传统文化艺术资源生动展演着异彩纷呈而又一体走向的实然景观,据此,多元性、包容性、一体性等不仅是中华文化的态势演绎,也是河湟文化的空间态势,更是河湟地区传统文化艺术资源的特质

缘起。

就传统文化艺术资源的价值认知情况分析(见表 3-5),受访者普遍认为传统文化艺术资源具有较高时代价值,如高达 52.57% 的受访者认为其极具价值,33.69% 的受访者认为有价值,而认为价值不大或没有价值的受访者人数共计占比不到 15%,从具体数据可见,传统文化艺术资源的价值功能在民众心中不容置疑。但当继续追问河湟地区传统文化艺术资源的具体价值时(可多选),尽管受访者认为其不仅具有经济价值、政治价值、文化价值,而且还富有科学价值、审美价值、收藏价值等,但选择经济价值的受访者人数最多,占比竟然高达 79.48%,政治价值和精神价值选项的受访者人数占比分别仅为 35.66%、38.76%,从中可见传统文化艺术资源的经济价值更受民众认可,而对其政治价值与文化价值则缺乏应有重视,表现出重经济轻价值的功利化倾向。具体到河湟地区传统文化艺术资源的价值意涵(可多选),尽管有受访者表现出一定程度的认知理解,如认为其不仅体现了尊老爱幼、孝顺善良、和平友爱、和谐统一等传统美德,而且表达了爱国情怀和民族大义等精神,但就实际情况来看受访者的认知理解整体呈现模糊态势,大多数受访者表示不太清楚传统文化艺术资源精神意涵的具体指向。

表 3-5 传统文化艺术资源价值认知基本情况表

问题	A选择人数及比例	B选择人数及比例	C选择人数及比例	D选择人数及比例	E选择人数及比例	F选择人数及比例	G选择人数及比例	备注
河湟地区传统文化艺术资源是否具有时代价值	1309 (52.57%) 极具价值	839 (33.69%) 有价值	245 (9.84%) 价值不大	97 (3.90%) 没价值	—	—	—	—
河湟地区传统文化艺术资源具有哪些价值	1979 (79.48%) 经济价值	888 (35.66%) 政治价值	965 (38.76%) 精神价值	646 (25.94%) 科学价值	578 (23.21%) 审美价值	378 (15.18%) 收藏价值	278 (11.16%) 其他价值	生活价值等

续表

问题	A 选择人数及比例	B 选择人数及比例	C 选择人数及比例	D 选择人数及比例	E 选择人数及比例	F 选择人数及比例	G 选择人数及比例	备注
河湟地区传统文化艺术资源体现哪些优良传统	676（27.13%）爱国精神	978（39.28%）尊老爱幼	644（25.86%）包容大度	936（37.59%）孝顺善良	325（13.05%）民族大义	545（21.89%）和平友爱	423（16.99%）和谐统一	其他等

就认知理解层面的实际调研情况整体分析,受访者普遍对河湟地区传统文化艺术资源的符号认知、特质明晰及意涵理解较为全面客观,呈现积极态势,但对传统文化艺术资源的情节认知相对弱化。同时,就多元族群传统文化艺术资源的彼此认知而言,受访者的自我认知比较强烈但他者认知极其式微,民族性特质影响明显。受访者对传统文化、中华传统文化、传统文化艺术资源、河湟地区传统文化艺术资源等概念内涵及关系范畴的认知理解相对模糊,存在较多困惑,问题不容忽视。

二、保护与开发利用态度与行为层面

对传统文化艺术资源保护与开发利用的态度和行为集中反映着民族成员的传统文化心理与主体实践倾向,其不仅指向多元主体对河湟文化历史传统的心理依赖,而且指认着河湟民众对中华民族文化传统的价值认可,也据此从主体视域描摹着河湟地区传统文化艺术资源保护与开发利用的现实镜像。

就传统文化艺术资源保护与开发利用的心理态度层面,据实际调研数据分析,整体呈现积极面向,但同时又凸显功利化主导倾向。针对传统文化艺术资源保护与开发利用的实际看法,不仅有高达54.66%的受访者认为很有意义,而且还有36.63%受访者认为有意义,二者占比合计超过90%,同时,认为保护与开发利用意义不大的受访者占比仅为5.42%,直接认为没有意义的受访者占比更是只有3.29%,据此可见,传统文化艺术资源保护与开发利用的意识心理在河湟民众心中相对比较强烈,态度比较正向。但是,当接着询问传统文化艺术资源保护与开发利用的主要作用时,问题相对不容乐观。尽管有47.75%的受访者表示既要实现经济效益,又要实现价值传承,但除此之外仍然还有高达38.51%的受访者认为其主要功能指向经济效益,二者占比相加可得出结论,超过85%的受访者认为经济效益的实现是传统文化艺术资源保护与开发利用的意义所在,但与此同时,选择实现价值传承的受访者仅为8.67%,从中可见传统文化艺术资源价值意涵的社会强化极其式微,文化态度的功利导向也呈现明显态势,这也与当地民众对传统文化、传统文化艺术资源及其关系范畴等问题的理解认知相对弱化有着重要关系。同时,针对河湟地区传统文化艺术资源保护与开发利用前景,受访者也大多态度积极,占比分别高达37.55%、48.71%的受访者表示对其前景持有非常乐观抑或乐观态度,表示不太乐观或不乐观的受访者人数合计占比不到15%,从中可见绝大部分受访者对河湟地区传统文化艺术资源保护与开发利用的发展前景抱有积极看法,态度比较正面积极。

就传统文化艺术资源保护与开发利用的实践态度层面,受访者也普遍表达出正面意愿,但问题同样令人深思。具体到实践意愿情况,有43.57%的受访者表示非常愿意对传统文化艺术资源进行保护与开发利用,45.74%的受访者表示愿意,当然,也有8.88%的受访者表示要视情况而定,表示不愿意的受访者仅有不到2%,具体数据充分佐证了河湟民众对传统文化艺术资源保护与开发利用的积极心态。但与此相反,当继续追问什么情况下愿意积极主动去保护与开发利用传统文化艺术资源时,仅有11.37%的受访者表示任何时候都愿意,高达52.37%的受访者表示在别人或自己有需要时会积极主动去做,甚至还有24.46%的受访者表示仅对自己有帮助时才愿意积极主动去保护与开发利用,剩余占比11.81%的受访者表示说不清楚,因此,尽管受访者对传统文化艺术资源的保护与开发利用显示出较为积极的主观心理,但实践心态相对弱化,功利化主体影响比较强势。在实际调研过程中也发现,相当一部分受访群众对传统文化艺术资源保护与开发利用尽管践行态度比较正向积极,但具体到实际目的指向时,却表达出相对强烈的利己主义心理,据此可见,积极疏导与正面教育对河湟地区传统文化艺术资源的保护与开发利用尤为重要。

作为传统文化艺术资源在生活实践中的仪式呈现与意涵强化,传统习俗与节庆礼仪充分展演着多元族群文化传统的代际相传。就传统文化艺术资源具象保护与开发利用的主观心态层面,受访者表现情况也相对乐观。在实际调研中,绝大多数受访者也表达出对传统习俗与节庆礼仪较高的重视程度,表示非常重视和重视的受访者人数分别占比 38.84%、43.73%,二者占比合计接近 83%,而表示不太重视的受访者有 10.48%,直接表示不重视受访者人数占比仅为 6.95%,充分证明民族成员对生活实践中传统习俗与节庆礼仪的主观心理非常积极。同时,针对是否愿意学习一门传统手工技艺问题,受访者表现比较主动,除了有 36.86% 的受访者表示非常愿意之外,还有高达 43.45% 的受访者表示愿意学习,表示不太愿意和不愿意的受访者合计占比不到 20%,据此可断,绝大多数民众对传统文化艺术的传承心理比较积极。

就传统文化艺术资源保护与开发利用具象心态的主观倾向层面,受访者表现出极为浓厚的自族群积极心理与极其明显的异族群消极心理之两极分化趋势(见表 3-6)。当询问是否愿意传承自己族群的语言文字和文化传统时,高达 59.64% 的受访者表示非常愿意,还有 32.65% 的受访者表示愿意,二者比例合计超出 90%,直接表示不愿意的受访者的仅占 2.61% 的比例,由此可见民族成员对自己族群传统文化艺术资源保护传承的主观心理比较强烈。与此同时,针对文化传承的主体选择受访者也表达出极其明显的异族群抵触心态,比如就是否愿意主动了解其他族群的生活风俗和文化习俗,竟然有高达 42.89% 的受访者直接表示不愿意,还有 25.86% 的受访者表示不太愿意,表示非常愿意或愿意倾向的受访者人数合计占比仅为 31.24%。从上述具体情况可断,对自己族群文化深厚的情感依赖与稳固的心理归属决定着民族成员文化态度的主观倾向。但是,在多元价值冲突的时代境遇中,即使在相对封闭的河湟民族地域场景中,民族成员自己族群主动的固化心态也受到严重干扰。比如在被问到"您是否喜欢穿戴自己族群的服饰和配饰",仅有 19.44%的受访者表示,非常喜欢,25.66%的受访者表示喜欢,二者合计占比仅为45%多点,与此同时竟然分别高达 25.06%、29.84%的受访者表示不太喜欢或者不喜欢,即使排除调研样本中部分汉族民众,这一结果呈现也不容乐观,在实际访谈过程中,发现这种态度尤其在少数民族年轻人中比较普遍,究其原因或者认为"衣服不洋气,不好看"或者觉得"在公开场合穿别人会看,所以不太喜欢穿"等。由此可见,文化氛围与客观环境也从主体视域较大程度上影响着文化传统及其时代传承的主体评判与主观心理。

表 3-6　传统文化艺术资源保护与开发利用具象心态反馈表

问题	A 选择人数 (所占比例)	B 选择人数 (所占比例)	C 选择人数 (所占比例)	D 选择人数 (所占比例)
是否愿意传承本民族的语言文字、文化传统等	1485(59.64%) 非常愿意	813(32.65%) 愿意	127(5.10%) 不太愿意	65(2.61%) 不愿意
是否愿意主动了解其他族群的生活风俗、文化习俗等	325(13.05%) 非常愿意	453(18.19%) 愿意	644(25.86%) 不太愿意	1068(42.89%) 不愿意
是否愿意穿戴自己族群的服饰配饰等	484(19.44%) 非常喜欢	639(25.66%) 喜欢	624(25.06%) 不太喜欢	743(29.84%) 不喜欢

就传统文化艺术资源保护与开发利用行为层面,整体呈现功利取向大于价值取向、主观表达胜于实际践行之现实趋势。民族成员对传统文化艺术资源保护与开发利用的行为指向不仅影响着传统文化价值的主体嵌入,而且决定着其价值外化的实践澄明,也据此呈现着传统文化艺术资源保护与开发利用的意义所在。从具体调研情况分析,与传统文化艺术资源保护与开发利用态度层面的数据结果比较,受访者在实际行为方面表现不甚理想。如在询问

是否参加过传统文化艺术资源的宣传和保护活动时,仅有 5.78% 的受访者表示经常参加,17.95% 的受访者表示偶尔参加,不仅高达 58.67% 的受访者表示很少参加,而且从不参加的受访者占比也达 17.59%。在继续追问家人、朋友、同事等是否参加传统文化艺术资源保护与开发利用具体活动时,也仅有4.86% 的受访者表示身边很多人参加过,表示偶尔参加或者很少参加的受访者人数比例也分别高达 31.57%、26.87%,二者共计占比接近 60%,其余占比35.78% 的受访者则表示自己从未参加过相关活动。

尽管之前受访者普遍表现出积极的践行意愿,但在传统文化艺术资源保护与开发利用的具象实践方面,实际情况却差强人意。就传统习俗礼仪的践行态度具体分析,高达 56.87% 的受访者表示自己在日常生活中不太遵守传统习惯与礼仪风俗,还有 10.76% 的受访者表示从不遵守,表示严格遵守和基本遵守的受访者占比分别仅为 14.66%、17.71%,二者合计比例才 30% 多一点,数据结果值得反思。当被问到是否学习过传统音乐舞蹈、美术手工等传统技艺时,也分别仅有 7.55%、11.93% 的受访者表示一直学习或经常学习,表示自己很少学习的受访者占比 28.03%,从不学习的受访者人数占比竟然高达52.89%,足以反映出民众传承行为的极度弱化态势,这也与河湟地区传统文化艺术资源基于其特质显现的受众局限关系密切。

虽然具象行为方面的表现不尽如人意,但受访者对传统文化艺术生活展演中的参与行为却极其活跃(见表 3-7)。高达 36.55% 的受访者表示自己经常参加传统节庆表演、传统文化艺术展览等活动,还有 43.61% 的受访者表示偶尔参加此类活动,很少参加的受访者人数占比为 17.55%,表示从不参加的受访者仅为 2.29%。同时,源于河湟地区宗教受众的基础泛化,在询问是否参加宗教聚会、庆典仪式及祭祀活动时,27.47% 的受访者表示自己经常参加,高达 37.55% 的受访者表示偶尔参加,很少参加的人数占比则为 25.62%,这基本与调研样态中信教民众人数比例保持一致。就实践行为的动机目的分析,折射出极其明显的功利化取向之主体性意义,除了 28.67% 的受访者表示自己由于宗教信仰要求必须参加之外,高达48.56%的受访者表示自己出于交往或工作需要参加,仅有6.75%的受访者表示自己是出于学习交流需要。且继续追问活动意义时,认为上述活动很有意义的受访者仅为17.87%,有意义的受访者人数占比为29.48%,高达45.86%受访者认为意义不大,甚至还有6.79%的受访者认为没有意义。由此可见,民族成员在具体实践层面的功利化倾向显现与其对传统文化艺术资源保护与开发利用现实意义缺乏足够的理性认识有着重要关系。

表3-7 传统文化艺术展演参与具体情况反馈表

问题	A 选择人数 (所占比例)	B 选择人数 (所占比例)	C 选择人数 (所占比例)	D 选择人数 (所占比例)
日常生活中是否参加传统节庆表演、文化艺术展览等活动	910(36.55%) 经常参加	1086(43.61%) 偶尔参加	437(17.55%) 很少参加	57(2.29%) 从不参加
是否经常参加宗教聚会、庆典仪式及祭祀活动等	684(27.47%) 经常参加	935(37.55%) 偶尔参加	638(25.62%) 很少参加	233(9.36%) 从不参加
参加上述活动的目的动机	714(28.67%) 宗教信仰要求	168(6.75%) 学习交流需要	1209(48.56%) 交往工作需要	399(16.02%) 其他
您认为参加上述活动怎么样	445(17.87%) 很有意义	734(29.48%) 有意义	1142(45.86%) 意义不大	169(6.79%) 没意义

从实践调研的整体情况分析,就传统文化艺术资源保护与开发利用的态度和行为层面整体态势呈现相对正向,但问题也较为突出。民族成员在主观心态与事实行为之间存在着一定的不相符合,正向的文化心理与式微的行为痕迹形成一定落差,积极的行为意愿与消极的行为践行呈现两极分化。同时,源于河湟地区传统文化艺术资源宗教性与民族性的特质张扬,就保护与开发利用的主观心态方面,自族群文化的强烈主动与他族群文化的抵触排斥极其明显,必须加以重视。

三、保护与开发利用影响因素层面

源于次生多元一体族群格局与文化形成的空间态势,河湟地区传统文化艺术资源的保护与开发利用并非单向度的实然呈现,其较大程度上要受制于主客观多重因素的综合作用与相互影响。事实上,社会环境、顶层设计、主体意识、文化生态等均不同程度地强化抑或式微着传统文化艺术资源的生存展演与传承发展。

民族成员对传统文化艺术资源传承发展的现状评判与意义认知是影响传统文化艺术资源保护与开发利用的重要因素。就实际调研情况分析,绝大多数受访者对河湟地区传统文化艺术资源的发展现状持有态度相对乐观,高达60.76%的受访者认为其发展形势良好,认为情况一般的受访者占比23.57%,说不清楚的为11.48%,而认为正在消亡的受访者仅为4.18%。但当进一步追问传统文化艺术资源的传承发展是否存在危机时,除了25.74%的受访者认为存在严重危机外,还有高达54.34%的受访者认为有危机,二者合计占比超过80%,而认为完全没有危机的受访者仅有5.46%,还有14.46%的受访者表示说不清楚。从实际反馈情况可见,尽管民众对传统文化艺术资源的发展现状以及前景形势比较看好,但并没有忽视问题存在,危机意识相对强烈,也反映出一定的理性态度。

功利化倾向再次在传统文化艺术资源保护与开发利用的意义研判上得以强调。针对保护与开发利用的现实功能,竟然分别高达86.79%、73.45%的受访者认为其"提供了就业机会、增加了民众收入"、"促进了地方经济发展,提高了财政收入",尽管认为其有利于民众文化意识提高与文化素质进步的受访者占比为47.55%,但认为其有利于"区域文化乃至中华文化的时代传承与创新发展"和筑牢民众"五个认同"的价值共识与心理自觉的受访者人数比例竟然分别低至18.76%、11.61%,实际结果充分证明了河湟民众对传统文化艺术资源价值性传承保护与开发利用的意义认知之式微态势。

对传统文化艺术资源保护与开发利用现状的满意度及其成因研判是现实建构的决策依据。就满意度调查情况来看,多数受访者反映消极,表示不太满意或不满意的人数占比分别为 37.87%、32.57%,二者合计超过 70%,占比相对较高,持有非常满意态度的受访者占比仅为 8.96%,其余 20.60% 的受访者表示基本满意。当继续追问主要原因时,在表示非常满意(占比 8.96%)与基本满意(占比 20.60%)二者共计 29.56% 的受访者中,分别有 41.72% 占比的人数认为主要是政府政策好、扶持力度大,27.88% 的受访者认为是民众意识强、投入精力多,13.45% 的受访者认为是生态环境好、文化氛围浓,同时,还有剩余 16.96% 的受访者选择了其他原因。在具体访谈中发现"其他"选项的受访者大多是民族信教群众,认为是族群宗教泛化基础使得与信仰文化密切相关的宗教性传统文化艺术资源得以较好地传承发展,但在此发挥积极作用的同样因素却在针对不满意原因的追问中有着消极影响。在对合计占比超过70%(不太满意人数占比 37.87%,不满意人数占比 32.57%)的持有不满意态度的受访者进行主要原因追问时,有占比 16.53% 的受访者认为是政府层面支持力度不够,29.87% 的受访者认为民众欠缺积极主动性,还有 24.57% 的受访者认为对传统文化艺术资源的宣传弘扬力度严重不足,剩余 29.02% 的表示对现状不满意的受访对象选择了其他原因,在具体访谈中给出的解释大多认为主要源于河湟地区传统文化艺术资源的客体成因,如宗教色彩浓厚、民族性显现突出等阻碍了传统文化艺术的受众广泛性,严重影响了保护与开发利用工作。

对传统文化艺术资源保护与开发利用影响因素的功能剖析不仅反映着民族成员理性认知的现实态势,而且折射出其实然影响的二重走向。在实际调研过程中,课题组选择了对传统文化艺术资源保护传承与开发利用相对具有普遍性影响意义的双重因素进行考察,即经济发展和旅游开发。针对经济发展对传统文化艺术资源保护与开发利用的实际功能,有 28.86% 的受访者认为其具有推动作用,17.95% 的受访者认为其起着阻碍作用,45.82% 的受访者认为其对传统文化艺术资源保护与开发利用的发展前景有利有弊,认为没有任何作用的受访者比例也达到 7.35%。与此同时,针对旅游开发对传统文化艺术资源保护与开发利用的现实作用,有 25.78% 的受访者认为起着积极作用,12.57% 的受访者表示其对传统文化艺术资源的保护传承具有消极作用,甚至还有 7.79% 的受访者认为旅游开发对当地文化艺术资源以及文化生态的整体破坏极其严重,其余高达 53.86% 的受访者则认为旅游开发对传统文化艺术资源的保护传承有利有弊。从二者数据反馈的具体情况进行分析对比,可清晰发现当地民众对经济发展以及旅游开发等社会因素对传统文化艺术资源保护与开发利用的功能影响认知相对比较客观,呈现一致态势,尽管部分受访者指出无论是经济发展抑或旅游开发均对当地传统文化艺术资源的生存与发展现状起着一定程度的消极影响,甚至具有相当程度的阻碍破坏作用,但多数受访者承认利弊同存,既持有乐观态度又认识到问题所在,凸显理性态度。

涉及传统文化艺术资源保护与开发利用具体问题,受访者整体反映相对复杂,问题意识主观倾向明显,对经济性行为问题过度关注的同时却极其轻视甚至忽视价值性传承问题所在(见表 3-8)。在对传统文化艺术资源保护所面临问题的调查中(可多选),大多数受访者认为保护意识欠缺、缺乏有效机制等,其中,认为不能保证经济效益的取得、市场前景不好的受访者人数占比更是达到 72.65%,尽管有 21.57% 的受访者认为现代文化对传统文化艺术的较大冲击力严重影响着传统文化艺术资源的保护传承,但仅有 5.66% 的受访者认为缺乏对传统文化艺术资源价值功能的足够认识也是阻碍民众对其进行积极主动保护的重要原因。同样的反馈结果亦再现于对传统文化艺术资源开发利用的问题调研中(可多选),又有高达 75.86% 受访者认为开发利用形式过于单一、无法取得预期经济效益是当地传统文化艺术资源开发利用的关键问题,同时,统一规划监管、资金以及政策支持的缺乏以及引导激励政策的缺少等也是受访者较具共识的问题判断,但认为价值性传承的开发利用力度弱化干扰传统文化艺术资源开发利用的受访者人数仅为4.78%。在继续追问导致某些传统文化艺术资源濒临消逝的主要原因时(可多选),缺乏经济价值、不能实现经济效益又成为受访对象中极具普遍性的问题共识,人数占比高达65.54%,同时,认为缺乏政策激励及资金支持、民众保护意识不强等受访者人数占比也相对合理,但认为价值传播受限,无法引发足够关注与多元文化价值冲击的受访者人数占比分别仅为14.78%、16.91%。问卷调研的呈现结果让课题组成员深感疑惑,与事先的理论佐证大有出入,在之后的深入访谈中终于探明事实:绝大多数受访者对传统文化艺术资源保护与开发利用的现实认知仅仅定位于经济意义的生产性保护与开发利用,而对于其价值意涵的社会规制与生活导向缺乏应有认识甚至不具备认知常识,问题也由此愈加得以凸显。

表3-8 传统文化艺术资源保护与开发利用问题调查表

问题	A 选择人数及比例	B 选择人数及比例	C 选择人数及比例	D 选择人数及比例	E 选择人数及比例	F 选择人数及比例
传统文化艺术资源保护面临问题	646 (25.94%) 文化产业不发达,欠缺保护意识	897 (36.02%) 缺乏有效的保护与传承机制	1809 (72.65%) 市场前景不好,无法保证经济效益	537 (21.57%) 现代文化冲击	141 (5.66%) 对价值功能缺乏认知	985 (39.56%) 其他等
传统文化艺术资源开发利用问题	1045 (41.97%) 缺乏合理规划与监管机制	956 (38.36%) 缺乏资金政策支持鼓励	1889 (75.86%) 开发形式过于单一无法取得经济效益	867 (34.82%) 民众欠缺积极主动性	119 (4.78%) 价值性开发力度弱化	548 (22.01%) 其他等
导致传统文化艺术资源消亡原因	1632 (65.54%) 缺乏经济价值,无法取得经济效益	368 (14.78%) 价值传播受限,缺乏关注	875 (35.14%) 缺乏政策激励支持与资金支持	936 (37.59%) 民众保护意识不强	421 (16.91%) 多元文化价值冲击	783 (31.45%) 其他等

对传统文化艺术资源保护与开发利用具体行为的主体评判也是衡量其工

作成效的重要因素。对当地传统文化艺术资源保护与开发利用的主要形式进行考察(可多选),传统民间手工艺品的生产经营、历史文化景观包括宗教寺庙等旅游开发、传统文化艺术展览会、传统文化艺术节以及传统节庆习俗表演活动等均为河湟地区传统文化艺术资源保护与开发利用的常态化模式,在受访者看来也相对常态化。就政府层面组织开展具体活动方面,有高达38.67%的受访者表示当地政府经常举办传统文化艺术节庆表演、文化艺术展览会等活动并广泛组织民众参与,29.44%的受访者表示偶尔会举办,认为从未举办过的受访者人数占比为12.65%,其余占比19.24%的受访者则表示不清楚,从具体数据可见此类活动在河湟地区相对常见,与实际情况出入不大。但是,当继续追问是否举办过传统文化艺术资源相关宣传教育与学习交流活动时,不仅有占比29.76%的受访者表示从未举办过类似活动,还有高达35.90%的受访者表示不清楚,二者合计占比竟然达到65%还要多,情况相对不容乐观。与此同时,表示政府层面经常举办或偶尔举办相关活动的受访者人数占比分别仅有15.58%、18.76%。据此可见,政府层面经常组织开展传统节庆表演活动等,但传统文化艺术资源宣传教育及学习交流等相关活动相对比较缺乏,积极组织开展相关类似活动对于河湟地区传统文化艺术资源的保护与开发利用显得尤为必要。

对政府作为的民意考察是现实构型河湟地区传统文化艺术资源保护与开发利用的重要前提。从态度反映而言,民众对目前政府作为基本持肯定意见,但仍表示政府工作力度仍有深化空间。首先,就传统文化艺术资源传承保护的具体措施方面(可多选),受访者大多表示政府层面不仅要加强传统文化艺术资源的宣传力度,帮助民众形成正确认知,而且要进一步强化民众传统文化艺术资源意识,深化其价值认知。其次,就具体支持措施方面(可多选),也有较多受访对象强调政府层面的政策支持、统一协调等是河湟地区传统文化艺术资源保护与开发利用的必然之举。如高达68.87%的受访者认为政府应该制订保护与开发利用的方向性原则与指导方针,59.72%的受访者认为政府应把传统文化艺术资源的保护与开发利用融入地方文化产业中去,还有49.92%的受访者认为政府实施相应激励措施鼓励民众积极参与保护行动,34.78%的受访者表示政府应规划协调传统文化艺术项目经营活动等。同样的意见反馈也体现在下述具体访谈中:

访谈材料一

(A 为访谈员,B、C、D、E、F 等均为访谈对象,依据课题相关访谈材料整理)

访谈对象——B 为湟中县海子沟乡××村村民,汉族;C 为循化县城居民,撒拉族;D 为互助土族自治县威远镇××村人,土族;E 为贵德县河阴镇××村人,藏族;F 为海西蒙古族藏族自治州××村人,哈萨克族。

访谈内容——

A:你们村现在有没有什么与传统文化艺术资源相关的生产经营或旅游开发项目? 政府方面有没有具体帮助扶持? 你们觉得有什么效果? 对你们的实际生活有什么实际帮助?

B:我们村离西宁很近,但是因为是在半山区,所以很多人都不知道,就我们村的地理位置来讲,比较适合开发文化旅游项目,气候好,还有宗祠遗址、土地庙等,又是民族杂居村落。因为宣传不到位,如果政府能够出面肯定能行。

C:我们循化县是撒拉族的传统聚居地,撒拉族的传统文化艺术资源非常丰富,有着许多充满撒拉族风情的文化景观,撒拉族绿色家园最为突出。里面有街子清真寺、骆驼泉,还有撒拉族庭院等。我感觉我们的宣传力度还是不够,虽然在周围地区名气较大,但影响范围还是比较狭隘,还是希望政府能够帮我们加大一下宣传,让声名传得更广,对撒拉族的文化传承也是好事。

　　D：政府在我们村这边开发了个土族风情园，一到夏天的时候很多外地游客来玩，我们村有好多村民在路边或者风情园周边卖当地小吃和纪念品，能挣点钱。虽然挺好的，可是没人管，有时候抢生意大家还闹不愉快，给游客印象也不好，希望政府能够管理一下。

　　E：我是黄南藏族自治州人，在塔尔寺开了个唐卡店，政府也支持我们开店做生意，我们村好多村民都做这个，但是我们做唐卡的太分散了，政府虽然提出政策上给优惠，但是实际上没起多大用处，好像是没人管，都是我们自己干自己的。

　　F：政府每年固定给我们村村民发补贴，还帮村民在县里、镇上联系工作去打工，但是好多年轻人不愿意去，觉得补贴的钱太少，不想离家太远去吃苦受累。其实我们村附近有漂亮的风景，来我们村的路上有个"yan"（注：音译，第一声）湖，可漂亮了，就是没有青海湖有名气，如果政府帮我们搞起来旅游我们村的人肯定高兴，我们其实很欢迎外边的人来参观交流。

　　基于上述问卷数据与访谈材料进行整体分析，尽管次生多元的现实场景为河湟地区传统文化艺术资源的保护与开发利用实际工作带来诸多难题，但挑战与机遇同在。受访者的问题意识与态度反映恰恰证明着河湟民众对传统文化艺术资源保护与开发利用前景持有积极心理与满怀期望。作为一个多维要素的合力结果，河湟地区传统文化艺术资源的保护与开发利用不仅需要政府作为的力度加大、文化生态的氛围强化，更加需要当地民众基于理性认知与价值认可的意识自觉与行为自愿。

第二节　河湟地区传统文化艺术资源
保护与开发利用的个案考察

　　对传统文化艺术资源保护与开发利用的代表性个案考察不仅有助于管窥

河湟地区传统文化艺术资源保护与开发利用的具体态势,而且有助于对其实然现状进行全景透视,并据此深化成因解析的个案佐证与问题研判的实证依据。有鉴于此,课题组特意选取了河湟地区传统文化艺术资源中最具代表性项目塔尔寺、唐卡、"花儿"等进行个案实证,相对而言上述个案不仅在河湟地区受众最为广泛,而且在保护与开发利用方面也较具典型性意义。

一、"塔尔寺"个案

作为藏传佛教的始源地与宗喀巴大师的诞生地,塔尔寺在河湟民众尤其是藏传佛教信徒心中无比神圣,意义非同寻常。同时,由于藏传佛教在河湟地区深厚的受众基础以及塔尔寺对于藏传佛教历史发展的特殊意义,塔尔寺不仅具象着河湟地区历史文化景观的典型代表,而且承载着宗教文化经济空间的价值意涵,也据此决定着塔尔寺不仅在西北地区影响广泛,而且在国内外也可谓声名远播。

无论在宗教文化景观的人文保护抑或宗教艺术资源的开发利用方面,塔尔寺都可谓河湟地区传统文化艺术资源保护与开发利用的个案典范。塔尔寺的宗教价值意涵不仅显现于其丰富的文化遗存与历史景观中,而且还物化在其美术、建筑、绘画、舞蹈等传统文化艺术形式之中。独具匠心的寺庙建筑映衬着塔尔寺宗教氛围的气势恢弘,位于寺中心的大金瓦殿灿烂辉煌,点缀得塔尔寺愈加神秘莫测。塔尔寺的酥油佛像、堆绣、壁画被称为"艺术三绝",寺中文物典藏数不胜数,一年一度的"展佛节"更是吸引着无数民众前往参观。据相关数据统计,塔尔寺的旅游经济开发近些年来表现极为亮眼,不仅很大程度上带动着当地的经济发展,而且对周边民众生活水平的提高也发挥着巨大的积极影响。源于塔尔寺特殊的宗教氛围及周边环境等客观因素,课题组对塔尔寺的个案实证主要采取了深度访谈法,分别选取了僧人、游客、塔尔寺景区周边商贩以及民众等进行详细访谈。源于访谈对象群体属性的不同可能导致的认知与理解差异,课题组依据样本选取的群体分类对访谈材料进行了分门整理。

在针对塔尔寺僧人群体的访谈中,访谈活动在相关人员协助下得以顺利进行。但是,源于塔尔寺宗教环境的敏感性与僧人身份地位的特殊性,不便全部公开具体访谈内容,特在此作出解释,现有访谈材料整理陈述如下:

访谈材料二

(A 为访谈员,B、C、D、E 等均为塔尔寺僧人,依据课题相关访谈材料翻译整理)

访谈内容——

A:塔尔寺的旅游开发形势目前是越来越好,已经成为区域旅游经济方面的品牌标识了,不仅在国内具有相当知名度,而且也吸引了不少国外游客前来参观。你们觉得对塔尔寺本身的发展带来了什么新的变化? 有什么样的帮助? 又有什么样的负面影响? 同时,对塔尔寺的保护与开发利用这块你们有什么具体想法或建议?

B:塔尔寺影响非常大。这些年在政府的支持帮助下,我们寺院内部依据实际情况也对旅游开发这块进行了规划,积极走出去,招商引资加大开发力度。从这些年的发展来讲,越来越多的游客,包括其他省的,还有其他国家的人愿意到塔尔寺来参观,更加提高了塔尔寺的影响力,这肯定是好事。但就是来的一些人有时候不尊重我们的宗教习惯,很没有礼貌,在我们不允许的情况下还偷偷在殿里面拍摄,这点很不好,我们也不喜欢接待这样的客人。

C:我觉得发展旅游这块政府给我们做了很多事,又是给钱又是出力,还请人帮助我们维护和修缮寺庙。现在越来越多的人来我们塔尔寺旅游,他们来了之后都说我们塔尔寺好,不仅掏钱买门票,还给我们寺庙捐钱,这些对塔尔寺的发展都很好。但我觉得也有一些问题,比如经常会碰到游客直接问我们一些不好回答的问题,也不知道怎么回答,还有些人进寺里来了,也不遵守我们的规矩,我们有时候也会提醒他们,但也不能老是这样。我们寺比较大,现在僧人也比较多,我就想着能不能专门培训这方面的僧人为游客讲解一些有关我们塔尔寺的历史故事和宗教规矩,或者我们塔尔寺能开设这样的经堂,让他们来了一趟至少有点了解,或者专门印点小册子给他们也行。

D:我个人认为旅游开发是好事,人越来越多肯定好,我们塔尔寺也变得越来越有名。但有一点很不好,就是来的人有时候会破坏我们的东西,你看我们的墙上经常就有乱划的痕迹,也不好弄掉,我们找人清理不仅花钱多,而且还很费事,所以我觉得能不能就这块的事情向游客们宣传,毕竟我们是寺院,我们的佛殿,经堂还有雕像都很宝贵,这些东西绝对不能随便破坏。

E:现在塔尔寺的游客越来越多,旅游发展也是越来越好,我觉得怎么说呢,是好事有时候也是坏事。旅游越来越热闹肯定增加了我们塔尔寺的收入,我们这么多僧人要养,还有这么多的寺庙建筑要保护修缮,肯定要花很多钱,也不能老是向政府要。但我觉得同时也干扰了我们僧人的日常生活,还有我们寺的正常的宗教活动,有时候我们也不能静下心来做事。所以还是希望能不能政府这方面和我们寺院这边统一协调安排一下,能在不影响我们塔尔寺正常活动的情况下来发展旅游,这是最好了。

从上述访谈材料中可以发现,塔尔寺僧人对寺院本身的旅游经济开发所持态度相对比较正面,不仅总结了积极作用而且指出了问题所在。在对政府作为与旅游发展积极肯定之时,僧人们所谈到问题症结集中于游客群体的负面行为及其所造成的消极影响,就历史文化景观的旅游开发而言,尽管此类问题具有共性,但源于塔尔寺特殊的宗教环境,必须引起特殊重视。

对游客群体的问卷访谈相对比较随意,课题组相关成员也多次赴塔尔寺对游客们进行认真观察,并随机选取不同性别、年龄、职业及地域来源等实证样态进行详细访谈,目的在于获取游客们对塔尔寺开发利用的意见反馈与发展建议,因反馈结果存在较多重复,在此特截取整理代表性观点进行分析。据相关访谈材料具体整理陈述如下:

访谈材料三

(A 为访谈员,B、C、D、E、F 等均为访谈对象,依据课题相关访谈材料选取整理)

访谈对象——B 为河南省驻马店人,汉族,公司职员;C 为山东省潍坊人,汉族,自由职业;D 为广东省广州人,汉族,教师;E 为广西柳州人,汉族,学生;F 为宁夏固始人,回族,农民。

访谈内容——

A:你们怎么想到来塔尔寺这边玩呀?怎么知道塔尔寺的呀?对塔尔寺印象如何?对塔尔寺有什么具体了解?有什么收获?你们是第几次到塔尔寺来呀?觉得塔尔寺这边有什么变化?你觉得塔尔寺景区让你印象最深刻的是什么?对塔尔寺的旅游发展有什么具体建议和意见?

B:我这是第三次来塔尔寺玩了,因为我舅舅家现在定居这里了,所以早在十多年前我就来过了,3 年前我又来过一次,这次是陪老家朋友来玩的。我觉得西宁这边这些年变化太大了,跟其他城市没什么区别,还发展得更快,生活水平都有比较大的提高。塔尔寺跟之前相比也有变化,但不是太明显,寺院还是那么宏伟漂亮,就是服务还是跟不上。十多年前我来这里大门外就是商贩,还乱拉人,现在情况好了点,就是觉得还是不够清洁卫生,寺外环境还是有脏乱的感觉,希望有关部门花大力气整治一下。

C:我是第一次来塔尔寺,还是听来过的朋友说这里值得一看,而且在网上也有所了解,知道是西北地区比较有影响的寺庙,是藏传佛教的发源地,来这看看确实觉得挺好,感觉这儿的寺庙建筑挺有特色的,宗教氛围很浓,景色也很漂亮,有心旷神怡的感觉。就是觉得没有像其他旅游景点那样,有专门印制寺庙渊源与宗教历史的小册子免费发给游客,可以更方便外来游客自行参观。因为我们是自己来玩的,没有跟团,门票现在也不算便宜,如果能有免费的讲解就更好了,不仅能够对塔尔寺起到宣传作用,扩大其影响力,而且还可以吸引更多游客。

D:因为研究工作需要,我最近3年连续都来青海,而且塔尔寺是必来之地。每来一次我都觉得有不同的收获,当然,不仅仅是所看之处,更多的是来自于内心的感悟。这3年来我每次来也都跟游客攀谈,具体了解下他们的参观动机与收获,但我发现其实很多游客对塔尔寺的宗教地位与文化影响力并没有足够认识,甚至大多数游客就根本不清楚,就是凑热闹,而且完了还觉得门票又贵。所以我觉得塔尔寺的旅游开发可以说走了弯路,背离其真正目的,这也是我国宗教旅游资源开发面临的普遍性问题,希望在有关部门帮助下,塔尔寺的旅游发展能够吸取教训,不仅仅只是追逐经济效益,而更应该花更多精力投入,能够让其宗教文化资源的社会效益得以充分实现。

E:我是因为对宗教文化比较感兴趣所以特意跑来塔尔寺参观的。来之前我通过不同渠道查阅了不少有关塔尔寺的历史由来与宗教渊源,觉得塔尔寺确实对藏传佛教的发展作出了巨大贡献,而且在宗教界影响力非同寻常。这次来塔尔寺觉得颇有收获,看到了很有特色的佛教建筑,还欣赏了唐卡壁画,堆绣,还有酥油花佛像,看资料说这还是塔尔寺的"艺术三绝"。我拍了很多塔尔寺漂亮的建筑照片,里面说不让拍照,可以理解。但我感觉比较遗憾的是旅游项目比较单一,就是参观下寺院建筑而已,然后也没专人讲解,我建议塔尔寺可以培训一些僧人进行有关藏传佛教与塔尔寺历史故事和发展历程的讲解,让更多游客看到的不仅仅是塔尔寺的宏伟外观,更多能够了解到塔尔寺相关的文化渊源,这样也更有意义。

F:我是第一次来塔尔寺,也是跟着女儿来玩的。虽然我是回族人,但觉得来塔尔寺这边看看也是挺好的,感觉塔尔寺这边的建筑挺有气势的,而且保护得也很好,应该是经过多次修复的。我们那边的清真寺没塔尔寺这样的规模,游客好像也没这边多,而且我们清真寺一般都不怎么对外开放。我觉得塔尔寺这边搞得挺热闹的,对塔尔寺的发展有帮助。整体印象挺好的,就是觉得塔尔寺门口的商店卖的东西有点贵,而且因为不太懂,所以也不敢买,要是有实在的导购就好了。如果以后有机会,我肯定还会来这边转转看看,感觉还不错。

对游客群体的访谈观点加以分析,问题也相对比较明显,旅游发展形势的强劲与服务的滞后形成鲜明对比,经济效益的过度攫取与社会效益的相对式微不成正比等。作为河湟地区历史文化景观的典型存在,塔尔寺的旅游开发就全国宗教文化艺术资源保护与开发利用整体而言也极具代表性,其旅游收入对地域经济发展有着很大贡献,但也正如游客观点所言,正是对经济效益的过度关注,塔尔寺的旅游开发一定意义上可谓走了偏路,较大程度上忽视了与其宗教地位相匹配的文化影响与价值传播,价值性传承保护与开发利用任重而道远。

同时,课题组也随机走访了塔尔寺周边商贩与部分民众,目的在于通过了解其对塔尔寺旅游开发的态度反映及意见反馈等发现相关问题,分析目前环境,有助于课题组对塔尔寺保护与开发利用现状的全面考察。有关访谈材料加以整理后具体陈述如下:

访谈材料四

（A 为访谈员，B、C、D、E、F 等均为访谈对象，依据课题相关访谈材料选取整理）

访谈对象——B 为湟中县人，藏族，藏饰店老板；C 为鲁沙尔镇××村村民，汉族，批发商贩；D 为黄南藏族自治州同仁县人，藏族，唐卡店经营者；E 为塔尔寺周边××村村民，藏族；F 为塔尔寺周边××村村民，汉族。

访谈内容——

A：你们在塔尔寺这边经营生活了多久？最近这些年随着塔尔寺旅游开发的形势越来越好，你们觉得对自己的经营和生活有什么样的影响？是不是收入越来越高了？你们对自己目前的生活满意不？对塔尔寺的旅游发展以及自己的生产经营有什么具体建议或者意见？

B：塔尔寺这些年旅游发展越来越好，每年来的游客都在增加，我的生意也是越来越好了。我在这里开了好几家藏饰店，主要是卖给游客们，利润都还不错，多亏了政府大力支持塔尔寺景区的开发，我们不用再出去打工了，在家门口就不愁挣钱养家，生活挺好的，我挺知足。至于意见嘛，当然是希望政府能够出面加大塔尔寺的旅游开发，同时也能够给我们提供更好的政策和保护。

C：我家就在这附近，随着塔尔寺旅游越来越吸引人，我也赶个趟在这干起了藏饰品批发生意，主要也是卖给外地游客，基本上外面来的游客都会买一些饰品什么的小物件。我虽然挣得不多，也还算可以，而且还能就近照顾孩子，生意顾家两不误，挺好的。得感谢政府政策好，支持发展塔尔寺旅游经济，还支持我们老百姓做生意，希望塔尔寺发展越来越好。

D：我是黄南藏族自治州同仁县的，在这开唐卡店已经好多年了，这里的唐卡店老板好多都是我们老乡。塔尔寺旅游是越来越红火了，我们唐卡店每天都有人光顾，特别是旅游旺季的时候，来的人更多，他们都挺喜欢的，但好多顾客也觉得唐卡比较贵，我们也没法便宜，因为成本就高。我们生意这些年比原来肯定要好，因为懂的人越来越多了。我希望政府相关部门出面，还有塔尔寺能不能也举办些关于唐卡的宣传展览活动，特别是在旅游旺季时候，让更多的人了解唐卡，不仅仅是为了卖我们唐卡，最重要是大家能够欣赏唐卡，懂它的价值，我觉得对塔尔寺、对藏传佛教也都是宣传。

E：塔尔寺对我们生活影响挺大的。听老人说我们祖上是从宁夏迁过来的蒙古人，我们祖先就是蒙古人，但因为长时间住在塔尔寺旁边，藏族身份比较好办事，后来我们就改成藏族人了，而且我哥哥还去塔尔寺当了僧人。这些年来塔尔寺的旅游发展对我们的生活影响太大了，原来我们村里比较穷，很多年轻人都出去谋生，现在有好多又都回来了，开饭馆的、拉客的都挺多的，听他们说旅游旺季时候挺挣钱的，而且政府也鼓励我们自己做事。但也有不好，有时候为了抢生意啥的同村的人也不和睦，我觉得没必要，我觉得这对塔尔寺的旅游发展也不好。希望能够在这些方面好好管管。

F：我们村也有这些现象，特别不好。塔尔寺的旅游发展确实对我们的生活有很大帮助，好多村民都靠着塔尔寺做个小生意养家糊口，有的还赚了不少钱，但我觉得把我们村的环境也破坏了。因为我们村离塔尔寺特别近，每天有好多旅游车，特别是旺季时候，吵闹得很。还有，有些游客不注意公共卫生，把垃圾什么的乱扔乱放，也给我们造成了麻烦。希望景区能够在管理上好好规划，不要影响到沿途村子里老百姓的正常生活。

上述材料的反馈结果相对客观，无论是景区周边商贩抑或普通民众，均认为塔尔寺旅游经济开发确实为自己的生产经营与日常生活带来了很大的促进作用,提高了经济收入,改善了生活水平等,但同时也从不同角度为塔尔寺景区的发展规划与具体管理提出了中肯的意见和建议,必须给予高度重视。

二、"唐卡"个案

对传统文化艺术资源而言,最有效的保护和开发利用莫过于将其投入到民族成员的生产实践中去,尤其对于部分适合生产经营而且又具备地域优势的传统民间手工技艺项目,生产性传承保护与开发利用不仅能一定程度上推动经济效益的实现,而且又能够延展其价值意涵的空间传播与主体强化,"唐卡"即属于此类传统艺术形式。"唐卡"系藏文音译,是藏传佛教文化中独具特色的美术绘画形式,内容涉及广泛,既关涉藏族历史与社会,又反映藏族民众生活与藏传佛教文化等,不仅被誉为藏族的"百科全书",也是珍贵的中华传统绘画艺术形式。源于藏传佛教在河湟地区的深远影响和广泛传播,唐卡的生产经营活动极具地域优势和受众基础,尤其是塔尔寺的唐卡壁画更是被称为"艺术三绝"之一,形象栩栩如生,色彩精美绝伦,络绎不绝的游客对此赞叹不已。

作为河湟地区颇具代表性的传统民族民间美术项目,唐卡不仅富有鉴赏优势,而且也极具收藏价值,这也使得唐卡的生产经营在河湟地区一些地方成为经济发展和文化传播的重要推动力,比如黄南藏族自治州的唐卡制作,近些年不仅在当地经济的发展以及解决就业压力、提高民众生活水平等方面具有较大积极影响,而且也为藏传佛教的文化传播作出了相当贡献。为了解当前河湟地区传统文化艺术资源的生产性保护与开发利用实际情况,研判问题成因,课题组特意选择了相对较具代表性的"唐卡"项目作为实证重点。就调研样态选取方面,课题组主要以访谈形式调研了西宁市的唐卡生产经营公司或商店、湟中塔尔寺的唐卡个体销售商店(走访过程中发现销售商店的店主主要来自于黄南藏族自治州,且以家庭作坊为主)以及黄南藏族自治州同仁县吾屯村从事唐卡生产经营的农户群体等,由于涉及语言交流以及公司经营机密等问题,调研过程比之前两个受访群体相对困难,最终收回有效访谈问卷39份。问卷设置共计有13个问题,主要集中在对唐卡生产经营的经济收益情况、所面临的问题以及对今后行业发展所提出的措施建议等方面。

首先,在课题组对调研样态实际了解过程中,发现唐卡生产经营公司、专门销售商店以及从事生产经营的家庭作坊等在规模上来说一般人数不多,大多集中在5—15人之间,比例高达58.97%,5人以下的公司(或商店等)占比20.51%,15—20人的公司(或商店等)占比15.38%,30人以上规模的公司(或商店等)更是少见,只有2家公司,仅占比5.13%。

其次,对于公司(商店、家庭作坊、经营农户等)唐卡的生产经营状况方面,就调查统计的数据来看,情况也很不乐观。唐卡销售的主要对象还是以寺院和僧人为主,且销售区域也大多集中在包括青海河湟地区在内的省内外藏传佛教受众基础相当广泛的地区。同时,从事唐卡经营生产的公司或商店等也基本设在当地,在省外各地设立分店的公司或商户等仅有5家,占比低至12.82%,而且在实际访谈中还得知,在外分店经营情况尽管近些年来有较大程度改善,但整体情况不容乐观,无论从规模抑或产能效益而言均有待强化提升。从实际调研数据反馈情况来看,充分证明实际上唐卡的群体基础与受众地域还是相对狭隘,其传承价值与艺术价值还是没能被大众群体所充分认识和广泛接受,也因此直接影响着以商品形式呈现的唐卡手工艺品在市场上取得相对理想的经济收益。针对月销售额情况的调研中,具体销售数额在1万元以下的仅有1家公司,占比2.56%,数额在1万元到5万元之间的公司或商店等有5家,占比12.82%,数额在5万元以上的有11家,占比为28.21%,而表示具体销售数额不确定的公司或商店等竟然有22家,比例高达56.41%,在实际调研中甚至有公司或商店等表示其月销售额浮动性很大,具体要视订单需要而定,从中可见作为特殊的商品形式,源于其受众群体的局限性及其经济价值的不可估量性等因素,唐卡手工艺作品的生产经营存在较大的不确定性因素,有待经营管理的规范性以及市场强化的引导性。就其利润收益情况的数据反馈分析,认为经济效益一般或状况不甚理想的公司或商店等高达24家,占到了总数比例的61%还要多,而认为自己收益较好的公司(商店等)仅有3家,占比也是只有7.69%,上述问题数据反馈结果具体统计如表3-9所示。

表3-9 唐卡公司(商店等)生产经营状况统计表

问题	A 选择人数 (所占比例)	B 选择人数 (所占比例)	C 选择人数 (所占比例)	D 选择人数 (所占比例)
省外有无分公司(分店)	5(12.82%)	34(87.18%)	—	—
生产经营的唐卡种类	31(79.49%)	29(74.36%)	9(23.08%)	13(33.33%)
唐卡的主要销售对象	15(38.46%)	12(30.77%)	7(17.95%)	5(12.82%)
唐卡的主要销往地区	8(20.51%)	15(38.46%)	3(7.69%)	13(33.33%)
公司(商店等)月销售额	1(2.56%)	5(12.82%)	11(28.21%)	22(56.41%)
利润收益情况	3(7.69%)	24(61.54%)	9(23.08%)	3(7.69%)

在实际调研过程中,发现大多数从事唐卡生产经营的公司或者商店等只是关注自身的生产经营状况,对于当地其他的唐卡经营或者销售公司情况并不清楚,如针对"您了解当地其他唐卡公司(或商店)的生产经营情况吗"一题的回答中,认为自己非常了解其他唐卡公司(或商店等)经营情况的竟然只有1家,情况令人担忧。同时,也仅有3家公司(或商店等)认为自己"了解"其他公司情况,表示"了解不多"的有12家,剩下的多达23家的公司(或商店等)表示自己压根一点也不清楚其他唐卡公司(或商店等)生产经营情况,比例高达58.97%,同行之间如果不沟通了解不仅严重影响着当地唐卡生产经营活动的整体规划,而且很大程度上式微着河湟地区唐卡生产经营的市场竞争力,由此可见问题的严重性。至于"有无必要对唐卡进行大力宣传",大多

公司(或商店等)对这一问题的认识倒是相对一致,有14家公司(或商店等)认为很有必要进行宣传,18家公司(商店等)认为有必要进行宣传,二者合计超过80%,具体调研数据反馈见表3-10。在实际调研过程中,大多唐卡生产经营公司(商店等)也都表示希望政府相关部门能够出面支持帮助加大唐卡艺术的宣传力度,这不仅有助于扩大唐卡艺术形式的受众范围,而且也将较大程度提高藏传佛教文化的影响力,对唐卡艺术的保护传承也有着积极作用。在追问持无所得、无必要宣传等消极态度的唐卡生产经营公司(商店等)具体原因时,大多认为唐卡跟藏传佛教文化密切相关,从根本上决定着其受众基础的有限性与狭隘性,即使花大力气宣传效果也不大甚至可能没有什么效果,所以觉得不用宣传。

表3-10　唐卡公司(商店等)生产经营态度状况统计表

问题	A 选择人数 (所占比例)	B 选择人数 (所占比例)	C 选择人数 (所占比例)	D 选择人数 (所占比例)
是否了解其他公司经营情况	1(2.56%)	3(7.69%)	12(30.77%)	23(58.97%)
有无必要对唐卡进行宣传	14(35.90%)	18(46.15%)	5(12.82%)	2(5.13%)

在关于青海河湟地区唐卡生产经营的优势方面(可多选),唐卡生产经营者所持观点大多集中在质量和品种方面,其中认为质量上乘的公司(或商店等)有16家,比例达到41.03%,认为品种丰富的也有14家,占到了35.90%的比例,二者合计占比高达76.93%,而认为价格低廉的公司(或商店等)只有3家,认为宣传到位的也仅有5家,占比分别低至7.69%、12.82%。实际数据表明河湟地区唐卡生产经营者还是对当地的唐卡制作能力较有自信,这对于推动当地唐卡艺术形式的保护传承与开发利用有着极其重要的正向影响。

涉及唐卡生产经营面临的问题以及对策建议方面,大多公司(或者商店等)反映的问题也相对集中,总体上讲大多数唐卡生产经营公司(商店等)也都清醒地认识到了自身的问题所在,且对于期望政府所做的支持以及自身在今后的改进措施也有明确的希望和目标,详细的反映情况如表3-11所示。

表3-11　唐卡公司(商店等)面临问题及改进措施统计表

问题	A 选择人数(所占比例)	B 选择人数(所占比例)	C 选择人数(所占比例)	D 选择人数(所占比例)	E 选择人数(所占比例)	备注
生产经营存在的主要问题	28 (71.79%)	26 (66.67%)	18 (46.15%)	31 (79.49%)	—	—
希望政府做些什么	31 (79.49%)	19 (48.72%)	21 (53.85%)	24 (61.54%)	28 (71.79%)	其他
唐卡公司(商店等)怎么做	18 (46.15%)	16 (41.03%)	22 (56.41%)	19 (48.72%)	—	其他
对唐卡产业发展前景的看法	16 (41.03%)	15 (38.46%)	5 (12.82%)	3 (7.69%)	—	—

从表3-11中具体数据分析,问题相对集中于政策资金扶持乏力以及源于成本与价格的不相匹配而造成市场收益的普遍低下,绝大多数唐卡生产经营公司(或商店等)持此看法,分别占比高达71.79%、79.49%,也有高达66.67%的公司(商店等)认为唐卡的生产经营活动中还存在市场运作不完善、信息不透明、行业竞争无序等严重现象,而认为生产规模有待提高,产品研发落后的公司(商店等)也有18家,比例占到46.15%,据此可见,大多数唐卡生产经营公司的问题认识还是比较深刻全面的。对政府作为方面(可多选),唐卡生产经营公司(商店等)也均依据实际情况提出了具体意见和建议。如71.79%的受访对象表示希望政府能够在制度和政策等方面给生产经营提供保护与支持,也有48.72%的公司(商店等)表示希望政府能够对唐卡等传统艺术及手工技艺项目的市场开发给予适当资金扶持,保证生产经营者的基本利益,以利于保护传承,还有分别占比53.85%、61.54%的受访公司(商店等)

表示希望能从政府层面把传统手工技艺项目的生产经营纳入地方产业规划、实现规模化经营以及加大宣传力度、打造地区文化品牌等,而认为政府应积极制订相关培养激励制度真正利于传统手工技艺项目传承保护与开发利益的公司(商店等)占比更是高达71.79%。就自身改进方面(可多选),大多数唐卡生产制作公司也都分别依据生产经营的实际情况表达了自己的具体想法,集中于规模化经营的实现、技艺的改进提高、市场销路的拓展、后继人才的培养等方面。

整体而言,大多数受访对象对当地唐卡生产经营的市场前景大多还是持有乐观积极态度,比如表示对其发展前景非常乐观和乐观的公司(或商店等)分别占比41.03%、38.46%,二者合计比例接近80%。与此同时,也有少数公司(商店等)持悲观消极态度,分别有5家和3家公司(商店等)表示对当地唐卡开发前景不太乐观或完全不看好,二者合计占比也超过20%。事实上,唐卡的生产经营不能够仅仅关注于其市场前景,更应该揆诸其今后的传承发展,这不仅需要当地政府与生产经营者的精力投入与行动付出,更迫切需要当地民众保护发展的意识强化与行为自觉。

三、"花儿"个案

作为流行于西北地区的代表性传统民间音乐传唱艺术,"花儿"在河湟地区同样受众泛化,在汉、藏、回、保安、蒙古、撒拉等族群都广为传唱。青海河湟地区的西宁、大通、民和、互助、贵德、湟源等地均是"花儿"比较盛行的地方,每年从农历四月到六月在各地举办的花儿会吸引着众多民众前往参与,是河湟地区各族人民相聚联欢的文化盛宴。

源于"花儿"在河湟地区深厚的群众基础与广泛影响,其在河湟地区的保护传承与开发利用也由此更具典型性意义,因此,课题组特选取"花儿"为实证个案,目的在于通过了解"花儿"传承发展的现实情况,测评河湟地区传统文化艺术资源基于价值性传承保护与开发利用的实然现状。本书认为基于实践范式出发,"花儿"的时代传播更能从价值性层面体现河湟地区传统文化艺术资源保护与开发利用的空间景观。有鉴于此,实证结果相对更能客观理性地反映实际情况。就具体方法而言,课题组针对"花儿"的个案实证主要采取了深入访谈法,访谈对象则特别选择了河湟地区"花儿"研究的相关专家、民间"花儿"传唱艺人等,因特殊原因在访谈材料的整理陈述中不便出现其具体姓名,特作出解释。现根据课题研究需要特将相关访谈材料整理如下:

访谈材料五

(A 为访谈员,B 为访谈对象,依据课题相关访谈材料选取整理)

访谈对象——B 为××省"花儿"研究会人员,"花儿"研究专家。

访谈内容——

A:您好！能否具体谈下"花儿"在河湟地区的传唱情况？对人们的生活有着什么样的影响？

B:"花儿"本来就发源于河湟地区,河湟"花儿"在青海河湟地区尤其有着非常深厚的群众基础,不仅每年在各地都举办比较有影响力的花儿会,而且当地人们也喜欢在各种聚会场合唱"花儿"来助兴。以前当地的青年男女都习惯唱"花儿"表达彼此之间的爱慕之情,所以"花儿"也被称为"少年",实际上就是情歌的意思,颇受大家尤其是青年男女的欢迎。后来,随着传唱的广泛传播,"花儿"从内容上也逐渐摆脱了仅仅作为情歌的桎梏,不仅传达爱情,而且还反映人们的生产生活具体内容,比如涉及当地农业民俗的传唱曲目就很多。比如体现当地农作物的:"满山满洼的油菜花,笼笼里拾下的地芭",反映农业种植时节更替的:"夏天里到了日子长,地里的麦穗儿金黄。忙拔忙犁把粪上,赶紧的把秋田种上",反映当地气候与农业生产关系的:"冬雪金来春雪银,二月里再下是强板颈",还有反映农业生产方式的提高进步的:"天气暖和冰雪消,庄稼汉,犁地撒了种了。深犁细打多锄草,哪怕它,天气旱哩么水少"等。所以,"花儿"不仅丰富了当地民众的生活,而且也从人们的生产生活中汲取营养,实现着自身的传承发展。

A:随着社会发展的不断进步,人们的生活条件也得以较大改善,社会环境也发生着巨大改变,您觉得是否对"花儿"在现代社会中的传唱传播会有影响?有什么样的具体变化不?

B:"花儿"本身即源自于人们的社会生活,随着人们生活的改变,"花儿"无论是在内容还是形式上都有明显变化。较之传统"花儿",在艺术家们的改编和创作下,现代"花儿"不仅在形式上有了创新,而且在内容上也更加丰富多彩,尤其是对社会主义国家的繁荣强大、对小康社会的美好生活等进行歌颂以及对党的好政策带来的新变化新气象进行赞美等传唱曲目比较多,其实都是在表达民众对现代生活的满足与喜悦。我最近还特别留意到"花儿"界较有名气的青年歌手马××,他最近新出专辑中的"花儿"曲目也充分体现了"花儿"的这种现代创新与发展,里面有很多这样的歌词内容,比如对小康社会巨大变化的赞美歌颂:

"大河家街道变化大呀,哎哟变化大呀。"

"繁荣富强着奔小康呀,朋友们请你到大河家来呀……"

"我给我的乡亲们来贺喜呀,山山村村盖楼房呀。"

"家家户户变了样呀,小康生活靠的是高科技呀……"

再如对社会主义国家强大与中华民族崛起的颂扬:

"从草原来到天安门广场,高举酒杯把赞歌唱,"

"美酒飘香鲜花怒放,歌声飞出我胸膛,"

"英雄的祖国屹立在东方,像初升的太阳光芒万丈,"

"各民族兄弟欢聚在一堂,赞美中华的崛起和希望……"等。

所以,你从中可以看出,现代"花儿"不仅在形式上融入了流行歌曲的表达方式,而且在内容上更加贴近人们的现实生活,所以变化非常大。

A:确实变化很大,作为传统民间传唱艺术形式,那您觉得这种变化对"花儿"的传承发展有什么影响,起着什么样的作用?

B:我个人认为肯定有好的影响,有积极作用,事实上也是这样。如果仅仅作为情歌表达方式,脱离人们的现代生活,"花儿"也不可能流传久远。正因为现代"花儿"在形式上不仅有创新,而且在内容上更体现着人们现代生活中的精神导向与价值标准,所以才能够更加得以广泛传唱并对人们的生活更有积极影响意义。

从上述专家访谈中可以发现,"花儿"传唱在人们的现实生活中从形式到内容都进行了现代转换以符合受众群体的现代需要,而这种转换创新不仅源自于民族成员的生产生活实践,而且反映着当地民众的现实生活面貌,这一结果认知同样在下述对"花儿"传唱民间艺人的实际访谈中得以集中印证。

访谈材料六

(A为访谈员,B、C、D、E均为访谈对象,依据课题相关访谈材料选取整理)

访谈对象——B为湟源县大华乡××村人,汉族;C为乐都县瞿昙镇××村人,土族;D为大通县新庄镇××村人,回族;E为西宁市城东区人,回族。

访谈内容——

A:你们是不是经常参加"花儿"表演?日常生活中是不是也经常会唱"花儿"?觉得"花儿"对自己生活有什么影响?你们认为"花儿"在咱们河湟地区能够得以广泛流传的主要原因是什么?

B:我经常参加一些"花儿"表演活动,个人也非常喜欢在生活中演唱"花儿"来表达内心感情。我觉得"花儿"不仅形式上随意舒服,而且内容上也比较接地气,反映的是我们老百姓自己的生活实际。有"花儿"歌词讲:"千万年的黄河水不干,万万年不塌的青天,千刀万剐我情愿,不唱我'花儿'是万难。"我们这边好多人都喜欢唱"花儿",在一些聚会场合中,比如举行婚礼、庆祝生日,只要有喜事,大家也会邀请我们去表演"花儿"庆贺,不仅喜庆,而且热闹。

C:我们瞿县这边"花儿"也比较流行,尤其是每年瞿坛寺举行花儿会期间,大街小巷都是"花儿"表演的热闹场景。因为自己喜欢这行,而且也唱"花儿"好多年了,我经常受邀参加当地的一些"花儿"表演活动,不仅结交了很多喜欢"花儿"的朋友,而且觉得也让自己的生活变得更有趣。尤其是随着年纪越来越大,跟志同道合的朋友一起聚聚,唱唱"花儿",觉得自己每天都非常开心,特别满足现在的生活,也希望咱们的"花儿"永远传下去,越来越多人喜欢。

D:我们大通老爷山的花儿会远近闻名,不仅当地百姓积极参加,还吸引了很多外面的人来参观,我每年都会受邀表演"花儿"。我觉得"花儿"长久流传的主要原因是它比较能够反映老百姓的实际生活,用比较朴实的方言表达了我们的生活感受。我们可以唱"花儿"来传递感情,表达心情,我们西北人比较喜欢用这样具有地方特色的方式来表现。

E:"花儿"在我们回族群众当中传播也非常广泛,我们也经常在生活中表演"花儿"助兴。每年南山公园的花儿会、凤凰山的花儿会,还有老爷山的花儿会等我都会受邀参加表演,我身边也好多朋友,不管回族、汉族的还是藏族的等都跑去参观。我们现在唱的"花儿"的歌词比较贴合现实生活,不仅有对老百姓富裕生活的赞美,还有很多歌颂咱们国家强大和党的好政策的曲子。所以我觉得唱"花儿"不仅丰富了我们的业余生活,而且对我们的民族团结和社会稳定也有着积极作用,政府也应该在群众当中积极鼓励"花儿"传唱。

对具体访谈材料进行整体分析,"花儿"之所以在河湟地区甚至在西北大地各个族群民众当中广为传唱且影响深远,主要根源于其不仅反映了当地民众的生产生活实际,而且传递着多元主体共同的精神向往。现代"花儿"无论是在形式上的创新抑或内容上的丰富,其实然目的均在于迎合民族群体在现代社会中的精神需求与价值诉求。有鉴于此,从传统文化艺术资源保护与开发利用的目的指向而言,本书认为以"花儿"为代表的传统民俗音乐等传唱形式更应关注其价值意涵的时代传承与现代转变,从而在时代境遇中真正实现传统文化的创造性转化与创新性发展。

第三节　河湟地区传统文化艺术资源
保护与开发利用的问题研判

青海河湟地区自古以来就是民族聚居区,次生多元河湟族群在共居的地域空间内共同创造并历史积淀了丰富多样的传统文化艺术资源。现代化、全球化、信息化所注解的社会转型不仅更加凸显次生多元河湟场景中传统文化艺术资源保护与开发利用的实然意义,而且也愈发张扬一体形塑河湟空间内传统文化艺术资源传承保护与传承发展的问题挑战。基于实证调研并结合时代境遇分析研判其问题所在,是构型河湟地区传统文化艺术资源保护与开发利用的必然应对。

一、保护与开发利用的现状成因解析

作为青藏高原的东大门,青海河湟地区既是连接我国中原腹地和青藏高原各个地区之间的重要通道,也是历史上闻名遐迩的唐蕃古道、丝绸之路的必经要塞。河湟地区多元族群在长期生产生活实践中的互动交融催生着区域空间次生多元的文化态势,也由此决定着其传统文化艺术资源的多维呈现。在次生多元族群构成的现实场域中,其具象呈现的相对分散、民族性显现的愈加

强化、宗教性色彩的强势弥漫等均不同程度地式微着河湟地区传统文化艺术资源保护与开发利用的实际成效。

具象呈现的相对分散是式微河湟地区传统文化艺术资源保护与开发利用的客观因素。丰富多元的传统文化艺术资源虽然在丰饶的河湟谷地遍地开花,但相对来讲呈现分散,也使得其保护与开发工作很难达成协调一致的统一规划。文化的生成与发展受区域地理环境与气候条件的制约与影响,自然环境和区域特征赋予文化天然的空间特质和物化表象。人类的实践活动必然置于特定的自然环境和固定场所之中,通过人类主体实践而创造的文化体系也由此深烙着地域环境的痕迹和特征,"每一种文化都以原始的力量从它的土生土长的土壤中勃兴起来,都在它的整个生活期中坚实地和那片土壤联系着。"①作为青海世居各族人民的生活发源地,青海河湟地区不仅生态环境相对而言最为优越,而且人口也高度集中,经济也最为繁荣;同时,河湟地区不仅是受中原文化向西延展影响最为深广的地区,而且也是华夏诸族接触最早、交往最多、关系最复杂的地区之一。多元族群在长期的共同生产和生活实践中通过相互联系和交流、影响和渗透,共同创造且历史积淀了类型不一、内容丰富的传统文化艺术资源。在河湟谷地上遍地开花的传统文化艺术资源尽管具象多样,但是无论从空间分布抑或内容呈现而言都相对较为分散。首先,从地域空间分析,青海境内的河湟地区主要包括现湟水流域的湟源、湟中、西宁、乐都、民和等地,大通河流域的互助、门源、大通等地,以及黄河流域的化隆、贵德、循化、共和、同仁等地。据此,青海河湟地区尽管都属于青藏高原边界相对集中的传统农业区,但地域范围也比较宽广,从行政规划上也相对隶属复杂,比较难以统一开展进行保护与开发利用工作。比如塔尔寺,在行政区域规划上归属于湟中县,而湟中县又划归于西宁市,还有寺院内部管理组织,再加上旅游、工商等不同管理部门的各自规划,对景区旅游开发工作造成严重影响。

---

① ［德］奥斯瓦尔德·斯宾格勒:《西方的没落》,齐世荣等译,商务印书馆1963年版,第39页。

其次,从资源内容来讲,源于青海河湟各地世居族群的主体分布不同,传统文化艺术资源的空间具象也各有特色。作为青海省经济、政治、文化中心,西宁市主要凸显以历史文化景观(包括宗教寺庙等)、曲艺、音乐、美术等传统文化艺术资源的综合性呈现;包括民和、互助等在内的海东部分县市则凸显以土族特色为主的传统文化艺术资源,而同样隶属于海东的循化则主要以撒拉族传统文化艺术资源为主、化隆则主要以回族传统文化艺术资源为主;同仁则主要突出以"热贡艺术"为代表的藏族传统文化艺术资源,贵德、共和等地的传统文化艺术资源同样凸显藏族特色……有鉴于此,基于资源分布的相对扩散与特色凸显的主体差异,河湟地区传统文化艺术资源的保护与开发利用很难形成统一有序的整体规划,也给实际工作带来较大难题。

民族性显现的现实强化是式微河湟地区传统文化艺术资源保护与开发利用的重要因素。青海河湟地区自古以来便为多元族群的历史聚居地,次生多元的族群构成从本原上决定着其次生多元的文化态势,其本然释义于族群文化的根基显现。作为社会对文化差异的组织方式,族群在本质上即是文化的,①族群文化的主体性也由此得以注解。族群文化不仅建构着自我与他者的心理边界,而且规制着族群内部的主体生活,因为"一个地区的民俗或文化,是一定的自然资源环境及人文环境中长期形成并传承的风俗习惯,是一个民族具有的世代相习的传统文化现象"②。作为次生多元河湟文化价值传统的物化承载和具象呈现,表象多样的传统文化艺术资源不仅生发于多元族群地域空间内的生产生活实践,而且体现着特定场景中次生多元族群各自迥异的传统习俗。作为河湟族群生活习俗的展演范式,无论是历时演变抑或现实呈现,传统文化艺术资源都映射着世居族群异于彼此的道德习俗与行为规范。在次生多元河湟场景中,外来文化的冲突,现代文化的碰撞,族群文化的博弈等,都

---

① 马戎:《关于当前我国民族问题的进一步讨论——也谈第二代民族政策》,《当代中国民族宗教问题研究》第9集,中国社会科学出版社2015年版,第79页。

② 谭蝉雪:《敦煌民俗》,甘肃教育出版社2006年版,第1页。

不同程度地愈加张扬着其地域文化的特质凸显,也据此更加强化着传统文化艺术资源的民族性显现。河湟地区传统文化艺术资源不仅在具象内容上深烙着民族性特点,而且在展演范式上也深刻着民族性色彩。就具象呈现而言,河湟地区传统文化艺术资源主要以宗教历史文化景观以及传统民族民间艺术、文学、手工记忆、民族医药等民族民俗类资源为主,尤其是一些具有代表性优势的资源项目,比如塔尔寺、清真寺、典藏古籍、热贡艺术、纳顿表演等,民族性传统文化资源相对占据较大优势,尤以藏族、回族、土族、撒拉族等民俗类传统文化艺术资源的具体呈现最为集中,其鲜明的民族性特征很大程度上不仅限制着其受众范围,而且对保护与开发利用也造成了交流困难。基于展演范式分析,河湟地区传统文化艺术资源无论从语言表达抑或主体视域都凸显着极强的民族性存在感。作为文化具象的记忆叙述,语言承载着任何一种民俗文化事项的形成发展与代际相传,传统文化艺术资源亦不例外。凸显民族性特质的河湟地区传统文化艺术资源之积淀传承与现实叙事必要借助于族群语言,事实上,大部分河湟民族民间文化艺术资源的具象演绎本来就依赖于地方民俗语言,语言表达的族群传统在传统文化艺术资源的时代呈现中尤为突出。同时,河湟地区传统文化艺术资源的传承与展演主体也比较凸显民族性优势,尤以土族、藏族等为代表,集中分布于民族民间文学、传统音乐舞蹈表演、传统手工技艺、传统医药以及饮食服饰、节庆仪式等方面,也正强调着其民族性显现的优势。地域空间的传播扩散与多元族群的认可接受是传统文化艺术资源保护与开发利用的前提基础,但源于族群常常"通过强调自身特定的文化特征,来强化'族群边界'以排除其他族群成员的介入"①,在次生多元的现实场域中,作为次生多元族群文化传统特征的时代呈现,其民族性显现得越发强化恰恰在很大程度上弱化着河湟地区传统文化艺术资源保护与开发利用的实然态势。

宗教信仰文化在河湟地区的地位与意义不言而喻,其本质上体认着河湟

---

① [挪威]巴斯:《族群与边界》,高崇译,《广西民族学院学报》1999年第1期。

地域文化的逻辑缘起与核心意指。宗教信仰和宗教仪式不仅深层影响着河湟地区多元族群的关系构型,而且本源形塑着民族成员的生活方式,也据此赋予着区域空间多元族群主体创造的宗教化色彩。在长期的共居生活实践中,河湟诸族以其聪明才智和勤劳勇敢共同创造了特质凸显的地域文化,他们所信仰的藏传佛教、伊斯兰教、儒释道教以及原始宗教等信仰文化在独立发展的同时又难以避免地与地域空间的世居文化相互交融,地域文化的宗教性显现也更加清晰而深刻。作为世居族群代际相承的文化积淀,河湟地区传统文化艺术资源展现着强势而又神秘的宗教魅力,其异彩纷呈的具象演绎大多与民族宗教密切相关。从文化景观的物态存在到传统民居的风格呈现;从民间文学的神话溯源到民间艺术的生动表演;从手工技艺的内容指向到民俗礼仪的空间展现等,河湟地区传统民族民间文化艺术项目淋漓尽致地诠释着多元宗教文化信仰的意涵所在,极具民族宗教色彩的传统文化艺术资源不仅形成了地域文化的独特之处,而且体认着次生多元河湟文化的价值传统。亨廷顿强调"乡村、宗教、种族群体、族群、宗教群体都在文化异质性的不同层面上具有独特的文化"。① 作为河湟地区次生多元族群文化的叙事符号与主旋律体现,宗教文化历史形成族群文化的模式承载,异质多元宗教文化派系的竞争与博弈在河湟地区多元族群互动交融的时空图景中不断得以彰显。河湟地区宗教文化圈的现存格局集中表现为以汉等族群为主的儒释道信仰文化圈,以藏族、土族、蒙古族等族群为主的藏传佛教信仰文化圈,以回族和撒拉族等族群为主的伊斯兰教信仰文化圈等共生态势,表象多样的传统文化艺术资源也集中具象着上述三种宗教信仰文化传统的历史演变。同时,源于藏传佛教在河湟地区的深厚基础与受众泛化,与藏传佛教关系密切的传统文化艺术资源项目占据相当比例而且影响相对较大。部分极具民族宗教色彩的资源项目虽然价值较高,但源于其受众局限很难得到广泛认可,典型性代表比如唐卡手绘,无论其

---

① [美]塞缪尔·亨廷顿:《文明的冲突与世界秩序的重建》,周琪等译,新华出版社 2001年版,第 26 页。

经济价值或艺术价值在开发利用方面很大程度上都被低估,不仅影响着经济效益的实现,而且式微着其在时代境遇下的保护与传承。

在次生多元的河湟场景中,具象呈现的相对分散、民族性显现的时代强化、宗教性色彩的强势弥漫尽管一定程度上相对弱化着传统文化艺术资源保护与开发利用的实际成效,但作为主体目的的行为指向,传统文化艺术资源保护与开发利用的实然走向从根本上取决于主体需求与时代要求。在多元并蓄、一体共演的空间情境中,次生多元族群在互动交融的现实图景中也擢升着表象多样的传统文化艺术资源一体走向的价值意指,并据此筑牢着其传承保护与开发利用的实践域与意义场。

二、经济性保护与开发利用的问题解析

在市场经济条件下,对经济效益的追求往往成为传统文化艺术资源保护与开发利用的关切前提,因为"利益(物质的与理念的),而不是理念,直接控制着人的行动"[1]。事实上,河湟地区传统文化艺术资源的经济性保护与开发利用并非仅仅指向其经济效益的现实获取,其根本目的更体现于在经济效益的生产过程中实现传统文化资源的保护与传承。依据实证描摹对问题进行研判,总结发现品牌标识的相对匮乏、开发经营的单一分散、文化资源的培育不力以及经济效益的过度追逐等均不同程度地影响着河湟地区传统文化艺术资源的经济性保护与开发利用。

品牌标识的相对匮乏是制约河湟地区传统文化艺术资源经济性保护与开发利用的客观条件。作为多元族群的历史聚居地,河湟世居族群在长期的共同生活中创造了丰富多彩的传统文化艺术资源,涵盖了从历史文化物态景观、民族民间文学、传统音乐舞蹈等表演艺术、传统戏剧曲艺、传统体育美术、传统手工技艺、传统民族医药到饮食服饰、节庆礼仪等民族民俗生活等资源,其深

---

① ［德］马克斯·韦伯:《儒教与道教》,王蓉芬译,商务印书馆 2003 年版,第 19—20 页。

厚的价值底蕴共构着河湟社会特有的民族显现和融合交流。但综观河湟境内类型不一、表象多样的传统文化艺术资源,享有高知名度的品牌标识却并不多,这也严重影响着其认知界域的主体拓展与空间延伸,即使当地民众对河湟地区传统文化艺术资源的具象符号也不够了解。如在针对河湟地区传统文化艺术资源的认知调研中,高达 59.59% 的受访者认为河湟地区有着非常丰富的传统文化艺术资源,还有 27.67% 的受访者认为其传统文化艺术资源具象丰富,二者合计占比超过 85%,由此可见,传统文化艺术资源丰富多样的现存态势在当地民众心中已成共识,但具体到河湟地区传统文化艺术资源的符号认知,情况却不尽如人意。在具体选项上(可多选),即使高达 85.34% 的受访者选择了寺庙与历史文化遗址,72.65% 的受访者选择了传统民众民间音乐舞蹈表演艺术,75.54% 的受访者选择了传统民族民间美术及手工技艺,但再追问具象了解情况,相当一部分受访者表示其对河湟地区传统文化艺术资源的标识认知仅仅局限于塔尔寺、唐卡等,而且还只是停留在知道参观等初步层面,对其历史渊源表示根本不了解。具体到传统民间文学、传统民间曲艺戏剧、典藏古籍、民俗礼仪等资源项目,忽视民族和宗教信仰因素,知之者更是少之。事实上,源于地域特质和语言表达所限,河湟地区传统文化艺术资源的传播力度远远不够,直接导致着其具象标识的受众限域。因此,丰富多样的传统文化艺术资源尽管在区域内部具备一定的市场和社会影响力,但多因传播不力,或因开发不到,或受众狭窄等原因,资源品牌的认知度不高,竞争力缺乏,更是难以形成强大的文化传播力,不仅影响经济效益的实现,也严重式微社会效益的发挥,对保护与开发利用工作造成相当难题。

开发经营的单一分散是制约河湟地区传统文化艺术资源经济性保护与开发利用的关键因素。相对而言,河湟地区传统文化艺术资源的开发性生产经营活动缺乏政府层面的有力指导和统筹规划,大多资源项目的衍生性开发利用,尤其是民间民俗手工艺品的生产经营长期处在自生自灭状态,典型性代表比如唐卡。据对河湟境内大大小小接近 40 家唐卡生产经营公司(或商店等)

的调查,绝大部分唐卡经营者根本就不了解彼此之间的情况,只关注自身的生产经营,缺乏强劲的市场竞争力,也直接导致经济收益情况的负向态势。在实践调研中发现基本上盈利较好的唐卡公司(或商店等)只有3家,仅仅占到总数比例的7.69%,其余大多处于略有收益甚至收支相抵的状况,这严重影响了民众从事生产经营的积极主动性。同时,地方政府保护和传承的政策体制不够完善,没有把传统文化艺术资源的保护与开发利用工作与地方的文化产业发展以及经济发展进行统一规划,对生产性保护传承和开发利用的支持力度不到位,推介不力,缺乏政府层面的对外推介窗口,媒体宣传乏力,也对生产销售缺乏统一协调的支持和激励措施,造成生产经营者之间不了解市场需求,也不了解彼此的生产经营状况,信息不透明,也最终导致经济效益的低下,严重式微着传统文化艺术资源生产性保护与开发利用工作的主体性。就目前形势分析,河湟地区经济性保护与开发利用工作做得相对较好的传统文化艺术资源项目大多都实现了与地方旅游业的结合,且在旅游开发过程中把传统文化艺术资源的生产性衍生项目都发展成了可供观赏的旅游项目或者有收藏价值的纪念品加工,如民俗民间歌舞文化、民族饮食服饰以及传统手工技艺等。但整体上并没有把这方面的结合工作做得细致到位,没有充分体现区域的文化特色。同时,没有形成市场经济相适应的相对完善的生产经营机制,研究开发、创意生产、销售培训等整体格局没有形成,投入和生产不能带来对等的效益回报,从而较大程度上式微着经济性保护与开发利用的工作实效。

文化资源的培育不力是制约河湟地区传统文化艺术资源经济性保护与开发利用的重要因素。传统文化艺术资源经济生产性保护与开发利用的根本目的在于经济效益的生产过程中实现文化资源的有效保护与传承,在现实生活中,无论是资源本身的物态具象抑或非物质呈现,传统文化艺术资源的传承保护与时代展演都离不开作为对象性活动主体的人的参与,甚至部分资源项目即依托于人而存在和发展。有鉴于此,在经济性保护与开发利用过程中,对文化资源的精心培育,尤其是对作为行为主体的保护与传承人才的培育工作尤为特殊和重要。就目前情况来讲,河湟地区与青海省有关部门乃至国家层面均先后出台制订了具体的优惠激励政策鼓励和培训年轻人参与传统文化艺术项目的保护传承工作。青海省政府颁布出台的《青海省非物质文化遗产保护办法》,专门强调要不仅鼓励个人参与非遗传承而且还将给予有力支持,具体措施如支持代表性传承人开展传承传播活动,为资料整理出版、研修培训等提供经费资助,支持其社会公益性活动等。但具体来讲,对传承人才的培育力度还相对不够,不仅缺乏统一的培训机制,而且在激励与奖励层面还是较为弱化。如传统文化艺术资源保护与开发利用态度与行为层面结果反馈的巨大落差即有力证明了目前的激励机制还不足以广泛调动民众参与保护传承的积极性和主动性。在实际调研中发现,相当数量的年轻人明确表示不愿意从事传统文化艺术资源项目的传承工作,究其原因,无外乎不能挣钱,没有前途等。另外,除了大家比较熟知的"热贡艺术"的生产经营相对比较集中,建有专门的热贡文化基地外,河湟地区许多传统文化艺术资源项目的传承艺人仍然处于单打独斗、各自为战的分散局面,致使部分传统技艺与文化艺术项目处于相对弱势的流传境地,缺少公开推广的开放平台,造成社会影响力的严重不足。与此同时,源于现代文化的强烈冲击,传统民间文化艺术资源的衍生性产品营销空间相对狭窄,不能获取相应的经济效益,也更加难以吸引更多的人参与学习和传承,再加上经费不足,大量传统文化艺术资源的物化景观难以实现妥善保护,这都给保护开发工作带来诸多难题。

对经济效益的过度追逐一定程度上式微着河湟地区传统文化艺术资源经济性保护与开发利用的实然态势。在市场化经济导向下,传统文化艺术资源的开发经营迅速融入商业化运转模式,河湟地区传统文化艺术资源的开发利用也未能免俗。如在针对受访者就传统文化艺术资源保护与开发利用的现实意义和主要功能进行询问时,尽管合计比例高达90%以上的受访者对保护与开发利用的现实意义持正向积极态度,认为"很有意义"或者"有意义",但具体到实际功能,竟然高达85%以上的受访者认为其主要功能在于实现经济效益,推动地方经济发展。据此可见,在民众意识心理层面,传统文化艺术资源保护与开发利用的主要目的即指向经济效益的现实实现。事实上,就传统文化艺术资源保护与开发利用的实际情况分析,经济利益的达成与否不仅是其主体行为的根本动机,而且很大程度上还是衡量保护与开发利用工作成效的决定性指标。不可否认,经济效益的有效实现是传统文化艺术资源经济性保护与开发利用的应有之义,但具体到河湟地区而言,倘若过度关注和追求经济利益,围绕经济中心运转,打着保护的幌子过度开发、肆意滥用,不仅有可能导致资源枯竭甚至消亡,甚至还会严重破坏文化生态的和谐平衡乃至民族区域的团结稳定。如有专家在对河湟地区皮影戏艺术现状调研基础上指出由于市场化导向等导致皮影戏艺术日渐衰弱,皮影戏艺术濒危消失,①还有专家从保护与开发的实然分析出发指出对商业利益的过分强调造成了河湟地区民间艺术保护与开发关系失调。② 课题组在调研过程中也发现,当地民众对基于经济目的的过度开发持有态度还是相对理性的。在对塔尔寺的实证访谈中,有僧人表示塔尔寺目前的旅游开发步伐过快,而与之相匹配的保护措施与管理服务整体滞后。同时,尽管大部分周边民众表示塔尔寺景区的旅游开发在很大程度上带动了当地相关产业发展,不仅提高了民众经济收入,而且增加了政府财政收入,但也有民众表示对其生活环境造成了一定负面影响,甚至部分商贩或村民为抢生意还时常闹不愉快,不利于民族成员团结与区域和谐发展。总体上讲,政府、寺院等共同协力的旅游开发使塔尔寺景区已经成为河湟地区甚至青海省的文化旅游代言品牌,但由于对经济效益的过于关切,从而导致商业气息浓化的同时,也一定程度上忽视了塔尔寺本身的宗教文化意义,而且对宗教文化活动也造成一定影响,必须给予高度重视。

---

① 毕艳君、鄂崇荣:《濒危的民间戏剧——青海河湟地区皮影戏艺术的人类学田野个案调查》,《青海社会科学》2008 年第 1 期。

② 邓湘琼:《对民间艺术保护现状的思考——以青海河湟地区民间美术为例》,《青海民族研究》2015 年第 3 期。

事实上,市场化导向很大程度上强化着传统文化艺术资源保护与开发利用的经济性动机,也由此使得保护与开发利用在一定意义上成为利益追逐的主体行为。本书认为,经济效益的现实达成仅仅是传统文化艺术资源经济生产性保护与开发利用的动力保证,而其根本目的则在于实现文化资源的传承延续与创新发展,据此,必须明晰河湟地区传统文化艺术资源经济性保护与开发利用的实质指向,不失为问题应对的前提之举。

三、价值性保护与开发利用的问题解析

传统文化艺术资源的价值性保护与开发利用指向其价值意涵的时代传承与创新发展。在民族国家社会转型现实场景中,引发工具理性凸显与传统文明断裂二元对立的现代化,导致现代资本扩张与多元文化激荡现实困惑的全球化,造成历史事实真相与虚拟存在假象尴尬处境的信息化,在注释着现代社会特征的同时也为传统文化艺术资源的时代传承与创新发展带来挑战和机遇。注解着时代特征的现代化、全球化、信息化在引发社会转型的同时使得"民族的片面性和局限性日益成为不可能,于是由许多民族和地方的文学形成了一种世界的文学"①,在导引着民族成员前所未有的文化反思和价值质疑的同时,也推动着民族国家价值传统的时代重构成为新命题。在次生多元一体的河湟场域中,传统文化艺术资源不仅表征着多元族群文化传统的具象呈现,而且体认着河湟文化一体走向的价值意指,河湟地区传统文化艺术资源价值传承性保护与开发利用的现实意义也由此得以注解和彰显。从河湟地区的现状考察出发并结合时代境遇考量,价值认知的社会弱化、主体行为的功利化倾向、外来文化的强势冲击、教育作为的相对欠缺等,不仅一定意义上式微着河湟地区传统文化艺术资源价值性保护与开发利用的现实语境,而且较大程度上对其实然走向起

---

① 《马克思恩格斯选集》第 1 卷,人民出版社 1995 年版,第 276 页。

着消极影响。

　　价值认知的主体弱化是制约河湟地区传统文化艺术资源价值性保护与开发利用的主观因素。对传统文化艺术资源价值意涵的正确认知与深刻理解是价值性保护与开发利用的前提要件,但就实际调研情况分析,受访民众对传统文化艺术资源价值意涵主体认知的弱化呈现极具普遍意义且事态严重,绝大多数受访者对传统文化艺术资源的价值认知甚至不具备理解常识。首先,从受访群体的基本认知状况来看,竟然合计高达75.66%的受访者表示不太了解抑或根本就不了解传统文化是什么。其次,具体到河湟地区传统文化艺术资源的理解情况,竟然有高达42.57%的受访者认为是河湟地区多元族群分别创造积累的,还有19.64%的受访者甚至表示是由个别族群创造积累的,据此可见民众的理解偏差甚至误解现象相对严重。再次,尽管受访民众普遍认为河湟地区有着丰富多样的传统文化艺术资源,但大多数受访者对其的认知理解局限于宗教寺庙、博物馆、传统手工技艺、传统民间艺术表演等物态景观和具象呈现层面。如在符号认知选择方面(可多选),竟然有高达85.34%的受访者选择了以塔尔寺、丹噶尔古城等为代表的寺庙与历史文化遗址,72.65%的受访者选择了以"花儿"、社火等为代表的传统民间音乐舞蹈表演艺术,还有高达75.54%的受访者选择以唐卡、酥油花等为代表的传统民间美术及手工技艺等,但与此同时,大多数民众对不能以具象形态呈现的非物质形态传统文化艺术资源的认知程度相对浅薄甚至比较欠缺,如传统民间文学、传统民间曲艺戏剧、民族民间节庆礼仪等。对物态资源的重视与非物态资源的轻视呈现严重的两极分化,在很大程度上导致民族成员对传统文化艺术资源价值指向的理解认知不仅不够全面,而且存在严重偏差,因为"作为一种历史的记忆,民族民间的非物质文化曾经渗透在我们生活的方方面面,记载着一个个古老民族对生活的热爱和智慧,默默地传承着厚重的历史和灿烂的文明。非物质文化遗存形态同物质文化遗存形态建构起民族文化场,带给人的是特有的文化体验,这也是它得以生存的根本。"①传统文化艺术资源的情节认知集中体现着民族成员价值认知的深化程度,但实际调研情况令人担忧。如针对塔尔寺及其与藏传佛教的历史渊源,仅有 12.93% 的受访者表示非常了解,17.55% 的受访者表示基本了解,且"非常了解"与"基本了解"的受访者中大半为藏族民众,同时,合计比例也只有不到 20% 的受访者表示对花儿会的历史由来相对清楚,情节认知极其弱化。问题尤其凸显于河湟地区传统文化艺术资源价值功能的民众认知方面,受访者在表达对其经济价值高度认可同时却表现出对其精神价值的极其轻视,且课题组在实际调研过程中发现,绝大部分受访民众不仅对传统文化艺术资源价值意涵理解模糊,而且对其在生活实践中的精神导引与道德规制作用缺乏基本认知,从主观因素上直接影响着传统文化艺术资源价值性保护与开发利用的行为效果。

主体行为的功利化倾向严重误导着河湟地区传统文化艺术资源价值性保护与开发利用的实践指向。"如今,市场语言无孔不入,把所有的人际关系都纳入以强调自我利益、自我优先权为导向的模式。由相互理解和相互承认而结成的社会纽带和伦理道德规范已经被契约的、目的—手段理性的以及最大功利化的选择和行为方式所摧毁。"②在市场化导向下,源于民族成员对传统文化艺术资源价值认知的相对弱化以及自我利益的过度强化,功利化倾向危机在河湟地区传统文化艺术资源保护与开发利用的实践场域中极为凸显。从实际调研情况分析,受访者就保护与开发利用相关问题表现出较为严重的功利化价值取向。首先,在心理态度层面,尽管整体面向积极,超过 90% 的受访者认为传统文化艺术资源的保护与开发利用较有意义,但当继续追问其主要作用,竟然高达 85% 以上的受访者选择经济效益,而认为是价值传承的受访者占比仅为 8.67%。其次,在实践态度层面,尽管绝大多数受访者表现出积

---

① 郝朴宁:《非物质文化形态的社会承载形式》,《学术探索》2008 年第 3 期。
② [德]尤尔根·哈贝马斯:《信仰和知识——"德国书业和平奖"致辞》,《马克思主义与现实》2002 年第 3 期。

极的践行意愿,但也同时有合计比例超过75%的受访者表示在有需要时或者仅在对自己有帮助时才会积极主动去保护开发传统文化艺术资源。据此可见,无论从心理抑或实践层面,民众文化态度的功利化导向都非常强势,这严重影响着传统文化艺术资源价值性保护与开发利用的主体积极性和行为实效性。如在询问是否参加过传统文化艺术资源保护与开发利用相关活动时,表示很少参加甚至从未参加的受访者占比合计高达76.28%,当继续了解目的动机时,除了由于宗教原因外,竟然高达48.56%的受访者表示自己出于交往或工作需要参加,仅有6.75%的受访者表示自己是出于学习交流需要,而且一半以上的受访者认为此类活动意义不大甚至压根没有意义。具体到传统文化艺术资源保护与开发利用的生活展演与具象实践方面,除了高达56.87%的受访者表示自己在日常生活中不太遵守传统习惯与礼仪风俗,还有10.76%的受访者表示从不遵守,同时,绝大部分受访者表示自己很少学习或从未学习过传统音乐舞蹈、手工技艺等。令人担忧的反馈结果固然与民族成员对传统文化艺术资源价值意涵的模糊认知有密切关系,但在实际调研中发现,大多数受访者行为怠慢的主要原因在于认为对自己没有什么实际作用,由此可见功利化取向较大程度上不仅导致民族成员对传统文化艺术资源价值意涵的认知偏差,而且制约着其价值性保护与开发利用的主体自觉。

外来文化的强势冲击严重挑战着河湟地区传统文化艺术资源价值性保护与开发利用的传统根基。传统文化艺术资源的价值传承性保护与开发利用实质指谓文化传统的时代传承与创新发展,据此,民族成员对民族共同体文化传统的根基认同是实现其传承发展的基础要件。但是,在现代化与全球化所注解的社会转型过程中,西方文化的强势普及推动着资本主义"唯利是图"价值理念的东方盛行,韦伯强调"事实上,这种伦理所宣扬的至善,即尽可能多地赚钱,是与严格地回避对生活的本能性享受结合在一起的,因此绝没有任何幸福主义(更不必说享乐主义)的成分掺杂其中。……人竟然被赚钱的动机所支配,将获利作为人生的最终目的。经济的获利不再属于人满足自己物质需要的手段。"①尽管事实已经无数次证明西方所谓"普世价值"的谎言和假象，但是，基于对利益追逐的工具化动机而使得民族成员不仅一再地否定传统而且表达出对历史虚无的无限奉扬，对历史传统和民族文化的质疑甚至否认不仅挑战着民族共同体文化认同的阐释原则，而且造成民族文化传统的消退甚至归隐。即使在相对封闭的河湟场景中，外来文化所主张的利益追逐不仅打乱着民族区域本土社会的道德秩序，而且催生着与其文化传统相冲突的价值取向，并进而严重干扰着区域空间多元主体传统文化根基认同的固化心态。在具体走访中课题组发现，目前河湟地区许多传统民风民俗甚至宗教文化传统均不同程度地遭受着来自外来文化的价值冲击与影响，不断腐蚀着其原有的民风民貌。典型代表如塔尔寺，作为藏传佛教的始源地，现在已经开发为河湟地区乃至青海省的文化品牌，但浓郁的商业化气息，僧侣的世俗化倾向等等，从不同方面弱化着塔尔寺原有的文化色彩与宗教威望。甚至课题组就民族服饰相关问题的调研中，表示愿意在公开场合穿自己族群服饰的民族成员少之又少，究其原因，大多表示现在不流行了，穿着不好看不好意思穿等。由此可见，在多元文化冲突的时代境遇中，外来文化的价值冲击很大程度上挑战着民族区域文化认同的传统根基，也由此式微着河湟地区传统文化艺术资源价值性保护与开发利用的价值语境。

教育作为的相对欠缺是影响河湟地区传统文化艺术资源价值性保护与开发利用实际成效的重要因素。作为精神教化和价值灌输的实践形态，教育不仅能够帮助民族成员形成对传统文化艺术资源的正确认知，而且能够强化民族成员传统文化认同的主体自觉，从而从主体视域出发创设传统文化艺术资源价值性保护与开发利用的有利环境。就实际调研情况来看，大多数受访民众对河湟地区传统文化艺术资源的现存态势、内容指向与价值意涵及其与传

---

① Weber, M. *The Protestant Ethic and the Spirit of Capitalism*. New York, Charles Scribner's Sons, 1958. p.53. 参见周晓虹:《西方社会学:历史与体系》第一卷,上海人民出版社 2002 年版,第 385 页。

统文化、中华优秀传统文化的关系范畴缺乏基本的理性认知和正确理解。如就河湟地区传统文化艺术资源相关问题的认知考查中,不仅竟然有高达42.57%的受访者认为河湟地区丰富多样的传统文化艺术资源是由多元族群分别创造积累的,甚至还有19.64%的受访者表示是个别族群的创造积累,充分反映出民族成员对传统文化艺术资源的认知与理解存在严重偏差,据此可见,关涉河湟地区传统文化艺术资源及其相关内容的教育活动对其价值性保护与开发利用显得尤为必要。事实上,传统文化艺术资源教育在河湟地区民众生活当中较为缺乏,如仅有15.58%的受访者表示当地经常会举办传统文化艺术资源的宣传教育与学习交流活动,而表示从未举办过此类活动或不清楚的受访者合计占比竟然超过65%,也由此更加凸显传统文化艺术资源及其相关问题教育需求的现实迫切。

次生多元的文化态势、外来文化的冲击、文化虚无的泛滥、"利益至上"的价值取向等消极因素从方方面面,不仅挑战着河湟民族场域中传统文化艺术资源保护传承与开发利用的传统根基,而且式微着其现实情境。但与此同时,当"我们把一个过程说成是危机,这样也就赋予了该过程一种规范的意义:危机的克服意味着陷入危机的主体获得解放"[1]。从次生多元一体的河湟场景出发研判其表象多元的传统文化艺术资源所承载之价值意涵,其不仅具象着次生多元族群一体形塑的时空演进,而且体认着次生多元族群文化一体走向的价值旨归,也正因为此,河湟地区传统文化艺术资源的保护与开发利用必须诉诸多元主体的齐心协力。事实上,挑战与机遇从来都是如影相随,尽管问题重重,但民族成员积极的传统文化心理、传统文化艺术资源保护与开发利用的主动意愿、对保护与开发利用实然态势的理性认知及发展前景的乐观心态等不仅凝聚着河湟地区传统文化艺术资源保护与开发利用的主体动力,而且筑牢着其客观基础,并由此创设且夯实着河湟文化传承发展的意义场与实践域。

---

① ［德］尤尔根·哈贝马斯:《合法化危机》,刘北成、曹卫东译,上海人民出版社2000年版,第4页。

第四章　河湟地区传统文化艺术资源保护与开发利用的实践面向

　　河湟世居各族在长期的共同生活中创造并积累了丰富多彩的传统文化艺术资源,不仅呈现着地域空间次生多元的文化具象,而且体认着多元族群一体走向的价值意指。在现代化所引发的社会转型进程中,多元文化的碰撞、文化虚无的张扬、利益至上的追逐不断挑战着民族社会价值认同的传统根基,式微着民族成员传统文化的心理自觉,引发着地域空间文化生态的失衡态势,也由此使得次生多元河湟场景中传统文化艺术资源的保护与开发利用彰显为时代命题。

　　习近平总书记强调,各民族优秀传统文化都是中华文化的组成部分,中华文化是主干,各民族文化是枝叶,根深干壮才能枝繁叶茂。① 作为中华文化的重要构成,河湟地区传统文化艺术资源的保护与开发利用既是实现民族地域文化传承与发展的必然前提,也是推动中华优秀传统文化创造性转化和创新性发展的本然之义,更是中国特色社会主义文化建设的重要内容。有鉴于此,在河湟地区次生多元、一体共演的空间场景中,传统文化艺术资源的保护与开发利用必须要坚持马克思主义指导思想、坚定社会主义核心价值观引领、坚守

---

　　① 《以铸牢中华民族共同体意识为主线　推动新时代党的民族工作高质量发展》,《人民日报》2021 年 8 月 29 日第 1 版。

中华文化立场,并基于发展性、合理性、可行性等原则遵循下,结合地域社会发展需求、地域文化资源现状等进行有效保护与高效开发利用。

第一节　保护与开发利用的动力机制

作为河湟文化传统的具象呈现与中华传统文化的构成部分,河湟地区传统文化艺术资源的保护与开发利用不仅要服务于河湟文化传承创新的发展需要,而且要服从于中国特色社会主义文化建设的时代抉择,因为"一切划时代的体系的真正内容都是由于产生这些体系的那个时期的需要而形成起来的。"[①]在中国特色社会主义新时代场景中,河湟地区传统文化艺术资源的保护与开发利用必须要坚持马克思主义指导思想、明晰中国化马克思主义的文化发展指向,坚定以社会主义核心价值观为引领、推动民族地域文化的时代传承与创新发展,坚守中华文化基本立场、夯实中华文化时代前行的地域基础。

一、坚持马克思主义指导思想

河湟地区传统文化艺术资源的保护与开发利用必须要坚持马克思主义指导思想,强化中国化马克思主义理论体系的实践指导,尤其要明晰习近平新时代中国特色社会主义思想对文化建设和文化发展的具体指向,既从理论上厘清传统文化时代传承与创新发展的应然所指,又从实践上澄明民族地域文化保护与开发利用的践行方向。

河湟地区传统文化艺术资源的保护与开发利用必须坚持以马克思主义为基本指导思想,马克思主义规制着传统文化艺术资源传承保护与转型发展的价值指向。河湟地区传统文化艺术资源呈现着河湟文化的传统具象,体认着中华文化的价值传统,建构着中华传统文化的实然态势,其传承保护与开发利

---

① 《马克思恩格斯全集》第 3 卷,人民出版社 1960 年版,第 544 页。

用不仅是中华传统文化现代转型的典型演绎,而且是中国特色社会主义文化建设的重要内容,由此出发,河湟地区传统文化艺术资源的传承保护与开发利用必须要坚持马克思主义的理论指导。首先,从主体意义分析,中国共产党既是马克思主义者又是中华优秀传统文化的传承者和践行者,还是中国特色社会主义文化建设的领导者,作为中国特色社会主义文化建设的重要内容,传统文化艺术资源的地域性保护与开发利用当然必须接受中国共产党的领导,必须要坚持马克思主义的指导思想。其次,从客体属性言判,中国特色社会主义先进文化建设重在"中国特色",而其旨归仍然着力于"社会主义",社会主义框定着文化建设的价值意指,规制着中华传统文化的价值转向,亦决定着河湟地区传统文化艺术资源的发展方向,作为中国特色社会主义的基本理论遵循,马克思主义当然要引领着河湟地区传统文化艺术资源保护与开发利用的具体实践。

思想文化的选择,总是与社会道路抉择如影随形,马克思主义是中国特色社会主义语境中社会主流意识形态的本质意涵和核心表达,其不仅是中国共产党的指导思想和行动指南,而且是中国特色社会主义事业的精神支柱和价值导向。在当前文化多元与价值多元的时代境遇中,坚持理论指导思想的一元化与承认社会价值意识的多元化并非截然对立,而实质上呈现为辩证统一的整体,也由此更加凸显马克思主义在中国特色社会主义文化建设场域中的引领作用。"理论在一个国家实现的程度,总是决定于理论满足这个国家的需要的程度"①。本质表征为特定的文化模式与价值体系的马克思主义与中华传统价值的视阈交融与利益汇聚现实彰显民族整体的价值认同与价值抉择,在一定程度上唤醒着中华民族的文化自觉与价值诉求。在马克思主义理论体系的指导与引领下,传承发展民族的优秀传统文化与价值传统,广泛吸收借鉴异质文化价值体系之精华与优势,并依据民族整体利益与国家发展整体

---

① 《马克思恩格斯选集》第 1 卷,人民出版社 1995 年版,第 11 页。

需求之上进行社会主义先进文化建设，既是中国特色社会主义文化事业的现实所需，又是民族文化创新发展的历史选择。作为中国特色社会先进文化建设的根基源泉，马克思主义为中华传统文化的创新发展明晰规律遵循；作为中华文化现代转型的地域范式，马克思主义为河湟地区传统文化艺术资源的传承保护与开发利用提供思想保障。从文化整合与文化发展的视角研判，马克思主义重构着中华文化的传统机理与价值意义，为中华文化价值体系的时代弘扬与丰富发展提供并创造着无限契机，从根本上推动着中华文化实现由传统到现代的转型，促进着传统文化在当代中国社会场域中的调适发展与现实塑形，也导引着河湟地区传统文化艺术资源传承保护与开发利用的应然趋势。

河湟地区传统文化艺术资源的保护与开发利用必须坚持中国化马克思主义理论体系的现实指导，尤其要强化习近平新时代中国特色社会主义思想的实践指向，为传统文化艺术资源的传承保护与创新发展指明践行方向。马克思主义理论"是发展着的理论，而不是必须背得烂熟并机械地加以重复的教条"①，必须推动实现马克思主义与中国社会具体实践的有机结合，才能充分发挥马克思主义对中国特色社会主义建设的理论指导作用，也才能确实保证新时代中国特色社会主义伟大事业的实践走向。中国共产党人在革命与建设的具体实践中不断创新着马克思主义的理论意涵，推动着马克思主义中国化的历史发展，并形成创立了中国化马克思主义理论体系，不仅从理论上回答了中国坚持和发展什么样的社会主义，而且从实践上指引着中国怎样坚持和发展社会主义等系列命题。习近平新时代中国特色社会主义思想是当代中国马克思主义、二十一世纪马克思主义，是中华文化和中国精神的时代精华，实现了马克思主义中国化新的飞跃。② 作为马克思主义中国化的最新理论成果，习近平新时代中国特色社会主义思想不仅是中国共产党在中国特色社会主义

---

① 《毛泽东文集》第六卷，人民出版社1999年版，第396页。

② 《中共中央关于党的百年奋斗重大历史成就和历史经验的决议》，《人民日报》2021年11月17日。

新时代这一历史阶段中治国理政、领导中国特色社会主义建设的高扬旗帜,而且是中华民族共同体在中国特色社会主义新的历史阶段中迈步前行的精神引领,其既从理论上厘清了中国特色社会进入新时代该坚持和发展什么样的中国特色社会主义,又从实践上澄明了在中国特色社会主义新时代怎样坚持和发展中国特色社会主义等时代命题。

作为新时代中国特色社会主义文化建设的涵养根基,中华传统文化的现代转化与创新发展必须要强化习近平新时代中国特色社会主义思想的理论指导。习近平新时代中国特色社会主义思想蕴含着深刻的文化发展观,不仅指引着中国特色社会主义文化建设的发展指向,而且明晰着中华传统文化的转型方向。习近平总书记强调,优秀传统文化是一个国家、一个民族传承和发展的根本,对待传统文化,要坚持马克思主义方法,采取马克思主义的态度,坚持古为今用、推陈出新,有鉴别地加以对待,有扬弃地予以继承,取其精华、去其糟粕,要结合时代条件实现中华优秀传统文化创造性转化和创新性发展,创造中华文化的新辉煌①。民族承载着文化的实然意涵,而文化表征为民族生存发展的依赖力量,中华文化的时代发展实质上体现为中华传统文化的传承创新过程。在中华传统文化现代转型过程中,必须要保持其民族特色,弘扬其民族传统,在传统文化传承基础上实现民族文化的创新发展,是时代场域中中华文化世代承续的突出命题。作为传统文化现代转化与创新发展的核心指征,传统文化艺术资源的保护与开发利用也必须要坚持习近平新时代中国特色社会主义思想的具体指导,时代要求明确提出了传统文化艺术资源的展演走向。习近平强调不仅要系统梳理传统文化资源,让收藏在禁宫里的文物、陈列在广阔大地上的遗产、书写在古籍里的文字都活起来,而且要按照时代特点和要求,对传统文化艺术资源中那些至今仍有借鉴价值的内涵和陈旧的表现形式加以改造,激活其生命力,实现创造性转化②。作为中华传统文化现代转型的

---

① 《习近平总书记系列重要讲话读本》,学习出版社、人民出版社2016年版,第202页。
② 《习近平总书记系列重要讲话读本》,学习出版社、人民出版社2016年版,第203页。

地域演绎,河湟地区传统文化艺术资源的传承保护与开发利用必须要贯彻习近平新时代中国特色社会主义思想的实践指向。在次生多元、一体共演的河湟场景中,习近平新时代中国特色社会主义思想引领着地域文化的创新发展,明晰着河湟地区传统文化艺术资源传承发展的应然走向。

传统规范着民族社会的生存秩序与价值意义,具象着中华民族文化传统的艺术资源,不仅体认着中华文化精神理念的传统意涵,而且反映着中华文化价值体系的时代意指。作为中华传统文化物化表征的地域呈现,河湟地区传统文化艺术资源不仅具象着次生多元河湟族群的文化传统,而且展演着河湟文化一体走向的价值旨归。"任何一个时代的统治思想始终都不过是统治阶级的思想。"①在中国特色社会主义现实场域中,马克思主义在本质上代表着人民群众的根本利益,体认着人类社会的价值诉求,必须坚定马克思主义基本原理与中国化马克思主义理论体系的指导地位,才能真正保证中国特色社会主义事业在新时代历史阶段中的发展原则和正确方向。坚定马克思主义、中国化马克思主义尤其是习近平新时代中国特色社会主义思想的理论指导,以社会主义核心价值观为引领,依据时代要求,对传统文化具象进行更加翔实深刻的价值挖掘和意义阐释,这不仅是传统文化现代转型的客观要求,也是河湟地区传统文化艺术资源传承保护与开发利用的时代选择。

二、坚持社会主义核心价值观引领

在民族共同体既定限域内,核心价值观是民族文化最深层的精神内核,不仅决定着民族文化的根本性质和发展方向,而且体认着民族社会的价值准则与价值诉求。作为社会主义核心价值体系的集中表达,社会主义核心价值观从本质上揭示了"中国特色社会主义在国家、社会和个人三个层面的价值目

---

① 《马克思恩格斯选集》第 1 卷,人民出版社 1995 年版,第 292 页。

标、价值取向和价值准则,构成了有机的系统结构",①从整体意义上确立了民族社会所共同的价值目标和价值准则,从现实意义上构筑着民族成员所共享的价值规范和价值标准,并由此引导且规制着民族成员在多元复杂民族关系构型场域中的文化研判和价值抉择。在中国特色社会主义新时代场景中,坚持以社会主义核心价值观引领文化建设,既是中华文化传承与发展的基本遵循,又是河湟地区传统文化艺术资源保护与开发利用的必然选择。

在中国特色社会主义时代境遇中,社会主义核心价值观不仅从思想层面上诠释着社会主义意识形态的本质表现和社会主义制度的价值诉求,而且从精神层面上体征着社会主义中国的旗帜指向和社会主义制度的内在之魂。从国家层面而言,"富强、民主、文明、和谐"的整体价值目标不仅在中国特色社会主义建设总规划中处于统领地位;从宏观意义上诠释着国家建设的整体导向和价值要求,而且也具体指明着中国特色社会主义建设在经济、政治、文化、社会、生态等层面的未来图景和发展方向;从微观意义上描摹着国家规划和制度设计的物质基础、政治保障、精神动力和社会保证等。"富强、民主、文明、和谐"国家层面的整体价值目标是社会层面价值取向和个人层面价值准则的确立依据和评判标准,离开了国家层面价值目标的整体导向,社会层面的价值取向和个人层面的价值准则必将陷入无源之水,失去根基和方向;从社会层面而言,"自由、平等、公正、法治"的普遍价值取向不仅反映着中国特色社会主义的本质属性和价值诉求,而且构成着国家价值目标向个体价值行为的中继环节,指向着价值意义社会层面的目标导向、客观基础、秩序规范和制度保障。社会层面的价值取向在社会主义核心观构成中起着中介的承起作用,贯通着国家层面的价值目标和个人层面的价值准则,如果缺乏社会层面的价值导向,国家层面的价值目标就失去践行的主体基础,而个体层面的价值准则也将陷

---

① 詹小美、康立芳:《中国梦践行场域中的社会主义核心价值观培育》,《青海社会科学》2015 年第 1 期。

入无序之境;从个人层面而言,"爱国、敬业、诚信、友善"集中诠释着国家层面价值目标和社会层面价值取向对民族成员的品德要求和行为规制,具体指向着民族主体在现实场域中的社会公德、职业道德和个体品德。基于主体视域研判,个人层面的价值准则在社会主义核心价值观构成中居于基础地位,是国家层面整体价值目标和社会层面主流价值趋向于主体层面的具体落实和行为贯彻,抽离主体意义的价值准则,国家层面的整体目标和社会层面的主流价值也将失去实在意义。

在民族共同体既定框架内,核心价值观是民族成员所共同认同且自觉遵循的主流价值理念,在民族社会前行进程中负载着价值整合和价值引领之功能指向。"人类社会发展的历史表明,对一个民族、一个国家来说,最持久、最深层的力量是全社会共同认可的核心价值观。核心价值观,承载着一个民族、一个国家的精神追求,体现着一个社会评判是非曲直的价值标准。"[1]由此释义,作为中华民族多元族群所共同认可且得以擢升为民族社会的主流价值观念,价值引领是社会主义核心价值观在民族国家时代境遇中的核心功能属性。社会主义核心价值观集中体现着多元一体中华民族文化所蕴含之最深层的精神特质和最本质的价值理念,不仅表征着多元一体中华民族的思维方式和行为模式,而且凝聚沉淀着中华民族多元族群共同的价值共识和价值准则。文化依附于民族而存在,民族文化的价值体系体征着该民族的思维意识和价值标准,不同的民族文化折射出不同民族最本质的精神特质和思想意识,并由此形成不同民族之间的冲突和矛盾。在多元族群文化共存的现实场域中,不同的族群文化表达着异质的价值理念和思维习惯,异质族群文化彼此之间必然存在抵触甚至对立的场面,也即"在该民族的意识和其他民族的实践之间,亦即在某一民族的民族意识和普遍意识之间出现了矛盾(就像德国目前的情形一样)——既然这个矛盾似乎只表现为民族意识范围内的矛盾。"[2]因此,在现

---

① 《习近平谈治国理政》第一卷,外文出版社2018年版,第168页。
② 《马克思恩格斯文集》第1卷,人民出版社2009年版,第535页。

实性上,公共价值的建构成为调适和缓解多元族群价值矛盾的客观必然。从本质意涵揆褚,价值观是"主体人格中关于价值意向的深刻和稳定的观念系统,是作为价值活动之标准和导向的信念体系与心理结构的统一体,是主体整合价值生活中具有经验事实的背景式价值知识。"①价值观集中体现着个体认知评价和行为选择的主观倾向和主体心理,是主体行为的内在标准和依据,预设性地导向着主体的价值研判和价值取舍。在特定社会占据主导地位的核心价值观通常折射出民族深层的文化积淀和价值集聚,表征着特定民族生存发展的客观模式和实在态式。作为中华民族核心价值观的时代呈现,社会主义核心价值观植根于中华民族文化的深厚沉淀,承继着中华民族文明的时代发展,体现着中华民族精神的当代之义,以情感、利益、价值为导向,对接着多元一体中华民族的生存实际和发展趋势,引导着民族成员价值认知和价值抉择的当代研判,规制着民族社会文明进步的价值准则和价值遵循。

坚持以社会主义核心价值观为引领推动民族地域文化的时代传承与创新发展,强化社会主义核心价值观在次生多元一体空间场景中的主体展演,从多元异质族群文化的表层去寻找共同的精神目标和价值追求,是河湟地区传统文化艺术资源保护与开发利用的现实应对。在民族共同体既定限域内,文化传统的传承与传统文化的创新必须要受限于民族社会主流价值观的引导与规制,因为社会发展本身即是一个在统一价值体系导向下不断走向和谐的过程②,作为地域文化传统的时代具象,传统文化艺术资源的现代转型亦不例外。价值表征为意义建构和关系范畴,其"是从人们对待满足他们需要的外界物的关系中产生的"③。价值观指向特定社会中达成共识且得以确立的公共价值、准则和目标,体现着特定社会文化系统中公共价值的等级构成。具有

①　中国大百科全书总编辑委员会:《中国大百科全书》第 11 卷,中国大百科全书出版社 2009 年版,第 242 页。

②　文军主编:《西方社会学经典命题》,江西人民出版社 2008 年版,第 110 页。

③　《马克思恩格斯全集》第 19 卷,人民出版社 1963 年版,第 406 页。

普适意义的公共价值观在任何一种社会系统和制度体系中都起着核心意义的价值引领功能和价值导向作用,尤其在复合民族社会的现实场域中,所普遍认可且得以遵循的主流价值观,不仅是调和民族国家多元族群矛盾和多元文化冲突的价值基础和现实动力,而且是引领民族共同体多元族群关系发展和民族成员价值评判的价值导向和思想本源。集中表征着多元一体中华民族精神标识和价值理念的社会主义核心价值观,不仅构筑着民族成员社会生活的道德规范和价值标准,而且从国家、社会、个人三重层面上高度凝练着中国特色社会主义的人生观、道德观和价值观,并由此实现着对中华优秀传统文化与社会主义先进文化价值承继的现实对接,且进而固基着民族成员共同的价值理念和共通的价值情感。在复合民族共同体的既定框架内,承载着中华民族集体的精神追求和价值诉求的社会主义核心价值观在多元族群的共居生活中形成多元一体中华民族共同的价值评判依据和价值抉择导向。社会主义核心价值观不仅反映着中华民族成员共同的精神信仰和价值诉求,而且投射于民族社会价值体系和价值构建的时代要求,在引导且规制着民族成员生活实践和道德行为的同时也整合着族群文化异质多元的价值理念,并据此在多元并蓄、一体共演的空间场景中集聚着河湟民众的价值共识和共通心理。

在多元文化交流碰撞的时代场域中,外来文化的冲击对地域文化的传承发展造成严重的传统质疑,也引发着传统文化艺术资源现代转型的主体困惑。在现实性上,传统文化资源的现代转型与创新发展必然需要新的时代价值理念与价值内容的介入与丰富,从而使得传统价值观念在多元价值并存现实境遇中从形式与内涵双重方面实现转化与创新,使之更加契合民族社会主流价值的发展要求,能够满足民族主体的价值诉求。作为民族传统文化的重要构成,河湟文化的传承发展必须要接受社会主义核心价值观的价值框定;作为河湟文化传统的具象承载,河湟地区传统文化艺术资源的现代转型必须要坚持社会主义核心价值观的根本引领。在社会主义核心价值观引领下,充分挖掘河湟地区传统文化艺术资源的正向意涵,宣扬传播其利于民族团结、社会和谐、国家稳定的积极理念,凝聚河湟民众"五个认同"的价值共识,不仅是河湟地区传统文化艺术资源价值性保护与开发利用的动力保证,而且是河湟文化时代传承与创新发展的实然意旨。

三、坚持中华文化基本立场

作为中华民族多元族群共同的智慧结晶,中华文化不仅从表象上凸显着中华民族多元一体历史形塑之发展规律,而且从本质上擢升为多元一体中华民族共享之精神理念。"14 亿中国人民凝聚力这么强,就是因为我们拥有博大精深的中华文化、中华精神,这是我们文化自信的源泉。"①正是基于多元主体对中华文化精神蕴含之自觉践行,中华文化的历史延续和现实发展才成为可能并得以实现,也正是基于中华文化所淬炼之共通情感和价值共识,中华民族在历经长期的社会变迁和无数次的聚合离散之后还维系着整体统一和内在凝聚。作为中华文化的重要构成,河湟地区传统文化艺术资源在多元族群一体交融的空间场景中也最终与价值层面走向一致趋同,既表征着中华文化代际相传的精神理念,也体认着民族社会约定俗成的价值遵循。在多元文化交流碰撞与多元价值共生博弈的时代境遇中,河湟地区传统文化艺术资源的保护与开发利用必须坚持中华文化基本立场,保持民族地域文化的多样性态势,彰显中华文化的本真性意涵,在文化国际化的发展潮流中坚定民族文化自信,坚守中华文化传承发展的民族性与主体性。

民族性是中华文化的本质属性。民族是文化产生和发展的母体,作为社会现象的文化具有鲜明的民族性,其以民族为实际载体依附于具体的国家而存在,所蕴含的思维模式和价值理念等以其固有的方式逐渐内涵为民族成员所共同的主体表征和价值体认。"向上向善的文化是一个国家、一个民族休戚与共、血脉相连的重要纽带。"②中华民族既是血缘谱系传承的族群混合体,

---

① 《习近平视察澳门政府综合服务中心和英才学校》,《人民日报》2019 年 12 月 20 日第 1 版。
② 习近平:《在全国抗击新冠肺炎疫情表彰大会上的讲话》,《求是》2020 年第 20 期。

又是以民族共同价值体系凝聚的文化共同体。中华民族多元族群在一体交融的历史长河中逐渐形成了"高一层次的民族认同意识，即共休戚、共存亡、共荣辱、共命运的情感和道义"，①这一高层次的民族认同意识即为高于族群认同之上的中华民族集体认同。对于民族成员而言，民族文化赋予其主体归属和民族身份，意味着宿命天定和不可退出。于此层意义研判，民族文化的共同体蕴含不仅塑形着民族成员的主体人格，而且凸显着其最本质的社会性存在，一如约翰·密尔所言"人们几乎无法知道任何一部分人应自由地做些什么，如果不先确定在各种的人类集体组织中他们愿意参加哪一种集体组织的话。"②与中华民族多元一体的构成相一致，中华文化也在现实性上凸显着多元一体的异质趋同，并由此型构着复合民族一体形塑进程中"你中有我、我中有你"之平等互助、相向而行的交融态势。民族共同体是文化变迁过程中的历史形成，安德森强调"它是想象的，因为即使是最小的民族的成员，也不可能认识他们大多数的同胞，和他们相遇，或者甚至听说过他们，然而，他们相互连接的意象却活在每一位成员的心中。"③文化对民族的发展影响深远，不仅体现着民族的外在，而且折射出民族的内质，民族形成的过程即呈现为特定主体民族文化及其价值体系不断抬升的过程。文化的核心即为价值，民族个体价值意识的建构存在于与他者的联系与交往过程中，并伴随着民族群体价值思维方式的互构与同构，从内部推演并发展着民族共同的精神引领与价值导向，整体建构着民族成员之价值准则与价值取向。一个民族的文化模式与文化蕴含本质上规制着民族成员的思维方式和行为模式，反之，民族在长期的历史发展过程中形成并积聚着其特有的生活方式、风俗习惯、思维模式等，并在社会实践中沉淀为该民族的文化传统和行为规范且借助民族成员的历时空演

---

① 费孝通：《中华民族多元一体格局》（修订本），中央民族大学出版社 1999 年版，第 13 页。

② ［英］J.S.密尔：《代议制政府》，汪瑄译，商务印书馆 1982 年版，第 223 页。

③ ［美］本尼迪克特·安德森：《想象的共同体：民族主义的起源与散布》，吴叡人译，上海世纪出版集团 2003 年版，第 5—6 页。

绎不断强化着本民族的文化特性,在此基础上最终发展固基为本民族的传统文化也即民族文化的形成。"民族文化以情感、规范、目标为导向,切入民族生存的客观与实际,展现民族发展的血脉与相承,推进民族这一特定人群本质力量的对象化。"①中华文化所蕴含之爱国主义的价值取向、儒家传统的责任使命、整体主义的价值导向、向善礼教的人文主义精神等不仅从责任意义上维系着中华民族多元族群相互依赖、不可分割的使命担当,而且从精神本源上固实着多元一体中华民族"共休戚、共存亡、共荣辱、共命运"的情感道义。

在多元价值国际化与主流价值民族化的现实场域中,作为中国特色社会主义文化建设的重要内容,传统文化的时代传承与创新发展必须坚持中华文化基本立场。"各种文化特质或文化现象是人类创造的特殊形式,它本身包含着人赋予的特定价值和意义。"②中华文化内含之价值体系表征着民族成员价值追求的理性自觉,价值体系的历史生成是民族集合体种种生活方式的表征与外观,在价值主体对传统文化价值作出判断、认同与抉择的过程中,他们所最终选择的必然能够体现并有助于实现其现实利益诉求的那部分价值,也正因为传统文化自身凸显着价值主体所需求之价值利益,传统文化的传承与发展才得以可能。在多元价值冲突与交融的现实环境下,价值主体如何去撷褚与抉择形式繁杂多样、内涵并存糟粕与精华、真理与谬论兼而有之传统价值?从本质上需要传统文化自身实现其本真价值归元与价值传统的现实调适。有鉴于此,坚守中华文化基本立场,基于实践指向即是要保持民族文化的独立性和本真性,必须要明辨多元价值国际化与主流价值独立化之间的关系,必须清楚认识且要正确对待传统价值的本质涵义与民族特性。中华文化本真性与主体性的保持和持续根源在于文化历史传统的长期发展与逻辑演进,绝不是依赖于对"现代化"的盲目攀附与依从,"现代化"即为社会历史现象与过

---

① 詹小美:《民族文化认同论》,人民出版社 2014 年版,第 1 页。
② 司马云杰:《文化价值论——关于文化建构意识形态的学说》,安徽教育出版社 2011 年版,第 47 页。

程,某种程度上等同于民族国家发展的同质化抑或是趋同化,而传统文化是民族国家固源之本,其特质即存于文化价值传统之中。文化价值的多元催生了价值选择与利益群体的多元,价值主体在多元价值与利益分化的现实场域中自觉进行着价值的比较与判断,多元价值体系最终在接受实践的评判与检验后或者上升为普适价值准则抑或生成为价值垃圾被主体所抛弃。"凡在公共空间展现的一切,从定义来说都是政治的,即使它不是行动的直接产物。"①价值体系的历史发展与主体价值抉择终将服务于民族国家政治统治从而保障利益主体的现实利益,因此,价值多元国际化背景下传统价值认同之实现必然要求更加关注和保持民族传统文化与价值传统的本真性和主体性,这也是传统文化认同实现之价值根基与现实保证。

在多样文化交流冲突与多元价值竞争博弈的现实场域中,河湟地域传统文化的保护与开发利用必须坚持中华文化基本立场,体认中华文化本真意涵,彰显中华文化主体属性。一个民族、国家只有对自身的文化理想、文化价值有信心,才能有坚守的定力,因为"历史和现实表明,一个抛弃了或者背叛了自己文化的民族,不仅不可能发展起来,而且很可能上演一场历史悲剧。"②中华民族多元族群在共经的社会变迁与共同的文化历程中,源于彼此的情感需求和利益诉求逐渐集聚形成一个由民族文化导引的价值统一体,这一价值共同体在自然彰显着民族成员对中华民族历史既定的时空发展、民族特质和观念形态的体认与赞同的同时,也生成为共同体成员身份识别、群体归属确立、价值共识形成的本源和基础,并从整体性上夯实着多元一体中华民族的集体认同。中华文化建构着中华民族多元一体历史形塑的目标导向,在民族共同体限域内,"社会成员通过走向他们共同目标的构想,形成一个价值共同体"③。

---

① Hannah Arendt.*Between Past and Future*:*Eight Exercises in Political Thought*.New York:The Viking Press.1968,p.115.

② 《坚定文化自信,建设社会主义文化强国》,《求是》2019 年第 12 期。

③ [德]阿克赛尔·霍耐特:《为承认而斗争》,胡继华译,曹卫东校对,上海世纪出版集团 2005 年版,第 128 页。

作为想象共同体的民族在文化意涵上亦表征为价值共同体,共享的价值体系和共同的价值体认是文化给予民族最稳固的社会特征和最深层的价值表达,也由此形塑着民族成员身份认同和群体归属的社会边界和本质规定。中华文化有自己的言说方式,彰显自身民族特色,在异质文化与价值强势涌入并激烈冲击传统文化的时代境遇中,中华文化的时代传承与创新发展必须要保持自身文化的独立特性,必须保持民族文化的主体属性。河湟地区传统文化的保护与开发利用既是中华文化时代传承与创新发展的应然指向,也是中国特色社会主义文化建设的重要内容,在具体实践中坚守中华文化基本立场,秉承中华文化价值传统,弘扬中华文化民族特色,是在中国特色社会主义新时代场景中推动民族地域文化传承发展的必然选择。

第二节 保护与开发利用的目标旨归

河湟地区现存丰富的传统文化艺术资源既是地域社会经济发展的独特优势,又是民族地区和谐稳定的精神保证。作为地方文化产业的重要支撑,传统文化艺术资源的有序开发对河湟地区的经济发展起着巨大推动作用;作为文化建设的根基承载,传统文化艺术资源的合理保护对河湟文化的传承发展起着根本决定作用。但是,在现实性上,作为中华传统文化的重要构成,河湟地区传统文化艺术资源的保护与开发利用之现实意义绝非仅仅限于对地域经济发展的推动,其目标旨归不仅指向民族地域文化的传承与发展,而且从整体视域上指谓于中华优秀传统文化的创造性转化和创新性发展,并进而强化地域空间价值共识的时代凝聚,推动着中华民族共同体意识的地域铸牢,强基着民族地域社会多元主体"五个认同"的归属自觉。

一、推动民族地域文化的时代传承与创新发展

从文化资源的本然态势考量,河湟地区传统文化艺术资源是民族地域社

会独特优势的彰显,在时代场景中保护与开发利用对区域社会的经济发展作出了相当贡献。但与此同时,作为中华文化在民族地域空间的具象展演,河湟地区传统文化艺术资源的保护和开发利用决不能仅仅止步于文化资源的经济开发和文化产业的现实发展。从文化资源的存在意义研判,河湟地区异彩纷呈的传统文化艺术资源表征着地域文化的传统具象,展演着多元族群的价值传统,其保护与开发利用实然指向次生多元一体民族地区文化的时代传承与创新发展。

具有浓郁民族风貌和宗教色彩的传统文化艺术资源不仅是河湟地区经济发展的物化动力,而且是河湟地区文化产业的发展基础,有鉴于此,河湟地区传统文化艺术资源保护与开发利用的经济性指向是不容置疑的现实考量。传统文化艺术资源是地域社会所赖以生存发展的独特优势,尤其是地方文化产业创新发展的重要支撑,富有特色的地域性文化资源和文化品牌往往与其传统文化艺术资源关系密切。文化产业是地域社会发展新的经济增长点,尤其是传统文化艺术资源的旅游开发以及传统手工技艺的产业化经营发展等,相对而言投入成本小,经济收效快,对地域经济发展的推动作用显而易见。以塔尔寺为例,作为地域文化资源旅游开发的典范性代表,塔尔寺的旅游开发不仅带动了其所在湟中县旅游业的良好发展,逐渐形成了以塔尔寺、河湟文化博物馆、藏文化馆等为主的文化旅游景区,每年吸引着众多游客前来观光旅游,而且当地还依托文化旅游开发衍生出许多文化产业项目,如堆绣、藏毯、雕刻等,较高程度改善了当地民众的就业状况,不仅解决了部分民众就业问题,而且很大程度上拉动了当地经济发展。湟中县依托塔尔寺品牌资源所建设的文化旅游产业群已初见成效,据不完全统计,湟中县现在每年接待游客总计高达四百余万,仅塔尔寺游客人数就占一半以上,其影响带动作用不言而喻。以唐卡为代表的热贡文化为例,作为热贡文化之乡,近些年来,黄南藏族自治州依托其特有的热贡艺术资源优势,将文化产业发展和脱贫攻坚工作相结合,鼓励当地民众从事热贡文化产业开发经营。在热贡文化开发经营相关产业带动下,黄南藏族自治州人均可支配收入有大幅提升。从实然成效不难发现,传统文化艺术资源的产业化开发利用很大程度上促进了当地经济发展,增加了民众就业机会,提高了民众收入,改善了民众生活水平。随着交通设施的更加便利以及文化产业的规模化开发,河湟地区传统文化艺术资源的独特呈现也将会更加引人关注,其经济性保护与开发利用毫无疑问对地域经济发展的推动作用将会愈加凸显。在市场需求导向下,结合地域资源优势对传统文化艺术资源进行合理保护与有序开发,充分发挥其对地区经济发展的引领作用,不失为河湟地区传统文化艺术资源经济性保护与开发利用的实然目的所在。

作为河湟族群文化传统的具象呈现,河湟地区传统文化艺术资源承载着河湟文化传承发展的根基本源,以对多元族群价值传统的历史再现与现实演绎推动着河湟文化的代际相传,并据此影响着地域文化的特质重构与意义重塑,其保护与开发利用之实然意义在现实性上指向于民族地域文化的时代传承与创新发展。

所谓文化,是自己编制的意义网,所以文化分析并非寻求规律,而是探究意义(格尔茨语)。在现实性上,民族地域文化的传承与发展实质指谓民族地区传统文化价值理念的现代调适和转化创新。文化是民族形塑的核心要件,在民族共同体既定限域内,高度的文化自信源自于民族文化的时代传承与创新发展,因为其"无时无刻不在影响、制约着今天的中国人,为我们开创新文化提供历史的根据和现实的基础。"①作为中华文化的空间标识,次生多元而又一体走向的民族地域文化不仅是世居族群文化记忆的时代呈现,而且是中华民族文化传统的具象演绎,本源上体认着中华文化的传统理念,厚植着社会主义核心价值观的民族意涵。"一个种族现存的文化及价值观,并不是对现实的生产方式和生存方式的绝对反映,而是对这个种族现存的生产方式和生

---

① 张岱年、方克立:《中国文化概论》,北京师范大学出版社 2004 年版,第 10 页。

存方式的意识反映的历史和现实的统一。"①作为民族地域文化的典型演绎，异彩纷呈的河湟文化的地域呈现生动诠释着中华民族历时形塑的价值诉求。从藏传佛教宣扬的宽容和谐到伊斯兰教提倡的仁爱友善，从民俗礼仪体现的礼貌周全到民族伦理表达的文明诚信，从"唐卡"描绘的吉祥祝愿到"堆绣"编制的美好向往，从现代"花儿"吟诵的小康景象到河湟小调传唱的勤劳勇敢，从河湟文学歌颂的奉献精神到河湟社火舞动的爱国热情等，无不充分展现着河湟文化一体走向的价值意涵，并较高程度上契合着新时代中国特色社会主义现实场域中的价值准则与价值要求。

作为多元族群的历史栖居地，民族地区的文化生成与文化发展注定表象多元，世居族群在长期生产生活实践中的互动交融催生着区域空间次生多元的文化态势，也由此决定着地域文化的多维呈现。族群是文化的依托载体与存在方式，构建着文化体系的核心元素，任一族群最初均形成并居于共同的地域空间，共居的空间格局逐渐孕育其共同的生活方式并进而生成着族群文化的本源态势。博厄斯强调过去遗留下来的文化特质会展示在当代的空间分布中，透过当代空间所见到的文化特质人们可以重建族群文化的过去历史。族群文化一旦形成，其所蕴含的精神理念和价值意识就会在主体实践和日常生活中不断得以巩固和提炼，并日益擢升为民族成员所共同遵循的行为规范和价值准则，不仅在导引着主体行为的同时也逐渐沉淀为族源文化的本然特性和实然内涵，而且在文化时空承继的变迁过程中赋予着特定空间文化独有的谱系特质和传承意义，从而使得空间文化的当代态势在不同程度上再现着特定群体文化的历史图谱。始于谱系起源的族群文化体系在时间上的承续继起和在空间上的意义再现，使得其历史凝聚而成的价值规范和行为准则在现实空间内部既一定程度上仍然规制着民族成员的行为实践，又很大意义上继续界定着文化空间的主体限域和群体边界。在伴随着民族形成的文化生成过程

①　李从军：《价值体系的历史选择》，人民出版社2008年版，第124页。

中,尽管同一文化态式再现于不同时空主体面前之时已经进行了再造和重构,但任一空间文化体系在特定时空中的发展和创新都必须植根于其文化传统的历史传承,河湟文化亦不例外,其时代传承与创新发展必然要寻向于地域文化的传统根基。

形式多样、内容多元的传统文化艺术资源不仅形象写意着河湟地区多元族群交融共生的时空图景,而且淋漓描摹着地域空间次生多元族群文化的共享记忆,并以其对河湟文化历史传统的具象演绎强化着多元主体的传统文化心理,推动着河湟文化在时代境遇中的保护传承与创新发展。无论是在民族区域历史发展过程还是现实社会中,多元族群复合体与共同地域在漫长的频繁互动生活中的冲突与碰撞从未间断过,但整体上维系并保持着齐头并进之共生发展局面。得以保存和传承的历史记忆佐证着河湟社会历史发展进程中,尽管时有冲突甚至战争,但多元族群却在此消彼长的势力抗衡中生动演绎着互动交融的历史图景,也由此催生着次生多元族群文化的一体走向。异质族群文化之间在河湟地区的交融是彻底而又纯粹的,从物质到思想,从信仰到生活,从表象到理念,无所不有,这一互动过程也建构着一套从物质层面到精神层面逻辑有序的民俗信仰文化体系,其形式表征和价值内涵于社会历史的发展与变迁中逐渐得以演进与积累,并不断上演着其现实存在发展的必要性及合理性。多元族群文化在河湟地区空间场景中的交融与涵化打破着族群之间固有的文化隔阂与心理僵局,式微着多元主体之间纯粹的"我们"与"他们"的明显界限与理念异化,汇聚着民族成员价值研判与价值抉择的一致性与趋同性。在多元文化交流碰撞与多元价值共生博弈的空间场景中,推动传统文化艺术资源的保护与开发利用,既是河湟文化时代传承与创新发展的应然之义,也是民族地域社会发展前行的必然选择。

二、推动中华优秀传统文化的创造性转化和创新性发展

作为中华文化的重要构成,河湟地域文化不仅具象着世居族群意涵多元的价值传统,而且体认着中华文化一体走向的价值意指,因为中华文化并非隶属某个单一民族的具体文化,而是指谓于中国各民族也即中华民族的文化。[①] 作为河湟地域文化的具象演绎,河湟地区异彩纷呈的传统文化艺术资源不仅体认着中华优秀传统文化一以贯之的价值理念,而且反映着多元一体中华民族的整体价值导向,其保护与开发利用既创设着河湟地域文化时代传承的空间语境,又强基着中华文化创新发展的地域情境,也据此从目的旨归上本质投射于中华优秀传统文化的创造性转化和创新性发展。

中华优秀传统文化既是多元族群共同的智慧结晶,也是民族成员共享的文明传统,还是中国特色社会主义文化的根基涵养。中华优秀传统文化不仅是中华文明悠久历史的积累和沉淀,而且是中华民族多元族群共同的精神之源和文化之魂,其并非中华民族构成之任一族群独自的文化积累与价值集聚,多元一体的民族结构历史生成着中华文化的多元一体构成,也由此决定着中华优秀传统文化的多元一体态势。中华优秀传统文化厚植着多元一体中华民族精神体系的代继承续,在中华民族精神的核心构成体系中,基于国家情感的爱国主义精神、基于整体主义价值观念之上的集体主义精神、基于奋发进取的拼搏精神、基于伦理秩序的重德精神、基于和谐一致的大同精神等,从精神本源上彰显着中华民族多元族群整体的爱国向上、自强不息、积极进取、和谐共生的价值理念和行为准则,并由此推动着民族共识的形成和民族凝聚力的维系。作为中华民族传统文化价值意指的核心演绎,中华优秀传统文化汲取于多元族群之文化精华,凝聚着多元主体共创之文化传统,积淀为民族成员共享之文明传承,体认着多元一体中华民族共通之价值诉求。文化之意义在于帮

---

①　丹珠昂奔:《习近平关于新时代民族问题的重要论述》,《青海民族研究》2018 年第 4 期。

助我们克服面临之困境(马修·阿诺德语),在全球化、现代化、信息化所注解的时代境遇中,多元文化冲突与价值信仰危机使得民族成员在归属确证中愈发寻向于自身的文化传统,因为优秀的传统文化是中华民族凝聚力深刻厚重的思想渊源和持久不竭的文化源泉,为民族凝聚力提供了有力的价值支撑与民族认同的价值基础。① 中华优秀传统文化创造性转化和创新性发展的现实意义也由此得以愈加彰显。

作为民族成员在中华民族一体形塑和多元族群异质交融过程中的文化积累和价值集聚,中华优秀传统文化不仅表征着中华民族多元族群和谐共生的文化习得和价值体系,而且体认着多元主体命运共济的利益一致和价值共识。"文化具有适应性,在广义上指社会传承的知识是人类的主要适应方式,狭义上则指每一文化都是人类为生存而设计的计划,这个生存计划使人类以群体的形式在特定的环境中得以生息繁衍、绵延不断。"②中华优秀传统文化诠释着民族文化中最为核心的价值理念和最为深层的价值体认,是民族传统文化在其发展进程中"优胜劣汰"图式的自觉过滤与时代抉择,保留着民族共同体生存繁衍之文化所需,据此,为适应主体需求而自觉进行的主动调适和自我选择不仅主观催生着中华传统文化的自我传承和前行,而且客观推动着民族文化传统文化的自我创新和发展。任何一种文化价值体系的发展都表现为文化自我的客观承继与主体动态的历史选择之有机统一的展延过程,据此,中华传统文化尽管在其历史生成之时已经有深刻时代烙印,但当其历史再现于不同时空情境中并面临不同主体的再度审视时,实质上已经经历过数次的被选择以及被创造过程,并被赋予可能不同的时代意涵与主观意指。事实上,中华传统文化在其发展演进过程中不仅历经着现实社会对传统价值观念的自觉过滤

---

① 吴祖琨、王慧姝:《强化优秀传统文化认同,提升中华民族凝聚力》,《红旗文稿》2015 年第 9 期。

② [美]S.南达:《文化人类学》,刘燕鸣、韩养民编译,陕西人民教育出版社 1987 年版,第54 页。

与客观留存,而且承受着民族主体对文化价值传统的理性研判与主动抉择,也由此决定着中华优秀传统文化必然代言着符合社会发展需求且体征民族主体价值诉求的社会主流价值体系的时代性抉择与发展性整合。

在中国特色社会主义现实场域中,中华优秀传统文化的创造性转化和创新性发展不仅指涉于其价值理念在表达形式、具体内容等层面之现代转型,而且指谓于其价值体系在思维方式、思想意涵等层面之现实调适,既是新时代中国特色社会主义文化建设的客观要求,又是多元一体中华民族时代形塑的价值导引。马克思强调对社会发展而言,"每一个阶段都是必然的,因此,对它所发生的时代和条件来说,都有它存在的理由。"①在中国特色社会主义进入新时代历史阶段中,实现中华优秀传统文化的创造性转化和创新性发展,不断铸就中华文化的新辉煌,切实发挥中华优秀价值传统对中国特色社会主义事业的精神引领,不仅是历史所趋,而且是人心所向。中华优秀传统文化的创造性转化和创新性发展即是要"深入挖掘中华优秀传统文化蕴含的思想观念、人文精神、道德规范,结合时代要求继承创新",推动中华优秀传统文化的创造性转化和创新性发展,就必须要以时代精神激活中华优秀传统文化的内在生命力,把传承和弘扬中华优秀传统文化同培育和践行社会主义核心价值观统一起来,既要强化马克思主义指导思想,又要在逻辑演进、原则遵循以及路径建构等方面必须以时代发展需求为导向,以民众价值诉求为源点,坚持立足现实之基础上推动创造性转化,尊重传统之前提下实现创新性发展。

河湟地区传统文化艺术资源的保护与开发利用是推动中华优秀传统文化创造性转化和创新性发展的应然之义。在多元文化交流碰撞的时代场域中,河湟地区传统文化艺术资源的保护与开发利用最根本意义在于实现其价值蕴含的时代传承与创新发展,强化其精神理念的价值导向与主体规制,并从整体上推动中华优秀传统文化的创造性转化和创新性发展。基于传统文化艺术资

---

① 《马克思恩格斯选集》第4卷,人民出版社1995年版,第217页。

源保护与开发利用之上,推动河湟文化耦合于中华优秀传统文化的创造性转化与创新性发展,激活其内在生命力,强化其现实影响力,是时代境遇中民族地域文化实现自身传承与创新发展的必然选择。"文化随时代发展而变迁,这个变不是根和魂的变,只是不同时代条件下文化具体内容和表现形式的变。"①作为多元族群价值寻向的历史展演与现实注解,河湟文化框定着地域社会发展进程中多元主体的价值准则,导引着民族成员在空间场景中的行为规范。有鉴于此,民族地域文化的时代传承与创新发展必须要观照时代特点,对那些具有正向价值意涵且具有借鉴意义的内容进行完善和改造,使其内容呈现更加彰显时代要求。作为国家非物质文化遗产的"花儿""唐卡"是多民族交融发展的艺术结晶,其中"花儿"在过去以吟唱男女爱情,反映群众生活为主要内容,近年来,基于文化创造性转化与创新性发展的实践推进,"花儿"演唱内容出现了歌颂党的领导、赞美小康生活的富有时代意蕴的内容,在汉族、藏族、回族、撒拉族、东乡族等民族中广泛传唱,影响深远;"唐卡"作为寺院绘画艺术,其题材多涉及藏传佛教神灵信仰以及藏族历史,同样是在民族地域文化传承与发展,创造性转化与创新性发展的时代呼唤中,"唐卡"艺术结合时代发展境遇,拓宽创作题材,开始出现反映重大时代事件、表达地域民族真善美的画作,在河湟地区乃至全国广受欢迎,其意义不仅是为创作者带来营收,而且将民族文化推广至全国,加深了多民族之间的彼此了解与联系。"花儿"与"唐卡"在传承中发展、在发展中创新,在社会主义核心价值观的正确引领下,充分发掘了民族地域文化的正向价值,弘扬了中华文化中有关国家、社会、民族的正向价值意涵,强化了民族成员对价值规范认知理解的文化基础。

河湟地区传统文化艺术资源延展着世居族群文化记忆的时代呈现,展演着中华民族价值传统的空间具象,其保护与开发利用既是河湟文化时代传承的必然选择,也是中华文化创新发展的重要内容。表征为观念形态之文化生

---

① 钱逊:《传统文化发展中的变与不变》,《中国领导科学》2018年第5期。

发于人类的文明实践活动,承载了人类历史演进的整个历程,其内容囊括了人类社会实践活动中精神和物质的全部内容,具象化为民族社会多元主体所创造的风俗民情、宗教传统、审美伦理、价值认知、生活方式、精神信仰等。在全球化、现代化、信息化所注解的民族国家社会转型进程中,作为中华文化的空间标识,次生多元一体河湟文化的调适与转化不仅较高程度上推动着地域社会文化建设的稳定和谐,而且较大意义上关切着多元主体文化自信的时代形塑。作为地域文化的根基承载,河湟地区异彩纷呈的传统文化艺术资源不仅具象着河湟族群勤劳朴实的传统品格,而且体现着民族成员爱国团结的民族精神。无论是隆重的民俗礼仪抑或颇具特色的民族服饰,无论是丰富多彩的生产生活风俗抑或充满宗教色彩的传统美术绘画等,无不寓意着河湟民众对现实生活的满足和对美好生活的向往,无不反映着多元主体对伟大祖国的热爱和对中华民族的认同。在多元文化交流碰撞与多元价值共生博弈的时代场景中,以社会主义核心价值观为引领强化河湟地区传统文化艺术资源的保护传承与开发利用,充分激发其在民族地域社会发展进程中之精神引领与价值规制的时代指向,不仅有利于推动民族地区的和谐发展,而且有助于维系民族国家的统一稳定。

三、推动中华民族共同体意识的地域铸牢

作为民族共同体历史形塑的内在动力,中华民族共同体意识生发于多元一体中华民族交融共生之生活实践中,厚植于多元一体中华文化之浸润滋养。河湟地区传统文化艺术资源不仅是河湟族群文化传统的具象承载,而且是中华文化价值传统的地域演绎,具演着多元一体中华民族一脉相承之精神理念,体认着多元一体中华文化整体主义之价值导向。在多元并蓄、一体共演之地域场景中,河湟地区传统文化艺术资源的保护与开发利用以其对地域社会价值传统的具象再现集聚着多元主体之共享价值,擢升着民族成员价值共识之时代诉求,并据此强基着中华民族共同体意识地域铸牢之情感共通与心理

自觉。

中华民族共同体意识生发于多元一体中华民族历史形塑之漫长进程中，在复合民族共同体既定限域内，中华民族共同体意识以共享命运存在圈的外显形式展延于民族成员休戚与共的社会关系中，凝聚着多元族群的价值共享，确证着民族成员的归属认同。共同体意识是将一个共同体中不同的个人团结起来的内在凝聚力，①其重在强调主体认同的身份归属感。中华民族之所以历史形成为民族共同体，其形塑根基恰恰在于共同体意识的聚合与擢升，据此有学者强调中华民族共同体意识是中国各民族在交往交流交融进程中在历史、心理、社会、制度、政治、文化等层面取得一致性和共识性的集体身份认同。② 尽管源生于主观自觉的共同体意识是否等同于主体认同的行为本身有待商榷，但在现实性上，作为中华民族历史形塑的精神引领与民族国家价值诉求的社会表达，中华民族共同体意识实然指涉多元族群在交融生活实践中所逐渐内生且不断得以聚合的共识性价值与共鸣性情感。在中国特色社会主义时代场景中，"铸牢中华民族共同体意识是新时代党的民族工作的'纲'，所有工作要向此聚焦。"③不仅源于民族团结和社会稳定的现实维护有赖于中华民族共同体意识的主体深化，而且因为国家型构与民族复兴的目标达成同样有待于中华民族共同体意识的价值擢升。

作为共识性价值和共鸣性情感的高度集聚，中华民族共同体意识表征着中华民族一体形塑的精神引领，诠释着民族国家价值诉求的社会表达，其生发于民族文化的历史沉淀，植根于中华文明的意涵滋养，因为"过去并非自然生

---

① [法]埃米尔·涂尔干：《社会分工论》，生活·读书·新知三联出版社 2000 年版，第42 页。

② 王希恩：《增强文化认同是民族团结之本》，《中国民族报》2017 年 8 月 25 日。

③ 《以铸牢中华民族共同体意识为主线 推动新时代党的民族工作高质量发展》，《人民日报》2021 年 8 月 29 日。

成,而由文化创造"①与"政治民族"的政治忠诚、政治效忠相比,民族对文化的忠诚更具强大的凝聚力和生命力(梅涅克言)。在中国特色社会主义时代场景中,汲取于多元族群文化精华的中华文化以其对多元主体文化智慧的历时整合逐渐汇聚为中华民族共同的精神基因和共享的价值理念,不仅框定着民族社会发展进步的价值准则,而且负载着中华文明历史前行的道德规范,引领着中华民族的一体形塑和多民族国家的历史建构。作为中华民族多元族群共创的文化积淀、共享的价值传统,中华文化以对中华民族共同精神基因和共享价值理念的历时承载厚植着培育中华民族共同体意识的文化根基,滋养着铸牢中华民族共同体意识的价值寻向。由此出发,在现代化、全球化、信息化所注解的时代场景中,铸牢中华民族共同体意识必须要全面推进中华民族共有精神家园建设、强化价值共识的主体共享,必须要把握好各民族文化和中华文化的关系,清楚认识到"各民族优秀传统文化都是中华文化的组成部分,中华文化是主干,各民族文化是枝叶,根深干壮才能枝繁叶茂。"②作为多元族群共同的历史记忆与文化传承,各民族文化体认着中华文化的价值维度,规范着民族社会历史前行的价值遵循。

作为中华文化的重要构成,河湟文化体认着中华民族共同认可的价值理念,规范着地域空间共同遵循的行为准则,历时展演着中华文化"以文化人"的地域性图景,投射于地域社会多元主体共同之价值取向和意义选择,承载着中华民族共同体意识地域铸牢的文化基础。中华民族共同体意识作为社会意识的一种,其本质指向民族成员的集体身份认同,其共时性内涵凝结了民族成员对中华民族共同体的归属意识、情感依赖的程度以及认知评价的态度等。各民族之间共同的过往历史文化回溯和现实历史文化实践是形成此种共同体

---

① [德]扬·阿斯曼:《文化记忆:早期高级文化中的文字、回忆和政治身份》,金寿福、黄晓晨译,北京大学出版社 2015 年版,第 45 页。

② 《以铸牢中华民族共同体意识为主线,推动新时代党的民族工作高质量发展》,《人民日报》2021 年 8 月 29 日。

意识的重要基础,换言之,中华民族共同体意识建立在民族成员共同的历史记忆和现实文化交融之上。在现实性上,中华民族共同体意识表现为对特定文化的归属和认同,从而才能建构起"我"与"我们"之间彼此联系、互相关照的现实基础,继而获得共同体情感需要。中华文化在长期的时代演进历程中,潜移默化地影响了社会主体的行为和思想,并在此基础上逐渐内化为社会主体走向中华民族共同体的自觉意识。"实践证明:感觉到了的东西,我们不能立刻理解它,只有理解了的东西才更深刻地感觉它。"①民族成员对中华文化的认可和内化是夯实中华民族多元主体共同体意识归属自觉的价值引领。作为中华文化的重要组成部分,民族地域文化构造了中华民族共同体意识历史源发的空间情境,明晰了中华民族共同体意识地域铸牢的价值语境。作为中华文化的地域表达,河湟文化在多民族交流交往交融的实然态势中,建构着民族成员的价值寻向,以"五个认同"的价值体认形塑了中华民族共同体意识民族地区铸牢的心理基础,是民族成员走向"文化自觉"的重要心理基础。作为世居族群共创的文化积淀,河湟文化具现着世居族群互动交融的历史记忆,展示着中华文化一体走向的精神面向,尽管在呈现态势上次生多元,差异明显,但并非互相抵触,而是在自我发展的同时"你中有我、我中有你",又源自利益的互通性与一致性互相投射并嵌入着对方的优势与先进,最终走向了"一体"的同质本源。"人们宁愿冒生命危险,放弃自己的爱,舍弃自己的自由,牺牲自己的思想,为的就是成为群体中的一员,与群体协调一致,并由此获得哪怕是想象的身份感。"②次生多元一体地域文化给予着河湟民众情感表达和价值诉求心理安放的现实空间,并由此形成共同的生活秩序和行为规范,使得异质族群文化体系在保持自身鲜明表征的同时又逐渐走向整体的相容和一致,以其特有的展演形式和价值诠释固基着共同体意识地域铸牢之主体自觉。

---

① 《毛泽东选集》第一卷,人民出版社1991年版,第286页。
② 佛洛姆:《佛洛姆文集》,改革出版社1997年版,第50页。

　　异彩纷呈的河湟地区传统文化艺术资源具象演绎着河湟文化代际相传的核心意旨,深刻体认着中华文化一脉相承的价值意涵,对其保护和开发利用是构造铸牢中华民族共同体意识地域情境的重要应对。作为世居族群在交融共生空间场景中的文化共创,河湟地区传统文化艺术资源厚植着地域社会发展前行进程中的文明传承与价值规范,其具象化成果之时代显现潜移默化地规制着多元主体之价值研判与价值抉择,形塑着民族成员之道德养成与价值自觉等。无论是《格萨尔》史诗对部落首领民族气节的热情歌颂,还是河湟"花儿"对婚姻和爱情的吟唱向往,无论是於菟表演对和谐社会的衷心期待,还是唐卡手绘蕴含的对美好生活的无限憧憬,无论是土族纳顿对丰收景象的欢呼庆祝,还是河湟社火舞龙表演对国泰民安的丰富寓意,无不表达着民族成员对幸福生活的渴望与家国富强的理想。表象不一的文化体系内隐着多元主体共同的价值追求,建构了地域空间次生多元、一体共通之精神体系。河湟地区传统文化艺术资源的次生多元态势还强烈凸显于其宗教文化体系在地域空间的共生与博弈。作为多民族聚居区域的典型个案,河湟区域最重要的文化符号与叙事元仍然依附于宗教信仰文化,宗教文化派系在多元文化群体价值建构的历史过程中形成并擢升为河湟地区最基础之文化模式与文化单位,其所蕴含与传播的精神信仰大多彰显并体现着宽容、和谐、真诚及为善之民族社会正向价值取向与中华精神固源本质,并于多元族群糅合生活过程中擢升为维系异质族群文化一致趋同的普域价值体系。在多样文化交流碰撞与多元价值共生博弈的时代境遇中,传统文化艺术资源保护与开发利用不仅有助于实现民族地域文化的时代传承与创新发展,而且有利于推动中华优秀传统文化的创造性转化和创新性发展。基于民族文化传承与发展之上强化多元主体价值共识的时代集聚,明晰多元主体价值诉求的时代指向,有力推动各民族共有精神家园的空间构建,既是河湟地区传统文化艺术资源保护与开发利用的目的旨归,也是中华民族共同体意识地域铸牢的必然选择。

第三节　保护与开发利用的遵循原则

体现着鲜明地域特色与浓郁民族风貌的传统文化艺术资源既是河湟文化传承发展的厚重根基,又是民族地区和谐稳定的精神引领,对其保护与开发利用是河湟民众共同的历史使命与时代担当。在次生多元一体现实场域中,河湟地区传统文化艺术资源的保护与开发利用既要遵循文化传承与文化发展的一般原则,又要探索符合自身特色的保护传承与开发利用之地域原则。

作为人类对象化的实践活动,传统文化艺术资源的传承保护与开发利用固然要遵循其内在规律与践行原则,因为"在表面上是偶然性起作用的地方,却始终是受内部的隐蔽着的规律支配的,而问题只是在于发现这些规律。"①在政府引导、社会共建、民众参与的机制保证下,河湟地区传统文化艺术资源的保护与开发利用既要从整体视域上坚持"保护为主,抢救第一,合理开发,传承发展"之发展性原则,又要基于经济性开发利用层面坚持"社会效益为首,社会效益与经济效益相统一"之合理性原则,更要基于价值性保护传承视角坚持"去粗取精、去伪存真"之科学性原则。

一、保护与开发利用的发展性原则

"保护为主,抢救第一,合理开发,传承发展"是传统文化艺术资源保护与开发利用必须遵循之基本原则。河湟地区传统文化艺术资源的保护与开发利用必须要因地制宜,要坚持"有所为,有所不为。"

文化是有生命的,文化资源亦承载着文化具象的生命意义,无论从外在表现抑或内在特质而言,各种文化资源均有其独特的价值显现。撇开多样性呈

---

① 《马克思恩格斯选集》第4卷,人民出版社1995年版,第247页。

现的表象差异,任何一种文化资源的特性存在都表征为双重维度,或侧重于其学术性(亦称高雅性),或偏重于观赏性(通俗性),两种特性并非截然对立,但就特定文化资源态势而言,比重必然有所不同。就河湟地区传统文化艺术资源的开发利用(专指市场开发)而言,显然应更加致力于观赏性较强的文化资源,比如河湟地区历史文化景观、传统民间手工技艺、美术绘画以及民族歌舞项目等,此类资源的经济性开发利用不仅更易获取经济回报,而且也更有助于其生产性保护传承。相较而言,对于凸显学术性尤其是不具再生性的传统文化艺术资源,如宗教文化典藏、古城遗址、传统生态民俗文化资源等,应更侧重于强化原生态保护,控制经济性开发利用所造成的资源损坏甚至消亡。在河湟地区传统文化艺术资源保护与开发利用具体实践中,必须注意最大化保护文化资源的原生态呈现,即使对于雅俗兼具的文化资源,如果条件不成熟,也不能随意开发,更要避免过度开发。当然,不开发利用绝不等于不保护传承,对其价值意涵的充分挖掘与及时保存是传统文化艺术资源保护传承的必然手段。依据文化资源本身的传承性、变异性以及消减性、发展性等不同特质,对不能适应现实环境甚至很可能消减的文化资源因素必须实行静态保护,要以文字、图片、录音录像等不同形式加以挖掘整理与适当留存,"抢救民族民间文学遗产问题,不仅要抢救有文字记载的东西,还要抢救口头上流传下来的东西。"①对能够适应现代社会发展的文化资源则要进行动态保护,不仅要科学合理保护传承,而且要在整合基础上进行最大限度的开发利用。

事实上,河湟地区丰富多样的传统文化艺术资源彰显着独特的民族性显现与宗教性色彩,对其现实保护和开发利用必须要遵循"保护第一,开发第二"的基本原则,必须形成开发与保护并重的观念,开发固然重要,但保护始终是第一位的,要维护次生多元族群文化的多样性与生态性。在活态传承中实现保护,有效激活传统文化资源的内在生命力,在传承保护基础上进行合理

---

① 费孝通:《文化与文化自觉》,群言出版社2010年版,第37页。

开发利用,在开发利用过程中推动有效保护传承,是河湟地区传统文化艺术资源生态性保护与可持续发展的必然选择。

二、保护与开发利用的合理性原则

基于经济性开发利用考量,河湟地区传统文化艺术资源的保护与开发利用必须要坚持"社会效益为首,社会效益与经济效益相统一"之合理性原则。就文化资源的开发利用而言,其经济效益指涉生产性开发经营过程中的利润收益,社会效益则指向通过资源的深度开发不断满足民族成员日益增长的物质需求和文化诉求。传统文化艺术资源的经济性开发利用不仅仅在于经济收益的追逐获取,而从深刻意义上担负着精神产品的提供、价值理念的传播、文化传承的责任使命,因此,必须始终坚持社会效益为首、兼顾社会效益与经济效益相统一原则。

异彩纷呈的传统文化艺术资源是河湟地区经济发展的独特优势,也是其文化产业繁荣兴盛的依靠力量。河湟地区传统文化资源蕴含着丰富多样的少数民族民间文化传统,不仅是多元族群共同的智慧结晶,而且是中华民族共享的艺术精华,这些宝贵的文化资源本身也是一种生产力,具有独特而重要的开发价值。目前,在传统文化艺术资源开发利用具体实践中,文化产业化运作是常见方式,河湟地区传统文化艺术资源的产业化开发也初见端倪。文化产业的市场化运作必须要"把握好意识形态属性和产业属性、社会效益和经济效益的关系,始终把社会效益放在首位。"①把握好意识形态属性即是要坚持中国特色社会主义文化发展指向,要坚持在社会主义核心价值观的引领下遵循社会主义市场经济规律,要突出文化产业的社会主义意识形态属性。有鉴于此,传统文化艺术资源的产业化开发必须要正确对待社会效益和经济效益、社会价值和经济价值双重关系范畴。河湟地区传统文化艺术资源开发利用的实

---

① 《习近平总书记系列重要讲话读本》,学习出版社、人民出版社 2016 年版,第 208 页。

然成效不仅要显现于其市场价值的发挥和经济效益的实现,更要体认于其社会价值的强化和社会效益的达成,当二者出现矛盾时,经济效益必须要服从于社会效益,经济价值也必须要让步于社会价值。

在社会主义市场经济条件下,市场在资源配置中起决定性作用,市场经济的竞争性使得资源的优化配置得以实现,河湟地区传统文化艺术资源的经济性开发利用也必须适应社会主义市场经济制度,在市场经济体制运作下充分发挥文化资源的经济价值和社会价值。在开发利用具体实践中,必须依据市场导向致力于开发适应市场需求且能在市场运作下获取经济收益的传统文化艺术项目,要对那些经受住市场考验且在社会主义市场经济法律允许范围内能够得以良性发展的传统文化艺术资源进行着重宣传弘扬和深度开发,使之在形式和内容上更加契合社会主义核心价值观,在开发利用过程中得以创新发展,也才更加利于保护传承。

三、保护与开发利用的科学性原则

基于价值性保护传承揆褚,河湟地区传统文化艺术资源的保护与开发利用必须要坚持"去粗取精、去伪存真"的科学性原则。在封建社会源远流长几千年历史中逐渐形成发展的传统文化必然存在精华与糟粕,必然有着与现代社会文化环境不相协调之处,"清理古代文化的发展过程,剔除其封建性的糟粕,吸收其民主性的精华,是发展民族新文化提高民族自信心的必要条件",①"取其精华、弃其糟粕"是传统文化现代转化与创新发展的必然取舍。

作为传统文化的地域具象与河湟文化的传统承载,河湟地区传统文化艺术资源所蕴含之价值意涵亦存有精华与糟粕,其传承弘扬与开发利用必须要坚持"去粗取精、去伪存真"原则,在中华优秀传统文化价值框定下,在社会主义核心价值体系引领下,本着辩证扬弃的科学态度,分清优劣,辩明良莠,取其

---

① 《毛泽东选集》第二卷,人民出版社 1991 年版,第 707 页。

精华,弃其糟粕。在河湟地区传统文化艺术资源保护与开发利用具体过程中,首先要积极宣扬和传播其正面健康的精神,避免渲染迷信色彩。源于其突出的民族性显现与宗教性色彩,河湟地区传统文化艺术资源难以避免宗教及封建迷信等因素,但"我们今天要建设少数民族的社会主义文化,绝不排斥这些东西,我们要真正支持它们,尊重它们多少年来所创造的文学艺术财产"①。据此,对传统文化艺术价值理念的传播弘扬与文化资源的开发利用要尽量弱化其消极影响,弘扬倡导其积极内容。其次,河湟地区传统文化艺术资源的保护与开发利用还要注重提供和展示积极健康的精神产品,弘扬传播与社会主义核心价值体系相契合之价值理念。传统民俗所体现的河湟民众热情好客、礼貌周到的良好品性;"唐卡"、"藏毯"等所传递的多元族群对美好生活的向往与热爱;"花儿"、河湟民间小调等所传颂的爱国团结、勤劳勇敢的民族精神……不仅体现了河湟民众的精神追求和美好理想,而且展示了多元族群和谐相处的生活风貌,必须要加大宣传和弘扬力度,固实民族地区团结稳定的精神支撑与价值基础。再次,在河湟地区传统文化艺术资源的传承保护与弘扬传播过程中,必须要正本清源,尊重历史,充分发挥传统文化艺术资源的正面效能,绝不可随心所欲地歪曲事实、篡改历史,尤其对宗教文化艺术资源要持有尊重与理解态度,避免简单粗暴的一刀切规划,必须给予更多的关注支持和政策倾斜,推动其现代转化与现实转型,更好地发挥其积极作用。

"我们弘扬和继承中华民族传统文化和传统道德的目的和旨归,不是要停留在钻研'古代'典籍和赞赏古代文化的'复古'境遇之中,而是要力求我们的提倡和研究有利于当前的新经济、新政治、新文化和新道德的建设与发展。"②传统文化艺术资源的保护与开发利用固然不能背离其传统根基,要维系文化资源的传统生态,但与此同时,必须要结合时代要求进行传承和创新,要处理好传统文化与现代文化、地域文化与外来文化等多重关系。据此出发,

---

① 费孝通:《文化与文化自觉》,群言出版社 2010 年版,第 38 页。
② 罗国杰:《论中国民族传统道德的"精华"与"糟粕"》,《道德与文明》2012 年第 1 期。

在新时代中国特色社会主义时代场景中,河湟地区传统文化艺术资源的保护
与开发利用必须要遵从于中国特色社会主义先进文化的发展方向,必须要服
务于新时代中国特色社会主义建设,也必须要适应于中国特色社会主义文化
生态的现实语境,唯有如此,才能够更有效地实现其自身的保护传承与创新
发展。

第五章 河湟地区传统文化艺术资源经济性保护与开发利用的路径建构

经济性保护与开发利用是市场化导向下传统文化资源传承发展的应然趋势。一切社会变迁的终极原因"不应当到人们的头脑中,到人们对永恒的真理和正义的日益增进的意识中去寻找,而应当到生产方式和交换方式的变更中去寻找;不应当到有关时代的哲学中去寻找,而应当到有关时代的经济中去寻找"①。作为人类为了满足自身需要所创造的物质文化和精神文化的物化形态,在市场经济愈加发达的时代场景中,传统文化艺术资源的经济性保护与开发利用实然指向基于经济效益实现的生产性传承保护与开发经营。

基于河湟地区传统文化艺术资源的保护与开发利用考察,基于经济效益的实现前提更能够调动民众参与的积极性与主动性,无论对地域社会的经济发展抑或社会稳定都极具深远意义。有鉴于此,基于实践论域揆褚,为充分发挥传统文化艺术资源在河湟地区经济发展中的后发优势,变文化资源为经济优势、产业优势,壮大地区文化实力,提高文化产业竞争力,其保护与开发利用既要强化顶层设计,推动构建整体布局,明确地域文化的发展指向,又要进一步深化产业开发力度,创立文化产业的地域品牌标识,提升地域文化的影响力

---

① 《马克思恩格斯选集》第 3 卷,人民出版社 2012 年版,第 797—798 页。

和辐射力。与此同时,源于传统文化艺术资源的地域性特质显现,其保护传承与开发利用还必须与地域文化生态创设相结合,充分调动民众参与的积极主动性,给予人才培育以高度重视。

第一节　强化顶层设计　构建整体布局

基于政府作为导向之顶层设计是河湟地区传统文化艺术资源经济性保护与开发利用的践行指向与现实保证。事实上,在各级政府的努力推动下,河湟地区文化资源的传承保护与开发利用已经逐渐形成了"政府引导、社会共建、民众参与"的实施模式,并取得了显著成效。但在具体实施过程中,"各自为政、各行其是"的问题相对较为凸显,极其不利于河湟地区传统文化艺术资源的全局性保护传承与创新发展,有鉴于此,推动实施统一有效的合理规划、构建保护与开发利用的整体布局是迫切命题。

一、加强政府引导,健全完善机制

在地域社会文化资源保护传承具体实践中,政府引导功能往往被其主导角色所取代,其问题在河湟地区传统文化艺术资源保护与开发利用过程中也较为普遍。就传统文化艺术资源的经济性保护与产业化开发而言,河湟地区各级政府特别是当地基层政府尤其需要从思想观念上实现积极转变,从职能定位上敢于积极转化角色,变主导作用为引导功能,从"办文化"转为"管文化",把工作中心转移到政策制定、规划监管、优化服务等层面,其主要职能在于从顶层设计上有效落实国家有关政策措施与法律法规,并在此基础上制订完善地方保护与开发利用机制,切实为河湟地区传统文化艺术资源的经济性保护与开发利用创设更为便利的条件,营造更加良好的环境。

在国家相关政策与法律法规指导下,河湟地区各级政府要结合当地实际进一步制订完善传统文化艺术资源保护与开发利用的合理有效机制。传统文化艺术资源的保护与开发利用离不开地方政府法律法规的引导和政策措施的扶持,根据政府的文化职能特点,各级政府一方面必须要结合实际制定当地传统文化艺术资源传承保护与开发利用的合理规划,实施文化资源的保护开发与传承复兴战略,目标具体、原则明确、计划合理、措施得当地推进当地传统文化艺术资源的保护与开发利用工作;另一方面,在市场经济导向下,传统文化艺术资源的生产性保护与产业化开发必须遵循市场规律,发挥市场调节作用,据此,当地政府相关部门还要加强传统文化艺术资源保护与开发利用的立法工作,积极引导传统文化艺术资源在新时期的传承开发与市场经济制度相适应,运用法律法规规制和推动传统文化艺术资源的保护与开发利用工作,尽力扫除制约其经济性开发与市场化运作的观念、做法和体制等障碍,还要坚决打击假借传统文化之名宣传封建迷信的思想和做法,及时向民众释清传承保护与开发利用传统文化艺术资源的现实意义与目的指向。

近些年来,国家相关部门就传统文化资源传承保护与产业开发等制定颁布了系列政策文件和法律法规,在整体工作上给予指导和规范。如《国务院关于进一步加强文物工作的指导意见》《文物保护法》《博物馆条例》《中华人民共和国非物质文化遗产法》《保护非物质文化遗产公约》《关于加快非公有制文化产业发展的意见》《关于推进文化创意和设计服务与相关产业融合发展的若干意见》等。早在2017年初,中共中央办公厅、国务院办公厅联合印发《关于实施中华优秀传统文化传承发展工程的意见》,既对中华优秀传统文化的传承发展做出了具体部署,也对传统文化艺术资源的地域性保护与开发利用指明了确切方向。事实上,在国家政策方针指导下,青海省也先后颁发了相关政策文件对传统文化艺术资源传承保护与产业化开发等作出规划部署,如陆续颁布出台的《青海省"十二五"文化发展计划》《青海省文化产业融资规划》《青海省省级非物质文化遗产保护专项资金管理办法》《青海省推进文化创意和设计服务与相关产业融合发展行动计划》《青海省"十三五"文化发展计划》《青海省关于推进县级文化馆图书馆总分馆制建设的实施意见》

等。其中,青海省政府也在 2016 年颁布了《青海省关于加快发展文化产业的意见》,不仅整体规划了青海省传统文化艺术资源保护传承与产业开发具体工作,而且明确提出要依托丰富多元的河湟文化资源,将西宁、包括乐都、民和、互助等在内的海东地区打造成为集文化旅游、创意设计、节庆会展、演艺娱乐、文化电商等为一体的河湟文化产业集聚区,同时,依托热贡文化生态保护实验区、藏羌彝文化产业走廊建设,加大热贡艺术的保护和利用,构建热贡文化产业集聚区等,对河湟地区传统文化艺术资源的经济性保护与开发利用工作极具指导意义。在各级政府部门协力调研与意见征集下,青海省政府还出台实施了《青海省非物质文化遗产保护方法》,不仅明确规定县级以上人民政府应当加强对本行政区域内非物质文化遗产保护工作的领导,将其纳入公共文化事业发展专项规划,并将非物质文化遗产保护、保存经费列入本级财政预算,而且还对非物质文化遗产的传承保护与合理利用提出了指导性意见和建议。相比其他地区而言,青海省在非物质文化遗产保护方面的政策性文件虽然出台较晚,但较高意义上对青海河湟地区非物质文化资源的保护传承与开发利用具体工作具有规范性推动作用。

　　无论是国家层面的政策法规还是地方层面的政策规划都为河湟地区传统文化艺术资源的保护与开发利用提供了制度层面的有力保障。但是,从河湟地区传统文化艺术资源的生产性保护与产业化开发考量,还极其缺乏具体翔实的部署实施方案和较具针对性的地方规划。众所周知,青海省是一个少数民族比例较高的省份,而青海河湟地区自古以来便为民族聚居地,这就要求在对当地传统文化艺术资源进行经济性保护与开发利用过程中,必须考量其民族性显现与宗教性色彩,必须基于文化资源的地域特质进行因地制宜的保护传承与开发利用,如湟中市以塔尔寺为代表的藏传佛教文化资源为主,海东地区以土族传统文化艺术资源为主,循化以撒拉族传统文化艺术资源为主,同仁以热贡文化资源为主等。有鉴于此,省级政府要从宏观角度制定总体的指导方针和原则,州县政府则必须结合本地实际制定出具体可施的政策文件和方案,不能"一统而全",不仅要秉持科学态度,遵循实事求是原则,而且要在正确认知前提下辨明良莠,有所取舍和扬弃,以利于保护传承与合理开发。同时,各级政府工作要形成协调效应,不能相互扯皮推诿,造成部门职能混乱不清。以非物质文化遗产资源为例,据相关了解,目前河湟地区只有西宁市单独设立了非物质文化保护中心,其他地方性非遗办公室或非遗保护中心多设在群艺馆、文化馆等,日常工作由相关部门人员兼任,几乎很少有非物质遗产保护专业工作人员。与此同时,传统文化宣传教育专业人才在河湟地区非常缺乏,专业工作队伍急需扩充。鉴于当前实际情况,河湟各级政府部门还需在国家相关政策方针尤其是《关于实施中华优秀传统文化传承发展工程的意见》总体指导下,结合河湟地方社会发展实际与传统文化艺术资源地域现状,进一步健全完善保护与开发利用相关政策法规与具体方案,从制度体系层面切实保障传统文化艺术资源的保护传承与开发利用。

为保证传统文化艺术资源的可持续发展,推动其生产性传承保护与开发利用,河湟地区各级政府还需改善用人机制、加强专业队伍建设,出台传承人培育激励政策;吸引社会资金投入、培育有实力的市场主体,加强市场监管力度,不断扩大和增强地方传统文化艺术资源的知名度和影响力等。事实上,在市场经济条件下,制约传统文化艺术资源经济性保护与开发利用的最大瓶颈是文化体制问题,必须要实现从文化事业到文化产业的体制转变,河湟地区各级政府要力推制订出台合理的文化产业政策,加强文化知识产权保护,规范市场经营秩序,保证竞争公平环境等。总体而言,传统文化艺术资源的保护与开发利用任务艰巨,源于传统文化艺术资源对地区发展乃至国家稳定的特殊性与重要性,政府作为的引导规范与规划部署在任何时候都不可取代。进一步强化政府作为,建立健全保护与开发利用相关体系机制,并在政府引导下充分发挥市场调节作用,不仅是河湟地区传统文化艺术资源经济性保护与开发利用的必然选择,而且是切实推动其传承保护与创新发展的有效举措。

二、明确文化定位，澄清发展指向

作为地域文化历史传统的物化呈现与具象演绎，传统文化艺术资源不仅体征着特定区域民间民俗生活的现实表象，而且再现着中华文明历史发祥地的空间记忆。在现实性上，针对传统文化艺术资源的地域性保护与开发利用而言，文化定位指涉基于地域文化特色的发展指向，基于文化定位明确之上，澄清地域文化的发展指向既是河湟地区传统文化艺术资源保护与开发利用的必要前提，又是其客观保证。

文化定位既承继着地域文化之历史传统，又维系着地域文化之现实延展。地域文化的历史积淀是区域文化定位的本源基础，文化定位则凸显着传统文化艺术资源的地域特质。文化形成是区域社会历史发展进程中的长期积累，作为地域文化独特个性的集中体现，文化定位不能脱离地域文化的既有传统与文化心理，必须依赖于特定区域的历史传承、文化标志、人文积淀、文化生态等。"每一种文化都以原始的力量从它的土生土长的土壤中勃兴起来，都在它的整个生活期中坚实地和那片土壤联系着。"①人类的实践活动必然置于特定的自然环境和固定场所之中，通过人类主体实践而创造的文化体系也由此深烙着地域环境的痕迹和特征。在伴随着区域社会变迁的文化发展过程中，尽管同一文化态式再现于不同时空主体面前之时已经进行了再造和重构，但任一空间文化体系在特定时空中的创新发展都必然植根于其文化传统的历史传承。文化定位源自于特定区域的文化积累，体现着地域文化特色所在，并由此强化着传统文化艺术资源的地域性特质。

作为地域文化历史传统的具象呈现，传统文化艺术资源既是地域文化现实定位的客观依据，又是其实然展现。就典型性个案分析，开封之"宋文化"定位极其清晰，其既源自于地域空间"宋文化"深厚的历史积淀，又依据于传

---

① ［德］奥斯瓦尔德·斯宾格勒：《西方的没落》，齐世荣等译，商务印书馆1963年版，第39页。

统文化艺术资源的现存态势。开封现存的丰富多样的传统文化艺术资源大多
与"宋文化"有关,尤其是较具知名度的资源呈现,文化景观如清明上河园、大
相国寺、天波杨府、龙亭、包公祠、宋都御街、翰园碑林、开封府等,书画歌赋如
《清明上河图》《东京梦华录》、木板年画等,历史名人如包公、宋徽宗、李师师
等,宋文化特色极其张扬。开封宋文化的影响力深入人心,宋文化不仅是开封
代表性文化符号,而且也是其历史文化资源开发利用的核心指征。依托其优
势凸显的宋代文化遗存集中打造古都文化形象,建设北宋历史文化名城,突出
北宋文化特色,并以此作为城市独特标识。开封市一直致力于打造"外在古
典,内在时尚"的古都开封,宋文化则集中表征着古都开封的文化符号。依托
其丰富多样的宋代文化遗址、文物古迹等,开封的历史文化资源开发将宋代时
期的宫廷文化、宗教文化、府衙文化、书法绘画等方方面面呈现于民众面前。
其次,源于其异常丰盛的历史文化资源优势,开封逐渐形成了相对集中的文化
产业群,文化产业得到了繁荣发展,尤其是依托历史文化景观所举办的民风民
俗及传统艺术表演活动等富有成效,吸引了众多民众观赏参与,对传统文化艺
术资源的保护传承工作有着积极推动作用。与"宋文化"密切融合的传统文
化艺术资源不仅是开封城市文化定位的客观基础,而且也是强化民众对开封
"宋文化"心理认同的重要佐证。

　　族群多样的历史传统与环境生成了河湟文化的多维特质,也同时诠释着
其"和而不同"之发展定位。世居族群在地域空间长期的共同生活中创造出
了我国最具民族与宗教文化多样性的区域文化,各民族特有的民族显现和融
合交流不仅建构了深厚的文化底蕴,而且夯实了河湟地区"和而不同"之文化
积淀。河湟区域文化"和"之特质凸显于多元族群互动与交融的多维动态过
程中。多元族群是河湟地区最基本的社会结构,单个族群或者不同族群之间
的社会性活动建构了多元族群文化的物的基础与实在。"文化的整合及对文
化的认同是河湟地区族群互动关系中的一个重要特点,而区域内不同文化的
并行发展,又促成了各族群文化特质的显现,这也是河湟地区长期以来族群间

得以和平共处的基础。"①不同族群间的频繁生活交流与交融也推动着族群文化之间的互动与涵化,在历史推进的过程中,尽管汉文化曾经一度占据上风,甚至现在也有着显著的影响力,但处于汉文化圈边缘地带的河湟文化始终保持着异质族群文化博弈的自由与公平:汉族文化在整合着少数民族文化的同时也正在被其部分地同化着,"在这多元格局中,同时也在接触中出现了竞争机制,相互吸收比自己优秀的文化而不失其原有的个性。"②当然,对汉文化以外的文化理解必须符合本文化自身的规律与现实,把一般的文化原则投射于异质文化或糅合之多元文化,理解最终必然会产生曲解甚至误解。据此,在推动河湟文化传承与发展的时代进程中,既要强调次生多元文化共通性之同时,更要重视其内在之多维"不同"特征。

"和而不同"之文化定位强化着地域文化的发展形象,澄清着河湟文化的发展指向,也据此明晰着河湟地区传统文化艺术资源保护与开发利用的实践走向。与此同时,传统文化艺术资源的保护与开发利用固基着地域文化的既定形象,并由此愈加强化着其文化定位的实然指向。文化定位不仅凸显地域文化特色,而且体认着历史文脉的空间传承,并由此形塑着特定区域的文化形象。文化的形成发展是长期的历史结果,文化建设也不可能一蹴而就,清晰的文化定位是地域文化建设的核心指向。文化建设的"文化"概念应指向群体成员共同的价值观念和文化心理,是影响群体成员对社会、对人生的价值判断、思维模式、行为模式和生活模式的深层的文化心理和文化理念,使文化建设因为"文化"的清晰定位而更有针对性③。文化建设不可能脱离既有的文化传统与文化心理,同样,文化定位也绝不能背离区域文化的历史积淀与发展实际,特定地域的文化定位必须处理好历史文化与现代文化的辩证关系。作为

---

① 马建春:《多元文化视域下的河湟:族群互动、文化认同与地缘关系》,社会科学文献出版社 2013 年版,第 17 页。
② 费孝通:《费孝通论文化与文化自觉》,群言出版社 2007 年版,第 89 页。
③ 莫寰等:《文化的定位与文化建设模式》,《社会科学》2003 年第 8 期。

河湟文化的历史具载与实然演绎,河湟地区传统文化艺术资源的保护与开发利用必须要明确地域文化"和而不同"之明确定位,充分彰显文化生态多样性特质,维系地域文化"和而不同"之发展态势,强化其"一体走向"之价值展演,是时代境遇中河湟文化实现时代传承与创新发展的实践澄明。

河湟地区的文化定位既要立于河湟文化的多元基调,又要突出其价值意涵的一体走向,次生多元而又一体共演的河湟文化不仅凝聚着多元族群的价值共识,而且擢升着地域文明的价值共享,并据此筑牢着河湟地区传统文化艺术资源保护与开发利用的价值意指,是构建地域文化整体布局的规划指向。在现实性上,对地域文化的发展定位而言,历史文化是其本源基础,现代文化则为其趋势所指,二者并非对立关系,亦非非此即彼的替代关系,而呈现为事实上的继承与发展关系。依据文化定位指向的文化建设不仅要尊重地域文化的历史传统、传承地域文化的价值理念,而且要迎合地域文化的发展趋势、满足文化创新的主体诉求,特定区域的文化形象也据此得以建构。作为特定区域文化建设的重要内容,传统文化艺术资源的保护与开发利用不仅受地域文化发展定位的规制,而且反之筑牢着地域文化的形象意旨。凸显地域文化特质的文化定位指引着传统文化艺术资源地域性保护与开发利用的发展走向。在其保护与开发利用过程中,传统文化艺术资源以其对文化传统的具象演绎和价值体认再现着地域文化的历史记忆,强化着历史文化的主体自觉,从而基于实践意义更加明确着地域文化的发展定位。

三、立足地域实际,实施统一规划

作为世居族群对象化活动的具象结果,地域文化的传承与发展必然寻向于空间社会发展之历史积淀与现实需求。作为河湟文化时代传承与创新发展的重要内容,传统文化艺术资源的保护与开发利用不可能自行其是,不仅要服从于地域文化的发展实际,而且要服务于地域社会的发展需求。据此,立足地域社会发展实际、合理实施有效统一的整体规划是河湟地区传统文化艺术资源保护传承与开发利用不可或缺之实践要义,不仅规范着保护与开发利用具体实践,而且规制着地域文化生态的和谐发展。

地域社会的发展实际引导着河湟地区传统文化艺术资源保护与开发利用的整体工作。有鉴于此,河湟地区相关政府部门对传统文化艺术资源保护与开发利用的实际规划既要依据历史,遵循地域文化的发展传统,又要符合现实,考量地域社会发展的实际需求。对特定区域传统文化艺术资源保护与开发利用的具体规划必须置于地域社会发展前行的历史过程,因为"从一个历史阶段看问题,固然是必要的;从整个历史发展趋势看问题,则是更为重要的。"[1]传统文化艺术资源表征着地域文化历史传统的文化具象,体认着地域文化的价值意涵,并以其现实演绎推动着地域文化的历史传承,因此,基于保护与开发利用导向之政府规划必须要考虑传统文化艺术资源的历史价值,遵从其既定的价值传统。费孝通先生曾言"文化是人为的,又是为人的",主体诉求的现实满足是推动地域文化传承发展的实践指向。作为河湟文化时代传承与创新发展的重要内容,传统文化艺术资源的保护与开发利用毫无疑问要迎合民族成员之利益诉求,据此,基于顶层设计之整体规划必须要考虑地域文化时代发展的主体需要,服务且服从于地域社会的发展实际。

在具体实践中,对河湟地区传统文化艺术资源的地域性保护与开发利用实施统一规划既要致力于文化资源的优势整合、文化产业集聚区的深度耕耘等,又要注重营造浓厚的文化氛围、保护和谐的文化生态,推动构建地域文化传承发展的整体布局,满足民众群体的文化诉求。基于传统文化艺术资源地域性保护与开发利用的经验考察,政府层面的整体规划得到了普遍性重视,以郑州市传统文化艺术资源的综合性开发利用、云南省民俗文化资源的保护与开发、广州市非物质文化遗产的传承保护等为例,合理统一规划的实效性极其显著。郑州市政府专门制订出台了关涉民间传统文化艺术资源的整体实施方

---

① 白寿彝:《白寿彝民族宗教论集》,北京师范大学出版社1992年版,第53页。

案,开建了商都历史文化区等,为传统文化艺术资源的保护与开发利用不仅提供了良好平台,而且还进行了整合,充分发挥资源优势。云南省则协调各级政府部门从地域文化历史形成的多元性出发,对民俗文化资源的保护与开发利用进行了统一规划,不仅依据聚居地区民族成分不同分别建设民俗文化风情园、民俗展示馆、民族特色村寨等,而且还专门建有云南民族风情村、云南民族博物馆等集中展示各少数民族风情民俗文化,并加大宣传扶持力度,扩大地域文化的影响力,对呈现态势极其相似的河湟地区传统文化艺术资源保护与开发利用的具体实践尤具借鉴意义。广州市政府相关部门极其重视非物质遗产保护工作的统一规划,不仅专门成立非物质文化遗产保护中心,而且区级、县级等分别专设具体部门对接相关工作,还形成特定考评机制,很大程度上规避了职责不清、行为不力的工作弊端,积极推动了非物质文化遗产保护传承与开发利用具体工作的有效开展。

基于地域性保护与开发利用有效经验借鉴之上,河湟地区传统文化艺术资源的经济性保护与开发利用尤其要重视文化产业生产经营的整体规划工作,推动文化产业集聚区建设工作,凸显特色文化产业优势,形成生产经营的规模化集群,切实发挥产业集聚区的整合效能。事实上,为推动文化产业有序发展,河湟各地目前已经建成若干特色文化产业集聚区,如湟中县以塔尔寺为中心,形成了银铜器、堆绣、木雕、掐丝唐卡等传统手工艺品为主体的文化产业集聚区;互助县以威远镇为中心,形成了以纳顿庄园、彩虹部落等文化旅游企业为主的文旅产业集聚区;同仁县以隆务镇为中心,形成了以唐卡、泥塑、堆绣、石雕等为主体的热贡文化产业集聚区;循化县以街子镇为中心,形成了以手工艺品、民间堆绣、民族服饰等为主体的民族文化产业集聚区等。与此同时,互助土族纳顿特色文化产业发展示范项目等还入选国家特色文化产业重点项目,热贡龙树画苑唐卡加工项目等入选国家藏羌彝文化产业走廊重点项目,西宁城南文化产业聚集区丝路创意产业园项目等入选国家丝绸之路文化产业带重点项目。尽管河湟地区文化产业集聚区建设已经初具规模,而且各种文化产业重点项目繁多,但在实际运作过程中仍然各自为政,并没有发挥其生产经营方面的整合效能。与此同时,河湟地区文化企业大多以家庭作坊、个体经营户为主,缺乏规模大、品牌响的规模企业,无论在产业规模、资金投入抑或产品研发等方面都不具有市场竞争力,对特色文化产业的市场化运作极其不利。以热贡艺术为例,同仁县吾屯村热贡从业人员最多,因此被命名为"国家文化产业示范基地",示范基地建设虽然对热贡艺术的发展具有积极带动作用,但从事热贡艺术加工制作的企业基本以家庭小作坊为主,相互之间少有交流协作,仍然处于单打独斗状态,严重影响市场开发。有鉴于此,河湟各地政府在现有基础上,必须明确市(州)县区域功能定位,实施保护传承与开发利用的地域性整体规划,制定特色文化产业集聚区建设的针对性方案,切实提升传统文化艺术资源地域性保护与开发利用的现实效应。

鉴于文化资源之意向性实然存在与意义性主体投射,河湟地区传统文化艺术资源经济性保护与开发利用的整体规划必须要强化顶层设计的"有所为,有所不为"。在具体实施工作中,基于中央相关文件精神的指导下,当地政府不仅要从宏观角度制定出台地域文化时代传承与创新发展的总体指导方针,而且要结合地域社会发展实际制定实施文化资源地域性保护与开发利用的具体方案。针对河湟地区文化艺术资源地域态势的多样化显现和多元化呈现,其传承与发展的规划实施绝不能"一统而全",更不能"各行其是",要秉着科学的态度,遵循实事求是的原则,合理有效地开展经济性保护和开发利用具体工作。

第二节　整合优势资源　深化产业开发

产业化开发是传统文化艺术资源经济性保护与开发利用的重要模式。基于生产性经营之产业化深度开发不仅很大程度上调动着传统文化艺术资源保护传承的主体积极性,而且一定意义上也强基着民族成员的传统文化心理。

河湟地区传统文化艺术资源极具地域优势与民族特色,立足于保护之前提大力整合优势资源,结合时代需求推动文化产业的深度开发,以利益诉求为导向充分调动民众参与积极性,是实现其保护传承与创新发展的有效举措。但是,在市场经济导向下,传统文化艺术资源的产业化开发却往往陷入经济利益至上的功利化危机,从而偏离文化资源保护与开发利用的本然目的。在现实性上,文化是灵魂,开发是路径,传统文化艺术资源的产业化开发绝不能偏离文化发展主题,必须在其产业化推动进程中给予其价值意涵的保护传承以高度关切。

一、文化产业开发,关切价值传承

马克思指出:"在社会历史领域内进行活动的,是具有意识的、经过思虑的或凭激情行动的、追求某种目的的人,任何事情的发生都不是没有自觉的意图,没有预期的目的。"①人的实践行为是在目的性导引下的获取自身满足的活动,利益的最大程度实现是人类实践的现实指向,作为有意识的实践行为,主体的文化活动也不例外。在传统文化艺术资源产业化开发经营的具体实践中,利益至上的功利化倾向往往主导着主体行为的目标指向,对经济效益的过度追逐也因此成为文化资源产业化开发经营的主旨目的,传统文化艺术资源的产业化开发利用也常常陷入逐利行为的商业化危机。有鉴于此,河湟地区传统文化艺术资源的产业化开发利用坚决不能背离地域文化资源时代发展之主旨命题,必须首要关切其价值传承之现实导向。

作为传统文化的具象呈现,传统文化艺术资源尽管在现实形态上常常表征出明显的物化痕迹,但其从本质意涵上始终体认着主体意义的精神指向和价值取向。"各种文化特质或文化现象是人类创造的特殊形式,它本身包含

---

① 《马克思恩格斯选集》第 4 卷,人民出版社 2012 年版,第 253 页。

着人赋予的特定价值和意义。"①传统文化是民族成员在社会历史发展进程中的生活习得与文化积累,实质上呈现为包括知识体系与生活习俗在内的复杂统一体,不仅有着自身独特的存在方式与发展模式,而且伴随着时代发展其内生性价值体系也得以不断演进。传统文化所蕴含之价值体系集中注解着文化系统的功能指向,导引且构型着地域社会的生活秩序与道德规范。在文化多元的冲击浪潮与文化体系普遍开放的形势下,外来文化的冲击、多元文化的碰撞、文化虚无的泛滥、"利益至上"的价值取向等从方方面面式微着民族成员的传统文化心理,并引发着民族社会从未曾有的价值困惑与传统质疑,也据此更加凸显传统文化价值意涵的时代意义。

作为传统文化价值意涵的物化承载,传统文化艺术资源以其对文化传统的具象演绎与深层展现筑牢着民族成员传统价值的主体自觉,而且凝聚着民族社会多元主体归属确证的价值共识。以中原"寻根文化"的异军突起为例,其依托现存极其丰富的关涉中华民族发祥历史的文化考证资源成为海内外华人寻根问祖的朝拜之地,不仅积极推动着中华文化的价值传播,而且从空间范围上拓展着中华价值的世界影响力,集中体现着新的历史时期中华文化凝聚力和文化向心力的表现,强基着中华儿女国家认同的共通情感与共享价值。基于传统文化艺术资源的时代功能研判,其所体认的精神意涵与价值意指在现实性上更具普遍性社会意义,因为"祖先崇拜作为中国早期文明的遥远特征及中华民族初期的民族精神,已经化为文化传统、文化心理,沉淀在中华民族深处,并影响着数千年来中国人的思想意识、价值取向及各种活动,是许许多多中国文化现象的源头。"②具体到河湟地区传统文化艺术资源,无论是河湟堆绣所描绘之美好向往、唐卡所展现之宽容仁爱、《格萨尔王传》所颂扬之勇敢无畏,抑或是纳顿歌舞所展演之丰收景象、河湟社火所寓意之国泰民安、

---

① 司马云杰:《文化价值论——关于文化建构意识形态的学说》,安徽教育出版社 2011 年版,第 47 页。

② 胡绳:《中华民族文化源新探究》,社会科学文献出版社 1999 年版,第 346 页。

民族小调所吟唱之小康社会等,无不诠释着地域社会发展前行进程中多元主体共享之价值理念与共同之价值诉求,也深刻影响着民族成员在时代境遇中的价值评判与价值抉择。杨·阿思曼认为文化体系的"凝聚性结构"体现于双重维度:在时间上,把过去和现在连在一起,通过对过去的重要事件及其回忆的固定和保存并不断得以再现从而获得意义;在社会上,其内在蕴含着从过去共同的记忆和回忆中剥离出来的对所有成员具有约束力的价值体系和行为准则①。作为传统文化"凝聚性结构"的具象呈现,河湟地区传统文化艺术资源以其对特定空间文化图景的历史再现与价值传统的时代展演强化着地域文化的主体心理,影响着多元主体的价值抉择,并固基着中华民族共同体意识地域铸牢之心理自觉。

河湟地区传统文化艺术资源不仅具演着地域文化之价值传统,而且体认着中华文化之价值意指,其产业化经营开发目的实际指向基于资源效益生产上之文化传播与价值传承。"文化存在于各种内隐的和外显的模式之中,借助符号的运用得以学习与传播,并构成人类群体的特殊成就,这些成就包括他们制造的各种具体式样,文化的基本要素是传统(通过历史衍生和由选择得到的)思想观念和价值,其中尤以价值观最为重要"②。文化建构价值,价值体系建构着任一文化模式的核心意涵,据此,作为文化传统的现实承载,价值传承是传统文化艺术资源保护与开发利用的意义旨归,也是其产业化开发经营之目的指向。但事实上,在市场经济导向下,传统文化艺术资源的产业开发往往因为过度关注于其经济效益的最大化获取而忽视其价值性承继,典型性个案如少林寺,不仅先后成立了"少林寺事业发展有限公司""河南少林寺影视有限公司"等参加商业运作,还参与组建旅游公司,组织僧团到处巡演等,很大程度上破坏了少林曾经静谧的佛教文化氛围,尽管游客络绎不绝,但心理落差也比较明显。作为"中国功夫"的文化标识,少林寺的过度商业化开发曾经

---

① 周宪:《文化研究关键词》,江苏人民出版社2007年版,第350页。
② 转引自李鹏程:《当代西方文化研究新词典》,吉林人民出版社2003年版,第302页。

一度为社会舆论所严重诟病,尤其是其上市风波所造成的恶劣影响,严重背离着少林精神所主张之"修身净心、淡泊名利"的核心意涵。作为一座历经千年沉浮且有着巨大影响的佛教寺院,基于价值传承之产业化开发利用才更能体现时代场景中"少林文化"世代承续之本然所指。历经诸多风波后,少林寺近些年来的开发思路有了较大变化,在政府的引导支持下,逐渐跳出经济效益的追逐维度,以佛教文化、少林功夫、中华精神等传承发展为目标导向,越发注重文化意义的弘扬传播。具体到河湟地区,塔尔寺的旅游开发也较具典型意义。塔尔寺近些年来的旅游开发颇见成效,已经成为河湟地区文旅产业的知名品牌,对当地经济发展作出相当贡献,但是,其商业化开发所带来的弊端也显而易见,不仅影响了塔尔寺自身的宗教活动,而且也破坏了文化生态的和谐氛围,一定程度上式微着塔尔寺之宗教文化本源意义,问题值得高度重视。

在现实性上,基于文化意义的价值传承不仅是河湟地区传统文化艺术资源产业化开发的目标旨归,而且还决定着其生产经营的发展前景。马克思·韦伯强调任何一种经济模式背后必然存在着一种无形的精神力量,在一定条件下,精神、价值观念决定着经济模式的兴衰成败[①]。作为经济模式的具体运作,传统文化艺术资源产业化开发的成功与否关键取决于主体需求的满足程度,而这种需求在现实性上更侧重于指向对文化资源之价值蕴含的认可与接受。由此出发,就河湟地区传统文化艺术资源的产业化开发经营具体考察,经济效益的现实达成仍受限于其价值体认的受众范围,因为文化"必须被群体中的人们所共同接受才能在群体中维持下去"[②]。传统文化艺术资源的产业化开发经营实质上也是其文化效益再生产与文化价值再塑造的过程,文化资源在实现着传承发展的同时也促成着其价值意涵的创新转化。在现实性上,文化的价值意涵规制着文化具象的空间呈现,文化的具象呈现又从本质上注释着空间文化的价值指向。作为传统文化空间具象的现实呈现,传统文化艺

---

①　马克思·韦伯:《新教伦理与资本主义精神》,三联书店1987年版,第4页。

②　费孝通:《文化与文化自觉》,群言出版社2010年版,第391页。

术资源的保护与开发利用实质指向空间文化的再生产与文化价值的再塑型，无论具象如何演变，文化发展的最终意义在于其价值体系的保护传承与创新发展，传统文化艺术资源产业化开发之目的旨归也得以本然注解。

二、依托资源优势，形成文旅合力

文化旅游开发是传统文化艺术资源经济性保护与开发利用相对普遍的有效模式，推动着文化生态保护与生态社会建设新的增长极。异常丰富而又独具特色的传统文化艺术资源既是地域社会旅游开发的客观基础，也是其基本内容。当前，旅游开发也是河湟地区传统文化艺术资源的经济性开发的主导模式，不仅在一定程度上助力了当地社会经济发展、提高了民族传统文化资源的知名度，而且较高意义上推动着地域文化的时代传承与创新发展、强基着民族成员的传统文化心理。在具体实践中，河湟地区传统文化艺术资源的旅游开发也存在诸多问题，如开发定位相对模糊、资源态势相对分散、资源优势不够凸显等，有鉴于此，其旅游开发必须合理依托地域文化资源优势，深挖文化资源时代内涵，形成并强化文旅合力，从整体上提升河湟地区传统文化艺术资源产业开发的竞争力与影响力。

河湟地区传统文化艺术资源彰显浓郁的地域性和民族性色彩，其文化旅游开发必须依托自然生态、民俗文化、历史人文等区位特殊性，充分发挥文化资源地域性优势，强调文化旅游的理念引导，重在以旅游作为载体方式推动地域文化的弘扬传播，扩大地域文化艺术资源的影响力和辐射力。以在西宁多次举办的"河湟文化旅游艺术节暨河湟文化美食节"为例，活动涵盖高端论坛、非物质文化项目展、美食展、文创产品展、电影展等多种与河湟文化相关的展示展览活动，还有"花儿"演唱会、地方曲艺舞蹈表演等，艺术节不仅规模空前、内容多样，而且文化底蕴深厚，民众参与广泛，极其彰显综合性文旅活动的聚合效应。艺术节还多次邀请非遗项目传承人现场表演，河湟刺绣、湟中堆绣、银铜器制作及鎏金技艺、河湟剪纸、西宁玻璃画、丝毛挂毯……"深藏闺阁"的非遗艺术品让参与民众应接不暇,通过传承人现场展示和与观众"零距离"互动的传习体验等多种形式,生动展演了非遗"口传心授"之历时流传、"技艺相传"之流转传承。文创产品展示活动广受民众青睐,现场展示了百余种文创产品,包括昆仑玉、黑陶、木雕、青绣、沙绣、藏香等,结合新技术新工艺,通过创意设计和商业模式创新,这些实现了创造性转化和创新性发展的文创产品有效地推动了非遗项目的保护和传承。艺术节现场举办的河湟刺绣、河湟剪纸、"花儿"表演等文化项目现场互动体验活动尤为受到大家欢迎,参与民众在传承人的亲自指导下通过亲手制作,真正体验感受到了非遗创作的愉悦快乐,不仅加深了对非遗的认知理解,近距离感悟到了非遗"天工匠心"之文化魅力,而且在亲自参与过程中主动接受了优秀传统文化的传承教育,深切感受到了河湟文化的深厚底蕴和深层内涵,强基了地域文化艺术资源保护传承和创新发展的主体基础和文化自觉。

河湟地区传统文化艺术资源的旅游开发必须要深化文化内涵,开发景区民俗艺术演绎活动,丰富原真性文化体验项目,强化文化资源传播力度,切实实现以文化提升旅游内涵,以旅游推动资源保护。目前,河湟地区传统文化艺术资源的旅游开发仍然缺乏对资源内涵的深度挖掘,原真性文化体验项目相对匮乏,文化资源与旅游发展未能形成有效互动,文化资源的旅游价值开发远远不够,必须对此作出有效应对。首先,根据文化资源特性和市场自身规律,旅游业应积极响应与资源开发的文化对接,可以学习借鉴故宫博物院对文物遗存及历史景观等的开发模式,对文化景观或资源项目所承载的历史渊源、人物典故以及神话传说等进行深度挖掘并强化传播弘扬,改变以前的"有旅游,没文化"和自然风光有余、人文景观不足的现状与误解,全方位展示真实的、鲜活的河湟地方民族民间传统文化风貌。其次,必须开发传统文化艺术驻场演绎节目,丰富文化资源旅游原真性体验项目,强化文化对旅游的支撑功能。再次,河湟各地文化景区在旅游旺季可以举办各种形式的传统文化艺术资源推介会、衍生性产品展览会、传统手工技艺交流会等,既可以展示各种民俗民间艺术品进行义卖,也可以邀请民俗艺人进行现场表演,吸引游客参与到活动中去,不仅有效地宣传了地域传统文化资源,提升了其知名度,而且即便是对当地民众来讲,也不失为了解河湟地区传统文化艺术资源的绝佳方式。

事实上,感受特色文化差异恰恰是民族地区文化旅游开发之主旨目的。就具体情况而言,河湟地区可学习借鉴云南民俗文化资源旅游开发模式,依据文化资源特色建设不同的民族文化生态园抑或风情村,并开发多元化的原真性文化旅游体验项目,在充分展示河湟族群文化传统民族风情的同时给予游客参与体验的平台,让参与者切身体会次生多元河湟文化的时代魅力。河湟地区现已经建有互助土族文化生态园、循化撒拉族文化风情园等,游人不仅可以体验民族文化风俗,而且还可品尝民族特色饮食,引发一定反响,但源于各种主客观因素,其影响力还远远不够。针对当前现状,建议在西宁专门建设河湟民族风情园或青海民族风情园,全方位展示河湟世居族群(事实上也是青海世居族群)文化特色与民族风情,扩大民族民俗资源影响力,进而吸引游客到河湟各世居族群集聚地参观游览,感受民族文化风情。与此同时,河湟各地还可积极开发民族风情园驻场文化演绎节目,提升文化景区旅游内涵,满足游客观赏需求,使其能够更加充分领略河湟民族民间传统文化的艺术风采。如贵德在其非物质文化遗产景区开展的文化表演活动,集中展示了具有典型代表性的"尚尤则柔""扎念弹唱""拉伊""格萨尔说唱"等特色鲜明、风情独特的精彩节目,反响极其强烈。青海省现已大力扶持推出一批地域性特色文艺作品,并力推在省内 AAA 级以上景区进行驻场演出,如《草原之子》、《热贡神韵》、《古道传奇》、《天境祁连》等。据此,河湟各地文化景区尤其是民族民俗风情园可引进推广,借此机遇可积极开发与地域文化定位相符合的民族风情演绎节目,土族纳顿表演、撒拉族歌舞表演、藏族史诗剧目、回族商旅传奇等,均进行艺术加工并搬上景区舞台,展示民族文化别样风采。

就传统文化艺术资源的产业化开发而言,获取良好经济效益的开发模式往往更彰显文化资源的价值传承,文旅产业开发亦不例外。以故宫博物院为例,其文化创意产业的开发就较具代表性。依托宫廷文化的独特资源,故宫博物院充分发挥现代科技的便捷优势,其文创衍生产品不仅要求必须源自故宫历史文化,或相关建筑、人物故事、文物典藏等,而且紧密贴近现代生活,迎合时代要求,创意生活用品丰富多样,任一产品均附有创意介绍,深受市场欢迎,不仅收获了巨大的经济效益,而且扩大了故宫的文化影响力。关切价值传承之文化创意产业的创新发展不仅能够强化地域性传统文化艺术资源产业化开发竞争力,而且能够壮大传统文化艺术项目的生产发展空间,推动其在文化创新发展中实现传统传承。有鉴于此,河湟地区可利用传统手工技艺等设计、开发旅游纪念品和特色商品,为非传统文化艺术衍生产品提供展示平台,既可以较好地传承与发展,又能体现其市场价值,但要极其注重消费者的欣赏水平和接受能力,及时调整思路。比如"唐卡"作品,深受游客欣赏,但市场价格定位太高,动辄上万,常常导致"可观不忍买"的局面。当然,因是手工绘制,"唐卡"的制作成本相对高,但生产经营者可根据市场需要创作一些价格定位相对中低水平的作品,应该更受旅游市场欢迎,经济收益会更可观。

基于实践现状考察,传统文化艺术资源的产业化开发当前普遍侧重于文化资源的旅游开发及其相关衍生项目的生产经营,相对而言,旅游开发确实为推动地域性传统文化艺术资源保护与开发利用较为有效的运作模式。事实上,传统文化艺术资源的旅游开发及其衍生产业的生产经营对于地域经济的发展有着较大拉动作用,既增加了地方财政收入,又提高了当地民众生活水平,并且还一定程度上激励着民众群体参与保护与开发利用的主动性与自觉性,对于传统文化艺术资源的生产性保护传承极具积极意义。具体到河湟地区实际,文化产业发展相对落后,创新能力极其欠缺,充满浓郁民族风情特色的传统文化艺术资源不仅是旅游开发的显著优势,而且也为文化产业的创新发展提供独特供养,合理依托其文化资源优势,充分发挥文旅合力,进一步提升文化资源的影响力和辐射力,是推动其保护传承与创新发展的有效应对。

三、彰显资源特色，打造产业品牌

产业化开发是传统文化艺术资源经济性保护与开发利用的核心应对，丰富多样的传统文化艺术资源既是河湟地区文化产业开发的独特优势，又是其文化产业发展的客观基础。在相关政策引导保障下，按照"政府扶持、企业主导、社会参与"的发展模式，河湟地区立足地域社会发展实际，依托其传统文化艺术资源优势，已经初步构建了以传统工艺美术行业为龙头，文化旅游、民俗娱乐、服饰饮食等协同发展的产业格局。在文化产业发展提升过程中，河湟地区必须进一步深化传统文化艺术资源的产业化开发力度，充分发挥利用其资源特色，建设规模化产业集聚区，打造文化产业品牌标识，推动文化产业的创新发展，在继续保证文化产业地域优势的同时进一步提升其市场竞争力，扩大文化资源的影响力，保证社会效益和经济效益的双重达成。

源于其独特的民族性显现与宗教性色彩，河湟地区传统文化艺术资源的产业化深度开发必须找准发展定位，大力整合优势资源，充分发挥传统文化艺术资源的特色优势，创建地域文化产业品牌，增强其驱动力和吸引力。河湟地区丰富多样的传统文化艺术资源释义着河湟文化的民族性显现，弥漫着河湟文化的宗教性色彩，并承载着河湟文化次生多元的传统表象。河湟地区传统文化艺术资源的产业开发虽然从文化定位上主打河湟文化标识，但河湟文化之显著特质即在于其多元性与多样化，因此，尽管河湟地区传统文化艺术资源特质凸显，但源于其资源态势地域分布比较扩散，文化产业集中化发展受到严重影响。就传统文化艺术资源旅游开发定位而言，河湟各地可依据现存资源特点进行如下统筹，坚持"彰显特色，规模集聚，打造品牌，促进开发"思路导向，优先发展资源特色突出、前期基础较好且开发条件优越的资源项目，创立文化品牌标识，以此拉动周边文化资源的产业化开发进程。

就具体工作而言，作为区域经济、政治和文化中心，西宁是重中之重，依托其丰富多样的传统文化艺术资源现存与便利的地域条件，西宁可加大"多元文化"旅游资源开发。西宁市区及周边不仅历史文化景观遗存丰富,如中国六大藏传佛教寺院之一的塔尔寺、西北四大清真寺之一的东关清真大寺、北山城隍庙等,而且其传统民族民俗艺术项目也极其丰富,如汉族小调、民间曲艺、花儿会等,还建有高原地区较具规模的藏医院、藏医药博物馆,同时,西宁每年都会承办各种大型传统文化艺术产品展览会、交流会等,如"青洽会"、"国际藏毯节"、"国际清真食品节"等,都引起了较为强烈的反响。据此,可以大力整合西宁及其周边文化资源,如湟中、大通、湟源等,在产业化开发方面进行协调规划,致力于打造较具特色的文化产业品牌标识,以此拉动周边旅游经济增长极点。以"塔尔寺"旅游开发为例,在"塔尔寺大景区"规划部署下,湟中文化旅游业集群已初显成效,已经初步形成了以塔尔寺品牌景点为中心,辐射县域名胜景点、集"休闲、生态、游乐、博览"等于一体的精品文化旅游区,不仅加快了文旅产业化发展步伐,而且还带动了堆绣、藏毯、雕刻等传统技艺项目的生产性开发经营,解决了民众就业问题。塔尔寺虽然在行政区划上隶属于湟中,但湟中又归西宁市管辖,而且塔尔寺距离西宁市区还不到三十千米,可在现有基础上充分发挥塔尔寺品牌建设对西宁及其周边现存传统文化艺术资源的引领带动作用。但从实际情况分析,目前塔尔寺开发经营权力划属比较复杂,源于其宗教地位的特殊性与影响性,建议将塔尔寺产业发展规划交于西宁市进行统一协调部署,无论对于寺院自身旅游开发抑或品牌优势充分发挥等方面都具有积极意义。西宁还可依托东关清真大寺的影响力以及"国际清食节"的吸引力等大力引进并培育清真食品,打造清真特色饮食文化,与当地文化景观旅游开发相辅相成,做强地方文化品牌标识,提升文化产业协同开发的市场竞争力。与此同时,互助、乐都等地可加强整合其土族文化资源优势,打造土族文化开发集聚区;乐都、平安等可依据其河湟文化资源现存打造河湟文化古城开发集聚区;循化则应进一步致力于撒拉族文化开发集聚区的建设提升;作为中国唐卡艺术之乡,同仁则可依托其热贡文化生态保护区尽力创建热贡文化品牌;贵德等地则可依托其丰富的非物质文化艺术资源创建藏族文化开发示范区等。当然,在地域文化发展定位指向下,河湟地区传统文化艺术资源的产业化集聚开发必须注意规避同质化现象,要凸显民族性特色,重点扶持民族文化生态园建设,建设具有影响力、竞争力和传播力的民族文化产业品牌,凸显地域资源特色和独特优势。

河湟地区传统文化艺术资源的产业化深度开发必须致力于构建具有鲜明地域特色与民族特色的文化产业体系,培育特色文化产业示范区,打造特色文化产业与文化品牌,激励实施"一地一品"战略,形成具有较强影响力和市场竞争力的特色产品和品牌,以品牌带动文化产业链整体发展。如西宁可致力于打造多元文化产业核心区,推动形成地域多元文化交流展示中心,依托市区及周边丰富的历史文化景观及便捷的地域条件优先发展文化旅游、文创产业、清真用品产业等项目,着力提升其文化产业整体实力和竞争力,充分发挥其对河湟地域乃至青海省文化产业的引领带动作用。乐都、民和等可倾向于打造土族特色文化产业示范区,优先发展其以纳顿、於菟等为主的传统歌舞音乐项目,且可依托瞿坛寺或土族风情园等进行资源整合,发挥区域引领辐射功能。同仁可依托热贡文化生态保护区联合打造热贡艺术产业示范区,切实发挥热贡艺术对当地文化产业的积极拉动作用。同样,循化可依托撒拉族风情园、街子等打造以堆绣、服饰、饮食等为主的撒拉族文化产业示范区等。河湟各地文化产业示范区建设旨在依托优势资源打造特色文化项目,发挥其对产业市场化运作的整合效能,因此,必须推动示范区优势产业尤其是优势传统项目的行业协会建设,如工艺美术、唐卡、刺绣、藏毯、歌舞表演、节庆会展等。通过完善行业协会规章制度,强化其对行业自身的监管、服务、联通等主体职能,实现行业资源的有效整合,积极规范市场化生产经营,对文化示范区的效能发挥以及文化产业的健康发展均有着重要意义。

河湟地区传统文化艺术资源的产业化深度开发必须坚持创新驱动,推动文化资源与现代需求对接,加大文创产业发展力度,推动文化产业实现从"量的扩张"转变为"质的提升"。源于家庭作坊式的生产经营模式,河湟地区文化资源的产业化运作对资源的挖掘深度比较欠缺,尤其是创造性开发利用远远不够,极度缺乏具有影响力的创新性品牌。以传统工艺美术作品为例,同质化现象非常普遍,生产经营者之间相互模仿,导致无序化竞争日趋严重,而且在产品设计上缺少迎合现代需求的创意产品,且大多集中于宗教题材,受众范围小,市场空间狭隘,再加上粗制滥造化现象时有发生,直接影响着其发展前景。据此,河湟地区传统文化艺术资源的产业化深度开发必须要迎合现代需求,推动传统工艺技艺与现代科技、创意设计以及时代元素等相结合,加强文创产业的升级发展,开发个性化、多样化、现代化的文化产品,实现文化价值和实用价值的有机统一,这样,才能达成经济效益和社会效益的双重获得。"传统文化资源与现代文化资源相对应,具有文化资源的一些共性特征,其中最本质的特征是创意性。"①如故宫博物院的文创设计,当紧密结合时代趋势的文创产品一经推出,就非常受市场欢迎,不仅取得了不错的经济效益,而且又宣传了承载文化。

在多元文化交流碰撞的时代境遇中,文化资源的产业化开发必须坚持以传承文化、满足需求为双重导向,具体到河湟地区,依托其丰富的历史文化景观、民族民间文化艺术、非物质文化资源等为载体推进文化创意产业的现实发展,是进一步深化其传统文化艺术资源产业化开发的必然路径。实际上,面对目前的经济下行压力与竞争多元化趋势,河湟地区大部分文化企业选择积极应对,注重挖掘内部潜力,致力于设计研发适销市场对路的产品,发展潜力比较良好。比较典型的如循化县博艺旅游文化有限责任公司,目前已经开发设计4大系列200多种黄河石艺画、沙画、绒画、撒拉族刺绣等特色民族传统工艺产品,取得国家技术专利多达25种,早在2014年就被文化部命名为国家文化产业示范基地。再如青海省开心动漫文化科技发展有限公司,主要从事民族原创类动画设计相关制作,近年来先后编创完成了《藏羚羊》《格萨尔王》

---

①　王志标:《传统文化资源产业化的路径分析》,《河南大学学报》(社会科学版)2012年第2期。

《河湟民间故事》《寻找智慧精灵》等多部原创动漫,其中,《藏羚羊》《寻找智慧精灵》等作品还获多个国际国内奖项,有力推动了河湟文化的传播与弘扬。除此之外,还有许多其他文化企业在产业开发方面积极创新,寻求合作,如东智藏文化艺术开发有限公司在继承传统唐卡创作技艺基础上,另辟蹊径,走差异化发展路子,重点创作以现实题材为主的唐卡作品,收到较好效益;缘汇木雕工艺有限责任公司积极开拓市场,设计研发系列藏式家具品种,产品畅销国内外各地;龙树画苑针对唐卡市场日趋饱和的态势,与景德镇瓷器公司合作,正在研发瓷器唐卡等①。整体而言,河湟地区传统文化艺术资源产业化开发取得了较大进步,但创新性还极其不足,创意性文化品牌比较欠缺,必须依托现有资源优势,鼓励传统文化艺术项目与文化创意设计深度结合,使文化创意与设计服务融入传统文化艺术资源的产业化运营当中,推动传统工艺产业的创意化升级,在研究开发基础上推动产业创新升级,生产销售较具原创性与科技文化含量的民族特色手工艺品。

事实上,在相关部门引导扶持下,河湟地区大力培育文化创意产业,支持鼓励文化企业创新思路,研发创意产品,拓宽市场空间,已经逐渐形成以文化旅游、民族刺绣、服饰饮食、传统工艺美术等具有原创设计性的民族文化创意产业集聚,并积极为文化企业搭建宣传交流有力平台。近些年来当地政府先后组织多家文化企业走出国门,参加民族特色文化创意产品交流展示活动,具有地域特色的创意文化产品如掐丝画、藏黑陶创意产品、小转经筒文化创意旅游纪念品、木雕创意产品等深受欢迎,产品远销美国、意大利、印度等,取得了较好的经济收益。相关政府部门还积极组织举办特色文化产品展、文化创意设计大赛等活动,吸引众多民族民间特色文创产品参赛,很大程度上强化了民族传统文化艺术项目的推广和传播。概言之,基于现实需求之上,河湟地区传统文化艺术资源的产业化发展升级必须充分依托资源优势,彰显地域特色,重

---

① 部分资料和数据来源于青海省文化和新闻出版厅相关统计。

点扶持建设民族文化产业集聚区,推动特色文化产业现代化发展,推出一批具有影响力、竞争力和传播力的文化产业品牌标识,为地域文化资源的保护传承与创新发展给予有力保障。

第三节　构建文化生态　提升主体意识

河湟地区传统文化艺术资源的经济性保护与开发利用之实然目的指向于地域文化的传承与发展,绝不能以破坏生态环境为代价来追求经济效益。作为人类在社会实践中所创造的物质财富与精神财富的呈现态势,文化生态指谓相互交往的文化群体借以从事文化创造、文化传播以及各种文化实践的背景和条件,文化生态本身就是文化成分的重要构成①。传统文化艺术资源的历史生成与具象演绎不仅处于一定的文化生态之中,而且又反射着特定文化生态的地域特质。文化生态的和谐与否直接关切着传统文化艺术资源的生存状况与发展前景,由此出发,保护构建和谐的文化生态不仅是推动河湟地区传统文化艺术资源经济性保护与开发利用的前提要义,而且是实现地域文化时代传承与创新发展的必然考量。

一、文化生态保护，发挥民众力量

文化生态保护是传统文化艺术资源传承保护与开发利用的实践前提,文化伴随着人类社会的历史进程而产生发展,人类聚居的生存模式从根本上决定着文化生成的地域性色彩与主体性显现,文化空间的现实确证"不应当到人们的头脑中,到人们对永恒的真理和正义的日益增进的认识中去寻找,而应当到生产方式和交换方式的变更中去寻找;不应当到有关时代的哲学中去寻找,而应当到有关时代的经济中去寻找"。② 作为人类文化创造和文化活动的

① 冯天瑜:《中华文化史》,上海人民出版社 1990 年版,第 10 页。
② 《马克思恩格斯选集》第 3 卷,人民出版社 2012 年版,第 797—798 页。

特定空间,文化生态不仅是传统文化艺术资源所赖以生存发展的客观环境,而且还赋予其主体视域的文化意义与价值指向。

文化与地域关系密切,地域环境给予着文化独特的空间特质和物化表象,也决定着文化生态的地域差异与多维态势,作为地域文化历史传统的具象呈现,传统文化艺术资源亦体征着文化生态的地域显现,特定地域的文化生态本身即展现着其文化传统价值意涵的历时演进。基于传统文化艺术资源保护与开发利用的实践视角,文化生态不仅包括传统文化艺术资源生存发展所处的自然环境与社会情境,而且还指向其保护传承与开发利用的文化环境与主体心理等,据此,文化生态保护不仅直接关系到传统文化艺术资源有效性保护与开发利用的现实实现,而且还从根本上影响着传统文化的时代传承与创新发展。在现代化引发的社会转型进程中,对物质和名利不择手段的利益追逐撕裂着地域社会的传统文明和道德规范,引发着民族成员的文化反思与价值困惑,地域文化多元色彩的逐渐淡化,传统文化心理的日渐式微等都不同程度地导致着文化生态的片面失衡,凸显为当前文化生态的重要命题。文化生态危机在传统文化资源的保护传承与开发利用过程中尤其表现得淋漓尽致。一方面,对经济效益的过度追逐严重破坏着文化资源生存发展的空间环境,商业化的逐利行为在很大程度上造成传统文化资源开发的不伦不类,诸如千年寺庙门口商贩云集、历史经典名著胡乱改编、古城墙甚至拆了重建等,此类现象层出不穷,不仅背离文化资源开发的初衷目的,而且对文化生态造成不可逆转的损毁;另一方面,多元文化的冲突严重冲击着传统文化的地位、式微着传统文化的影响,也从根本上动摇着民族成员的传统文化心理自觉。传统文化的价值质疑与现代文化的强势侵入弱化着文化生态的多样性与地域性,也从本源上摧残着传统文化艺术资源传承发展的生态平衡。文化生态的破坏虽然极具隐蔽性,但所引发的后果不堪设想,因为其不仅承载着文化具象的空间存在,而且体现着主体生活的文明方式。有鉴于此,河湟地区传统文化艺术资源的保护与开发利用必须着眼于文化生态的整体保护,文化生态多样性的维护是河湟地区异彩纷呈之传统文化艺术资源传承发展的本然基础。

　　源于次生多元一体民族格局与文化形成的地域特殊性,河湟地区传统文化艺术资源不仅体认着地域社会多元族群异于彼此的文化传统,而且也建构着民族地区文化生态的多样化,其保护与开发利用在整体规划基础上不仅要注重呈现其地域文化的多元态势,而且要重视地域生态环境的相互配合,在展演民族民俗传统文化风情的同时推动着地域社会文化生态的和谐建设。从文化生态保护的整体视域出发,传统文化艺术资源的保护与开发利用是文化生态建设的重要内容,不仅要促进文化环境的和谐一致,而且要强化文化传统的主体心理。作为文化生态的核心体征,文化环境在某种意义上具有不可再生性,历史文化资源的毁损和文化传统的风格变异从本源上导致传统文明的日渐式微甚至遭受遗弃,因此,文化生态问题不仅仅体现于文化环境的片面失衡,而且从更泛化层面直接关切着民族社会的意义重构。文化生态在推动和制约空间文化生产的矛盾律动中不仅实现着文化从"物化"形态到"人化"世界转化,与此同时也抽象并凝练着空间文化的本然特性,并从文化起源上固基着文化空间的根基维度,文化传统的主体心理也由此得以塑型,因为"一切事情都依赖于婴儿所诞生的文化类型。假如他诞生于某种文化,他将按某种方式思考、感觉和行为;假如他诞生于另外一种文化,他的行为也就相应地不同。"①但与此同时,文化生态的破坏极具隐蔽性,伴随着外来文化的强势冲击与现代文明的空间普及、功利至上的价值导向、文化虚无的原则张扬等,对文化传统的价值质疑、民族成员的心理腐蚀乃至民族文化的根基动摇造成不可逆的严重危机,在引发着民族社会文化反思的同时也推动着民族文化时代发展的传统寻向与根基求解。在多元文化交流碰撞的现实场景中,河湟地区传统文化艺术资源的经济性保护与开发利用必须立于文化传统价值传承之上,不仅要依据时代形势需求与文化发展要求努力探寻传统价值与现代价值契合

---

　　① [美]怀特:《文化科学——人和文明的研究》,曹锦清等译,浙江人民出版社1988年版,第118页。

之处,致力于传统文化价值意涵的深度挖掘与传播弘扬,从主体意义夯实民族成员的传统文化心理自觉,而且要承认文化传统的地域差异,维系地域文化的多样性,既要强化地域空间次生多元文化彼此借鉴之文明共享,又要注重中华文化与外来文化相向而行之文明共生,从整体上推动民族地区文化生态的和谐平衡。

作为文化生态的主体存在,民众主体既是文化生态保护的动力保证,又是传统文化艺术资源保护传承与开发利用的现实承载。文化生态不仅反映着人与自然、历史、社会的关系范畴,而且体现着文化实践的主体指向,文化生态保护并非仅为政府作为,民众参与更具实效意义。人的文化生态与文化生态人诗意地契合,人就成为了文化生态存在者①。文化是人类社会的历史产物,人类主体依据自己的需求、按照自己的方式创造并积淀着为自身服务的文化存在,也由此强化着文化生态的主体性显现。人存在于文化生态中,而文化生态又张扬着主观的人为因素,文化生态是人为的,但从本质上又是为人的,其不仅反映着地域社会的文化传统,而且体现着空间主体的生活方式。从传统文化艺术资源保护与开发利用实际情况考查,民众参与不仅现实推动着文化资源的传承发展,而且实然保证着文化生态的多样维系。以广州市非物质文化遗产保护为例,充分证明了民众参与对资源传承与文化生态保护的重要意义。就非遗保护具体工作,广州市自上而下都非常重视民众动员,发动全民力量,建设形成"政府引导、社会共建"非遗保护模式,逐步改变以政府为主导力量的非遗保护工作模式,积极动员各种社会力量参与非遗保护工作,推动社会大众发展成为非物质文化遗产保护与传承工作的主体。较具影响力的如广州塔专门成立"广州市非遗文化传承及展示传播中心",并坚持在非遗文化遗产日举办展示活动,广州地铁集团自 2014 年开始举办"搭地铁·赏国学"系列活动推广宣传非物质文化遗产,广州少儿图书馆经常举办非遗亲子类活动等等。

---

① 黄正泉:《人:文化生态的存在》,《求索》2017 年第 2 期。

广州还不断涌现出许多民间非遗文化保护团体,经过政府相关部门认定的市级民间非遗传承基地高达 50 余家,还有民间力量筹资建设的各种非遗博物馆等,对非物质文化遗产的保护与传承工作均起着积极推动作用,既有效地推动了非遗保护工作,又强化了民众的文化心理,积极促进了文化生态的良性发展,对河湟地区传统文化艺术资源的保护与开发利用工作极具借鉴意义。

在具体实践中,河湟地区必须立足于总体发展战略,强化传统文化艺术资源保护与开发并重意识,突出保护与开发重点任务,激励引导民众积极参与文化生态保护工作。据此,河湟地区传统文化艺术资源的经济性保护与开发利用要遵循"保护第一、开发第二"的基本原则,要维护好文化资源的传统生态。在做好保护基础上,发挥地域文化资源的独特优势,开发具有当地民族特色和市场潜力的文化产业,推动文化旅游发展以及传统技艺项目的生产性开发经营,既能够实现文化资源的可持续发展,又带动了地区经济发展,促进了民众增收致富。以热贡艺术、藏毯、土族盘绣、湟中堆绣、河湟刺绣、湟中陈家滩木雕等传统技艺项目为例,现已经初步形成"公司+艺人+农户+基地"的发展模式,涌现了一批生产性保护示范基地。各级政府还需加大投入力度,提高专项资金规模,重点扶持特色文化产业、文化创意产业,以文化产业发展助推经济社会发展,提升民众生活水平,以利益导向提升民众参与的积极主动性。以同仁县隆务镇加仓玛村的仁俊画苑为例,其由国家级"非物质文化遗产"项目热贡艺术代表性传承人夏吾角创立。早在 2009 年,在政府资金项目扶持下,夏吾角建立了集展厅、制作室、食堂、宿舍等功能于一体的仁俊画苑并招收学徒。随着"热贡艺术"市场需求的扩大化,仁俊画苑销售总额近些年来屡创新高,画苑经营不仅大量储备了热贡艺术传承人才,而且还带动了当地较多贫困户脱贫致富。传统文化艺术资源的保护与开发利用有赖于民族群众的积极参与,其保护与开发利用关涉到千家万户的切身利益,必须切实让民众分享到开发成果,才能够真正调动其参与生产性保护与开发利用的积极主动性,也才能真正实现传统文化艺术资源的保护传承。

文化本身即表征着生态意义,文化生态本质决定着文化资源的开发利用必须基于其保护之上。事实上,对文化资源的合理保护即是在强调文化资源的有序开发和可持续化利用,文化资源的合理保护从某种意义而言可谓文化市场繁荣发展的核心竞争力,只有合理有效占有文化资源的现存空间,才能决定文化市场的持续发展和繁荣①。文化资源的生存空间与文化发展的社会环境共筑着文化生态的现实态势,基于民众参与的文化生态保护不仅是文化资源有序开发与文化传承发展的必要前提,而且是文化生态和谐统一的现实基础。

二、民俗资源开发,维护原真态势

作为社会文化的基础性资源②,民俗文化资源是民间传统文化的重要内容,其导引着民族主体的行为举止,体征着民族群体的生活方式,并从本质上决定着民族社会的文明程度,也由此更加凸显传统民俗文化资源保护与开发利用的现实意指。民族性与地域性集中诠释着民俗文化资源的特质显现,在中华大地历史生成的姿态不一、内容丰富的地域性民俗文化资源中,河湟地区民俗文化资源极具典型性意义,充满浓郁民族风情和神秘色彩的传统民间民俗文化资源,其不仅是地域社会经济发展的独特优势,而且是民族地区和谐稳定的精神规制。基于文化生态的整体保护考量,河湟地区民俗资源的开发利用必须注重维护其原真态势,推动原生态保护传承。

河湟地区有着积淀深厚且极具地域特色的传统民俗文化资源。河湟谷地自古以来便为多元族群聚居地,长期生活于此的世居族群创造且积累着自身特色鲜明的文化传统与民俗习惯,多元族群异彩纷呈的传统民俗风情赋予地

---

① 王中云、骆兵:《保护与开发:我国文化资源空间的着力点》,《江西社会科学》2011年第8期。

② 彭邦本:《民俗文化的特征与其资源的保护与开发略论》,《中华文化论坛》2004年第4期。

域文化的多样性与丰富性之同时,也展演着民族群众交融和谐的生活场景。民俗文化指民俗事象和民俗活动范围内所反映的文化现象,包括信仰民俗、行为民俗、语言民俗等日常生活以及衣食住行中所表现的多种文化内涵和文化价值①。不同族群的民俗风情是其生活实践的历史博物馆,展现着其衣食住行、婚丧嫁娶、宗教图腾等礼仪文明与传统习俗。极具民族风情特色的民俗文化资源遍布河湟谷地,不同族群的民俗文化资源又体现着异于彼此的文化习俗与民族传统。丰富多样的传统民俗文化资源既是多元族群在长期世居生活中的历史积淀与智慧结晶,又是地域社会所赖以生存发展的宝贵资源与文化传统,民俗节庆所展现之国泰民安、民族歌舞所表达之欢快喜悦、民族饮食所体现之热情好客、民族医药所蕴含之传统理念,无不诠释着次生多元一体空间场景中民族成员共享之价值体认,其保护与开发利用对于河湟文化的传承发展与地域社会的团结稳定具有重要意义。

河湟地区传统文化艺术资源的旅游开发还须强化地域人文生态的保护与建设,充分利用其民俗文化艺术资源优势,打造民俗文化旅游生态项目,推动民族特色文化生态建设。旅游开发是当前河湟地区民俗文化资源创新利用的主要模式,其具体工作也初具成效。民俗旅游即是一种文化旅游,它以一个地区或民族的民俗事项和民俗活动为旅游资源,在内容和形式上具有鲜明的民族性、地域性和独特性,反映着民俗区域深厚的文化底蕴和多彩的生活情趣②。具有浓郁民俗风情的民俗文化是河湟地区旅游开发不可多得的独特资源,也是其优势所在,以民俗风情文化为特色的旅游开发也得到了河湟地区自上而下的高度重视,并取得了不错的经济效益和良好的社会反响。民俗文化资源旅游项目大多采用人造民俗村、民俗博物馆以及民俗旅游风情园等开发模式,尤其是民族风情园项目,在河湟地区也较为常见,比如互助、循化、贵德等地均建有民俗文化村,着重向游客展示多元族群的民间传统歌舞、节庆礼仪

---

① 张紫晨主编:《中外民俗学词典》,浙江人民出版社1991年版,第175—176页。

② 蔡志荣:《民俗文化的当代价值》,《西北民族研究》2012年第1期。

活动等,呈现各少数民族的生产生活景象、宗教文化习俗等,吸引了大量游客,反响强烈。

从实然态势分析,河湟地区民俗文化资源的开发必须强化维护其原真态势,推动构建和谐的文化生态。事实上,民俗文化资源的旅游开发之功能承载并非简单指向旅游意义,更是民族民间文化保护传承的重要方式。河湟地区民俗文化资源的旅游开发必须深化植入生态理念,推动原真性开发利用,深挖传统民俗文化精神意涵,不仅将资源优势转化为经济效益,而且要强化其价值传播。以云南省民俗文化资源旅游开发为经验借鉴,昆明的御龙湾南亚风情园、西双版纳的神话园、德宏民族村、大理古城等都从不同族群视角充分展示着云南世居族群多姿多彩的民族风情与民俗传统,对民俗文化资源的保护传承起着积极作用。在民俗风情村,游客们不仅可以欣赏各少数民族传统礼仪民俗项目,而且还可以参与民族歌舞表演活动等,既饱览民族文化风情,又体验民族传统习俗,在民族艺术表演的熏陶中充分感受民俗风情的文化魅力,原真性文化旅游让人流连忘返。具体到河湟地区民俗文化资源的旅游开发,除民族文化村、民俗风情村等建设工作,还可依托美丽乡村建设工程推动实施古建筑修复保护工作,依托资源优势推动民俗文化博物馆、艺术馆等建设,依托历史文化景观筹备开展传统民俗文化艺术节、民族民俗艺术比赛等活动,进一步强化民俗文化的资源的原真性保护传承工作。以呈现少数民族文化为主的民族民俗博物馆、艺术馆等建设是民众接触了解民俗文化的具体方式,也是推动地域性民俗文化资源保护传承的重要载体。河湟地区目前已建有中国藏医药文化博物馆、各类民俗博物馆等,但其积极作用还亟待加强发挥。与此同时,河湟地区民俗资源的旅游开发要充分利用其自然资源优势,推动文化资源的生态旅游开发。丰富多彩的民俗风情文化与无限旖旎的草原、湖泊、高山等自然风光互相点缀,文化生态与自然环境的和谐一致,充分彰显地域文化资源"天人合一"之精神意境与价值传统。

依托其丰富多彩、特色鲜明的民族民俗文化艺术资源,河湟各地应致力于在多元族群聚居地打造民俗生态文化特色村寨,加强村落民俗文化资源的开发利用,建设具有地域特色和民族特点的特色文化村寨,延续民族特色村落历史文脉,促进传统文化资源在创新利用中实现保护传承与可持续发展。少数民族村落是指少数民族人数比例较高而且比较凸显民族文化特征的自然村落抑或行政村落。中华文明的摇篮正是古老的乡村,乡村是传统文明的载体和源头,乡村也是现代文明的根基和依托①。民族村落不仅承载着多元族群民俗文化时代传承的传统根基,而且也肩负着中华文明持续进步的精神寄托。少数民族特色村寨的传承保护是传统文化艺术资源保护与开发利用工作的关键内容。作为传统民俗文化资源的主要依托载体,少数民族特色村落不仅保留了特定民族传统生活风貌,而且还集中体现着各少数民族聚落历时演变的文化积淀与生存样式。受制于自然条件、历史发展等主客观原因,民族聚居村落在民居式样风貌、生活方式以及风俗习惯等方面都集中反映了少数民族聚落在不同时期、不同地域、不同文化类型中形成和演变的历史过程及生存样貌,相对完整地保留了世居少数民族特有的文化因素与生活状态。

源于其族群构成的多样化与文化形成的多元化,少数民族村落在河湟地区遍布林立,如土族聚居村落、撒拉族聚居村落、藏族聚居村落、蒙古族聚居村落等,在整体面貌上都凸显鲜明的民族特色,其传承保护工作也极大程度上影响着地域传统民俗文化资源保护与开发利用工作的实际效果。

积极推动河湟地区的民族民俗特色村落建设工作,在较大程度上有助于推进地域社会民俗文化资源的活态传承和民族聚居区人文生态的和谐建设。以云南省西双版纳的纯布朗族特色村寨章郎村为例,作为云南省第一个生态博物馆村落,当地村民的保护意识非常强,布朗族的传统民风民俗因得以相对完整保存。尽管布朗村不是旅游景点,但仍然吸引不少游客群体甚至专家学者前往参观体验,不仅提高了知名度,而且推动了民俗文化资源的保护传承,

---

① 刘奇:《中国三农"危"与"机"》,中国发展出版社 2014 年版,第 164 页。

对河湟地区特色民族村落的建设保护工作极具借鉴意义。事实上,在政府部门与当地民众的齐心努力下,河湟地区少数民族特色村落的传承保护成果也有明显效果,不仅促进了民族传统民俗文化资源的原真性保护工作,而且推动了民族传统文化的传承发展。但就整体工作考察,河湟地区民族民俗村落建设应更加强化其原真态势的特色呈现,彰显民族村落的民俗风情。据此出发,河湟各地可依据聚居族群成分构成抑或文化旅游景区创建不同特色的民族民俗特色村落,如在塔尔寺及热贡文化生态区周边可建设藏族民俗村,在循化街子寺附近可建设撒拉族风情村,在互助、民和等地可建设土族民俗村镇,在西宁、大通周边可建设回族民俗村等。在少数民族民俗特色村寨建设基础上,河湟地区可通过打造具有浓郁民俗风情的精品旅游路线提升民俗文化资源的知名度和影响力,利用传统节庆、民俗活动、民族饮食等推出生活性体验参与项目,让民众既能充分领略大自然美丽风光,也可尽情享受民族民俗文化盛宴,不仅提升了文化旅游内涵,而且推动了地域传统文化资源的生态传承,不失为民族地区构建和谐文化生态的有力之举。

三、联动乡村振兴,重视人才培育

文化振兴是乡村振兴的应然之义,传统文化艺术资源的保护与开发利用也是推进实施乡村振兴战略的重要内容。人才培育是传统文化艺术资源产业化开发利用的关键因素,作为知识创新型人才相对密集的产业形态,文化产业对专业技能人才和经营管理人员的综合素质要求相对较高。源于人才培养渠道的相对单一化以及市场化效益影响等,河湟地区传统文化艺术资源的产业化升级比较欠缺专业技能型人才,尤其是文化创意和产业管理等专业人才极其欠缺。有鉴于此,河湟地区传统文化艺术资源的经济性保护与开发利用必须联动乡村振兴战略,结合地域社会发展实际需求,加大文化产业人才培育力度,拓宽文化技能人才培养渠道,提升文化产业现代化发展的质量,切实以地域传统文化资源的创新发展推动乡村振兴战略的贯彻实施。

在乡村振兴战略实施进程中,河湟地区传统文化艺术资源的经济性保护与开发利用尤其要加大对文化产业技能型人才的培养和扶持力度,以培养高技能人才和高端文化创意、经营管理人才为重点,创新文化产业经营发展模式,促进地域社会经济发展水平。河湟地区相关部门积极鼓励民间艺人主导下的师徒传承模式,如同仁县支持国家级传承人娘本、夏吾角等修建综合传习中心,西宁市群艺馆成立"青海地方曲艺研究社",贵德县投入专项资金为《尚优则柔》传承人修建演出场地等。在河湟地区传统工艺项目生产经营集聚地,"公司+农户"的发展模式尤为成效显著,不仅使得民族特色文化产业的生产经营已经成为民众脱贫致富的主要渠道,并且较大程度上推动了民族传统工艺项目的传承人培训。以同仁县吾屯村为例,全村农户大多从事唐卡制作,村民经济收入基本上依赖于唐卡经济的发展壮大。随着唐卡市场的愈加繁荣,唐卡价格一路攀高,给当地民众带来了丰厚收入。吾屯村唐卡艺人桑某某全家五口人画唐卡收入就高达几十万元,而且还带领几十个徒弟实现了脱贫。同仁县国家级非物质文化传承人夏吾角的仁俊画苑,多达 20% 到 30% 的学习人员都是贫困户,他们不仅免费吃住,而且从第二年就开始拿工资了,毕业后还可以带徒弟,实现了技艺传承。瞿县镇新联村村民王某某便为学有所成的典型代表,高中毕业后源于对雕塑和绘画的热爱,便前往黄南藏族自治州热贡艺术中心拜师学艺,学成归来后不仅开办藏传佛教艺术工作室,着力于瞿坛工艺的开发创新,而且还主动承担新联村扶贫任务,带领村民实现脱贫目标。在河湟地区传统文化资源产业化开发中加强普及"公司+农户"经验模式,推广实施农户经营模式下的传承人研修培训计划等,在保护中生产、在生产中传承、在传承中创新,不仅帮助当地民众就业增收,从而调动文化资源保护的主体自觉性,而且拓宽了传承人培养渠道,给予文化资源的生产性保护传承以动力保证。

基于乡村振兴实施战略的顶层设计考量,河湟地区相关部门有必要进一步建立完善文化技能人才培育机制,推动构建文化传承人教育培训体系,积极开展文化资源公益性宣传与体验活动等,致力于形成尊重知识、尊重人才的社会风气,创设有利于优秀人才脱颖而出的社会环境。以广州市非物质文化遗产的保护与开发利用为例,相关部门非常注重人才培养,充分利用各种教育形式强化民众群体对非物质文化的认知理解与保护传承意识。近些年来,广州市积极利用各种教育力量加强对青少年学生进行非物质文化遗产教育活动,成效极其显著。广州市非遗保护中心主动与有关高等院校齐力合作,开设非遗相关课程,组织编写教材,并纳入院系教学计划,还联合其他单位积极举办"青少年非遗传承班"、"非遗体验营"等公益性主题活动,邀请专家学者、非遗传承人等讲授非遗专题内容,传授传统工艺制作技术、音乐美术等,反响极其热烈。广州市政府还将相关非遗项目纳入城市扶持专业,不仅鼓励开设院校采取减免学费或给予补助金等措施对非遗项目学生进行资助,还设立专项资金用于补贴非遗传承人,较高程度上调动了非遗文化学习传播与保护传承的主体积极性。河湟地区相关部门可吸收借鉴有益经验,围绕其文化创意发展和工艺美术现有传承模式,积极尝试将专业技能型传承人才培养纳入到当地职业教育体系,推动民间传统手工艺传承模式的创新改革与丰富多元。首先,可依托工艺美术现有产业基地、生态保护示范区等推动发展工艺美术相关内容教育产业,在创新传统技艺创作之外对生产经营人员进行专业教育培训,既可提升其创作水平又能强化其经营管理能力。其次,以工艺美术与手工技艺相关项目为主导,建立发展专业培训机构,加强文化创意的技能培训与意识渗透,完善文化资源创意产业链的一体化发展。再次,可实施文化产业创意设计与经营管理技能型人才培养与职业培训与学历教育相结合,主动与省内外高校、职业技术学校联合推进产学研用合作的培养教育方式。河湟地区相关部门可积极协调推动传统文化艺术项目的职业教育培训计划,接受录取对传统工艺美术、歌舞音乐、戏剧曲艺等有浓厚兴趣且有主动学习意愿的青年学生,并设置相关配套激励政策,切实推动文化技能人才的专业教育培训,提升文化资源传承人综合素质。

　　在乡村振兴战略实施进程中,随着文化振兴的意义彰显,文化资源的产业化开发利用也愈加凸显其功能地位,推动河湟地区传统文化艺术资源的经济性保护与开发利用亦为实践所趋。但是,地域性文化资源的产业化创新开发必须立足于文化资源价值意涵之上,绝不能背离其传统根基。有鉴于此,传统文化艺术资源的经济性保护与开发利用必须结合时代要求对文化资源进行合理利用,在生产中实现保护,在创新中实现传承,在文化资源的开发利用中实现地域传统文化的传承发展,是河湟地区传统文化艺术资源经济性保护与开发利用的意义旨归。

第六章 河湟地区传统文化艺术资源价值性保护与开发利用的路径建构

传统文化艺术资源的价值性保护与开发利用实质指向民族文化传统的时代传承与创新发展。异彩纷呈的传统文化艺术资源具象着河湟族群意涵多元的价值传统,体认着河湟文化一体走向的价值意指,其价值性保护与开发利用不仅本源上创设着河湟文化时代传承的现实语境,而且整体上强基着中华文化创新发展的地域情境。在次生多元族群交融共生之河湟场景中,基于价值意涵深挖之弘扬传播、立于民族成员生活实践之上的社会展演、指向主体自觉形塑的教育养成共构着地域传统文化艺术资源价值性保护传承与开发利用的固基路径,推动着河湟文化价值传承与创新发展的现实达成。

第一节 深挖价值意涵 注重弘扬传播

作为地域文化传统的具象演绎,河湟地区传统文化艺术资源体认着次生多元河湟文化一体走向的价值意指;作为中华传统文化的地域呈现,河湟地区传统文化艺术资源溯源着多元一体中华文化价值演进的空间旨归。在中国特色社会主义进入新时代历史条件中,河湟地区传统文化艺术资源的传承保护与开发利用必须要迎合时代发展要求,满足民众精神需求。基于实践论域揆诸,强化社会主义核心价值体系现实规制下深挖其正向价值意涵,坚定社会主义核心价值观引领下固基其共识凝聚的时代意旨,强化其弘扬传播的顶层设计,是河湟地区传统文化艺术资源价值性保护与开发利用的应然指向。

一、强化价值规制，挖掘正向意涵

丰富多彩的传统文化艺术资源是河湟世居族群在长期的生活实践中共同的文化创造与智慧积累,体认着河湟文化丰富的价值意涵,也承载着河湟族群共享的文明传统。河湟地区自古以来便为多元族群聚居地,尽管河湟地区先后出现且生存过不同族群或归于消融或实现重整,但其所遗留的文化特质和文明痕迹均不同程度地得以保留和传承。族群承载着文化内涵和价值意义,不同族群表征且演绎着异质的生活方式和礼仪习俗,《礼记》曾云:"凡居民材,必因天地寒暖燥湿,广谷大川异制,民生期间者异俗,刚柔轻重迟速异齐,五味异和,器械异制,衣服异宜。修其教不易其俗,齐其政不易其宜,中国、绒夷、五方之民各有性也,不可推移。"①河湟族群尽管在生活面向上异于彼此,但在长期的共居生活中相互影响着彼此的生活方式和民俗礼仪,不断分享着彼此的文化创造与文明传统,生动展演着一体交融的历时图景,从本源上决定着河湟地区传统文化艺术资源的多维呈现,也筑牢着其一体走向的价值语境。基于社会主义核心价值体系现实规制下充分挖掘其正向价值意涵,是推动河湟地区传统文化艺术资源价值性保护与开发利用的基本前提。

立足于民族社会发展时代指向,河湟地区传统文化艺术资源的价值性保护与开发利用必须服从于社会主义核心价值体系的现实规制,源于社会发展本身即是一个在统一价值体系导向下不断走向和谐的过程②。在中华民族共同体既定框架内,社会主义核心价值体系不仅从思想层面上诠释着社会主义意识形态的本质表现和社会主义制度的价值诉求,而且从精神层面上体征着

---

① 《十三经注疏·礼记·王制》上册,中华书局1980年版,第1338页。
② 文军主编:《西方社会学经典命题》,江西人民出版社2008年版,第110页。

社会主义中国的精神旗帜和社会主义制度的内在精神之魂。作为一个由一系列社会主义核心价值构成的价值体系,社会主义核心价值体系并非单一"体系"存在,而是呈现为由多个社会主义核心价值子系统构成的整体价值系统。以马克思主义指导思想、中国特色社会主义共同理想、民族精神与时代精神共构之中国精神、社会主义荣辱观等为基本内容的社会主义核心价值体系从意识形态、理想信念、精神本源、道德规范等多重维度构建着多元一体民族社会系统中的价值系统,在诠释且明晰着社会主义中国的指导思想、目标指向、精神旗帜、价值规范的同时也引领且规制着民族地域文化的时代传承与创新发展的实然趋势。社会主义核心价值体系是一个有机统一的整体价值系统,系统由要素构成,离开要素无从谈系统。与其他系统一样,集中表征着当代社会主义中国价值系统的社会主义核心价值体系,从实质意涵而言又分解为四个子系统,即马克思主义指导思想、中国特色社会主义共同理想、以爱国主义为核心的民族精神和以改革创新为核心的时代精神、社会主义荣辱观等,四个部分的内容既是构成社会主义核心价值体系这一整体价值系统的要素,又由更低层次的要素构成,既相互联系、相互贯通又相互促进、相辅相成,形成一个不可分割的有机整体。

马克思主义指导思想是社会主义核心价值体系的理论指南。科学社会主义是马克思主义理论的核心组成,坚持马克思主义指导思想即是要坚持科学社会主义,即是要把马克思主义普遍真理与我国的客观实际相结合,实现马克思主义的中国化和本土化,从而使得马克思主义思想理论能够更加切实有效地引领中国特色主义发展实践。在当代中国的现实境遇中,坚持马克思主义指导思想即是要坚持毛泽东思想和中国特色社会主义理论体系,尤其是彰显习近平新时代中国特色社会主义思想在新阶段中的现实意义。包括邓小平理论、"三个代表"重要思想、科学发展观、习近平新时代中国特色社会主义思想等重要战略思想的中国特色社会主义理论体系是马克思主义中国化的重大理论成果,凝聚着在中国共产党领导下全体中华儿女的智慧结晶,是中华民族团结奋斗、为实现中国特色社会主义共同理想的思想基础和价值引领。

　　中国特色社会主义共同理想是社会主义核心价值体系的主题意指,从理论上明晰着中国现实的道路抉择和道路方向,是社会主义中国发展道路的目标指向。社会主义共同理想深深植根于中华民族形成和发展的历史过程和时代场景中,不仅具有时代特征而且反映历史趋势。建设有中国特色的社会主义,把我国建设成为富强民主文明和谐美丽的社会主义现代化强国,是现阶段中华民族各族人民共同的理想愿景和未来期盼,不仅集中体征且凝聚着中国各族人民的一致利益,而且紧紧牢系着国家利益、民族利益、人民利益的整体统一。理想是"同奋斗目标相联系的有实现可能的想象"①。理想是人类特有的思维方式,是人类主体基于实践依据之上所达成的对"自我"与"社会"的理性批判标尺,也同时塑形着主体基于"现实"之上而形成的对"未来"之主观设想和理性构建。作为人类主体有目的的意识想象和目标构建,理想在赋予主体以主观激励和现实动力的同时也约束着其价值取向与行为抉择。社会理想不仅给予社会发展以方向指引和动力支撑,而且规制着社会群体的价值标准和道德行为,据此,中国特色社会主义共同理想不仅为中国特色社会主义发展提供精神导引和动力支持,而且明晰着中国社会发展的社会主义方向和社会主义道路。理想既源于现实又高于现实,体现着发展性和超越性的有机统一,奋斗理想虽是信念构建但也必须立于国家实际且遵循社会发展规律,不仅受制于社会情境的约束与规范,而且体现着思想的与时俱进与理论的发展创新。中国特色社会主义共同理想是基于中国社会发展实际之上而又高于国家实际的具体目标和发展指向,承载着最高理想与阶段理想的继起和统一。中国特色社会主义理想是共产主义理想在中国社会主义初级阶段的具体形态,在本质上与共产主义最高理想是一致的统一整体。共同理想的实现必须依赖于最高理想的指引,而最高理想的实现有赖于共同理想的达成,中国特色社会主义

---

① 《辞海》,上海辞书出版社1979年版,第2776页。

共同理想不仅符合社会主义发展的客观规律,而且遵循主体理想社会演绎的科学逻辑。"历史并不是把人当做达到自己目的的工具来利用的某种特殊的人格,历史不过是追求着自己目的的人的活动而已。"①作为民族国家的理想信念,中国特色社会主义理想不仅是中国共产党实现其治国理政方略的高扬旗帜,而且是中华民族共同体前行道路的精神导引;作为社会主义意识形态的本质反映,中国特色社会主义理想不仅体现且注释着中国特色社会主义制度的内核和精髓,而且构筑和导引着中国特色社会主义道路的路径与方向。理想是民族发展的不竭动力,也是国家发展的精神张力,坚定中国特色社会主义共同理想即是要坚定马克思主义信仰,在中国精神的引领下、依靠中国力量、坚持走中国道路,在为理想奋斗进程中更加坚定道路自信、理论自信、制度自信、文化自信。

以爱国主义为核心的民族精神和以改革创新为核心的时代精神是社会主义核心价值体系的内在精髓,构建着中华民族为实现共同理想而团结奋斗的精神基础和动力机制。任何一种精神均产生于一定历史条件下的社会实践,在民族社会历时发展进程中,体现为价值观念之精神理念投射于民族成员认可之价值共识,透视着民族社会遵循之价值规范。以爱国主义为核心的民族精神投射于社会主义制度的民族体认,内蕴着中华民族共同的价值导向;以改革创新为核心的时代精神形成中国特色社会主义建设的经验法宝,沉淀着中国特色社会主义制度的品格特性。民族精神是时代精神的历时凝聚,时代精神是民族精神的共时态势,二者紧密联系,相辅相成,在多元一体民族构成的时代境遇中共演着中国精神的民族旨归和现实意涵,共构着中国特色社会主义精神的精神源泉和动力机制。

社会主义荣辱观是社会主义核心价值体系的重要内容,其不仅表征着社会主义社会具体的道德规范,而且映射于社会主义核心价值理念在价值层面

---

① 《马克思恩格斯全集》第 2 卷,人民出版社 1957 年版,第 118—119 页。

的行为落实。中国特色社会主义建设不仅要推动物质文明的发展进步,实现物质层面的发达富裕,而且更加在经济建设的过程中给予精神文明以特别的关注和重视。其中,思想道德建设是社会主义精神文明建设的核心之重,既承载着中华民族传统美德的当代传承和发展,又肩负着社会主义建设的道德保证和行为规范。社会主义荣辱观不仅集中体现着中华民族传统美德的核心蕴含,而且集中反映着社会主义建设基本道德要求和行为标准,是社会主义建设过程中规范社会道德和民众行为的基本保证和行为准则。作为当下社会价值系统的核心构成,社会主义核心价值体系是整体一致的有机组合,坚持马克思主义指导思想、坚定中国特色社会主义理想、弘扬民族精神和时代精神、践行社会主义荣辱观,不仅是树立民族成员中国特色社会主义道路自信、理论自信、制度自信、文化自信的实践指向,而且是铸牢中华民族共同体意识的价值基础。

由马克思主义指导思想、中国特色社会主义共同理想、以爱国主义为核心的民族精神和以改革创新为核心的时代精神、社会主义荣辱观等基本构成的社会主义核心价值体系集中体征且构筑着多元一体民族构成现实境遇中民族交融与文化认同的价值系统,各有侧重却又相辅相成。精神汇聚、价值引领和动力激发是社会主义核心价值体系的主导功能,在时代境遇中既固实着多元一体中华民族的现实形塑,又引领着中华文化的实然走向,亦规制着民族地域文化在次生多元场景中的传承发展。

作为中华文化地域演绎的具象承载,河湟地区传统文化艺术资源的保护传承与创新发展必须基于社会主义核心价值体系规制下深挖其正向价值意涵,积极服务于地域社会发展需要。河湟地区异彩纷呈的传统文化艺术资源虽各具特点,但其丰富的思想意涵与道德伦理从不同方面规范着河湟社会的生活秩序,传承着地域文明的精神传统。传统民俗所蕴含的礼仪礼节与道德规范,体现了河湟民众热情好客、礼貌周到的良好品性;宗教寺庙的文化景观体征着河湟民众善良宽容、博爱无私的和谐追求;神话小说、口传文学等折射出河湟民众祈福求吉、对美好生活的共同向往;民族音乐、民间小调等吟唱出河湟民众共通的情感诉求与意志所向;民族歌舞、传统戏剧等展示了河湟民众和睦相处、安居乐业的生活面貌等。同时,源于特殊的族群构成,宗教信仰文化在河湟地区意义彰显,宗教信仰和宗教仪式不仅深层影响着河湟族群的关系构型而且本源形塑着民族成员的生活方式。多元宗教信仰文化在河湟族群中的融会贯通不仅规制着区域社会的秩序规范,而且也赋予着传统文化艺术资源强烈的宗教显现,基于社会主义核心价值体系规制下明晰其传承发展的价值指向,是夯实地域文化价值意涵一体共演之必然应对。

二、整合价值诉求,凝聚价值共识

在河湟地区次生多元空间场景中,族群文化的共生与博弈催生了"和而不同"之民族格局,并最终于价值意义走向一致趋同。在河湟地区一体共演价值语境中,基于社会主义核心价值观引领、中国梦利益指向、中华优秀传统文化精神导向下,整合价值诉求,凝聚价值共识,强化河湟民众共享价值的时代意旨,从价值界域映射着地域传统文化艺术资源保护传承与开发利用意义指向。

作为中华民族整体价值观的时代注解,社会主义核心价值观从本质上揭示了"中国特色社会主义在国家、社会和个人三个层面的价值目标、价值取向和价值准则"①,不仅从整体意义上确立了民族社会所共同的价值目标和价值准则,而且从现实意义上构筑着民族成员共享的价值规范和价值标准。价值引领和价值整合是社会主义核心价值观的功能属性的核心指向。作为中华民族多元族群所共同认可且得以擢升之民族社会主流价值观念,社会主义核心价值观集中体现着多元一体中华民族文化所蕴含之最深层的精神特质和最本质的价值理念,既表征着多元一体中华民族的思维方式和行为模式,又沉淀着

---

① 詹小美、康立芳:《中国梦践行场域中的社会主义核心价值观培育》,《青海社会科学》2015 年第 1 期。

中华民族多元族群共同的价值共识和价值准则。文化依附于民族而存在,民族文化的价值体系体征着该民族的思维意识和价值标准,不同的民族文化折射出不同民族最本质的精神特质和思想意识,并由此形成不同民族之间冲突和矛盾的本源。在多元族群文化共存的现实场域中,不同的族群文化表达着异质的价值理念和思维习惯,异质族群文化彼此之间必然存在抵触甚至对立的场面,也即"在该民族的意识和其他民族的实践之间,亦即在某一民族的民族意识和普遍意识之间出现了矛盾(就像德国目前的情形一样)——既然这个矛盾似乎只表现为民族意识范围内的矛盾"。① 因此,在现实性上,公共价值的建构成为调适和缓解多元族群价值矛盾的客观必然。在民族社会转型进程中,价值传统的时代调适展演着民族文化传承发展的实然意指,其中,民族成员的价值预设和价值取向发挥着关键影响,甚至在一定程度上起着决定作用。据此,从多元异质族群文化的表层去寻道共同的精神目标和价值追求,是推动民族地域传统文化艺术资源时代传承和创新发展的必然抉择。在中国特色社会主义价值语境中,社会主义核心价值观体认着中华民族共同的精神信仰,淬炼着民族社会价值指向的发展要求,规范着多元主体的行为自觉,也据此引领着中华文化的发展前行,规制着地域文化的时代传承。

作为中华民族共同的价值追求和美好愿景,中国梦价值内涵所彰显之民族旨归最大限度地体现着中华民族多元族群之整体价值诉求,与民族区域多元文化价值体系生发着高度契合与现实汇聚。中国梦价值内涵的民族归旨诠释着民族成员情感皈依的身份确立与价值归属,其具体目标在多元一体民族社会场域中物化指向维系着各民族之间以及民族成员之间彼此的利益一致。作为观念意识价值意涵的物化形态,中国梦表征着多元一体中华民族一以贯之的利益追求和利益表达从理性认知到践行目标的现实转化。国家富强、民族振兴、人民幸福的奋斗目标映射出人民群众对社会主义中国和中华民族未

---

① 《马克思恩格斯文集》第1卷,人民出版社2009年版,第535页。

来前景的无限憧憬和满怀期盼,立足于当代中国国情基础上,中国梦诠释着复合民族国家未来发展方向的合理性意义,论证着多元一体中华民族具体奋斗目标的现实性逻辑,因而其内生并同时外现着自身对民族成员之说服力与凝聚力。

"中国梦是历史的、现实的,也是未来的"。从历史演进的维度研判,每个民族都有自己的梦想,而这一梦想是在民族历史发展进程中自然生成的,古代的先人们在中华民族形成与发展的历史长河中早就于懵懂混沌之中演绎着并践行着中国梦的价值内涵与价值追求。"家国天下"的包容情怀与一以贯之的悠久传统,凝聚为坚韧不屈的民族精神,彰显着生生不息的民族向心力,哺育着锐意进取、独立自主的民族斗志,也原发并集聚为中国梦历史生成与发展的价值基础与民族积淀。中国梦实质上恰恰聚焦和整合了全体中国人民的利益诉求,体现着中华民族的整体利益,集中代表着全体中国人民的根本利益,是组成中华民族多元族群共同利益的最大公约数。"人民幸福"是中国梦之根本落脚点,"人民"与"人民的富裕幸福"自古以来就是中华文明演进与中国政治发展的核心要素,从"民为邦本"的传统理念到"为人民服务"的精神宗旨无不折射出中华传统的发展主题。中国梦植根于中华民族的整体利益,是中华民族团结奋斗的最大公约数,本质为实现中华民族56个族群共同富裕,这一目标整合并涵盖着中华民族多元族群的根本利益,也积聚为民族成员文化认同的利益归旨和利益诉求。中国梦价值内涵的外在物化始终维系着族群共同体之间与族群个体之间的一致利益,从利益表达与利益归属的层面式微着族群隔阂与矛盾,强基着族群利益与关系融洽,并于此基础上推动着多元一体中华文化价值认同的利益内化与利益自觉。民族文化认同的实质常常表征于个体在追逐利益之行为与过程中的妥协直至共同满足之利益结果的达成,中国梦于利益层面的现实表达承载着其价值内涵从认知到实践、从理想到现实、从精神到物质的实然转化,并进而从根本上凝聚且淬炼为中华民族整体的利益目标与利益诉求,集聚为中华民族多元族群式微矛盾、达成共识的利益基础与利益纽带。中华民族多元一体格局决定中国梦必然是民族之梦,民族成员不仅是中国梦实现的价值主体,同时又是践行主体,中国梦价值内涵对民族成员价值导向的引领与现实需要的满足凝聚着多元族群的价值共识,整合着民族成员的利益相通,从价值诉求与价值归属的高度式微着民族隔阂,固基着民族利益,且在此基础上推动着民族意识的自觉升华。

在中华文明历史长河中孕育发展的中华优秀传统文化不仅积淀着中华民族最深沉的精神追求,而且代表着中华民族独特的精神标识,并由此滋养着中华民族的生生不息与发展壮大。中华优秀传统文化蕴含着丰富的思想理念、传统美德、人文精神等,既彰显着生生不息的民族向心力,又哺育着锐意进取、独立自主的民族斗志,还最大限度地包容着多元族群的价值共识。在中华优秀传统文化内容构成中,整体主义价值观起着核心引导作用。中国传统文化中的群体意识孕育了中华民族整体为上的思想传统,构成了中华民族历久而弥坚的整体精神。在文化心理上,整体为上的群体意识使大一统的理性自觉积淀成中华民族深层的社会心理。作为中国传统文化主流的诸子学派,尽管在各自的主张上形同水火,但是在国家统一、民族融合的思想方面,却是相辅相成的。在治国方略上,整体为上的群体意识使《中庸》所宣扬的"万物并育而不相害,道并行而不悖"的思想上升到了本体论的高度,所谓"中也者,天下之大本也;和也者,天下之大道也。致中和,天地位焉,万物育焉。"在价值推崇上,整体为上的群体意识使个人自我价值的实现必须以个体和群体的协调为前提,从而建立起立足于群体运转之上的集体主义原则,全局利益高于局部利益,整体利益高于个体利益。为了从整体存在和心理满足中实现自身的价值、完成生存的道义,人们不惜牺牲个人的利益乃至生命,从而培育出一种以他人为重、以集体为怀的高尚情操,表现出中华民族以小我成全大我,以牺牲局部利益成全整体利益的高尚品格。整体主义价值导向,是中华民族长期生活实践和社会文化积淀的产物,是中华民族特有的文化心理和思维定势,代表了中华民族终极的价值关怀,是各民族成员评价行为、事物以及目标选择的标准,这个标准既内含于个体成员的内心深处,又外现于社会群体的整体态度和行为选择。整体精神是爱国精神的价值实现,它通过家国一体的价值表达,形成了与西方个体价值观不同的群体价值取向,成为维系民族生存和团结统一的基础与纽带。受整体主义价值观的影响,"天下为公"的社会理想一直是中华民族的最高理想和人生追求。从"先天下之忧而忧,后天下之乐而乐"的士大夫意识,到"天下兴亡,匹夫有责"的社会觉醒,无不体现了中华民族在整体主义价值观所引导下的国家使命感和社会责任感。

作为中华文化地域构成的具象承载,河湟地区传统文化艺术资源的价值性保护传承与开发利用必须要迎合民族社会主流价值之现实要求,满足多元主体共享价值之时代诉求。地域文化与价值观念无疑是对区域族群生产生活方式的精神思辨与意识反映,然而"一个种族现存的文化及价值观,并不是对现实的生产方式和生存方式的绝对反映,而是对这个种族现存的生产方式和生存方式的意识反映的历史和现实的统一。"①河湟地区次生多元文化的具演态势也绝非是基于民族成员现实生产生活基础上一蹴而就的,恰恰是伴随着区域多元族群共生历程之逻辑演进与前行,并最终反映着民族区域现存生产生活方式历史与现实之统一。河湟地区表象多元的文化信仰体系内隐着共同的特性与本质,其在地域空间历史发展进程中建构着多元族群之精神共通,凝聚着多元主体之价值共识,也确证着河湟民众之归属自觉。被记忆的传统往往是被选择的和被认同的片段,无论是群体皈依抑或个体归属,均较高程度上深受生活风俗之影响感化。作为民族生活风俗的具象承载,河湟地区传统文化艺术资源展演着地域社会多元族群共享价值之意义指向。无论是《格萨尔》叙事中藏族部落首领英勇无畏的民族气节,"花儿"情歌吟唱的对婚姻和爱情的向往,抑或是於菟表演中寄托的对平安和谐社会的期待,唐卡手绘蕴含的对美好未来的憧憬,无不表达着民族成员对幸福生活的渴望与家国富强的

---

① 李从军:《价值体系的历史选择》,人民出版社 2008 年版,第 124 页。

理想,表面上的差异内隐着共同的价值追求,构成了多元族群特有的精神共通与价值交融。基于复合民族国家既定框架揆诸,共同体意识的铸牢必须借助于传统叙事的记忆唤起,通过对共同信念的总括、强调以及传播再现多元主体共享的曾经过往,由此出发,在多元价值竞争与博弈的现实境遇中,在地域文化创造性转化和创新性发展具体实践中坚定社会主义核心价值观引领、强化中国梦利益诉求、固基中华优秀传统文化精神导向,基于多元主体价值共识历史凝聚之上明晰其时代意旨,是推动河湟地区传统文化艺术资源传承发展的必然选择。

三、加大弘扬力度,创新传播方式

河湟地区传统文化艺术资源的价值性保护与开发利用必须要强化价值意涵的弘扬传播。传统文化艺术资源的价值性保护与开发利用实质指向文化传统的传承发展,其所体认之价值意涵的弘扬传播是传统文化艺术资源现代转化与创新发展的动力保证。河湟地区传统文化艺术资源的价值性保护与开发利用不仅要加强对外宣传以扩大文化资源的影响力和辐射力,更重要的是要让文化资源之价值意涵深入人心,调动河湟民众保护传承与自觉践行的积极主动性。必须强化传统文化艺术资源价值意涵弘扬传播的顶层设计,由各级政府制订明确的战略目标并就执行方案做出具体规划,把弘扬传播的各项任务落实到农村、社区、企业、机关、学校等城乡基层,各级各类文化单位相关部门都要切实担负起传统文化艺术资源的宣传、弘扬和传播职责,以达到预期实施效果。

就具体内容考量,河湟地区传统文化艺术资源的弘扬传播不仅要强化其正向价值意涵的积极传播,而且要加大社会主义核心价值观、中国梦、中华优秀传统文化、中华传统美德等弘扬力度。河湟地区传统文化艺术资源的价值传播要着重于阐发其一体走向的价值意指,既要讲清楚丰富多彩的传统文化艺术资源是河湟世居族群共同的文化积累和智慧结晶,表征着河湟族群共享的价值传统,承续着河湟民众世代相传的礼仪文明,又要讲明白河湟地区异彩纷呈的传统文化艺术资源是中华传统文化的重要构成,展演着河湟文化的传统承载,具象着中华文化的地域传统。基于现实态势考察,河湟民众对传统文化艺术资源的族群归属普遍强调,但对于其与中华文化的关系范畴却不甚清晰,甚至存在一定程度的错误认知,有鉴于此,必须要加强社会主义核心价值观、中国梦、中华优秀传统文化、中华传统美德等在地域社会的宣传弘扬力度,充分发挥其对传统文化艺术资源价值传播的引领、整合和导向作用。

就实施规划考察,河湟地区传统文化艺术资源价值意涵的弘扬传播必须要强调顶层设计之政府作为,相关政府部门要着力于拓宽多元化宣传渠道,加大传统文化艺术资源以及社会主义核心价值观、中国梦、中华优秀传统文化的弘扬传播力度。在民众群体中强调宣传传统文化艺术资源的积极理念,强化民族成员对社会主义核心价值观、中国梦、中华优秀传统文化的正确认知和理性研判等,是弘扬传播工作的核心之重。就当前现状研判,尽管河湟地区相关政府部门就传统文化艺术资源的具体内容的宣传弘扬做了大量工作,但具体民众群体的深入了解和社会主义核心价值观、中国梦、中华优秀传统文化的主体认知等,受访者整体上呈现出"知其然,不知其所以然"的弱化面向。对传统文化艺术资源的价值传播和社会主义核心价值观、中国梦、中华优秀传统文化的宣传弘扬绝不能仅限于让民众"知道"而已,必须强化其价值意涵的深层理解与主观认知。据此,结合当地实际和民众需求,河湟地区各级政府可组织实施各种传统文化艺术资源及其相关内容的公益性宣传教育活动,如传统文化艺术作品展示活动、传统文化下乡活动等,还可联系邀请专家学者赴乡村基层进行传统文化知识普及与专题讲座,引导和扶持当地民间艺人、非物质文化传承人及相关专职人员等积极发挥创作热情,打造既具有民族特色又契合社会主义核心价值体系的文艺节目进行公益性演出等,这不仅有利于促进当地民众对传统文化艺术资源的认知了解,而且有助于推动对中华优秀传统文化的深入理解。

河湟地区传统文化艺术资源的弘扬传播还必须要创新表达方式,实现传播载体的大众化和传播话语的接地气,彰显河湟地区传统文化艺术资源的时代魅力,强化社会主义核心价值观、中国梦、中华优秀传统文化等在河湟地区的主体认同。要综合运用报纸、书籍、电视、互联网等各类载体,融通各种媒体资源统筹宣传传统文化艺术资源的健康理念,积极弘扬社会主义核心价值观、中国梦、中华优秀传统文化的价值意涵,并充分发挥各地图书馆、文化馆、博物馆、群艺馆、美术馆等公共文化机构对传统文化艺术资源传承保护与开发利用的积极作用。与此同时,源于河湟族群临界区的特殊情况,必须因地制宜改变宣传方式,可采用双语(汉语和当地方言)印制通俗易懂的小册子、图画出版物等宣传弘扬健康向上的民族传统价值理念和社会主义核心价值观、中华传统美德等,还可以民族民间歌舞为载体改编创作优秀文艺曲目展示国家富强、民族团结、和谐生活等社会风貌,如现代"花儿"、河湟民间小调等对小康生活、社会主义发展变化的歌颂等,对优秀传统文化的传播都有着积极作用。在河湟地区的实证走访中发现,当地民众对传统文化艺术的宣传推广以及社会主义核心价值观、中国梦等公益性宣讲活动普遍表达出积极意愿,而且反映相关内容的公益性宣传教育活动太少,希望当地政府能够牵头组织更多类似活动惠及群众。再者,河湟地区各级政府还需进一步加强专职宣传人员尤其是双语人才的培养力度,真正提升传统文化艺术资源价值传播与社会主义核心价值观等弘扬效果。在河湟地区调研过程中发现,当地政府尤其是乡镇基层部门大多反映比较缺乏专职双语(尤其是藏汉双语)宣传人才,严重式微了民族传统文化艺术资源积极理念的有效传播以及社会主义核心价值观、中华优秀传统文化等价值引领的有效发挥。鉴于诸多现实问题,相关部门可与当地高校、职业院校等进行协调合作,培养既懂文化又会语言的专业人才,通过选调生、精准扶贫工作、企事业单位招考等不同人才引进渠道,充实基层部门的文化宣传专职队伍,切实推动河湟地区的文化宣传建设工作,为传统文化艺术资源价值意涵的传承保护创设良好的文化氛围和地域环境。

第二节　融入民众实践　推进社会展演

传统文化艺术资源的价值性传承保护与开发利用必须切入民族成员的生活实践,强化其价值意涵在社会实践中的主体展演,因为"理论的对立本身的解决,只有通过实践方式,只有借助于人的实践力量,才是有可能的;因此,这种对立的解决绝不只是认识的任务,而是一个现实生活的任务"①。作为文化生产与意义重构的创造过程,在现实性上,传统文化艺术资源的保护与开发利用本质即表征为主体对象化活动的社会实践。在次生多元河湟场景中,异彩纷呈的传统文化艺术资源既是多元族群共同的文化创造,又是河湟民众共享的文明积淀,其价值性保护与开发利用不仅要融入生活实践,使其既要反映生活又要满足需求,而且需强化社会展演,在价值意涵的生活展演中固基河湟民众的传统文化心理,在民族成员生活实践中推动传统文化艺术资源的时代传承与创新发展。

一、结合时代要求,深化价值展演

河湟地区传统文化艺术资源的保护与开发利用既是地域文化传承发展的应有之义,也是中华优秀传统文化创造性转化和创新性发展的重要内容。"时运交移,质文代变。歌谣文理,与世推移。"②作为河湟族群文化传统的具象呈现,河湟地区传统文化艺术资源的现代转化与现实转型必须在内容上要紧贴现实生活,结合时代要求推动内容拓展和形式创新深化其价值展演,反映地域社会乃至民族国家的新气象新风貌,只有更加彰显其时代魅力和现实价值,才能更易于被群众所认可接受,也更加有助于实现其价值性保护传承与创新发展。

---

① 《马克思恩格斯全集》第42卷,人民出版社1979年版,第127页。
② 刘勰:《文心雕龙》,内蒙古人民出版社2010年版,第67页。

　　以河湟"花儿"的传承发展为例,其生动具演着民族地域传统文化艺术资源创造性转化和创新性发展价值意涵的时代指向。作为河湟地区受众广泛的民族传唱艺术,"花儿"在汉族、藏族、回族、保安族、撒拉族等民族群众中备受欢迎,传统"花儿"主要歌颂男女爱情,经过艺术家们的创作改编,现代"花儿"不仅在形式上实现了创造性转化,而且在内容上更加贴近民众生活,并据此从价值意涵上实现了创新性发展。实现了创造性转化和创新性发展的现代"花儿"形式多样,意涵丰富。河湟民众通过"花儿"不仅吟唱着对富足生活的满足喜悦与未来幸福的殷切期盼,而且传递着对国家富强、民族复兴的情感共通与价值自觉。

　　现代"花儿"充分颂扬着河湟地区世居族群一贯秉承的爱国主义传统,从抗战时期民族成员同仇敌忾一致对外的记忆传唱(详见"花儿"——《血染的关山血染的墙》),到新时代国家富强幸福生活的心声表达(详见"花儿"——《金山嘛银山的八宝山》),再到抗疫期间甘愿为国家为人民奉献一切的真心呼吁(详见"花儿"——《为祖国舍命也情愿》)等,无不体认着河湟民众维护国家统一的坚定信念,折射出民族成员爱国爱家的忠诚坚守。

"花儿"——《血染的关山血染的墙》

鸹狼鸹三声着野狗转,黑眼狼钻进了羊圈;

九一八东北就冒狼烟,贼强盗霸占了家园。

黑云彩压城着阴风旋,小鬼子,亘古的坏事哈干完;

两眼里冒火着牙咬扁,众百姓,齐心儿支援个前线。

雷响了三声着风动弹,大黄风,刮了个天昏嘛地暗;

贼强盗的罪行说不完,打鬼子,青海人要作个贡献。

家仇嘛国恨地记心间,庄稼汉,唱开了抗日的少年;

啊一日狗头哈全砸烂,大中国,红太阳挂在了蓝天。

四品的鞍子者水磨镫,黑樱毛,紧紧儿搓下的缰绳;

尕马儿骑上了打日本,举宝刀,端挖个鬼子的黑心。

扛起个矛矛者挟大刀,跨战马,腔腔里烧的是火焰;

啊里的鬼我往啊里扫,太平年,回乡了吃一顿搅团。

乐家湾兵营里战鼓响,尕马儿叫,骑兵师走下的阵势;

跨战马挥大刀保家乡,鬼子们嚎,马师长他就是汉子。

黄河的波浪者朝天吼,大浪卷,要扫个污泥嘛浊水;

骑兵师杀的是日本狗,黑旋风,要卷个狼心嘛狗肺。

中原的大地上摆战场,骑兵师,要取个鬼子的头哩;

阿哥们的怒火满胸膛,举大刀,要报个冲天的仇哩。

北川河呜咽者淌清流,长空雁勾头者乱了;

马秉忠抗日者把血流,儿子娃忠心哈见了。

骑二师抗战者守铜川搞联防,八路俩联手者惯了;

弟兄们作战时肩并肩,为民族,赤胆嘛忠心哈见了。

马阴山高来巴燕水长,中原土,抗日的忠骨哈葬了;

马禄是英雄者记心上,毛主席,头等的锦旗俩奖了。

黄河黄来者长城长,保家国,汉子家流的是热血;

卢沟桥鏖战炮声响,守国土,曾国佐硬成个生铁。

血染的关山血染的墙,长城长,把日寇炸成个飞灰;

关起个家门了打豺狼,铁拳响,砸碎个王八嘛龟。

龙凭大海着虎靠山,铁汉子要保个家园;

曾将军抗日着英名传,小鬼子吓破了贼胆。

……

黄河的男儿是中国心,黄河水淘下的精英;

撼山易难撼个抗日心,大会战留下的声名。

高原人南下者立战功,马登云临危者受命;

浴血嘛奋战就不顾身,好山河有他的身影。

……

三万里江河嘛有源头,五千仞昆仑是家乡;

高原人从戎者守山河,学生娃先锋哈当上。

臭水沟旋着的臭苍蝇,墙根里吃屎的野狗;

日寇的贼机嘛炸西宁,贼强盗再加个寻口。

琉璃瓦盖着个经堂上,武松像,英雄们画在个墙上;

好汉子死在个战场上,为抗战,好名声赛过了皇上。

……

"花儿"——《金山嘛银山的八宝山》

金山嘛银山的八宝山,海北的山,矿产多牛羊们连片;

三角城风云嘛千百年,原子城,为中华作下的贡献;

门源的清油鸟岛的雁,金不换,最美的牧场在祁连。

遥远的地方是金银滩,名声大,牛羊滚草绿者花红;

赞劲的姑娘嘛驻心间,遥远的歌,端唱个如今的光阴。

原子城的岁月真灿烂,西海镇,给国家立下的功勋;

科学发展嘛境界宽,立新功,金银滩遍地是金银。

岗什卡雪峰嘛千里银,门源城,万里的花海是黄金;

菜子花香醉了万千人,门源油,扮靓了百姓的人生。

浩门河水深者清波涌,绿莹莹,好山川风调嘛雨顺;

好政策就是东来的风,润人心,穆斯林再闯个前程。

连绵的雪峰嘛银闪闪,山脚下,松青草绿者花艳;

祁连的草原是好景观,特色鲜,美不过八宝的资源;

丝绸南路把奇功建,西路军,鲜红战旗哈血染。

梅花鹿跳跃着雪鸡欢,半天的虹,黄蘑菇憨敦敦乱探;

藏家的帐篷是并蒂莲,牛羊儿欢,奶香嘛笼罩的炊烟;

新时期新生活比蜜甜,往前看,好日子活像在云端。

三角城,见证了人世的炎凉;

海晏嘛河清着寓吉祥,湟河水,清亮亮深山里流淌。

青稞嘛香来者牛羊肥,半农半牧者辉煌;

新时期变下的新模样,百灵鸟,脆生生叫醒了太阳。

沙柳河潺潺者流清波,青海湖,连天价涌起个浪涛;

刚察的沙雕嘛做得妙,鸟岛上,遮天嘛蔽日的飞鸟。

青藏铁路者湖北绕,热水煤,质优者省内外紧俏;

五业并举者效益高,尕日子,鲜美者湟鱼的味道。

"花儿"——《为祖国舍命也情愿》

黑云彩起来者遮蓝天,新中国遇上了大难;

冠状病魔们犯武汉,十几天把全中国传遍。

习主席大会上作指示,人民的安康是第一;

万众一心了齐抗疫,阻击战一定会胜利。

李总理亲自上前沿,钟南山飞到了武汉;

医护将士们日夜战,魔掌下救活了病患。

患病的数字还不减,各地的支援者参战;

天使们八方里奔一线,为祖国舍命也情愿。

山呼海啸者浪滔天,解放军开到了前线;

军医们个个把手段显,让疫情不继续蔓延。

乡长书记们鞋跑烂,挨家哈挨户地宣传;

党员干部们带头干,绝不让传染病沾边。

小区门设下的抗疫点,大标语格外个鲜艳;

消毒登记者把好关,业主们主动地支援。

快递小哥们不畏寒,电动车顶风着犟展;

全副武装了送寄件,为人民服务的干散。

通信电力也不怠慢,为抗疫昼夜儿加班;

通信无阻者电不断,战士们没有个后患。

环卫保洁们不怕难,面对险境者硬干;

扫除垃圾者清污染,消毒液到处儿洒遍。

交警城管们昼夜干,各站口值班的艰难;

天天吃着些方便面,为人民服务是心甘。

文艺战线的也不闲,后方里把劲哈使完;

捐款捐资着还不算,用笔头把勇士礼赞。

两大医院哈光速俩建,惊叹声把地球哈震撼;

火神雷神者下凡间,把毒魔连根儿斩断。

百年难遇的大灾难,难不倒华夏的儿男;

万众一心打抗疫战,大胜利就在个眼前。

现代"花儿"深情吟唱着"中华民族团结一家亲"的永恒主题,通过对民族成员交往交流交融历时图景的生动再现充分确证着河湟民众对多元一体中华民族的归属自觉和历史认同(详见"花儿"——《炎黄的子孙嘛一条心》《九曲的黄河十八弯》《开心的路儿上向前》等)。

"花儿"——《炎黄的子孙嘛一条心》

大石崖开下的山丹花,山湾里火焰们跳哩;

战胜了病魔着早回家,尕妹们睡梦里笑哩;

锦绣的山河是一幅画,红太阳清空里照哩;

恶习连害人虫连根拔,清明的风气就到哩。

东山的日头儿红艳艳,西山云,一层层镶的是金边;

尕妹们赞劲着嫩闪闪,阿哥们,小康路走下的干散。

千年的松柏嘛一条根,老大树,它能抗十二级黄风;

炎黄的子孙嘛一条心,抗病毒,凝结成万里的长城!

"花儿"——《九曲的黄河十八弯》

巴颜喀拉山在高原,圣洁山,它本是黄河的正源;

奔腾的河水九省穿,乳汁甜,孕育了中华的明天。

黄河奔流到渤海湾,一路上,气势嘛宏伟壮观;

滔滔的河水九曲转,它本是,中华民族的摇篮。

滋养了神州恒久远,掀起了,华夏文化的波澜;

哺育中华几千年,推动了,时代的沧海桑田。

天下的黄河富宁夏,把塞上变成了江南。

水利的枢纽青铜峡,灌溉了美丽的家园。

九曲的黄河十八弯,像儿女,回头把母亲哈留恋;

就像是巨龙冲上天,在人间,绘织出美丽的绸缎。

"花儿"——《开心的路儿上向前》

正月里到了浪乐都,瞿坛是最美的景点;

亭子社火地看个够,赶后儿浪一趟柳湾。

二月里到了二月二,富硒是平安的品牌;

山上的古寺红土崖,夏琼的景色们!

三月里踏青走民和,民和是青海的门户;

回民的油香土族的舞,大禹的故事儿满腹。

四月里到了四月八,互助的会场里邀下;

北山的美景羊肋巴,酩馏儿一喝了醉下。

五月里迎来了端阳节,循化的抢渡赛正热;

油饼儿馓子核桃们脆,不吃个撒拉席后悔。

六月里有个六月会,浪一趟同仁了正美;

神奇的民俗游客们醉,请一幅唐卡了再回。

七月的门源"花儿"的海,铺天嘛盖地的盛开;

把你的亲人们领上来,尕马儿一骑了帅呆。

八月里要过个中秋节,祁连的牛羊嘛最肥;

天路相连的绿草地,天境的山水里住给。

九月里到了九月九,登高的人们就快走;

老爷山上去敬一杯酒,福禄寿变成个朋友。

十月里到了十月一,塔尔寺佛教的圣域;

河湟文化的中心区,山青嘛水秀的福地。

十一月到了天变寒,化隆的大山里耍玩;

丹霞环抱的公伯峡,塔加的藏庄里休闲。

腊月里到了满一年,上一趟海西了过年;

先给青海人拜个年,开心的路儿上向前!

"花儿"——《粮食大县的苞米香》

金色八月秋收忙,农家院玉米飘香;

全膜玉米种植广,金满了民和山乡。

全膜双垄大推广,干旱地有了希望;

覆膜集雨禾苗壮,玉米棒吐穗者金黄。

粮食高产民和县,国务院又把奖颁,

又免种子又补钱,老百姓受益不浅。

玉米种植满山塬,亩产要收入千元;

摘了苞米还不算,秸秆也能够赚钱。

五大养殖区互不让,加工忙,众农户把秸秆供上;

过去的秸秆灶里烧,可如今,当饲料把牲畜喂养。

十年九旱着成以往,循环农牧业时尚;

步伐紧跟上共产党,绿色家园哈建上。

新中国活像是大花园,五十六朵花,朵朵儿开哈的鲜艳;

你给我前两天许心愿,油菜"花儿"开,手拉手要浪个门源。

多民族建设的门源县,和谐中筑下的家园;

民族们团结着家家欢,好日子就在个明天。

同舟共济的建家园,团结者一心的庄员;

回族宴席曲广流传,出门了再漫个少年。

共产党领导的金门源,众民族把劲哈费完;

回汉藏团结着心相连,油菜花香溢了山川。

民族团结的门源县,清真寺修下的干散;

信仰自由着政策宽,生意人把富路拓宽。

信仰不同着宗教严,心连心,回汉藏善结了人缘;

门源姑舅哈心里牵,发微信,约下了"花儿"滩相见。

民族繁荣着国昌盛,金门源美好的明天;

蓝天白云的好晴天,活像是到了个江南。

民族团结的门源县,真善美积聚在民间;

弘扬孝道美名传,正能量传在门源。

门源是海北的美花园,民族花开下的鲜艳;

传统的"花儿"哈漫山川,宴席曲独特的遗产。

旅游观光着到门源,众民族建设的乐园;

回族的经文诵不断,藏家院飘扬着经幡。

团结的话题喧不完,和谐建设的门源;

"花儿"俩来把家乡赞,自治县树下的样板。

作为民族地域传统文化创造性转化和创新性发展的典型性个案演绎,现代"花儿"传达着河湟民众对社会主义制度优越性的自觉承认(详见"花儿"——《昆仑山高来江河水长》),颂扬着民族成员对中国共产党执政绩效的高度认可(详见"花儿"——《三龙嘛腾出个水来》《党和人民心贴心》等),诠释着民族成员对社会主义核心价值观的深刻认同(详见"花儿"——《歌唱核心价值观》)。

"花儿"——昆仑山高来江河水长

昆仑山高来江河水长,好山河,实实儿耀人着哩;
中国梦理想它暖心房,老百姓,美美儿活人着哩。
跟上个新时代奔小康,幸福路,越走地越宽展了;
中国梦美景嘛眼前亮,好日子,越过地越舒坦了,蓝天甲跨的是
七彩虹,搭梯子,阿哥们要上个人堂;
十八大给我们描辉煌,尕妹们,尕尻蛋扭了个疯狂。
花花的喜鹊儿花翅膀,喳喳叫,喜讯儿大门上报下;
中国梦理想嘛闪闪亮,幸福到,老百姓不由地笑下。
尕日子甜美者赛蜜糖,新农村,闪的是小康的光芒;
幸福路千万里撒金光,好前程,阿哥们腔腔里装上。
西海里升起了红太阳,三江源,千年的梦想哈流淌;
阿哥们赞劲者尕妹靓,同心闯,金光的大道嘛走上。
新时期新进程现辉煌,人心齐,要实现更美的梦想;
好政策再带来好时光,好"花儿",银铃嗓睡梦里漫上。

"花儿"——三龙嘛腾出个水来

三江的源头三江开,活就像,三龙嘛腾出个水来;
好"花儿"千首漫青海,心向党,好"花儿"唱者个你来。
好政策落实者百姓上,好年盛,甘露雨降者个心上;
赋税不缴的粮不上,庄稼人,倒把个直补哈揣上。
小康的政策暖胸怀,新农村幸福的花开;

加快步伐了跟党迈,奔向那美好的未来。

……

人杰地灵的好河山,白鹦歌盛世里叫了;

改革开放者政策宽,好日子想心上到了。

长江和黄河是两条龙,炎黄嘛子孙的母亲;

全人类和睦者一条心,要下个和平的宝瓶。

青海的昆仑万山的宗,三江源世界上出名;

人类的祖先盘古是根,全世界爱的是和平。

栽树了栽下个松柏林,它冬夏里长生长哩;

选官了选上个清廉人,他百姓哈长疼肠哩。

路线嘛教育的意义深,政策是指路的明灯;

官贤嘛政勤的国太平,老百姓生活者顺心。

全国嘛上下者一条心,政策是指路的明灯;

各民族团结者众志诚,好日子过了个开心。

世界上出名的昆仑山,天路通,铁龙嘛飞上了草原;

青史上留名了当清官,为政勤,焦裕禄他就是典范。

勤政嘛廉明的好清官,他就是,老百姓挨肉的汗衫;

夏天么凉来者冬天暖,民心齐,老百姓拥护者赞叹。

习主席讲话者观点透,好政策,它就是百姓的靠手;

各民族和睦者跟党走,生活美,好日子还在个后头。

……

路线的教育嘛是关键,好政策指引的路宽;

老百姓爱的是好清官,绿叶儿陪衬的牡丹。

两袖儿清风的好清官,百姓拥护者喜欢;

大海里航行者不翻船,为民者再谱个新篇。

……

"花儿"——党和人民心贴心

太阳出来一点红,照得尕新房儿里热腾腾。

今年我修了个尕新房,尕娃儿高兴着跳蹦蹦,

铝合金的阳台真漂亮,堂屋粉刷得亮堂堂,

地面上瓷砖俩贴下得光,一看呵房里多宽敞!

要问我修房花了多少钱,说话了良心要放公当,

多半儿钱是政府给,党的恩情不能忘。

原来的房子是土木房,青海省,杨木的檩条柳木的梁,

檩条和大梁里生虫儿,虫害繁殖真猖狂大梁弯了檩条折,房塌了几乎把人伤。

村委会李主任真关心,领来了民政干事看危房,干事给我教主意,

他叫我们报租的村委合门意填意见,镇上审查凸广章,

民政局领学来核实,危房的补助款拿手上。

开言叫一声李主任,我心里有话要说分明,

民政局领导们真关心,管到了危房的大事情,

李主任有话开了声,听我把话说分明,党中央,定方针,

切实保障改民生,养老保险要全覆盖,城乡低保要大增。

社会福利要大发展,慈善事业献爱心。

(帮腔)这些工作责任重,落实单位是民政,

县民政局担子重,工作细化分得清。

困难群众先补助,孤儿、残疾优先行,大病、危房也补助,

老年人要发优待证,退伍军人要安置,负责优抚又拥军,

自然灾害要调查,防灾减灾责任重,救灾物资先准备,安置灾民顺人心,

民间社团要管理,村委会、社区里订章程,婚姻登记也要办,

扶住贫困大学生,乞讨流浪要救助,体现了社会主义的优越性。

政府工作真辛苦,跑了城镇跑乡村,千言万语一句表:党和人民心贴心!

"花儿"——歌唱核心价值观

富强:社会主义是金凤凰,腾飞在世界的东方;

　　　春天的故事天天讲,愿祖国繁荣和富强。

民主:旧社会专制理不端,一手遮天的皇权;

　　　新中国百姓把身翻,真正把民主实现。

文明:大中华上下五千年,华夏的文化就灿烂;

　　　天南地北往好里变,两文明建设是关键。

和谐:人类与自然亲无间,共构成美好的家园;

　　　各项事业要齐发展,和谐是必走的路线。

自由:共产党革命把天换,盼来了幸福的今天;

　　　言论和行动不受限,幸福者像小鸟一般。

平等:长江的源头黄河的根,高原是大河的亲人;

　　　新时代再不把等级分,各民族一律儿平等。

公正:大公无私的包青天,为正义替黎民申冤;

　　　老百姓只求得良心端,讲公正心里头安然。

法治:华夏是世界的金太阳,法治是温暖的阳光;

　　　十三亿同胞心向着党,开心的"花儿"漫上。

爱国:提起了雄起的大中华,爱国情催生了泪花;

　　　人都说有国了才有家,祖国嘛好比是阿妈。

敬业:各行各业兴就大发展,行行都出的状元;

　　　爱岗敬业者把青春献,共谋了祖国的发展。

　　诚信：说话和做事不随性，守承诺一言九鼎；

　　　　　故事狼来了敲警钟，诚信是做人的根本。

　　友善：杨家兵三关口扎老营，帅字旗飘扬在空中；

　　　　　团结嘛友善地喜盈盈，到处是和谐的气氛。

　　……

　　传统文化艺术资源的价值性保护与开发利用也是其价值意涵的创造过程，结合时代要求赋予文化资源传统表象以丰富内涵，是河湟地区传统文化艺术资源价值传承的应有之义。作为世居族群文化传统的地域显现，河湟地区异彩纷呈的传统文化艺术资源本源上即体认着中华文化的传统理念，厚植着社会主义核心价值观的民族意涵。从藏传佛教文化所宣扬的宽容和谐到伊斯兰教文化所提倡的仁爱友善；从民俗礼仪所体现的礼貌周全到民族伦理所表达的文明诚信；从"唐卡"所描绘的吉祥祝愿到"堆绣"所编制的美好向往；从现代"花儿"所吟诵的小康景象到河湟小调所传唱的勤劳勇敢；从河湟文学所歌颂的奉献精神到河湟社火所舞动的爱国热情等，无不充分展示着河湟地区次生多元传统文化艺术资源一体走向的价值意涵，并较大意义上契合着新时代中国特色社会主义现实场域中的价值准则与价值要求。在河湟地区传统文化艺术资源价值性保护与开发利用进程中，必须坚定以马克思主义为指导，服从社会主义核心价值体系现实规制，坚持以社会主义核心价值观为引领，在弘扬传统文化艺术资源积极理念的同时从价值维度丰富其时代内涵，重构其意义指向。

二、服务地域需求，具象仪式展演

　　"仪式是由某种由文化建构出来的象征性交流系统。它由模式化并且有序的各类词语和行动所构成，经常用多种媒体来表达"。[①]仪式展演着力于社

---

　　① S.J.Tambiah, Jan Platvoet, Karel van der Toorn. *Pluralism and Identity*: *Studies in Ritual Behaviors*. Leiden, New York and Koln: Brill. 1995, pp. 43−44.

会成员对共同体的归属关系以及对共同生活的人们同一种需要的回应,这一需要源于凝聚社会团结的心态以及通过仪式的聚合唤起集体力量的心性,在社会结构中具有行动上的操作力,蕴含着使社会向某一个方向行进的动力之源。作为文化符号的具象表达,中华民族多元族群丰富多彩的传统仪式表象呈现了中华民族共同文化之共通性。习近平同志指出:"推动各民族文化的传承保护和创新交融,树立和突出各民族共享的中华文化符号和中华民族形象,增强各族群众对中华文化的认同。"①作为传统文化艺术资源的重要构成,河湟地区有着丰富多彩的传统民族民俗文化仪式,从民族舞蹈到民俗礼仪,从民间节庆礼仪到民俗传统庆典等,无不反映着多元主体一体走向之价值理念,体认着中华文化一脉相承之价值意指。在河湟地区次生多元空间场景中,以地域社会民族民俗文化仪式展演的具象再现服务于地域社会的发展需求,固基民族成员的共识凝聚,唤醒多元主体的共享记忆,不仅有助于实现河湟文化的传承发展,而且有利于推动中华民族共同体意识的地域铸牢。

以青海省民和县三川地区土族人民广泛参与的庆丰收传统仪式"纳顿"节为例,其深刻展演着民族群众对国泰民安、国强民富等吉祥祝愿和美好期望。"纳顿"节庆于每年农历七月十二日至九月十六日由各村轮流举行,亦称七月会、庄稼人会、庆丰收会等,通过规制其间的展陈和参与活动,调动各种行为主体参与到自身历史和中华民族身份归属的讲述之中,通过展示性的交流行为,透视族群的自我认识和共同体共同归属的价值意旨,不仅具有鲜明的土族文化个性,而且具有中华民族多元文化彼此交融的共在、共通和共生。审视"纳顿"仪式展演的价值叙事,无论是庆丰收的仪式主题,还是对"风调雨顺""五谷丰登""国泰民安"的企盼,均以叙事序列中特定节点的价值承载,表征了中华民族共同体 56 个民族共有的价值体认和价值追求,并向公众释放共同体表达的文化意义。在"纳顿"庆丰收节的仪式中,各村老人、青壮年男子在

---

① 《习近平在全国民族团结进步表彰大会上发表重要讲话强调:坚持共同团结奋斗共同繁荣发展　各民族共建美好家园共创美好未来》,《光明日报》2019 年 9 月 28 日。

村庙前举行祭祀,祈祷在神灵护佑下获得丰收,祭拜的对象既有二郎神,又有本村的村神。村庙前树起的草人、白布帐房房顶表面的四角镶嵌云水图案等,以超出自身的本义象征着抵挡冰雹暴雨等自然灾害以及五福捧寿的吉祥寓意,通过神像、神案、神帐、幡杆等象征形式在仪式场景中的排列组合,建构肃穆、庄严、神圣的叙事空间。"纳顿"兼有土族人民传统的庙会形式,以欢庆丰收的迎神、贡献、许愿、谢恩、打杠子、送神等象征形式,展开民间信仰、民间音乐、民间服饰、民间舞蹈的象征意义传递;村子里的男女老少分工协作,制作供品、准备食物、清洁卫生、款待亲友、全员参与、各司其职;仪式的观看者沉浸其中,唤起人们对过去的记忆,确证丰收庆典价值诠释的独特性阐发,促成展演者与参与者的双向联动,共同组构意义赋予热闹、喧嚣、世俗的象征世界。献供、点香、烧钱粮、酒奠、敬神、崇神的象征方式,会手舞、面具戏等表演程式,统合仪式象征表达意义的外在样态、身体规训和模式操演,共同进行包括土族文化在内的共同体叙事。"纳顿"庆丰收仪式展演的祭祖现象和其他面具舞蹈呈现着中华民族传统的重视农业、注重忠孝节义的文化理念,则以历史的"权威"之镜在仪式展演者和仪式参观者之间形成共同体价值叙事的阐释框架影响仪式过程。

土族"纳顿"庆丰收仪式展演再现着民族交往交流交融的历史图景,承载着多元族群命运与共之价值主题。作为"社会秩序的某种象征",①仪式展演的社会功能指涉了仪式以表演的特定结构在内部和外部的联系与关系中显现出来的特性和能力。仪式引发社会导引的行为效应,在仪式上,信仰被唤醒、神圣物被再造、集体意识被振奋。在"纳顿"仪式展演中,很多节目表演都承载了具有民族团结意涵的价值主题,如庙会中表演的"五大民族"节目,回族、维吾尔族、藏族、土族、汉族的扮演者相继上场,翩翩起舞,"以团体或共同身

份把人们吸引到一起的神圣典礼"①的形式,使被传达的民族交往文化原型镶嵌在人们日常生活模式的结构中。《三国戏》以誓师的祭祀仪式和军傩文化的舞蹈形式讲述了共同的故事,叙述了土族与汉族等其他民族的历史共在性,使民族交融的团结理念在规则化的仪式议程里得到描述和强化。在"纳顿"仪式展演中,系列表演节目都蕴含了特定的象征意义,反映民族交流同一性的价值意蕴和文化多样性的生成语境,多视角营造了突破时空界限的共同在场,使展演者和观看者通过沉淀的影像各具角色、担当身份。其中,农耕文明丰收的文化景观,通过搭头、报喜、唱喜词等形式歌颂丰收、企盼人畜兴旺、期待来年更好;中华各族人民历史以来共同认可的文化理念,通过三将舞、五将舞、关王舞等形式展现出来,尤其是关王舞通过颂扬关羽所表达的报国思想,使人们进入到仪式的观念世界中,内化为其中的一员,并在共同文化理念的引导下在心理上联结为共同体。在布朗那里,"人类有秩序的社会生活依赖于社会成员头脑中某些情感的存在,这些情感制约着社会成员相互发生关系时产生的行为。仪式可以被看作是某些情感的有规则的象征性体现。"②"纳顿"的仪式展演对社会调节、维持共同发展的文化传统具有重要意义,在安召纳顿节千人安召舞的表演中,展演者既有本地的土族民众,又有其他民族的人员参与其中,各民族群众一起载歌载舞,通过仪式展演中的共舞一代一代地传递和睦相处的社会情感,消解压力、彼此宽容,进行社会整合。作为人们社会需要的满足,"仪式有许多功能,无论是个人层面,还是在群体或社会层面上,它们可以成为情感的渠道并表达情感,引导和强化行为模式。"③三川的纳顿节由土族人民按照传统方式自发举行并逐渐演化为政府支持、民众参与、社会接受的展

---

① [美]詹姆斯·凯瑞:《作为文化的传播》,丁未译,华夏出版社 2005 年版,第 28 页。

② *A.R.*Radciliffe·Brown:*Structure and Function in Primitive Society*,Routledge& Kegan Paul Ltd.1979,p.175.

③ [英]菲奥纳·鲍伊:《宗教人类学导论》,金泽等译,中国人民大学出版社 2004 年版,第 173 页。

演形式,极大拓展了社会协调的上下联动。作为传统信念的保存方式,仪式可以维护主体互动的社会秩序,借助仪式交流,人们在农忙结束后的"纳顿"会上结识新朋友,拉近心理、融洽关系,极大程度上促进了多元主体互动交融关系的时代构型。

作为明确行为模式的倡导者,通过表现信仰的行为推崇,仪式演绎了"那种社会都能够接受的,个人与群体之间恰当的关系体系"①。正因为仪式展演的集体行为扮演了社会化导引的角色,能够产生与符号联系起来的集体情感,不仅影响了群体信仰、群体思想、群体规范的教化,而且使群体中的个人通过仪式产生新的情感互动和符号交流,催生情感连带的社会互动。在"纳顿"仪式展演中,劳动、丰收、感恩、企盼的展演主题,总家、派头、会手、面具戏等展演者,土族、羌族、回族、其他各民族的观众,官亭(上川)、中川、峡口(下川)的展演场域;舞蹈、话语、音乐、服饰、布景的展演媒介,多层面塑造社会实践的行为方式,通过展出、观看、诠释、获知、内化等方式赋予其意义。其中,会手舞大红、黄、蓝、绿、紫红的旗帜上标明中华民族共有的价值理念,如"国泰民安""天下太平""风调雨顺""五谷丰登""政通人和";"安召"圆圈舞集诗、歌、舞为一体,彰显吉祥如意的生活期待;舞蹈《土乡花伞》、歌曲《大三川》,反映土族社会变迁、展现各族人民精神面貌,在仪式运用的反复延展和观念再现的沉积中转变为集体的行为模式。作为使传统得以保存的实践方式,"纳顿"的社会展演具有创造民族集体感、深化社群归属感、提升群体认同感的仪式功能。在涂尔干那里,"仪式首先是社会群体定期重新巩固自身的手段。当人们感到他们团结了起来,他们就会集合在一起,并逐渐意识到了他们的道德统一体,这种团结部分是因为血缘纽带,但更主要的是因为他们结成了利益和传统的共同体"②。"纳顿"的仪式展演规模较大、参与人数众多,具有凝聚人

---

① ［英］布林·莫利斯:《宗教人类学》,周国黎译,今日中国出版社1992年版,第328页。
② ［法］爱弥尔·涂尔干:《宗教生活的基本形式》,渠东等译,上海人民出版社2000年版,第507页。

心、建构记忆的特质,不仅是文化储存的载体,而且是唤起认同、构筑团结的工具,其拜祖大典使民族集体感在这样的仪式中不断地被生产和创造,身份感加亲缘感不断地更新与熔铸。正因为仪式归属塑造的共享往事往往是集体性的、具有内聚性的社会群体进行集体选择,往往通过仪式对传统进行活化以形成社会记忆,这种记忆是凝聚民族成员彼此认同的基础。纳顿节从民和三川地区的传统节日发展成为西宁、互助、大通、民和等土族聚居区受众广泛的仪式庆典,其共同记忆的建构不仅联结土族民众,而且联结杂居的各族同胞。"纳顿"节的仪式展演不仅涵盖了土族的物质生产、民族心理和文化底蕴,而且联结了中华民族统一的、不可分割的民族气质和价值取向,成为促进民族团结、维系社会和谐、提升群体认同的精神纽带。

以服务于地域社会发展需求为导向,重视开展传统民族民俗文化仪式的具象展演,是推动河湟地区传统文化艺术资源价值性保护与开发利用的有效策略。"仪式是一种相互关注的情感和关注机制,它形成了一种瞬间共有的现实,因而会形成群体团结和群体成员性的符号"。[①] 仪式展演运用共通的符号展示情感连带,产生令人愉悦的认同体验,通过联结同一性空间汇聚群体共享的情感能量,推动"中华民族一家亲"理念的自觉内化和自觉践行。在具体实践中,必须充分发挥文化仪式的叙事价值,深度挖掘仪式展演主题叙事中与中华民族历史传统、中华民族文化观念之契合主题,统合民间艺术、民族舞蹈、民族仪礼等多种展现民族文化精华的形式,既要突出表演形式本身的影像再现功能,又要彰显各民族共有的行为准则、价值心理和审美情趣。基于纳顿庆丰收节题材内容共同体表达之个案展演,投射于河湟地区历史典故、神话传说、天文地理等领域,扩展至河湟"花儿"、河湟"社火"、民族民俗音乐舞蹈等娱乐活动形式,使"多元一体"的中华民族历史传承、实现伟大复兴的时代要求、共同体意识生发的民族基础、中华文化"美美与共"的意涵,成为同一性空

---

① [美]兰德尔·柯林斯:《互动仪式链》,林聚任、王鹏、宋丽君译,商务印书馆2012年版,第24页。

间拓展、共同回忆建构的价值脉动，推动铸牢中华民族共同体意识，是重视开展仪式展演之目的旨归。

三、立足主体诉求，丰富生活展演

主体价值诉求是地域文化时代传承与创新发展的主旨导向。立足于民众诉求之上，在民众生活实践中丰富其展现形式，是推动河湟地区传统文化艺术资源价值性保护传承和开发利用的应有之义。

源于文化资源的地域特色和族群构成的次生多元，河湟地区传统文化艺术资源的价值性保护和开发利用必须要充分考量主体诉求，尤其是宗教信仰文化资源的保护传承与创新转化，切不可恣意妄为，必须要迎合信教群体在现实生活中的价值追求。以塔尔寺为例，过度的旅游开发一定程度上影响了塔尔寺正常的宗教活动，也给信教群众的日常朝拜造成了干扰，虽然无论从地位还是名气而言，塔尔寺在河湟地区均较具典型性，但也着实反映出民族地域文化艺术资源在开发利用过程中的现实问题倾向。就具体实践，河湟地区传统文化艺术资源的价值性保护与开发利用可与文明城市（社区、乡村等）创建、美丽乡村建设、新农村文化建设等相结合，既能够促进文化资源的保护传承，又可以丰富人们的精神生活，满足河湟民众对美好生活的文化诉求。目前河湟地区一些基层村镇的民族特色文化建设活动如火如荼，反响也比较好，但相对而言影响力不够，不能充分发挥其对民族成员精神生活的有效引领，文化建设对民众生活的功能辐射性还有待加强。事实上，就实际成效而言，当前一些民族村落在文化建设与文化传承的经验做法较具示范性意义。以海西州大柴旦镇马海村（青海哈萨克人聚居村落）为例，其在哈萨克族文化传承建设方面的已有经验值得学习借鉴。马海村是青海哈萨克人唯一聚居村落，现有居民为 2002 年在政府安置下定居于此。马海村村委会现有工作职责条例明确规定要每年多次组织各种文体活动，用社会主义先进文化丰富群众精神文化生活，健全基层公共文化服务体系，努力提高文化素质，传承和保护哈萨克族传统文化,为美好乡村建设作出贡献等①,且分别以汉语和哈萨克语展示于村委会办公室。马海村建有专门的文化活动室,有专职人员负责文化建设相关事宜,还成立有民族舞蹈队,基本上每天都会按时在村委会广场排演舞蹈节目,表演内容紧贴现实生活,尤以颂扬民族团结、小康生活、党的富民政策等积极理念为主题,不仅吸引众多村民参与观赏,而且舞蹈队还经常外出参加民族团结创建以及各种类型的文化宣传活动,在周边一带都较有名气,无论对于民族文化的保护传承还是社会主义先进文化的弘扬传播均起到了积极作用,对河湟地区尤其是民族村镇的文化建设极具启示意义。

是否能够满足主体诉求在较大程度上决定着时代境遇中传统文化艺术资源的发展进路。以河湟皮影戏为例,当地传承艺人张师傅讲述有一次他们应邀演出时,本来预定的一个小时的表演时间,结果演到二十分钟的时候就没观众了,他认为造成此尴尬境况的原因是由于"剧本内容过于老旧,唱词跟不上时代,年轻人不喜欢,再加上电脑电视等现代化科技的冲击,还有就是现在村子里大多年轻人出去打工挣钱了,几乎没人愿意学皮影戏,皮影戏的传承和发展是越来越困难了。"据此可见,皮影戏的传承发展必须要推动其创造性转化和创新性发展,在形象上要勇于创新改革,要迎合观众诉求,要唱出老百姓自己的新生活。现今,河湟地区皮影戏传承艺人打破皮影戏传统表演方式,在形式上采用新技艺,在内容上贴近民众生活,在唱腔上融入当地方言,在唱词上更加注重乡土气息,创新改革后的皮影表演更易于群众接受,艺术影响力也得以较大程度增强。河湟地区有些村子专门成立了皮影传统文化培训基地,鼓励传承艺人出外参与皮影技艺培训,培养年轻人皮影学习兴趣。经过不懈努力,创新改革后的皮影戏收到了大家积极反响,以前的皮影只能活动关节,经过了技艺创新的皮影形象更加生动,且有别于才子佳人、王侯将相等传统剧目,在内容上更加贴近民众现实生活,皮影戏班改编的关于党的精神宣讲、小

---

① 马海村村委会内展板"马海村村委会工作职责条例"具体内容。

康社会建设新景象、民众幸福生活等皮影剧目不仅唱遍了周边乡村,而且还唱到了县城,皮影艺人们的创作表演热情得到了强烈激发。其中,较具示范性意义的典型新剧目如《时代楷模——尕布龙》等。较之传统皮影戏主要采用白幕布作为演、唱的单一形式,该剧目在演唱方式上有了较大改编,实现了传统技艺和现代技艺的完美交融,在形式上以皮影艺人的唱、演形式实景还原了人民公仆尕布龙的先进事迹。剧目不仅利用电脑投影等现代技艺增强了实景表演效果,而且加入了字幕,还区分了男女唱腔、加入了艺人表演等,生动再现了时代楷模尕布龙在广袤无垠的草原大地下乡调研、带领牧区群众植树造林的感人景象。创新改革了的皮影新曲目不仅让古老的皮影艺术历久弥新,而且通过皮影艺术载体弘扬传播了人民公仆为民为国鞠躬尽瘁、死而后已的奉献精神,推动了楷模精神在民族群众中的赓续和传承。

河湟地区传统文化艺术资源的价值性保护与开发利用必须要在民众生活实践中丰富其展演形式,以其价值意涵的现实演绎固基当地民众的传统文化心理,从整体上筑牢河湟文化传承保护与创新发展的文化生态。在传统文化艺术资源保护传承与开发利用具体过程中,河湟各级政府相关部门应充分发挥图书馆、文化馆、博物馆、群艺馆、美术馆等公共文化机构的服务功能,切实加强对民间传统文化艺术资源的发掘、整理和保护工作,深挖其历史价值。宗教寺庙、信仰神祇等物态景观的修缮与复建要维系其整体性和原生性,侧重于展示其正向意涵;绘画美术、剪纸堆绣等民族工艺项目要充分挖掘其时代价值,体现生活情趣;民族歌舞、戏曲小调等民间艺术项目要密切结合时代内容,呈现社会风貌;民俗礼仪、节庆表演等要重视群众需求,维护民族团结等。与此同时,依托资源特色与发展实际,河湟各地政府可建设打造具有影响力的民俗文化村镇,并强化民族文化生态保护区建设等。与此同时,在已经批复建设的土族文化生态保护区、撒拉族文化生态保护区等基础上进一步明确建设目标,河湟地区需加大特色文化生态区集群建设,推动民俗文化艺术资源的保护与开发利用工作和当地群众的休闲生活有机结合起来,在日常生活中实现文化资源的保护传承与创新发展。

由于现代文化与市场效应等主客观因素的强烈冲击,河湟地区传统文化艺术资源尤其是民俗文化资源遭到严重忽视,不少文化事项沦为仪式摆设甚至面临消失危机。如手工藏毯制作工艺,因为受到机织藏毯的市场冲击,再加上费时费力,很大年轻人也不愿意学,手工藏毯专业从事艺人和农户急剧减少,导致工艺传承发展陷入危机境地。虽然多数群众对传统文化艺术资源的保护传承表达出积极意愿,但源于认知程度、现实条件等因素,导致在实际行动上却呈现普遍弱化现象。鉴于实际情况,河湟地区传统文化艺术资源的保护传承与开发利用必须要强化其价值意涵的社会展演,激发民众自愿参与的积极主动性,创设其价值传承与创新发展的文化生态与主体心理。首先,依据其文化资源特色与民众生活实际,河湟各地可深入开展传统节庆主题活动和文化振兴工程,大力丰富传统节庆活动,培育有影响力的传统节庆品牌。一方面,依托重要节庆日、纪念日、民族传统节日等为载体组织开展群众性民俗文化娱乐活动,如"花儿会""赛马会""那达慕""射箭比赛"等。如湟中县西拉科地区在每年元宵节前后举办的社火表演,在当地已经颇具影响力,在政府有关部门扶持帮助下,无论是演出规模、节目内容还是参与人数、演出形式等,均逐年呈现提升趋势。社火表演者载歌载舞,以传统艺术形式传递着人们对党的政策、小康生活、国家富强、民族团结等满足与喜悦之情,吸引周边众多乡亲参与观赏,不仅推动了文化传承,而且传播了正向价值。另一方面,以节庆活动为契机,结合现有资源优势,各地可积极打造民俗文化资源展示会、传统手工技艺项目展览会等,为地方民俗、表演艺术、手工技艺等提供展现平台,如民族服饰展、热贡艺术展、清真食品展等,充分宣传弘扬民族传统文化艺术资源价值内涵,强化民众幕像认知与价值理解。其次,依托其异常丰富的历史文化物态景观尤其是宗教寺庙、各种神祇等,河湟各地可积极组织开展宗教文化艺术资源学习交流以及参与鉴赏等活动,帮助当地民众形成对多元宗教文化体系的正面认知与理性态度。如塔尔寺举办的晒大佛活动、酥油花艺术展等,加深了民族成员尤其是非信教群众对藏传佛教文化及其价值内涵的认识理解程度,有利于藏传佛教文化艺术保护传承工作的顺利进行。再者,河湟各地还可依托其传统文化艺术资源的特色优势组织创作一批优秀的文学作品、文艺项目等进行广泛宣传和公益演出,以民族传统艺术形式展示民众生活实际,把社会主义核心价值观宣传、中国梦弘扬、中华传统美德传播等有机融入传统民间文学艺术中,既有助于文化资源的现代转型,又有利于河湟文化的传承发展。

民族成员的生活实践创设着其现代转型的情境生态,价值意涵的社会展演固实着其传承发展的主体心理,二者在次生多元空间场景中共筑着河湟地区传统文化艺术资源价值性保护与开发利用何以可能与何以达成的社会场域。作为地域文化传统传承转化的现实指向,河湟地区传统文化艺术资源的价值性保护传承与开发利用必须要融入当地民众的日常生活,结合时代要求强化其价值展演,立足地域需求推动其仪式展演,迎合民众诉求丰富其生活展演,在社会展演持续推进中实现文化价值的主体认同,并由此筑牢次生多元、一体共演河湟场景中民族成员"五个认同"的价值共享与心理共通。

第三节　固基教育养成　形塑主体自觉

河湟地区传统文化资源的价值性保护与开发利用实然指向地域文化传统的现实传承与丰富发展。作为民族成员文化心理的价值指向,投射于价值意义之主体自觉从本能意义上规制着河湟文化传承发展的时代走向,也由此决定着河湟地区传统文化艺术资源保护传承与创新转化的实然趋势。柏拉图曾言"一种适当的教育,只要保持下去,便会使一国中的人性得以改造,而具有健全性格的人受到这种教育又变成更好的人。"①加强地域传统文化资源的普

---

①　[古希腊]柏拉图:《理想国》,刘勉等译,华龄出版社1996年版,第52页。

识性教育实践,协同推进中华文化认同教育的开展实施,筑牢多元主体的传统文化心理,形塑民族成员的中华文化自觉,是河湟地区传统文化艺术资源保护传承与开发利用的现实命题。在具体实践过程中,不仅要在教育内容上协同推进,强化传统文化艺术资源的公益性宣传教育,而且要与学校教育紧密集合,组织开展传统文化进校园活动,还需加强完善专业人才培养教育机制,切实推动河湟地区传统文化艺术资源的保护传承与创新转化。

一、协同教育内容,筑牢文化心理

文化认同教育的协同推进是筑牢民族地区多元主体传统文化心理、形塑其中华文化自觉的固基路径。在河湟地区多元并蓄、一体共演的时代场景中,大力推广实施地域传统文化的普识性教育、中华优秀传统文化认同教育、民族观教育等,充分发挥教育合力积极作用,对于传统文化艺术资源价值性的保护传承与创新发展具有重要意义。

从河湟地区传统文化艺术资源主体认知的实然现状出发,其价值性保护传承与创新转化必须首先要强化地域传统文化资源的普识性宣传教育,深化当地民众对资源态势的正确理解与理性评判。就传统文化艺术资源及其关涉内容的认知情况,实证调研的数据结果整体呈现出符号认知感强但情节认知感弱、自我认知感强他者认知感弱的偏离态势。如尽管有高达85.34%的受访者知道塔尔寺、72.65%的受访者知道"花儿"等,但在追问对"塔尔寺"及其与藏传佛教历史渊源时,仅有12.93%的受访者表示非常了解,17.55%的受访者表示基本了解,且"非常了解"与"基本了解"的受访者中绝大部分为藏族民众。就"花儿会"的历史由来问题,也只有8.63%的受访者表示非常清楚,11.37%的受访者表示基本清楚,更是高达39.56%的受访者表示根本就不清楚,情节认知弱化问题相对严重。除此之外,就河湟地区传统文化艺术资源价值意涵及其与传统文化、中华优秀传统文化关系范畴等有关问题认知情况,结果反馈也不乐观,相对缺乏清晰认知和客观评判。与此同时,绝大多数受访者表示很少参加或几乎没有参加过传统文化艺术资源相关内容公益性宣传教育活动,鉴于实际情况,河湟地区各级政府应进一步推进传统文化艺术资源及其相关内容的公益性宣传教育活动。在教育内容上,首先要加强传统文化艺术资源的普识性教育,要解释清楚丰富多样的传统文化艺术资源是河湟民众共同的文化创造和共享的文化财富,并着重于在社会主义核心价值观引领下对传统文化艺术资源的时代价值进行广泛宣传与弘扬,帮助民众形成正确认知与理性评价;其次要深化河湟地区传统文化艺术资源、传统文化、中华优秀传统文化及其关系范畴的理论释义,采用通俗易懂的话语体系帮助民众明白河湟地区传统文化艺术资源是民族传统文化的重要构成,是中华优秀传统文化的地域涵养,也厚植着社会主义核心价值观的地域根基,凝聚多元族群文化传承的共通心理。

中华优秀传统文化认同教育在河湟地区的大力推行必须注重其价值理念的弘扬和传播。在民众成员生活实践中大力弘扬传统美德和优良家风家训等,将优秀传统文化的思想理念体现在社会风范中,积极开展以中华文化为主题的文化交流和宣传推动活动等。综合运用各种传媒载体、融通各种多媒体资源、统筹多方力量,用新媒体手段和先进的传播方式充分发挥文化物化载体和文化符号指征的传统价值传承和民族精神培育作用,加强和传播中华传统礼仪文化教育,创新教育方式,拓展教育内容,彰显中华优秀传统文化的时代魅力和当代价值。与此同时,还要积极推动中华优秀传统文化认同教育的过程衔接,将其贯彻于国民教育全程。首先,必须给予家庭教育以重点关切。作为中华优秀传统文化教育的原点,家庭教育在民族成员的性格塑造和品德养成中占据不可替代的重要地位。父母言传身教的启蒙和熏陶、家庭环境潜移默化的影响等,不仅对民族成员形成正确的世界观、人生观起着关键作用,而且对传统文化的保持和道德传统的传承具有重大意义。其次,必须给予学校教育以高度重视。作为中华优秀传统文化教育的主阵地,学校教育承载着立德树人的根本任务,中华优秀传统文化教育必须纳入学校教育的全过程。

　　基于文化认同教育的实际成效,河湟地区还必须强化民族观教育的常态化实施,整体上彰显民族观教育的文化指向。民族观是人们对民族、民族关系和民族问题的根本看法。作为世界观的重要组成部分,一定的民族观是一定阶级制定民族制度、纲领、政策的指导原则和理论依据;作为中华民族共同体客观世界在民族成员头脑中的主观映像,中华民族整体民族观强调包括56个民族在内的表现在共同文化之上的共同心理素质和特殊的历史文化联系。民族观教育的常态化实施不仅需要与社会思想道德建设工程、民族团结创建活动等相结合,而且还需有效贯穿于国民教育的全过程。国民教育是全民教育和全程教育的统一,包括家庭教育、学校教育和社会教育等基本形式。其中,家庭以民族观念萌发的源头构成了民族观教育的始点,学校以世界观、人生观、价值观养成的重要场所构成了民族观教育的主阵地,社会以群众参与、实践活动展开的重要渠道构成了民族观教育的大课堂。民族观教育是国民教育的核心内容,通过国民教育培养民族成员对民族、民族关系、民族问题的正确认识,以马克思主义的基本观点审视民族问题解决的基本原则和发展道路,这在价值性上诠释了民族观教育系统整合的意义。因此,民族观教育自产生之日起,就与国民教育密不可分,这是一种带有鲜明民族特色和政治色彩的民众教育。针对河湟地区次生多元一体的空间格局,提升民族观教育效用的系统整合是一项长期工程,必须与广泛性和系统性的国民教育相结合,使之贯穿于国民教育的各个层次和各个环节,在民族成员生活实践中提升民族观教育的积极效用,引导多元主体树立正向积极的民族文化观,强化多元主体民族地域文化、中华优秀传统文化、中华文化及其关系范畴的正确认知和理性研判,夯实其中华文化自觉,坚定民族文化自信。

　　从河湟地区地域社会发展实际出发,文化认同教育的有效实施还必须广泛推广"双语"教育(汉语和民族语言),研究制定符合地域发展需求的国民语言政策和语言教育大纲,充分利用不同教育阵地在不同教育领域实施开展国民语言教育,以切实推动地域文化资源的保护传承与创新发展。语言是人类主体交往关系形成和发展的重要中介,也是民族关系赖以发生和存在的关键手段,尤其在复合民族国家内部,共同语言甚至一定程度上决定着多元族群的关系走向和共生态势,但共同语言的构建和普及绝不能忽视多元族群族源语言的存在和作用。在现实性上,民族关系构型场域中的双语教育主要指向汉语教育和少数族群的族源语言教育。两种语言教育实质上并非对立关系而是相辅相成的有机统一,重视汉语语言的普及和推广并不是要弱化少数族群语言的地位和作用,恰恰相反,民族地区汉语语言教育必须承认和尊重少数族群语言的差异性和重要性。源于种种因素,河湟地区族群语言的传承现状颇为堪忧,基于地域文化资源的传承发展与地域社会的发展进步考量,必须高度重视少数民族族源语言教育,不仅应在国民教育中实施相应措施,而且应在顶层设计上给予有效激励,以切实推动民族地域传统文化艺术资源在复杂现实场域中的保护传承。

二、重视学校教育,给予动力保证

学校教育是推动河湟地区传统文化艺术资源价值性保护传承与开发利用不可或缺的动力保证。源于浓厚的民族性显现与宗教性色彩,河湟地区传统文化艺术资源的保护传承与开发利用工作面临诸多现实难题,尤其是部分民族民俗文化艺术资源以及宗教文化艺术项目等,受众范围的狭隘性、传播语言的地方性等都极其不利于实际工作开展。有鉴于此,把彰显地域特色的传统文化艺术资源保护传承与开发利用工作与河湟地方中小学教育、职业教育以及高等教育等结合起来让传统文化走进校园,在青少年学生中普及传统文化艺术资源相关知识,激发其对地域传统文化艺术资源的热切关注和学习兴趣,深化其对当地传统文化艺术资源、中华优秀传统文化等理性认知与价值认同,不失为时代场域中促进河湟地区传统文化艺术资源传承发展的有效应对。

事实上,传统文化艺术资源进校园活动已经在河湟地区各级各类学校蓬勃开展,如青海省目前已经有 45 个国家级、省级非物质文化遗产项目在高校和中小学通过进教材、进课堂、进课程等方式进行推广传播和传承弘扬①。同仁县早在 2006 年开始就已经在当地中小学开设推行特色民族文化课程,如藏戏、堆绣以及民族民俗文化艺术项目等。如青海省海东市化隆回族自治县第一小学老师们借鉴藏族、汉族、回族、蒙古族等民族文化元素创作舞蹈《民族大团结》,体现了民族群众开心愉悦的联欢场景,多年来坚持在课间休息时间带领民族学生合跳该舞蹈,丰富了师生娱乐生活,加强了民族传统文化教育,对河湟地区中小学文化素质教育的推广实施极具示范性意义。当地高校依据自身实际积极开展了丰富多彩的传统文化进校园活动,如青海大学组织举办了传统文化艺术节等活动,青海师范大学开展举办了非物质文化遗产进校园等系列活动,青海民族大学还开设有武术与民族传统体育,少数民族语言文学(藏语言文学、蒙古语言文学)等民族文化特色专业。此外,大部分高校还支持鼓励在校学生举办传统手工技艺创业项目等,反响极其强烈。丰富多样的传统文化艺术资源进校园活动不仅让学生得以近距离接触感知传统文化的时代价值,加深了对传统文化艺术资源的理性认知与价值认同,而且较大程度上唤起着师生们传统文化意识心理的主体自觉,强化着其文化传承与创新发展的责任使命,对传统文化艺术资源的保护传承较大程度上起到了积极示范作用。

鉴于学校教育功能承载的现实意义,河湟地区传统文化艺术资源的校园传承教育活动还亟待进一步加强,要科学合理开发传统文化艺术资源课程体系,强化地域传统文化正向价值意涵的宣传教育,深化学生对地域性传统文化艺术资源以及中华优秀传统文化的全面了解与价值认知。在教育内容上,首先要解释清楚丰富多样的地域优秀传统文化是地域民众共同的文化创造和共享的文化财富,着重于在社会主义核心价值观引领下,对地域传统文化的正向价值进行广泛宣传与弘扬,帮助民众形成正确认知与理性评价,其次要深化对

---

① 据青海省文化和新闻出版厅相关数据统计。

地域传统文化与中华优秀传统文化关系范畴的理论释义,采用通俗易懂的话语体系帮助民众明白地域传统文化是民族传统文化的重要构成,优秀的地域传统文化是中华优秀传统文化的地域涵养,也厚植着社会主义核心价值观的地域根基,凝聚多元族群文化传承的共通心理。事实上,河湟各地中小学可依据当地文化资源特色开设民族传统文化特色课程,如互助、民和等地中小学可注重于开设土族传统文化特色课程,循化等地可侧重于开设撒拉族传统文化特色课程,同仁、贵德、尖扎等地可重点开设藏族传统文化特色课程,西宁、乐都、湟源等地可根据实际情况开设河湟地方民族民俗文化艺术特色课程等。与此同时,当地职业院校以及各个高校可依据师资情况和学生意愿就传统文化艺术资源及其关涉内容开发推广多元化课程体系,既可开设传统文化专业课程,也可根据实际需求设置选修课程,还可将传统文化艺术资源教育融入不同专业课程,强化传统文化理论教育与专业学习之间的有机统一。

基于教育成效考察,河湟地区各级各类学校还需加强传统文化艺术资源及其相关内容的实践教育,让青少年学生通过切身体验理解感悟当地传统文化艺术资源的独特魅力,夯实传统文化传承发展的主体自觉。从目前情况分析,尽管当地高校丰富多样的传统文化进校园活动取得一定成效,但整体而言传统文化艺术资源的实践教育在河湟地区各地学校还极其式微,必须要进一步加强。结合传统文化艺术资源地域特色设置相关课程项目,如河湟各地中小学可依托当地民族民俗文化风情园、生态保护区、博物馆、民族民间艺术研习社、传统文化艺术产业区等进行实践教学与文化体验,近距离接触感知传统文化艺术的独特魅力,加深其对传统文化的认知理解。具体到高校实践教育,除了举办各种各样的传统文化进校园活动外,还可建设传统文化保护中心、研究基地等,开展传统文化艺术实践教学活动等,如青海师范大学依托计算机学院成立了青海省非物质文化遗产研究基地,青海大学专门开设藏语言应用教学实验班等,极具推广借鉴意义,无论对传统文化艺术资源的理论研究抑或实践教学都有着积极推动作用。

三、拓展教育方式，擢升行为自觉

行为自觉的教育擢升是河湟地区传统文化艺术资源价值性保护与开发利用的践行基础。实际上，河湟地区传统文化艺术资源的保护传承与开发利用实质呈现为地域文化传承发展的实践过程，地域空间文化实践场域中行为自觉并非表征为自然预设，而是从根本上有赖于社会主义意识形态引领下潜移默化的教育养成，因为"要改变一般人的本性，使它获得一定劳动部门的技能和技巧，成为发达的和专门的劳动力，就要有一定的教育或训练。"①作为精神强化与价值塑造的核心展演，教育的最终归属落脚于行为自觉的实践养成，不仅是实现文化生产和价值传承的基本方式，而且是形塑民族主体文化自觉的意义所指。

作为"具有坚强的主体性格的自由自在(尽管只是形式地)的个性"(黑格尔语)②，基于文化意义的行为自觉诠释着民族成员的理性认知和价值取向，定位着民族共同体价值诉求的理性抉择和价值标准的社会推崇，明晰着多元一体中华民族一以贯之的价值体认和价值传承。作为价值评判主观抽象的心理呈现，文化视域的行为自觉以文化的价值承载和主体的价值确认为基础，在民族成员彼此的价值判别和价值互动过程中不断强化其价值取向的主体倾向和主观心理，且在一定程度上不知自明地导引着民族成员价值认同的隐性抉择和价值研判的本能取舍，从而使得民族社会的价值体系在其规制下逐渐生发并凝聚着多元主体所共同认可和自愿遵循的统一准则。民族主体的行为自觉折射出民族社会文化认同的空间意指，而文化认同的实然演绎又反观着民族主体行为自觉的价值归旨。有鉴于此，河湟地区传统文化艺术资源的价值性保护与开发利用必须要拓展丰富教育形式，基于文化认同教育的协同推进之上固基多元主体的民族文化心理，擢升民族成员的行为自觉，推动文化价值

---

① 《马克思格恩斯选集》第 2 卷，人民出版社 1995 年版，第 174 页。

② 金炳华主编：《马克思主义哲学大词典》，上海辞书出版社 2003 年版，第 29 页。

的主体践行。

就具体实践而言,拓展丰富教育形式必须要充分发挥各级文化部门的组织协调职能,坚持政府引导、全社会广泛参与,积极拓展多元化教育渠道,把传统文化艺术资源的宣传教育落实到城镇、乡村、社区、机关、企业、学校等基层单位。就具体形式而言,可邀请专家学者开展传统文化知识公益性讲座,可印制传统文化艺术资源简易读本、画册等各种形式书籍材料发给民众学习研读等。最重要的是要加大宣传教育专职人员的培训力度,以便对当地民众进行传统文化艺术资源及其相关内容的普及性教育活动,深化其理论认知与价值认同。与此同时,必须把传统文化艺术资源及其相关内容的宣传教育融入当地民众的日常生活中去,可推广开展传统文化艺术资源进机关、企事业单位等活动,还可组织举办民族传统体育赛事、传统美术绘画展、传统手工技艺作品展、传统文化知识竞赛、传统民间歌舞戏剧表演等。在活动过程中,要注意把活动内容的先进性、知识性、趣味性等与传统文化艺术资源的宣传教育有机结合起来,并大范围地积极调动民众主体的主动参与性,让人们在喜闻乐见的文化活动中加深对传统文化艺术资源的全面认知,在身临其境的文化体验中感悟传统文化艺术资源的时代魅力,固牢其传统文化传承心理与践行意识的主体自觉。

河湟地区传统文化艺术资源的传承保护与创新发展还必须进一步丰富完善专业人才教育形式,充分发挥非物质文化遗产传承人、民间艺人、传统文化艺术从业者等专职人才对地域传统文化资源保护传承与开发利用的积极作用。源于文化冲击与市场导向等现实因素,文化资源保护传承的人才危机在河湟地区也相对普遍,尤其对于无法取得明显经济收益的传统文化艺术项目而言,问题更是凸显。比较典型的如国家级非遗项目土族於菟,目前就面临着严重的传承危机。土族於菟的法师传承有着清晰脉络,一般是子承父辈,但传承人选必须要经过隆务寺或年都乎寺活佛认定,现有法师阿吾也是该项目唯一的国家级传承人。阿吾从 1980 年接过法师衣钵,至今已经年近古稀,其唯一的儿子因当地无法解决就业问题已到外地工作,法师传承已成土族於菟保护工作的重大难题。再如宗教寺庙的修缮工作、文献典籍的整理翻译工作等,既懂专业技能又懂文化渊源的专业人才极其缺乏,人才匮乏成为制约河湟地区传统文化艺术资源保护传承与转化创新的现实瓶颈,必须加大专业人才培养力度,健全人才培育机制,拓展专业人才培养路径。首先,政府有关部门可组织委托有关高校、职业技术院校等开展实施专业技能人员培养计划,对文化机构专职工作人员、非遗项目传承人、民间传统手工艺人等进行专业培训,组织学习交流活动。如受青海省政府组织委托,青海民族大学、青海师范大学等自2015年以来就先后承办了多期"非遗传承人群研修研习培训计划",先后培训了唐卡、银铜器制作、泥塑、土族盘绣、湟中堆绣等众多非遗项目传承人员,在师资力量上还打破地区局限,不仅邀请相关项目传承人进行现场授课,而且还聘请清华大学、西北民族大学等省外高校教师莅临授课,其中,河湟刺绣等非遗项目传承人培训任务还安排在省外高校开展进行。研习培训计划不仅强化相关理论知识的讲解学习,而且还组织学员们积极走出去学习交流,受到了参与民众的热烈好评,对河湟地区非遗项目的保护传承与开发利用工作起到积极作用。其次,在条件允许情况下,河湟各级政府可推动创办传统文化艺术职业技术院校,抑或依托典型性民俗文化生态保护区、传统手工技艺生产基地等扶持创办群众研习社,寓教于生产生活实践,最大限度地调动民众参与学习培训的自觉主动性。如同仁县依托热贡艺术生态保护区支持国家级传承人娘本、夏吾角等修建了综合传习中心,既推动了生产经营又培训了学员,具有示范性效用。

作为文化实践的主体承载,民族成员的主体自觉是传统文化艺术资源保护传承与开发利用的践行动力,因为"我们每一个人都过着一种更加积极的生活,而不仅仅是被动地接受已经存在的符号和结构。"①在民族社会既定限

① 郭忠华:《权利、结构与社会再生产——访安东尼·吉登斯》,《国外社会科学杂志》2009年第2期。

域内,传统文化艺术资源的保护传承与开发利用本质上呈现为民族主体对文化传统的符号重塑与记忆重构。就河湟地区传统文化艺术资源的传承发展而言,无论是整体布局的顶层设计,抑或具体政策的规划部署,其推行实施都必然有赖于当地民众的行为自觉。拓展传统文化艺术资源及其关涉内容的教育培训渠道,在教育实践的有机统一中固基河湟民众传统文化意识心理的主体自觉,既是河湟地区传统文化艺术资源价值性保护与开发利用的必然应对,又是河湟文化传承发展的现实基础。

结语　传统文化艺术资源保护与 开发利用的思考

在民族共同体既定限域内,现代化所注解的社会转型不断挑战着文化认同的传统根基与阐释原则,由此引发民族成员前所未有的文化反思与价值质疑。但是,"尽管人们处于'文化超市'中,但人们也在寻求一个自己的家而超越它,这个家就是自己的(或是民族的)文化认同。"①文化认同的传统寻向与根基求解愈加彰显传统文化传承创新的现实意义,也由此推动着现实境遇中传统文化艺术资源的保护与开发利用擢升为时代命题。作为民族文化传统的时代呈现,传统文化艺术资源的保护与开发利用对于民族国家的社会发展、民族文化的自信重塑乃至民族社会的和谐稳定均有着重大意义。作为民族传统文化的地域具象,河湟地区丰富多样的传统文化艺术资源不仅表征着民族区域社会发展的独特优势,而且体认着次生多元河湟族群一体走向的价值意指。有鉴于此,河湟地区传统文化艺术资源的保护与开发利用相关问题研究绝不能仅着眼于经济效益视角,而更应该重视其基于价值导向的社会效益视角,从文化价值的功能建构与地域文化的传承发展出发,深挖河湟地区传统文化艺术资源的价值意涵,凝聚河湟民众"五个认同"的价值共识,既是本书的逻辑

---

① Mathews G.*Global Culture individual Identity*.Routledge.London. 2000.p.184.

源点,又是目标旨归。

在市场经济愈加发达的时代场景中,实现经济效益的最大化毫无疑问是河湟地区传统文化资源保护和开发利用的现实目的。事实上,当文化艺术被赋予资源界定时,其本身就已经烙上深刻的经济意义,体征着社会资源的特殊态势,承载着文化资源的经济功能。作为民族地区所赖以生存发展的无形资产和独特优势,丰富多彩的传统文化艺术资源不仅是河湟地区经济发展的无形资产,同时也是民族社会和谐稳定的重要推力,其经济性保护与开发利用为民族区域的社会建设提供物化支持和动力保证。事实上,传统文化艺术资源的经济性保护和开发利用目前已经为河湟地区的社会发展作出了巨大经济贡献。在地方政府的规划部署和帮助扶持下,依托资源特色和发展需求,河湟各地的人文旅游开发、文化产业创新、民俗文化生态保护区建设等均取得了明显成效,既推动了地域社会的经济发展,提高了当地民众的生活水平,又宣传推广了河湟地区独具特色的传统文化艺术资源,展示了河湟文化的时代魅力。"利益(物质的与理念的),而不是理念,直接控制着人的行动。"①对于河湟地区传统文化艺术资源的保护与开发利用而言,基于经济效益的实现前提更能够调动民众参与的积极性与主动性,无论对地域社会的经济发展抑或社会稳定都极具深远意义。但是,传统文化艺术资源的经济性开发利用必须立足于其价值意涵的保护传承之上,尤其是文化资源的产业化整合与创新,绝不能背离地域文化的传统根基。河湟地区传统文化艺术资源的经济性保护与开发利用必须建立在对其价值意涵的正确认知之上,切不可为逐利行为抛弃世代承续的文化传统,文化资源的合理开发与有效利用可以带来直接经济效益,必须把握好开发利用的度,适度开发利用,方能持续发展。在文化传承的基础上结合时代要求对传统文化艺术资源进行科学开发和合理利用,在生产中实现保护,在创新中实现传承,在传统文化艺术资源的开发利用中推动河湟文化的传

---

① ［德］马克斯·韦伯:《儒教与道教》,王容芬译,商务印书馆 2003 年版,第 19—20 页。

承发展,不失为河湟地区传统文化艺术资源经济性保护与开发利用的实然指向。

　　河湟地区异彩纷呈的传统文化艺术资源不仅是世居族群共同的文化创造,而且是河湟民众共享的文明积淀,其保护与开发利用之现实意义绝不仅仅在于经济效益的追逐实现,而从根本旨归上指向地域文化传统之价值意涵的时代弘扬与丰富发展。作为民族传统文化的地域具象,河湟地区传统文化艺术资源的保护与开发利用不仅是地域文化时代传承的前提基础,而且是民族文化创新发展的应有之义,因为"一个种族现存的文化及价值观,并不是对现实的生产方式和生存方式的绝对反映,而是对这个种族现存的生产方式和生存方式的意识反映的历史和现实的统一"①。河湟地区传统文化艺术资源是多元族群在长期的生活实践中共同创造且历时积累的物质财富和精神财富的总和,以自身对地域传统文化的物态呈现展演着次生多元河湟文化一体共演的价值意涵,体认着多元一体中华文化价值理念的民族意指。从宗教信仰文化艺术所推崇的宽容和谐、仁爱友善到民俗礼仪所表达的文明礼貌、诚信友爱,从传统绘画美术所描绘的吉祥如意、美好祝愿到民族民间歌曲小调所吟唱的勤劳勇敢、小康景象,从河湟民间文学神话所歌颂的无私奉献、英勇精神到河湟社火所舞动的爱国团结、祥和生活等,不仅充分折射出河湟地区次生多元传统文化艺术资源一体走向的价值意涵,而且较大意义上契合着新时代中国特色社会主义现实场域中的价值准则与价值要求。文化实践本质上表征为主体意义的自我探寻,作为民族主体的文化实践,传统文化艺术资源的保护与开发利用呈现为民族主体的意义探寻与归属确证。在多元文化碰撞与多元价值冲突的时代场景中,传统文化艺术资源的保护与开发利用旨在通过民族文化传统的具象演绎固基民族成员的传统文化心理,强化民族主体的价值认同与归属自觉。在社会主义核心价值观的引领下,基于民众价值诉求之上努力找

---

　　① 李从军:《价值体系的历史选择》,人民出版社 2008 年版,第 124 页。

寻其价值意涵与当代社会主流价值契合之处,并据此充分挖掘传统文化具象的历史价值,深刻阐释传统文化资源的时代价值,在弘扬传统文化艺术资源积极理念的同时从内容维度丰富其时代内涵,推动其价值意涵的保护传承与丰富发展,是河湟地区传统文化艺术资源价值性保护与开发利用的目的所在。

作为中华文化重要构成的地域显现,河湟地区传统文化艺术资源的保护与开发利用,有助于深化当地民众对中华文化的正确认知与理解认同,有利于凝聚多元主体的价值共识与情感共通。马克思强调:"在社会历史领域内进行活动的,是具有意识的、经过思虑的或凭激情行动的、追求某种目的的人,任何事情的发生都不是没有自觉的意图,没有预期的目的。"①在中国特色社会社会主义进入新时代历史阶段中,作为民族主体的社会实践,传统文化艺术资源的保护与开发利用体现着民族成员的明确目的,反映着民族社会的共同目标,即是在兼顾社会效益与经济效益之上满足人民日益增长的美好生活需要,河湟地区传统文化艺术资源的保护传承与开发利用亦不例外。在社会转型的现实场景中,如何协调好传统文化艺术资源经济性开发利用与价值性保护传承二者关系,既能够充分发挥其对地方社会经济发展的推动作用,又能够促进地域文化的传承发展,是河湟地区传统文化艺术资源保护与开发利用不容回避的迫切命题。实际上,传统文化的保护传承与地方社会的经济发展相辅相成,文化资源保护与开发利用的社会效益与经济效益也并非截然对立,而是互为条件,有机统一。河湟地区传统文化艺术资源的保护与开发利用牵涉到当地民众的切身利益,有赖于民族群众的共同协作,只有切实有效让民众共同分享其开发利用成果,让民众切实感悟传统文化艺术的时代魅力,才能提升文化传承的主体自觉,推动地域文化的传承发展,也才能筑牢民族区域"五个认同"的价值支撑与心理自觉。

河湟地区传统文化艺术资源的保护传承与开发利用不仅对于民族区域的

---

① 《马克思恩格斯选集》第 4 卷,人民出版社 1995 年版,第 247 页。

社会发展与和谐稳定有着重要价值,而且对于中华文化的辉煌再现与中华文明的发展进步彰显有深刻意义。传统文化艺术资源的保护与开发利用工作是一项长期复杂的系统工程,但恰如马克思所言"为什么历史上的人类童年时代,在它发展的最完美的地方,不该作为永不复返的阶段而显示出永久的魅力呢?"①作为中华传统文化的重要构成,河湟地区传统文化艺术资源的保护与开发利用既是地域文化传承发展的现实需要,又是中华文化创新发展的必然选择,更是中华文明迈步前行的有力推动。如果说传承传统是历史使命,那么创新发展则为时代责任,河湟地区传统文化艺术资源的保护传承与开发利用重构着地域文化的意义指向,固基着河湟民众的传统文化心理,夯实着次生多元河湟族群一体形塑的文化生态,筑牢着民族地区"五个认同"的价值基础与主体自觉,其保护与开发利用的意义旨归也由此得以现实注解。

---

① 《马克思恩格斯选集》第 2 卷,人民出版社 1995 年版,第 29 页。

主要参考文献

著　作　类

[1]《马克思恩格斯全集》第 1—2 卷,人民出版社 2002 年版。

[2]《马克思恩格斯全集》第 2 卷,人民出版社 2005 年版。

[3]《马克思恩格斯全集》第 12 卷,人民出版社 1995 年版。

[4]《马克思恩格斯全集》第 30 卷,人民出版社 1995 年版。

[5]《马克思恩格斯选集》第 2 卷,人民出版社 2012 年版。

[6]《马克思恩格斯选集》第 1—4 卷,人民出版社 1995 年版。

[7]《马克思恩格斯选集》第 4 卷,人民出版社 2012 年版。

[8]《马克思恩格斯文集》第 1—4 卷,人民出版社 2009 年版。

[9]《马克思恩格斯文集》第 7 卷,人民出版社 2009 年版。

[10]《马克思恩格斯文集》第 9—10 卷,人民出版社 2009 年版。

[11]《列宁哲学笔记》,人民出版社 1956 年版。

[12]《列宁全集》第 1 卷,人民出版社 1985 年版。

[13]《列宁全集》第 2 卷,人民出版社 1986 年版。

[14]《毛泽东选集》第一—四卷,人民出版社 1991 年版。

[15]《毛泽东文集》第六—七卷,人民出版社 1999 年版。

[16]《邓小平文选》第二—四卷,人民出版社 1994 年版。

[17]《习近平谈治国理政》,外文出版社 2014 年版。

[18]《中共中央文献研究室:习近平关于实现中华民族伟大复兴的中国梦论述摘

编》,中央文献出版社 2013 年版。

[19]《中共中央文献研究室:习近平关于协调推进"四个全面"战略布局论述摘编》,中央文献出版社 2015 年版。

[20]费孝通:《文化与文化自觉》,群言出版社 2010 年版。

[21]费孝通:《中华民族多元一体格局》,中央民族大学出版社 1999 年版。

[22]费孝通著,方李莉编:《全球化与文化自觉——费孝通晚年文选》,外语教学与研究出版社 2013 年版。

[23]费孝通:《中国文化的重建》,华东师范大学出版社 2014 年版。

[24]费孝通:《乡土中国》,北京出版社 2005 年版。

[25]张岱年、方克立:《中国文化概论》,北京师范大学出版社 2004 年版。

[26]张岱年:《张岱年全集》(第 6 卷),河北人民出版社 2007 年版。

[27]张岱年、程易山:《中国文化与文化争论》,中国人民大学出版社 1990 年版。

[28]梁漱溟:《东西文化及其哲学》,上海人民出版社 2006 年版。

[29]梁漱溟:《中国文化要义》,上海人民出版社 2005 年版。

[30]陈寅恪:《唐代政治史述论稿》,上海古籍出版社 1997 年版。

[31]胡适:《中国文化的反省》,华东师范大学出版社 2013 年版。

[32]冯友兰:《阐旧邦以辅新命》,上海远东出版社 1994 年版。

[33]王守常主编,张尊超等选编:《中国文化书院九秩导师文集——张岱年卷》,东方出版社 2013 年版。

[34]梁钊韬:《文化人类学》,中山大学出版社 1991 年版。

[35]范晔:《后汉书》(第 10 册),中华书局 1965 年版。

[36]刘勰:《文心雕龙》,内蒙古人民出版社 2010 年版。

[37]马戎:《民族与社会发展》,民族出版社 2001 年版。

[38]马戎:《中国少数民族地区社会发展与族际交往》,社会科学文献出版社 2012 年版。

[39]马戎:《中国民族关系现状与前景》,社会科学文献出版社 2014 年版。

[40]马戎:《民族社会学导论》,北京大学出版社 2005 年版。

[41]金炳镐:《民族关系理论通论》,中央民族大学出版社 2007 年版。

[42]李从军:《价值体系的历史选择》,人民出版社 2008 年版。

[43]司马云杰:《文化价值论——关于文化建构价值意识的学说》,安徽教育出版社 2011 年版。

[44]詹小美:《民族文化认同论》,人民出版社 2014 年版。

［45］丹增:《文化产业发展论》,人民文学出版社2005年版。

［46］白寿彝:《白寿彝民族宗教论集》,北京师范大学出版社1992年版。

［47］中央党校第十九期中青班文化课题组编:《全球化背景下中国文化竞争力研究》,时代经济出版社2004年版。

［48］朱熹:《诗经集传》,上海古籍出版社1987年版。

［49］《诗经》,王秀梅译注,中华书局2015年版。

［50］吕大吉:《宗教学通论》,社会科学出版社1989年版。

［51］韩生魁等编:《塔尔寺的传说》,青海人民出版社1990年版。

［52］张一兵:《社会批判理论纪事》,中央编译出版社2006年版。

［53］史宗主编:《20世纪西方宗教人类学文选(上册)》,上海三联书店1995年版。

［54］胡绳:《中华民族文化源新探究》,社会科学文献出版社1999年版。

［55］周宪:《文化研究关键词》,江苏人民出版社2007年版。

［56］谭蝉雪:《敦煌民俗》,甘肃教育出版社2006年版。

［57］赵东玉:《中华传统节日文化研究》,人民出版社2002年版。

［58］陶立璠:《民俗学概论》,中央民族大学出版社1986年版。

［59］刘奇:《中国三农"危"与"机"》,中国发展出版社2014年版。

［60］冯天瑜:《中华文化史》,上海人民出版社1990年版。

［61］文军主编:《西方社会学经典命题》,江西人民出版社2008年版。

［62］马建春:《多元视阈中的河湟:族群互动、文化认同与地缘关系》,社会科学文献出版社2013年版。

［63］霍福:《多元村落民俗文化研究——以青海苏木世村落为个案》,中国社会科学出版社2012年版。

［64］青海地方志编纂委员会:《青海省志·民族志》,民族出版社2008年版。

［65］王昱、聪喆:《青海简史》,青海人民出版社1998年版。

［66］仲富兰:《中国民俗文化学导论》,浙江人民出版社1998年版。

［67］《化隆县志》,陕西人民出版社1994年版。

［68］(明嘉靖)河州志卷2典《礼志·祠祀》,甘肃文化出版社2004年版。

［69］李文实:《西陲古地与羌藏文化》,青海人民出版社2001年版。

［70］侯丕勋、刘再聪主编:《西北边疆历史地理概论》,甘肃人民出版社2008年版。

［71］周国英:《河湟地区生态环境保护与可持续发展》,青海人民出版社2012年版。

［72］顾颉刚:《甘青闻见录》,甘肃人民出版社1988年版。

[73]崔永红、张得祖、杜常顺主编:《青海通史》,青海人民出版2002年版。

[74]杨应琚:《西宁府新志·卷三五·艺文·重修西宁卫记》,青海人民出版社1988年版。

[75]《(清)丹噶尔厅志·卷六·人类(青海地方旧志五种)》,青海人民出版社1989年版。

[76]芈一之:《撒拉族档案史料·青海民族学院内部印刊》,1981年版。

[77]赵宗福等:《青海多元民俗文化圈研究》,中国社会科学出版社2012年版。

[78]谢热:《村落·信仰·仪式——河湟流域藏族民间信仰文化研究》,社会科学文献出版社2010年版。

[79]华智海、边世平主编:《青海民俗文化与旅游资源开发》,旅游教育出版社2012年版。

[80]谢佐主编:《中国地域文化通览(青海卷)》,中华书局2014年版。

[81]曹娅丽主编:《中国节日志:六月会》,光明日报出版社2014年版。

[82]戴燕、丁柏峰主编:《河湟区域地理环境与经济文化变迁》,人民出版社2013年版。

[83]蒲生华、马建华:《河湟汉族传统婚礼歌研究》,中国社会科学出版社2013年版。

[84][英]泰勒:《原始文化》,连树声译,上海文艺出版社1992年版。

[85][美]克利福德·格尔兹:《文化的解释》,日碧力戈等译,上海人民出版社1999年版。

[86][瑞士]雅各布·布克哈特:《意大利文艺复兴时期的文化》,何新译,商务印书馆1997年版。

[87][美]S.南达:《文化人类学》,刘燕鸣、韩养民编译,陕西人民教育出版社1987年版。

[88][美]爱德华·W.萨义德:《东方学》,王宇根译,生活·读书·新知三联书店2007年版。

[89][德]黑格尔:《精神现象学》,贺麟等译,商务印书馆1979年版。

[90][美]爱德华·希尔斯:《论传统》,傅铿、吕乐译,上海人民出版社2005年版。

[91][英]马林诺夫斯基:《文化论》,费孝通等译,中国民间文艺出版社1987年版。

[92][美]约瑟夫·奈:《软力量:世界政坛成功之道》,吴晓辉等译,东方出版社2005年版。

[93][加]威尔·金里卡:《多元文化公民权——一种有关少数族群权利的自由主义理论》,杨立峰译,上海世纪出版集团 2009 年版。

[94][古希腊]柏拉图:《理想国》,刘勉等译,华龄出版社 1996 年版。

[95][德]奥斯瓦尔德·斯宾格勒:《西方的没落》,齐世荣等译,商务印书馆 1963 年版。

[96][美]弗兰兹·博厄斯:《人类学与现代生活》,刘莎等译,华夏出版社 1999 年版。

[97][美]怀特:《文化科学——人和文明的研究》,曹锦清等译,浙江人民出版社 1988 年版。

[98][美]劳伦斯·哈里森、塞缪尔·亨廷顿:《文化的重要作用—价值观如何影响人类进步》,程克雄译,新华出版社 2002 年版。

[99][美]塞缪尔·亨廷顿:《文明的冲突与世界秩序的重建》,周琪译,新华出版社 2001 年版。

[100][美]佛洛姆:《佛洛姆文集:我相信人有实现自己的权利》,冯川等译,改革出版社 1997 年版。

[101][德]马克思·韦伯:《儒教与道教》,王容芬译,商务印书馆 2003 年版。

[102][德]马克思·韦伯:《新教伦理与资本主义精神》,于晓、陈维纲等译,三联书店 1987 年版。

[103][德]尤尔根·哈贝马斯:《合法化危机》,刘北成、曹卫东译,上海人民出版社 2000 年版。

[104]陈国强主编:《简明文化人类学词典》,浙江人民出版社 1990 年版。

[105]A.S.Hornby:《现代高级英汉双解词典》,商务印书馆 2009 年版。

[106]夏征农:《辞海》,上海辞书出版社 1989 年版。

[107]卢之超主编:《马克思主义大辞典》,和平出版社 1993 年版。

[108]李鹏程主编:《当代西方文化研究新词典》,吉林人民出版社 2003 年版。

[109]《中国大百科全书哲学卷》,中国大百科全书出版社 1987 年版。

[110]冯天瑜主编:《中华文化辞典》,武汉大学出版社 2001 年版。

[111]宋希仁等:《伦理学大辞典》,吉林人民出版社 1989 年版。

[112]商务印书馆研究中心:《新华词典》,商务印书馆 2001 年版。

[113]《现代汉语词典(修订本)》,商务印书馆 1998 年版。

[114]中国大百科全书总编辑委员会:《中国大百科全书》第 11 卷,中国大百科全书出版社 2009 年版。

[115]张紫晨主编:《中外民俗学词典》,浙江人民出版社1991年版。

[116]金炳华主编:《哲学大辞典》,上海辞书出版社2007年版。

[117]汝信主编:《社会科学新辞典》,重庆出版社1988年版。

[118]张卓元主编:《政治经济学大辞典》,经济科学出版社1998年版。

[119]马戎:《民族社会学:社会学的族群关系研究》,北京大学出版社2004年版。

[120]马戎:《西方民族社会学理论与方法》,天津人民出版社1997年版。

[121]关凯:《族群政治》,中央民族大学出版社2007年版。

[122]金炳镐:《中国民族自治区的民族关系》,中央民族大学出版社2006年版。

[123]邹广文:《当代文化哲学》,人民出版社2007年版。

[124]王明珂:《羌在汉藏之间》,中华书局2008年版。

[125]王明珂:《华夏边缘》,浙江人民出版社2013年版。

[126]王明珂:《反思史学与史学反思》,上海人民出版社2016年版。

[127]徐黎丽:《论民族关系与民族关系问题》,民族出版社2005年版。

[128]陈育宁:《民族史概论》,宁夏人民出版社2001年版。

[129]史宗主编:《20世纪西方宗教人类学文选(上册)》,上海三联书店1995年版。

[130]杨伯峻:《论语译注》,中华书局1956年版。

[131]郭景萍:《情感社会学:情感、理论、现实》,三联书店2008年版。

[132]杨向奎:《大一统与儒家思想》,中国友谊出版公司1989年版。

[133]李德顺:《价值论》,中国人民大学出版社1987年版。

[134]范晔:《后汉书》(第10册),中华书局1965年版。

[135]欧阳可惺、王敏、邹赞等:《民族叙述——文化认同、记忆与建构》,暨南大学出版社2013年版。

[136]司马迁:《史记·本纪》于童蒙编译,中国纺织出版社2007年版。

[137]李金龙编:《论语》,辽海出版社2014年版。

[138]钟伦纳:《华夏文化辨析》,上海人民出版社2014年版。

[139]宣兆凯:《中国社会价值观现状及演变趋势》,人民出版社2011年版。

[140]任平:《当代视野中的马克思》,江苏人民出版社2003年版。

[141]葛兆光:《中国思想史》(第一卷),复旦大学出版社2001年版。

[142]吴国富主编:《文化认同与发展》,民族出版社2011年版。

[143]刘家和、易宁、蒋重跃、张涛著,瞿林东主编:《历史文化认同与中国统一多民族国家》,河北人民出版社2013年版。

［144］张友谊：《培育和践行社会主义核心价值观读本》，济南出版社 2014 年版。

［145］季明：《核心价值观概论》，人民日报出版社 2013 年版。

［146］蒋宝德、李鑫生主编：《中国地域文化（上册）》，山东美术出版社 1997 年版。

［147］郑晓云：《文化认同与文化变迁》，中国社会科学出版社 1992 年版。

［148］（明）嘉靖《问州志》卷 2《典礼志·祠祀》，甘肃文化出版社 2004 年版。

［149］马宗保：《多元一体格局中的回汉民族关系》，宁夏人民出版社 2002 年版。

［150］沈林等：《散杂居民族工作概论》，民族出版社 2001 年版。

［151］《十三经注疏·礼记·王制》（上册），中华书局 1980 年版。

［152］葛剑雄：《中国移民史》第一卷，福建人民出版社 1997 年版。

［153］《左传·襄公十四年》，上海人民出版社 2002 年版。

［154］《资治通鉴》（卷 104）（晋孝武帝太元五年），中华书局 1976 年版。

［155］《新唐书》（卷 22），中华书局 1975 年版。

［156］（清）乾隆《西宁府新志》（卷 20），青海人民出版社 1987 年版。

［157］（清）梁份、赵盛世等校注：《秦边纪略》（卷一），青海人民出版社 1987 年版。

［158］（清）光绪《洮州厅志》（卷 2），台湾成文出版社 1970 年版。

［159］中国社会科学院民族研究所：《民族问题和列宁主义》，《斯大林论民族问题（上册）》，民族出版社 1990 年版。

［160］［德］黑格尔：《小逻辑》，贺麟译，商务印书馆 1980 年版。

［161］［德］汉斯-格奥尔格·伽达默尔：《真理与方法》（上卷），洪汉鼎译，上海译文出版社 1999 年版。

［162］［古希腊］亚里士多德：《政治学》，吴寿彭译，商务印书馆 1965 年版。

［163］［法］米歇尔·福柯：《规训与惩罚》，刘北成、杨远婴译，三联书店 2003 年版。

［164］［意］维柯：《新科学》，朱光潜译，人民文学出版社 1986 年版。

［165］［德］马克斯·韦伯：《经济与社会》，林荣远译，商务印书馆 1997 年版。

［166］Mathews G. *Global Culture individual Identity*. London：Routledge. 2000.

［167］Erickson Thomas Hylland. *Ethnicity and Nationalism：Anthropological Perspectives*. LondonPluto Press. 1993.

［168］Weber M. *The Protestant Ethic and the Spirit of Capitalism*. New York. Charles Scribner's Sons. 1958.

［169］Samuel Huntington. *The Clash of Civilization and the Remaking of World Order*. New York Simon&Schuster. 1996.

[170]Anthony Giddens.*Modemity and Self-identity：Self and Society in the Late Modem Age*.Stanford University Press. 1991.

期　刊　类

[1]费孝通：《文化自觉的思想来源与现实意义》，《文史哲》2003 年第 3 期。

[2]费孝通：《对文化的历史性和社会性的思考》，《思想战线》2004 年第 4 期。

[3]费孝通：《西部开发中的文化资源问题》，《文艺研究》2001 年第 4 期。

[4]顾晓鸣：《文化研究中的几个"悖论"》，《社会科学》1986 年第 7 期。

[5]钱逊：《关于马克思主义与中国传统文化的几点想法》，《学术月刊》1996 年第 5 期。

[6]庞朴：《文化传统与传统文化》，《科学中国人》2003 年第 4 期。

[7]马戎：《创建中华民族的共同文化，应对 21 世纪中国面临的严峻挑战》，《西北民族研究》2012 年第 2 期。

[8]马戎：《全球化与民族关系研究》，《西北民族研究》2007 年第 4 期。

[9][挪威]弗里德里克·巴斯：《族群与边界》，高崇等译，《广西民族学院学报》（哲学社会科学版）1991 年第 1 期。

[10]郑永廷等：《当代精神文化价值研究》，《中山大学学报》（社会科学版）2001 年第 3 期。

[11][美]萨义德：《文化与帝国主义》，谢少波译，《马克思主义与现实》1999 年第 4 期。

[12]李崇富：《马克思主义国家观和国家认同问题》，《中国社会科学》2013 年第 9 期。

[13]郝朴宁：《非物质文化形态的社会承载形式》，《学术探索》2008 年第 3 期。

[14][德]尤尔根·哈贝马斯：《信仰和知识——"德国书业和平奖"致辞》，朱丽英译，《马克思主义与现实》2002 年第 3 期。

[15]彭邦本：《民俗文化的特征与其资源的保护与开发略论》，《中华文化论坛》2004 年第 4 期。

[16]蔡志荣：《民俗文化的当代价值》，《西北民族研究》2012 年第 1 期。

[17]黄正泉：《人：文化生态的存在》，《求索》2017 年第 2 期。

[18]郭忠华：《权利、结构与社会再生产——访安东尼·吉登斯》，《国外社会科学

杂志》2009 年第 2 期。

[19]莫寰等:《文化的定位与文化建设模式》,《社会科学》2003 年第 8 期。

[20]罗国杰:《论中华民族传统道德的"精华"与"糟粕"》,《道德与文明》2012 年第 1 期。

[21]王志标:《传统文化资源产业化的路径分析》,《河南大学学报》(社会科学版) 2012 年第 2 期。

[22]王仕民、詹小美:《价值多元语境中的政治认同》,《哲学研究》2014 年第 9 期。

[23]吴祖鲲、王慧姝:《强化优秀传统文化认同,提升中华民族凝聚力》,《红旗文稿》2015 年第 9 期。

[24]郭建宁:《传承优秀传统文化发展中国先进文化》,《共产党人》2011 年第 11 期。

[25]殷冬水:《国家认同建构的文化逻辑——基于国家象征视角的政治学分析》, 《学习与探索》2016 年第 8 期。

[26]黄永林、秦璇:《北宋文化演绎下开封中秋节民俗的传承与发展》,《社会科学家》2015 年第 8 期。

[27]张辉:《当代中国共产党人对中华优秀传统文化的新阐释》,《理论学刊》2014 年第 7 期。

[28]汤晖、黎永泰:《浅析以开发频率为划分标准的文化资源类型》,《中华文化论坛》2010 年第 1 期。

[29]张继焦:《"自上而下"的视角:对城市竞争力、老商街、老字号的分析》,《广西民族大学学报》(哲学社会科学版)2015 年第 2 期。

[30]马奇志:《保护与开发民族传统文化资源需处理好的几个关系——以甘肃少数民族传统文化资源的保护和开发为例》,《西北民族大学学报》(哲学社会科学版) 2007 年第 6 期。

[31]王桂兰:《当代中原文化生态研究论纲》,《河南师范大学学报》2014 年第 1 期。

[32]朱鹤、刘家明等:《民族文化资源的类型特征及成因分析——以格萨尔(果洛)文化生态保护实验区为例》,《地理学报》2017 年第 6 期。

[33]王中云、骆兵:《保护与开发:我国文化资源空间的扩展着力点》,《江西社会科学》2011 年第 8 期。

[34]方李莉:《从艺术人类学视角看西部人文资源与西部民间文化的再生产》, 《民族艺术》2006 年第 1 期。

[35]段超:《对西部大开发中民族文化资源和文化生态保护问题的再思考》,《中南民族学院学报》(人文社会科学版)2001年第6期。

[36]徐子超、石华龙:《甘肃艺术资源保护与开发中存在的问题及对策》,《甘肃社会科学》2013年第3期。

[37]向志学、向东:《谈谈资源和历史文化资源》,《武汉大学学报》(人文科学版)2006年第3期。

[38]杨福泉:《探寻文化资源与民族文化产业发展之间的平衡——以云南为例》,《中央民族大学学报》2013年第2期。

[39]严荔:《文化资源产业化开发的区域实现机制研究》,《四川大学学报》(哲学社会科学版)2013年第2期。

[40]刘新田:《西部少数民族文化资源分析与产业化开发对策研究》,《中央民族大学学报》(哲学社会科学版)2012年第4期。

[41]朱耀先:《"文化高地"构筑实践中存在的问题及对策思考——以河南构筑全国重要"文化高地"为视角》,《学习论坛》2017年第11期。

[42]李宇军、张继焦:《城市复兴:让历史文化遗产焕发新动力》,《云南民族大学学报》(哲学社会科学版)2017年第6期。

[43]刘桂兰:《民艺类非物质文化遗产的特征与旅游价值评价——以河南为例》,《河南大学学报》(哲学社会科学版)2010年第6期。

[44]沈伯俊:《开发三国文化之旅的几个问题》,《中华文化论坛》2003年第2期。

[45]杜常顺:《论河湟地区多民族文化互动关系》,《青海社会科学》2004年第4期。

[46]马梦玲:《论多元文化语境下的青海河湟地区汉族民族语言特征》,《青海社会科学》2013年第6期。

[47]班班多杰:《和而不同:青海多民族文化和睦相处经验考察》,《中国社会科学》2007年第6期。

[48]张俊明、刘有安:《多民族杂居地区文化共生与制衡现象探析——以河湟地区为例》,《北方民族大学学报》(哲学社会科学版)2013年第4期。

[49]蒲生华:《佛经故事与河湟口传文学》,《青海师范大学学报》(哲学社会科学版)2015年第1期。

[50]杨文炯、樊莹:《多元宗教文化的涵化与和合共生——以河湟地区的道教文化为视点》,《兰州大学学报》(社会科学版)2013年第6期。

[51]杨文炯:《人类学视阈下的河湟民族走廊——中华文化多元一体格局的缩

影》,《青海民族大学学报》(社会科学版)2015 年第 1 期。

[52]冶清芳:《青海化隆卡力岗地区藏回渊源考》,《青海师范大学学报》1986 年第 4 期。

[53]毕艳君、鄂崇荣:《濒危的民间戏剧——青海河湟地区皮影戏艺术的人类学田野个案调查》,《青海社会科学》2008 年第 1 期。

[54]邓湘琼:《对民间艺术保护现状的思考——以青海河湟地区民间美术为例》,《青海民族研究》2015 年第 3 期。

[55]梁莉莉:《多元共生中的文化涵化——青海河湟地区"卡力岗"和"家西番"族群的个案研究》,《第二届中国人类学民族学研修班论文集》2012 年 7 月刊。

[56]丁柏峰:《河湟文化圈的形成历史与特征》,《青海师范大学学报》2007 年第 6 期。

[57]李朝:《多民族地区族群认同的文化机制——河湟地区族源叙事模式再探索》,《青海师范大学学报》(哲学社会科学版)2012 年第 1 期。

[58]鄂春荣、隋艺:《移民视野下的河湟灯会仪式与文化内涵》,《青海社会科学》2013 年第 4 期。

[59]羊措:《多元文化视野下的民族关系研究——以青海河湟地区为例》,《西南民族大学学报》2012 年第 2 期。

[60]马婧杰、马明忠:《青海河湟地区藏传佛教与道教互动》,《青海民族研究》2013 年第 3 期。

[61]马燕:《青藏高原多民族聚居区民族交往的调查研究——以青海省化隆县为例》,《青海民族研究》2013 年第 3 期。

[62]马建春、褚宁:《重构与整合:河湟族群交融的历史考察》,《北方民族大学学报》(哲学社会科学版)2016 年第 2 期。

[63]芈一:《青海汉族的来源、变化和发展》,《青海民族研究》1996 年 1 月刊。

[64]段继业:《河湟多元文化的起源、价值与现实》,《青海社会科学》2002 年第 5 期。

[65]王小明:《河湟民族文化走廊多元文化认同的艺术学田野考察——以洪水泉清真大寺为个案》,《大众文艺》2015 年第 23 期。

[66]周亮:《"花儿"艺术:中国传统文化的民众智慧与独特精神》,《甘肃社会科学》2016 年第 3 期。

[67]耿英春:《河湟民间信仰中的吉祥文化——以河湟地区口传文学为例》,《青海师范大学学报》(哲学社会科学版)2016 年第 4 期。

[68]应秀文:《河湟地区民族音乐文化研究——以撒拉族民间音乐为例》,《青海民族研究》2012年第1期。

[69]鄂崇荣:《国家正祀在河湟流域的推行与传播》,《青海民族大学学报》(社会科学版)2015年第4期。

[70]李玉英:《河湟皮影戏的民俗文化功能解读》,《青海社会科学》2015年第2期。

[71]李天义:《河湟"花儿"研究》,《中华文化论坛》2014年第5期。

[72]胡颖:《论河湟傩文化中的猴戏》,《中州学刊》2014年第4期。

[73]李臣玲、贾伟:《民间信仰与乡土社会秩序的重构——以河湟地区丹噶尔藏人猫蛊神信仰为例》,《青海民族大学学报》(社会科学版)2012年第3期。

[74]冯海英:《传承与发展:土族文化变迁的多维解析》,《青海社会科学》2014年第2期。

[75]杨生顺:《河湟"少年"文化探源》,《青海师范大学学报》(哲学社会科学版)2016年第2期。

[76]李玲珑:《论青海民族民间戏剧的多样性及其成因》,《青海师范大学学报》2015年第4期。

[77]王友福:《简析河湟农业民俗在"花儿"中的体现》,《农业考古》2015年第3期。

[78]先巴:《旅游业与塔尔寺藏传佛教文化保护传承问题之思考》,《青海民族研究》2016年第4期。

[79]宋卫哲:《青海河湟地区传统建筑木雕艺术结构特征分析》,《青藏高原论坛》2015年第3期。

[80]鄂崇荣:《历史记忆与族群认同——关于土族历史研究中几个问题的反思》,《青海民族大学学报》(社会科学版)2011年第3期。

[81]刘正寅:《交融与发展:历史进程中的华夏民族》,《学术前沿》2013年第20期。

[82]张宗峰、焦娅敏:《社会主义核心价值观培育的文化认同机制探究》,《思想理论教育》2017年第1期。

[83]冯迎福:《河湟地区清真餐饮及其文化功能述略》,《青海民族大学学报》2013年第1期。

[84]杨文笔:《明清时期西北回族"文化中心"及其时空位移》,《青海民族研究》2015年第1期。

［85］艾菊红:《文化空间视阈下的传统村落可持续性保护——以湘西凤凰为例》,《民族学刊》2017 年第 3 期。

［86］关凯:《建构中华民族共同体:一种新的文化政治理论》,《中央社会主义学院学报》2017 年第 5 期。

［87］赵宗福:《族群历史记忆与多元文化互动——河湟汉人"南京珠玑巷移民"传说解读》,《西北民族研究》2018 年第 2 期。

［88］苏娟:《河湟"花儿"音乐文化的兼收并蓄与交融共生》,《齐齐哈尔大学学报》(哲学社会科学版)2020 年第 12 期。

［89］金炳镐、谢清松:《夯实推进民族团结进步事业的五个基础》,《青海民族研究》2021 年第 3 期。

责任编辑：夏　青
封面设计：石笑梦
版式设计：胡欣欣

图书在版编目（CIP）数据

河湟地区传统文化艺术资源的保护与开发利用/杨玢,张前 著. —北京：
人民出版社,2022.4
ISBN 978－7－01－024131－9

Ⅰ.①河…　Ⅱ.①杨…②张…　Ⅲ.①地方文化-研究-青海　Ⅳ.①G127.44

中国版本图书馆 CIP 数据核字（2021）第 246354 号

河湟地区传统文化艺术资源的保护与开发利用
HEHUANG DIQU CHUANTONG WENHUA YISHU ZIYUAN DE BAOHU YU KAIFA LIYONG

杨　玢　张　前　著

人民出版社 出版发行
（100706　北京市东城区隆福寺街 99 号）

北京汇林印务有限公司印刷　新华书店经销

2022 年 4 月第 1 版　2022 年 4 月北京第 1 次印刷
开本:710 毫米×1000 毫米 1/16　印张:26
字数:380 千字

ISBN 978－7－01－024131－9　定价:98.00 元

邮购地址 100706　北京市东城区隆福寺街 99 号
人民东方图书销售中心　电话（010)65250042　65289539

版权所有 · 侵权必究
凡购买本社图书,如有印制质量问题,我社负责调换。
服务电话:(010)65250042